Geschichte   Thüringen

entdecken und verstehen

7/8

**Vom Mittelalter bis zum
Ende des Ersten Weltkriegs**

Herausgegeben von
Klaus Pflügner

Bearbeitet von
Elke Fleing
Caroline Heber
Kerstin Herrmann-Nitz
Klaus Pflügner

Unter Verwendung von Beiträgen von:
Florian Basel, Thomas Berger-von der Heide, Heike Bruchertseifer, Matthias Fels, Elke Fleing, Daniel Geißler, Kathrin Grashiller, Carola Gruner-Basel, Caroline Heber, Michael Heinz, Kerstin Herrmann-Nitz, Klaus Hübner, Stefanie Müller, Hans-Gert Oomen, Andreas Peschel, Katrin Roth, Maximilian Schuster, Jürgen Schöll, Tobias Sowade, Birgit Wenzel

Projektleitung: Dr. Uwe Andrae
Redaktion: Elke Fleing, Hamburg
Grafik und Illustration: Klaus Becker, Oberursel; Bettina Bick, Berlin; Thomas Binder, Magdeburg; Erfurth&Kluger, Berlin; Elisabeth Galas, Bad Breisig; Dieter Stade, Hemmingen; Michael Teßmer, Hamburg; Hans Wunderlich, Berlin
Karten: Dr. Volkhard Binder, Greven; Carlos Borrell, Berlin; Klaus Kühner, Hamburg
Gesamtgestaltung: Heimann und Schwantes, Berlin
Technische Umsetzung: zweiband.media, Berlin

Das Coverfoto zeigt das 1902 fertiggestellte Theater in Gera, das einen Theater- und einen Konzertsaal unter einem Dach vereint.
Foto: mauritius images/hwo

www.cornelsen.de

1. Auflage, 1. Druck 2025

Alle Drucke dieser Auflage sind inhaltlich unverändert
und können im Unterricht nebeneinander verwendet werden.

Druck und Bindung: Livonia Print, Riga

ISBN 978-3-06-066390-3 (Schülerbuch)
Materialnummer 1100031540 (E-Book)

INHALTSVERZEICHNIS

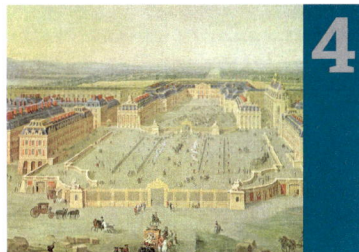

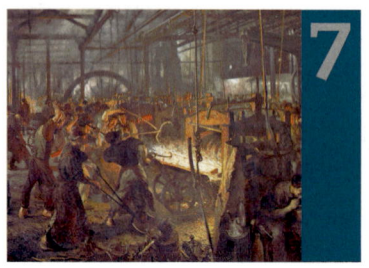

entdecken und verstehen

Liebe Schülerin, lieber Schüler,
wir möchten dir die verschiedenen Seiten dieses Buches vorstellen.

Auftaktseiten

Jedes Kapitel startet mit einem großen Bild. Darauf gibt es viel zu entdecken: Du kannst Eindrücke sammeln und zusammentragen, was du schon weißt.

Darum geht es …

Diese Seite gibt dir einen Überblick
– über wichtige Daten und Räume,
– über die Themen des Kapitels und
– darüber, was du am Ende wissen und können sollst.

Über den Tellerrand geschaut …

Auf dieser Seite erhältst du noch vertiefende bzw. weiterführende Informationen zu einem Thema des Kapitels.

Das kann ich …

Am Ende des Kapitels kannst du dein Wissen und Können testen.

Methode

– Hier kannst du **Schritt für Schritt** erlernen, wie du z. B. ein Museum erkundest, Statistiken und Textquellen untersuchst oder in deiner Stadt Spuren des Mittelalters finden kannst.
– **Lösungsbeispiele** helfen dir.
– Eine Übersicht der Methoden findest du im Anhang, S. 296 ff.

Inhaltsseite

Oben links steht immer die **Frage**,
um die es auf der Doppelseite geht.
Dann folgen **Autorentexte**.

Bei den **Materialien** werden Reden von Politikern, Zeit-
zeugenberichte und andere Schriften aus der Vergangenheit als Quellen mit einem **Q** versehen. Texte, in denen
Wissenschaftler oder Journalisten aus heutiger Sicht etwas
darstellen, tragen ein **M**.

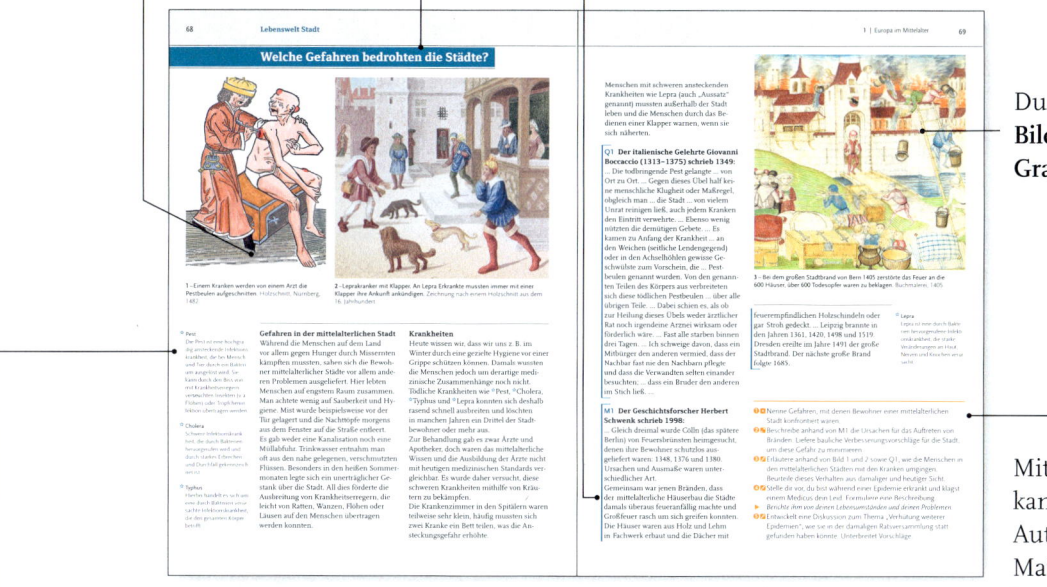

Du findest hier auch
**Bilder, Karten und
Grafiken**.

Auf der Randspalte findest du **in schwarzer
Schrift Worterklärungen** von schwierigen
Begriffen im Autorentext.

Mit den **Aufgaben**
kannst du Fragen,
Autorentexte und
Materialien
bearbeiten.
Hinter dem Pfeil ▶
findest du **Start-
hilfen**.

Geschichte vor Ort
Hier erfährst du etwas über die
Geschichte Thüringens.

Hier spielt die Geschichte …
Mithilfe dieser Seite könnt ihr euer Wissen
gemeinsam testen und Spaß haben.

Individuell lernen und fördern

Schauplatz-Seiten: Wahlaufgaben zu einem spannenden Großbild

Auf Schauplatz-Seiten findest du – immer passend zum Kapitelthema – **ein großes Bild mit Wahlaufgaben** (rot), die du in Gruppenarbeit löst.

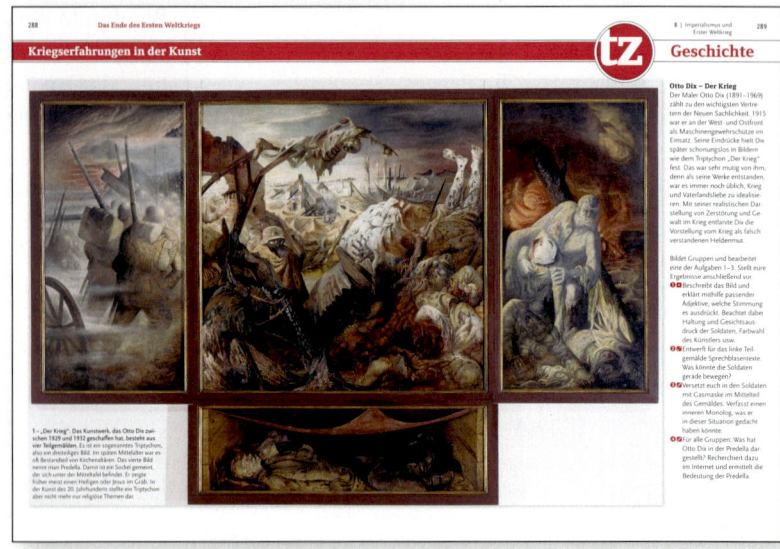

VIP-Seiten

Auf diesen Seiten lernst du herausragende Persönlichkeiten ihrer Zeit durch ihre ausführliche Biografie kennen.

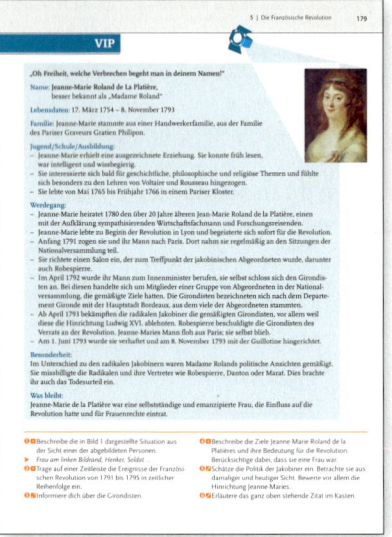

---

❶ 🔲 Fasse die Folgen des Wiener Kongresses zusammen.

❷ 🔲 Suche in der Karte 1 und mithilfe eines Atlasses die im Text genannten Gebiete, die die verschiedenen Länder hinzugewonnen hatten. Fasse deine Ergebnisse in einer Tabelle zusammen.

❸ 🔲 Verfasse eine offizielle Erklärung über die Folgen des Wiener Kongresses für Sachsen mithilfe der Karte und des Textes.

▶ *Hiermit erklärt der Wiener Kongress, dass Sachsen ab heute …*

❹ 🔲 Untersuche die Karikatur in Bild 2 und beziehe dabei die Aussagen der einzelnen Herrscher mit ein.

❺ 🔲 Charakterisiere die auf dem Wiener Kongress herrschende Atmosphäre anhand der Aussage „Der Kongress tanzt" (Q1). Erstellt dazu ein Standbild. Diskutiert anschließend die Bedeutung der Politik zur damaligen Zeit für den einfachen Mann.

Von leicht bis schwierig …

Bei allen Aufgaben dieses Buches findest du **Würfel** 🔲. Sie zeigen **unterschiedliche Schwierigkeitsgrade** an:

🔲 einfacher Schwierigkeitsgrad

🔲 mittlerer Schwierigkeitsgrad

🔲 erhöhter Schwierigkeitsgrad

→ **Starthilfen** – unterstützen und fördern. Sie tragen ein oranges ▶ Dreieck und sind in *kursiver Schrift* gesetzt.

Hilfe durch die Operatorenliste

Alle Aufgaben enthalten bestimmte Begriffe, die dir mitteilen, was du bei dieser Aufgabe tun sollst, z. B. nenne, beschreibe, erkläre ... Dies sind die Operatoren. Auf den beiden **Innenseiten des Einbands** dieses Buches findest du eine **Operatorenliste**, in der du solche Begriffe nachschlagen kannst. Du findest dort außerdem Hilfen, wie du bei der Lösung von Aufgaben mit diesem Operator vorgehen kannst, und ein Beispiel dazu.

Die Operatoren sind **alphabetisch** geordnet.

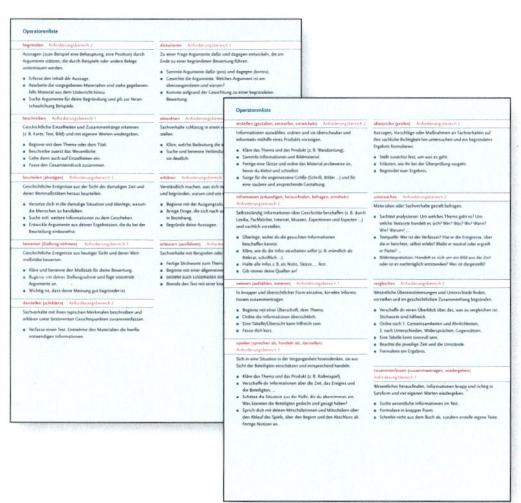

 Recherchiere im Internet zu Symbolik und Geschichte der Farben Schwarz-Rot-Gold und erläutere, warum sie noch heute die deutschen Nationalfarben sind.

Medienbildung / digitale Bildung

Bei den Aufgaben:

- **Rechercheaufgaben im Internet**

A

Abgaben
Abhängige Bauern hatten im Mittelalter an Grundherrn jährliche Abgaben, meistens in Form von Naturalien (Getreide oder Vieh), zu leisten.

Ablassbrief
So wird ein Schriftstück genannt, das den Käufer von den Strafen für begangene Sünden befreite.

Absolutismus
Der Begriff leitet sich ab von dem Wort „absolut". Es bedeutet losgelöst bzw. nicht gebunden an die Gesetze eines Staates.

Abt/Äbtissin
Dies ist der Vorsteher oder die Vorsteherin eines Klosters.

Das Lexikon

Das Lexikon bietet euch alle wichtigen Fachbegriffe in alphabetischer Reihenfolge mit Erklärungen. Hier könnt ihr nachlesen und euch informieren.

Cornelsen Lernen-App

Mit der neuen Cornelsen Lernen-App könnt ihr digitales Begleitmaterial zu den Schulbuchseiten herunterladen.

Dein Buch findest du auch in der Cornelsen Lernen App

Siehst du eines dieser Symbole in deinem Buch, kannst du in deiner App ...

▶ Teste dich 👆

alle Audiodateien und Videos zu deinem Buch aufrufen.

dein Wissen am Ende des Kapitels überprüfen.

1 Europa im Mittelalter

Das Mittelalter fasziniert noch immer zahlreiche Menschen und löst eine Flut von Bildern und Fantasievorstellungen aus. Man denkt an mutige Ritter mit Schwert und Lanze, an edle Burgfräulein, an Turniere und Schlösser. Vielleicht wart ihr selbst bereits auf einem der zahlreichen Mittelaltermärkte, die heute vielerorts veranstaltet werden. Das Mittelalter ist aber auch die Zeit der Klöster und der Kreuzzüge, bei denen es zum ersten Aufeinandertreffen von Christen und Muslimen kam. Darüber hinaus ist das Mittelalter die Zeit, in der die meisten deutschen Städte gegründet und die meisten Burgen gebaut wurden. Ein Beispiel für eine solche Burg ist die Wartburg bei Eisenach, deren Bau um 1067 begonnen wurde.

Doch wie lebten die Menschen damals in den Städten, Dörfern, Klöstern und Burgen?

1 Europa im Mittelalter

1 – Religionen und Staaten in Europa um 1200.

Nach dem Untergang des Römischen Reiches wurden die Franken die beherrschende Macht in Europa. Mit Karl dem Großen entstand angelehnt an das Römische Reich ein neues Kaisertum. Dabei spielte das Christentum als prägende Religion eine zentrale Rolle. In Deutschland wurden nach den Franken die Sachsen zur wichtigsten Kraft. Unter den mittelalterlichen Herrschern beherrschten die Kirche und der christliche Glaube den Alltag der Menschen.

Im Mittelalter lebten die meisten Menschen als einfache Bauern auf dem Land. Doch ab dem 11./12. Jahrhundert änderten sich die Lebens- und Arbeitsbedingungen: Verbesserungen in der Landwirtschaft erzeugten einen Überschuss an Lebensmitteln. Dies ließ die Bevölkerung rasch wachsen und den Handel aufblühen. Es entstanden immer mehr Städte. In dieser Zeit bauten die adligen Grundherren auch viele Burgen zum Schutz des Landes und der Grenzen. Die überwiegende Mehrheit der Menschen lebte jedoch nach wie vor in Armut und Unwissenheit. Im folgenden Kapitel wirst du erfahren, was die verschiedenen mittelalterlichen Lebensbereiche ausmachte und wie sie bis in unsere Zeit weiterwirken.

Am Ende des Kapitels kannst du folgende Fragen beantworten:

- Wer waren die Franken und wie verwalteten sie ihr Reich?
- Welche Rolle spielten Franken und Sachsen für die deutsche und europäische Geschichte?
- Wie war die mittelalterliche Gesellschaft aufgebaut?
- Wie herrschten die Könige und Kaiser und welche Rolle spielte die Kirche dabei?
- Wie lebten Bauern im Dorf, Adelige und Ritter auf der Burg sowie Mönche und Nonnen im Kloster?
- Warum entstanden Städte und welche Bedeutung hatten sie?
- Wie lebten die Stadtbürger?
- Welche mittelalterlichen Spuren lassen sich in meinem Ort finden?

um 500	962	ab 12. Jh.	ca. 1450
	Kaiserkrönung Ottos I. des Großen Entstehung des Heiligen Römischen Reiches	Entstehung zahlreicher Städte im deutschsprachigen Raum	Ende des Mittelalters Beginn der frühen Neuzeit
Beginn des Mittelalters			

Opa, sag mal …

Opa: Hallo Stella! Du bist ja heute interessant gekleidet!

Stella: Opa, wir fahren nächste Woche zur Klassenfahrt in eine Jugendherberge. Und weißt du, wo sich die befindet? Auf einer richtigen Ritterburg! Ich freue mich schon so darauf!

Opa: Das klingt wirklich spannend. Da unternehmt ihr ja eine richtige Zeitreise.

Stella: Oh ja, Opa. Die Mädchen dürfen sich dann an einem Tag als Burgfräulein verkleiden und die Jungen lernen, was einen richtigen Ritter ausmacht.

Opa: Na, da haben die Jungen ja viel zu lernen, denn es war gar nicht so einfach, ein Ritter zu werden und zu sein. Es gab beispielsweise viele Tugenden, die ein Ritter haben sollte.

Stella: Was sind denn solche TUGENDEN?

Opa: Das waren z. B. Treue, Mäßigung, Höflichkeit, Freundlichkeit, Mut und Tapferkeit. Sogenannte Minnesänger zogen damals durch das Land und berichteten in ihren Liedern von diesen Idealen.

Stella: Aber, ganz ehrlich Opa, waren die Ritter denn damals wirklich so korrekt?

Opa: Es gab sicherlich solche und solche Ritter. Manch einer hielt sich an den Codex, ein anderer eher weniger. Das ist ja heute nicht anders.

Stella: Stimmt! Manche aus unserer Klasse sind schon jetzt sehr höflich und freundlich, also ein bisschen wie richtige Ritter.

Opa: Weißt du denn auch schon, was die Burgfräulein lernen werden?

Stella: Ich glaube, wir besichtigen alle Räume der Burg, lernen, worum sich die Hausherrin kümmern musste, und dürfen dann das Mittagessen für die Klasse vorbereiten.

Opa: Ähnlich sah das Ganze auch im Mittelalter aus. Aber im Gegensatz zu ihren Männern mussten sie auch lesen, schreiben und Fremdsprachen lernen. Die Burgherrin kümmerte sich um den reibungslosen Ablauf des Haushaltes, die Verwaltung des Hofes und die Erziehung der Kinder. Als Hobby stickten oder nähten die Damen meistens.

Stella: Sticken habe ich schon einmal mit Oma probiert. Aber ich habe mich dabei in den Finger gestochen und es hat geblutet.

Opa: Fast wie bei Dornröschen, nur, dass du nicht 100 Jahre schlafen musstest …

Stella: Zum Glück, denn ich möchte auf keinen Fall die Jugendherberge verpassen.

❶ ◨ Lest das Gespräch zwischen Stella und ihrem Großvater mit verteilten Rollen.

❷ ◪ Untersuche die Karte und benenne die Unterschiede der Länder im Vergleich zu heute.

▶ *Beachte z. B. Größe, Lage, Name, Herrschaftsform.*

❸ ◪ Vielleicht hast du schon mal eine Burg besichtigt oder in Filmen, Dokumentationen oder Büchern einiges über Burgen erfahren. Berichte deinen Mitschülerinnen und Mitschülern von deinen Eindrücken.

❹ ◪ Tauscht euch in der Klasse darüber aus, was ihr unter ritterlichen Tugenden versteht. Sind sie heute noch aktuell oder veraltet?

Machtausübung im Mittelalter

Kirche und König – wer brauchte wen?

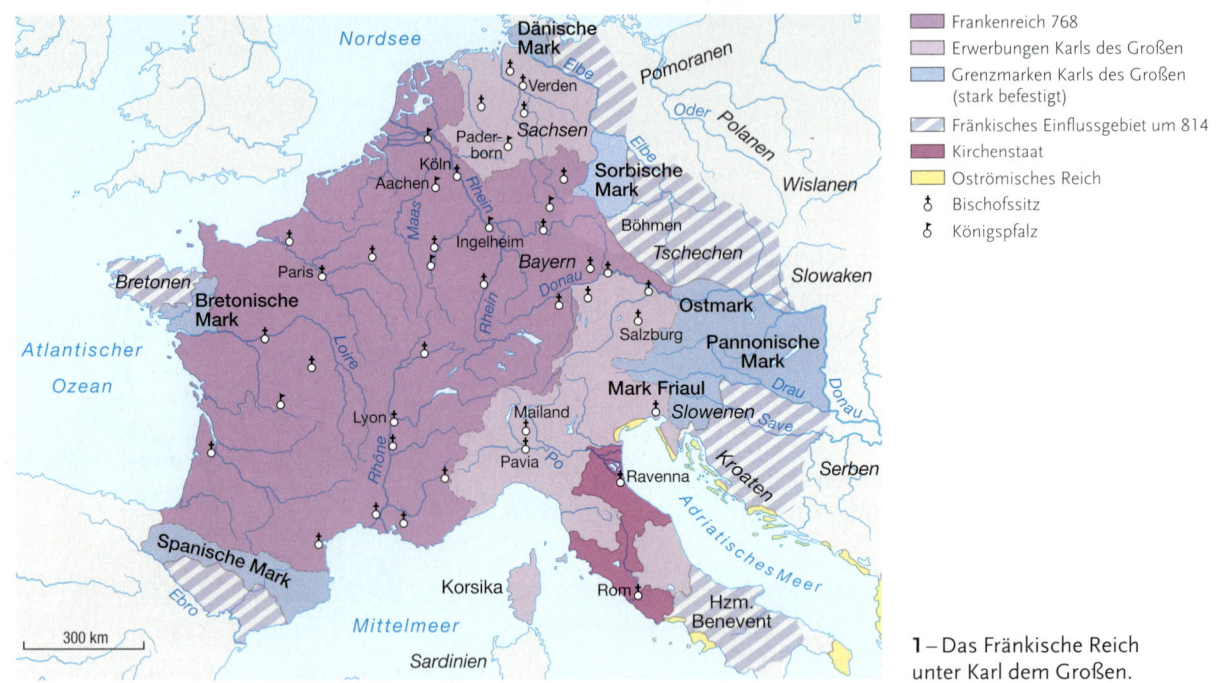

Frankenreich 768
Erwerbungen Karls des Großen
Grenzmarken Karls des Großen (stark befestigt)
Fränkisches Einflussgebiet um 814
Kirchenstaat
Oströmisches Reich
♗ Bischofssitz
♔ Königspfalz

1 – Das Fränkische Reich unter Karl dem Großen.

---

* **Heiden**
  Abwertender Begriff
  für Nichtchristen.

* **Hausmeier**
  (lat. maior domus =
  Verwalter des Hauses)
  Bezeichnung für den
  Verwalter der Königsgüter
  und Heerführer.

* **Salbung**
  Nach dem Vorbild der
  biblischen Könige ist
  die Salbung mit heiligem
  Öl ein wichtiger Teil der
  Königserhebung. Damit
  sollte sichtbar werden,
  dass das Königtum eine
  heilige Würde ist.

* **Kaiser**
  (lat. = Caesar). Das Kaisertum war die höchste weltliche Herrscherwürde. Nur
  der Papst konnte den Kaiser
  krönen. Der Papst erlangte
  neben seiner kirchlichen
  auch große weltliche
  Macht. Ein Kaiser bean-
  spruchte die Herrschaft
  über Italien und Einfluss
  auf die Kirche.

Die Franken beherrschten Europa

Im 5. Jahrhundert n. Chr. entstanden auf
dem Gebiet des Weströmischen Reiches
verschiedene germanische Königreiche.
Dazu gehörte das Frankenreich. Das älteste
Königsgeschlecht der Franken waren die
Merowinger. Von 482 bis 511 war Chlodwig
der König der Franken. Er vertrieb im
Jahr 486 den letzten römischen Statthalter
aus Gallien. Fast alle Bewohner Galliens waren Christen, die Franken aber waren *Heiden. Im Jahr 486 ließ sich Chlodwig zusammen mit 3000 Kriegern taufen. Nun hatten
alle Bewohner Galliens dieselbe Religion.
Chlodwig setzte jetzt vor allem gallische
Bischöfe und Äbte in der Verwaltung ein,
die schon Verwaltungsbeamte im Römischen Reich gewesen waren. Franken und
Römer benutzten nun dieselbe Sprache und
dieselbe Schrift, das lateinische Alphabet.
Seit dem 6. Jahrhundert wurden alle
Bewohner Galliens „Franken" genannt.
Chlodwig und seine Nachfolger förderten
die weitere Ausbreitung des Christentums.
Sie wurden von Mönchen aus Irland und
Schottland unterstützt, die ab dem 7. Jahr-
hundert den germanischen Stämmen das
Christentum nahebrachten. Der bedeutendste Mönch war Winfried, der später
vom Papst den Namen Bonifatius erhielt.

König und Papst brauchten einander

Im 7. Jahrhundert verloren die Merowinger
durch Reichsteilungen an Einfluss. Die
mächtigsten Personen waren jetzt die sogenannten *Hausmeier. Pippin der Jüngere
holte schließlich die Zustimmung des Papstes ein, neuer König zu werden – und setzte
die Merowinger ab. Im Jahr 751 ließ er sich
von den wichtigsten Adligen des Franken-
reiches zum König erheben. Zur selben Zeit
wurde Papst Stephan in Rom durch das
lombardische Königreich bedroht und rief
Pippin zu Hilfe. Dieser zog nach Rom und
unterwarf die Papstgegner. In einem Vertrag versprach Pippin dem Papst, dass er
ihn beschützen werde, und schenkte ihm
Land für den Kirchenstaat. Dafür *salbte
der Papst Pippin 754 in Rom zum König
des Frankenreichs. Das war der Beginn der
engen Verbindung zwischen dem Papst
und den neuen fränkischen Machthabern.
Die Nachfahren Pippins knüpften an diese
Verbindung an.

Karl der Große wird Kaiser

Der mächtigste und bedeutendste Nachfolger Pippins war Karl der Große (Herrscherzeit 768–814). Schon seine Zeitgenossen nannten ihn „den Großen". Nach ihm wurde auch das Herrschergeschlecht der Karolinger benannt, das auf das der Merowinger folgte. Karl erreichte mithilfe vieler Kriege die größte Ausdehnung des Frankenreichs (Karte 1). Einer der Kriege, die am längsten dauerten, war der gegen die heidnischen Sachsen unter ihrem Herzog Widukind. Sie kämpften von 772 bis etwa 804 gegen die Franken. Schließlich unterlagen sie und wurden von Karl mit Gewalt gezwungen, ihren Glauben aufzugeben und das Christentum anzunehmen.

Am Ende des 8. Jahrhunderts war Karl der mächtigste Herrscher in Europa. Sein Reich umfasste weite Teile des ehemaligen Weströmischen Reiches. Am Hofe Karls des Großen war man der Meinung, dass der König auch *Kaiser werden solle, zumal der Herrscher des Oströmischen Reiches auch diesen Titel trug. Auch der Papst, der in Rom einen starken Schutzherrn brauchte, wollte die Stellung des Königs stärken. Im Jahr 799 kam Karl nach Rom, um Papst Leo III. bei Auseinandersetzungen mit römischen Adligen zu unterstützen. Im Gegenzug für diese Hilfen wurde Karl im Jahr 800 in Rom zum Kaiser gekrönt. Damit wurde er aus Sicht der Franken der Nachfolger der römischen Kaiser. Das Frankenreich wurde so zum Fundament für die weitere Geschichte ganz West- und Mitteleuropas.

2 – Karolingische Münze. Auf der Vorderseite (Bild links) steht: KAROLUS IMP(ERATOR) AUG(USTUS) = Karl, der erhabene Kaiser. Auf der Rückseite (Bild rechts) steht: CHRISTIANA RELIGIO = christliche Religion.

Krone. Darauf riefen alle gläubigen und getreuen Römer, die den Schutz und die Liebe sahen, die er [Karl] der römischen Kirche und ihrem Vertreter gewährte, einmütig mit lauter Stimme auf Gottes Geheiß und des heiligen Petrus, des Himmelreichs Schlüsselträger, Eingebung aus: „Karl, dem allerfrommsten von Gott gekrönten Augustus [Erhabenen], dem großen und friedfertigen Kaiser, Heil und Sieg!" Unter Anrufung vieler Heiliger ist dies dreimal ausgerufen und von allen ist er als Kaiser der Römer eingesetzt worden.

* Biografie
Lebensbeschreibung einer historischen Persönlichkeit. Biografien von Herrschern wurden häufig auch von ihnen in Auftrag geben.

* Kaiser
(lat.: Caesar)
Das Kaisertum war die höchste weltliche Herrscherwürde. Nur der Papst konnte den Kaiser krönen, der damit auch große weltliche Macht gewann. Die mittelalterlichen Kaiser beanspruchten die Herrschaft über Italien und eine Einflussnahme auf die Kirche.

Q1 In der *Biografie Papst Leos III. (750–816), die in seinem Auftrag verfasst wurde, wird über die Krönung Karls berichtet:

... Am Tage der Geburt unseres Herrn Jesu Christi waren alle in der schon genannten Basilika des heiligen Apostels Petrus versammelt. Und da krönte ihn [Karl] der ehrwürdige und Segen spendende Vorsteher [Papst Leo III.] eigenhändig mit der ...

❶ 🖼 Beschreibe, warum im Frankreich die Macht von den Merowingern auf die Karolinger überging.

❷ 🖼 Erkläre, warum Königtum und Kirche aufeinander angewiesen waren.
Der Papst braucht den König, weil ...
Der König braucht den Papst, damit ...

❸ 🖥 Ermittle mithilfe eines Atlasses, welche heutigen Länder um 800 zum Reich Karls gehörten (Karte 1).

❹ 🖥 Beschreibe die beiden Seiten der karolingischen Münze (Bild 2).

❺ 🖼 Erläutere mithilfe des Textes und Bild 2 den Satz: „Die Münze zeigt, dass Karl der Große Altes übernimmt und Neues einführt."

❻ 🖼 Verfasse mithilfe dieser Doppelseite einen kurzen Lexikonartikel zum Aufstieg der Franken.

▶ *Verwende darin folgende Begriffe und Daten: um 500 Reichsbildung der Franken, König, Kaiser, Karl der Große, 800, Kaiserkrönung Karls des Großen*

 Video

Wie entstand das Reich der Deutschen?

1 – Das Reich Ottos I. und seiner Nachfolger aus dem sächsischen Herrscher-geschlecht.

*Ludwig der Deutsche
Den Beinamen „der Deut-sche" erhielt Ludwig erst im 18. Jh., als man Rex Germanorum als König der Deutschen übersetzte und nicht als König des rechts-rheinischen Frankenreichs.

Von den Karolingern zu den Ottonen

Nach dem Tode Karls des Großen erbte dessen letzter noch lebender Sohn Ludwig der Fromme allein das gesamte Reich. Als dieser im Jahr 840 starb, wurde das Reich unter seinen Söhnen Lothar, Karl dem Kahlen und *Ludwig dem Deutschen drei-geteilt. Lothar erhielt das Mittelreich und die Kaiserwürde. Nach ihm wurde das Gebiet Lotharingien (heute Lothringen) benannt. Karl dem Kahlen wurde das Westfrankenreich, das spätere Frankreich, zugesprochen und Ludwig dem Deutschen das Ostfrankenreich. Burgund und Italien wurden selbstständige Königreiche. Im West- und Ostfränkischen Reich entstand jeweils ein Zusammengehörigkeitsgefühl der Menschen. So bildeten sich allmählich die beiden Länder Frankreich und Deutsch-land heraus. In den folgenden Jahren führ-ten ständige Kriege zwischen den drei Herr-schern und weitere Landaufteilungen zu

einer Schwächung des Karolingerreiches und letztlich zu seiner Auflösung. Der letzte Karolinger im Ostfränkischen Reich starb im Jahre 911. Heinrich I. (Herrscher-zeit 919–936) war ein mächtiger Herzog in Sachsen und wurde neuer König. Während seiner Regierungszeit wurde das Ostreich zum ersten Mal als „Reich der Deutschen" bezeichnet. Das Wort „deutsch" kommt vom Althochdeutschen „diutisc", was so viel bedeutet wie „volksmäßig, dem Volk gehö-rig". Als „diutisc" bezeichnete man auch die germanische Sprache, die im Ostreich gesprochen wurde. Allmählich wurde dar-aus der Name für die Menschen, die diese Sprache sprachen, die „Deutschen".

Otto I. wird König

Nach dem Tod Heinrichs I. im Jahr 936 wurde sein Sohn Otto I. (Herrscherzeit 936–972) sein Nachfolger. Er wurde im Jahr 936 in Aachen mit Zustimmung der Fürsten zum König gekrönt. Sein Reich bestand aus den fünf Herzogtümern Schwaben, Bayern, Sachsen, Franken und Lothringen (s. Karte 1). Die Herzöge regier-ten in ihren Gebieten wie Könige. Einige strebten sogar die offizielle Königswürde an. Otto stützte sich daher auf seine Heeres-macht und auf enge persönliche Beziehun-gen. Bei der Neubesetzung wichtiger Ämter und der Lehensvergabe setzte er eigene Verwandte oder treue Gefolgsleute ein. Die beiden sächsischen Nachfolger Ottos hießen ebenfalls Otto, weshalb diese Herr-scherdynastie auch Ottonen genannt wird. Der letzte sächsische Herrscher war Hein-rich II. (Herrscherzeit 1002–1024).

Otto I. und die Kirche

Die Kirche wurde für den neuen König zu einer wichtigen Stütze seiner Macht. Wie sein Vater Heinrich bestimmte Otto I. über die Kirche im Ostfrankenreich und setzte Äbte und Bischöfe ein. Die Ländereien der Kirche wurden zu Lehensgebieten, die nach dem Tod eines geistlichen Vasallen wieder an den König zurückfielen, da

Geistliche keine Nachkommen haben durften (*Zölibat). Die Geistlichen erhielten für ihre Dienste große Lehensgüter, die sie verwalten sollten. Damit waren die Bischöfe zugleich weltliche Herren, die dem König zu dienen hatten und auch für ihn mit in den Krieg ziehen mussten. Wegen dieser engen Bindung zwischen König und Kirche spricht man auch vom Reichskirchensystem Ottos.

Q1 Über die Krönung Ottos I. zum König 936 in Aachen berichtete der Mönch Widukind von Corvey (925–973) in seiner Geschichte der Sachsen:

... Währenddessen erwartete ... [der Mainzer Erzbischof] den Einzug des neuen Königs [Ottos I.]. ... [Der Erzbischof] trat nun zum Altar, nahm das Schwert ... wandte sich zum König und sprach: „Empfange dieses Schwert, mit dem du alle Feinde Christi austreiben sollst ... da dir durch Gottes Wille die gesamte Macht im Reich der Franken gehört, damit allen Christen der Friede gewiss sei. Dann bekleidete er ihn mit dem spangengeschmückten Mantel und sprach: Lass dich durch diesen ... Mantel ermahnen, im Eifer für den Glauben und den Himmel zu glühen und auszuharren im Schutz des Friedens bis an dein Ende. Endlich ergriff er Zepter und Stab und sprach: „Lass dich durch diese Insignien mahnen, deine Untertanen in väterlicher Zucht zu halten ..." Dann wurde der König durch die Erzbischöfe Hildibert und Wichfried mit dem heiligen Öle gesalbt, mit der goldenen Krone gekrönt und ... zu einem Throne geleitet. ...

* **Zölibat**
Religiös begründete Pflicht, dass Geistliche der katholischen Kirche nicht heiraten dürfen und enthaltsam leben müssen.

* **Reichsinsignien**
Insignien sind Anzeichen bzw. Kennzeichen. Reichsinsignien sind Herrschaftszeichen der deutschen Könige und Kaiser. Sie symbolisierten deren Aufgaben, wollten aber durch biblische Bezüge auch deutlich machen, dass König und Kaiser ihre Herrschaft von Gott bezogen. Zu den Reichsinsignien gehörten: Krone, Kreuz, Schwert, Lanze des heiligen Mauritius (heilige Lanze), Zepter (eine Art Stab) und Reichsapfel.

2 – König Otto I. mit den Reichsinsignien Reichskrone, Reichsapfel und Zepter. Kolorierter Holzschnitt, um 1490.

❶ Erstelle mithilfe der Seiten 16–19 einen Zeitstrahl mit wichtigen Daten zur Geschichte des Frankenreichs.

❷ Stelle mithilfe der Karte 1 und eines Atlasses fest, welche heutigen europäischen Staaten durch ihre Zugehörigkeit zum Frankenreich eine gemeinsame Geschichte haben. Liste diese auf.

❸ Finde auf der Karte 1 die Herzogtümer Ottos I. Vergleiche sie mit den heutigen Bundesländern. Was stellst du fest?

❹ Beschreibe die gegenseitige Abhängigkeit von König und Reichskirche unter Otto I.

❺ Nenne die Reichsinsignien, die Otto I. in Bild 2 trägt, und ermittle anhand von Q1 die Bedeutung des Zepters und des Reichsschwertes. Recherchiere auch die Bedeutung der anderen Insignien, die in der Erklärung in der Randspalte aufgeführt sind.

❻ Bearbeite eine der beiden Aufgaben:
   a) Ein König ist unschlüssig, ob sein Neffe oder der Bischof für die Verwaltung eines seiner Gebiete infrage kommt und gelangt schließlich zu einer Entscheidung. Verfasse hierzu einen Dialog zwischen dem Herrscher und seinem Berater.
   b) Ein Geistlicher soll mit weltlichen Aufgaben betraut werden. Was wird er gedacht haben? Berücksichtige die Vor- und Nachteile und denke auch an den Ruf des Geistlichen. Schreibe diese Überlegungen auf und fälle schließlich eine Entscheidung.

Kaiser oder Papst – Wer besaß mehr Macht?

1 – Die Zweischwerterlehre. Abbildung aus dem „Sachsenspiegel", einem Buch mit Rechtsgrundsätzen aus dem 13. Jahrhundert.

* **Kloster Cluny**
  Im heutigen Burgund in Ostfrankreich gelegen.

* **Investitur**
  Darunter versteht man die Einsetzung hoher Geistlicher in ein kirchliches Amt.

* **Kirchenbann**
  Durch den Kirchenbann wurde eine Person aus der Kirche ausgeschlossen. Einem Gebannten war es z. B. verboten, eine Kirche zu betreten, und er konnte auch nicht kirchlich bestattet werden. Kein Christ durfte mit einem Gebannten sprechen, Geschäfte abschließen usw. Nach geleisteter Buße konnte der Kirchenbann wieder aufgehoben werden.

* **Konkordat**
  Vertrag zwischen einem Herrscher / einem Staat mit einer Religionsgemeinschaft; hier: zwischen Kaiser und Papst.

Papst und Kaiser

Seit Karl dem Großen waren Reich und Kirche eng miteinander verbunden. Die römisch-deutschen Könige bestimmten nicht nur in ihren Territorien, sondern auch über alle Vorgänge in der Kirche. Sie ernannten Äbte und Bischöfe, gründeten Kirchen und Klöster bzw. erteilten die Erlaubnis hierfür. Die Reichskirche erhielt dafür reiche Güter und Ländereien und war somit zu einem weltlichen Herrscher geworden.

Der König bzw. Kaiser begründete seine Gleichstellung gegenüber der Kirche auch mit der Zweischwerterlehre. Diese besagte, Gott habe den Menschen zwei Schwerter gegeben: das weltliche Schwert dem Kaiser und das geistliche dem Papst. Otto I. fühlte sich aufgrund dieser Annahme und des Reichskirchensystems sogar dazu ermächtigt, den Papst, der ihn gekrönt hatte, abzusetzen und einen neuen zu ernennen.

Im 9. und 10. Jahrhundert war die Kirche in Rom in einer schweren Krise. Die Päpste jener Zeit waren politisch schwach und von wechselnden Schutzherren, wie dem Kaiser oder italienischen Adeligen, abhängig. Gleichzeitig soll es in der gesamten Kirche zu einem moralischen Verfall gekommen sein.

Die Stellung des Papstes festigte sich erst im 11. Jahrhundert, da es ausgehend vom *Kloster Cluny zu Kirchenreformen kam und ein Kirchenstaat mit vielen Gebieten in Italien wuchs, der zunehmend mächtiger wurde. Der Papst war nun ein königsgleicher Herr, der auch die Kontrolle über die Glieder der Kirche zurückerlangen wollte.

König Heinrich IV. und Gregor VII.

An der Frage, wer die *Investitur von Bischöfen und Äbten vornehmen dürfe, entbrannte ein Konflikt zwischen Kaiser und Papst, der Investiturstreit.

Der glühendste Verfechter der Investitur durch den Papst war der Mönch Hildebrand, der 1073 zum Papst gewählt wurde und seitdem Gregor VII. hieß. Er wollte die Ordnung in der Kirche mit harter Hand wiederherstellen. Sein königlicher Gegner war der Salier Heinrich IV.

Gregor VII. verfasste 27 Artikel über seine Auffassungen zum Papsttum (Q1). König Heinrich IV. wollte aber auf sein Recht der Investitur nicht verzichten. Heinrich beleidigte den Papst öffentlich als „falschen Mönch" und forderte in einem Brief dessen Rücktritt vom Amt des Papstes. Daraufhin verhängte der Papst den *Kirchenbann über Heinrich IV.

Die Fürsten drohen dem König

Da die Herzöge und Grafen Gefahr liefen, von der Kirche ausgeschlossen zu werden, wenn sie mit dem gebannten König Umgang pflegten, verweigerten viele nach dem päpstlichen Bann dem König ihren Gehorsam. Zudem drohten sie ihm, einen neuen König zu wählen, falls er nicht innerhalb eines Jahres vom Bann gelöst sei. Der andauernde Kirchenbann würde demnach die Weiterführung seiner Herrschaft verhindern. So entschloss sich Heinrich, zur

2 – König Heinrich IV. im Büßerhemd vor der Burg Canossa.

3 – Papst und Kaiser. Buchmalerei aus dem „Sachsenspiegel", 13. Jahrhundert.

Burg Canossa (Italien) zu ziehen, wo sich der Papst aufhielt. Dies stellte den Höhepunkt des Investiturstreits dar. Drei Tage lang soll der König als reuiger Sünder, nur mit einem Büßerhemd bekleidet, vor den Mauern der Stadt gestanden haben. Erst am vierten Tag soll ihn der Papst vom Bann gelöst haben. Heinrich hatte somit die Forderung der Fürsten erfüllt, doch diese hatten bereits einen Gegenkönig gewählt. Erst nach einem dreijährigen Krieg war Heinrichs Herrschaft wiederhergestellt. Dennoch fand der Machtkampf zwischen dem Kaiser und dem Papst kein Ende. Erst 40 Jahre später kam Kaiser Heinrich V. (Sohn Heinrichs IV.) im Wormser *Konkordat 1122 zu einer Einigung mit Papst Calixt II.

Q1 In seinen 27 Leitsätzen (Dictatus Papae) stellte Gregor VII. 1075 unter anderem fest:
... 3. Er [der römische Papst] ganz allein kann Bischöfe absetzen oder auch wieder einsetzen. ...
9. Alle Fürsten haben die Füße einzig und allein des Papstes zu küssen. ...
12. Der Papst kann Kaiser absetzen. ...
19. Über ihn [den Papst] besitzt niemand richterliche Gewalt. ...
27. Der Papst kann Untertanen vom Treueid gegen ungerechte Herrscher lösen. ...

Q2 Aus dem Brief Heinrichs IV. im Jahr 1076 an den Papst:
... Dieser unser Herr Christus hat uns zum Königtum, dich aber nicht zur geistlichen Herrschaft berufen. ... Unsere Bischöfe, die Gott berief, hast du, der Unberufene, zu verachten gelehrt. ... Auch mich ... hast du angetastet, mich, von dem die Überlieferung ... lehrt, dass ich nur von Gott gerichtet werden darf .... So steige du denn, der du durch diesen Fluch und das Urteil aller unserer Bischöfe und unser eigenes verdammt bist, herab und verlasse den päpstlichen Stuhl, den du dir angemaßt hast. ... Ich, Heinrich, durch die Gnade Gottes König, sage dir zusammen mit allen meinen mit allen meinen Bischöfen: Steige herab, steige herab! ...

❶ Nenne die Gründe, die Heinrich IV. in Q2 für die Absetzung des Papstes anführt.

❷ Beschreibe Bild 1 und erkläre mit seiner Hilfe die Zweischwerterlehre.

❸ Vergleiche die Bilder 1–3 im Hinblick auf die Beziehung zwischen Kaiser und Papst.

▶ *Nimm hierzu die Methode „Bilder untersuchen", S. 297, zu Hilfe. Die Symbole können dir helfen: Krone und Schwert = König, dreistöckige Krone (Tiara) = Papst, Hirtenstab = Bischof.*

❹ Erläutere mit eigenen Worten den Begriff „Investiturstreit".

❺ Verfasse ein Antwortschreiben Heinrichs IV., in dem er sein Recht auf Investitur verteidigt.

❻ Noch heute wird immer wieder die Formulierung „Gang nach Canossa" in verschiedenen Situationen verwendet. Erkläre, was wir heute darunter verstehen.

Die gesellschaftliche Ordnung

Was war anständig und standesgemäß?

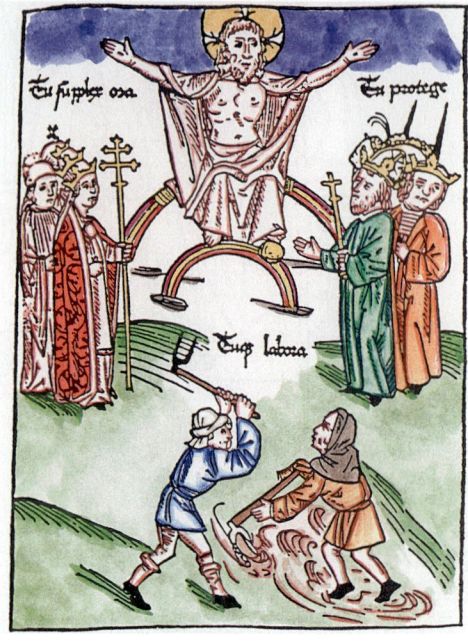

1 – Dreiständebild. Christus spricht zu dem Stand links: „Tu suppelx ora" – „Du bete demütig!" Zum Stand rechts: „Tu protege" – „Du schütze!" und zum Stand unten: „Tuque labora" – „Du arbeite!". Holzschnitt von Johannes Lichtenberger, 1488; nachträglich koloriert.

---

* Stände
Dies sind gesellschaftliche Gruppen, die sich voneinander durch Herkunft, Beruf und eigene Rechte abgrenzen. Im Mittelalter unterschied man zwischen dem Stand der Geistlichkeit, des Adels und der Bauern.
Es gab auch Leute, die keinem Stand angehörten. Das waren die Unehrlichen. Dazu gehörten Spielleute, Bettler, aber auch Henker, Totengräber und Abdecker.

* Adel
Gemeint sind die Edlen – Adliger konnte man von Geburt aus sein (Geburtsadel); Adliger konnte man aber auch werden, indem man im Dienst des Königs tätig war (Amts- oder Dienstadel).

* Bürger
Unter mittelalterlichen Bürgern versteht man Stadtbewohner, die bestimmte Freiheiten genießen durften.

Einteilung der *Stände

Heutzutage sind die Menschen in vielen Staaten gesetzlich gleichgestellt. Sie haben neben ihren Pflichten auch dieselben Rechte.
Aber im Mittelalter gab es wie in Ägypten oder in Rom auch eine „heilige Ordnung" (Hierarchie). Die Menschen waren nicht gleich, sondern in einen Stand hineingeboren. Es gab drei Stände:

– *Den ersten Stand* bildete der Klerus – die Geistlichkeit. Dazu gehörten Bischöfe, Äbte und Äbtissinnen, Priester, Mönche und Nonnen, die durch kirchliche Weihen in diesen Stand berufen oder aufgenommen wurden.
– *Der zweite Stand* war der *Adel. Hierzu gehörten Fürsten, Herzöge, Grafen und zum Teil auch Ritter. Sie waren eine Gesellschaftsschicht mit vielen Rechten und übten mit dem Klerus die größte Macht aus.
– *Den dritten* und größten Stand bildeten aber die Bauern und später die *Bürger.
Diese Einteilung galt als gottgewollt. Das Leben und Handeln der Menschen im Mittelalter war stark vom Glauben und der Kirche bestimmt. Es gab jedoch bereits zur Zeit des Mittelalters auch Kritik an der Ständeordnung. So soll beispielsweise der englische Prediger John Ball im Zusammenhang mit der Bauernrevolte 1381 geäußert haben: „Als Adam grub und Eva spann, wo war denn da der Edelmann?"
Zumeist bestimmte aber die Geburt und damit die familiäre Zugehörigkeit dauerhaft den Stand, womit Rechte und Pflichten verbunden waren. Jeder Mensch hatte sich gemäß seinem Stand also „standesgemäß" oder „anständig" zu verhalten.
Diese Ständeordnung wurde im Deutschen Reich erst zu Beginn des 19. Jahrhunderts offiziell abgeschafft, wirkte aber noch lange Zeit im Volk nach.

Kleider machen Leute

Das Tragen von Kleidung war keine Frage des Geschmacks, sondern hing davon ab, welchem Stand man angehörte. Farbe und Mode wurden durch Stand, Macht und Geld entschieden. Grundsätzlich galt, je reicher oder mächtiger, desto prunkvoller die Kleidung.
Durch eine solche Kleiderordnung sollten auch Randgruppen, wie z. B. Unehrliche und Juden, abgegrenzt werden. Aber auch der Prunksucht mancher Leute sollte damit entgegengewirkt werden. Es gab Kleiderordnungen, die genau vorschrieben, was getragen werden durfte. Wer dagegen verstieß, wurde mancherorts hart bestraft. Der dritte Stand trug Unterbekleidung aus Leinen, Hanf und Nessel und Oberbekleidung aus Wolle. Stoffe wie Seide, Samt und Pelze durfte nur der Adel und später die reiche Kaufmannsschicht in den Städten tragen. Ähnliche Bestimmungen gab es auch für die Kleiderfarben. Während die Bauern und Bürger Erdtöne wie Grau und Braun trugen, konnten sich die Mächtigen in Grün, Blau und Rot kleiden. Gold als Symbol göttlicher Macht fand sich nur bei Königen und Kaisern und der hohen Geistlichkeit, z. B. Bischöfen. Rot und Purpur waren außerdem als Blutfarben ebenfalls

2 – Festgelage. Französische Buchmalerei, um 1416.

3 – Bettler vor einer Kirche. Ausschnitt aus einem Gemälde von Gentile da Fabriano, um 1423.

Kennzeichen der Herrschermacht. Gelb wurde Menschen außerhalb der Ständeordnung vorgeschrieben, wie Prostituierten, Juden, Spielleuten und deren Familienangehörigen. So mussten Henkersfrauen oft gelbe Kopftücher tragen und Juden einen gelben Ring auf der Kleidung.

großes Ansehen und Besitz?" Das sollst du nicht tun … Denn wenn er dir eine höhere Stellung hätte geben wollen, er hätte es getan. Da er dir nun eine niedere gegeben hat, so sollst du dich auch erniedrigen und demütig sein mit deinem Beruf; er wird dir wohl oben im Himmel eine hohe Stellung geben …

Q1 Der Mönch Berthold von Regensburg predigte um 1260:
… Unser Herr hat alles klug geordnet, deshalb hat er auch dem Menschen sein Leben so zugeteilt, wie er es will und nicht wie wir es wollen. Denn mancher wäre gern ein Graf und muss doch ein Schuster sein; … und du wärst gern Ritter und musst doch Bauer sein und musst uns Getreide und Wein anbauen.
Wer sollte für uns den Acker bestellen, wenn ihr alle Herren wärt?
Oder wer sollte uns Schuhe machen, wenn du wärst, was du wolltest? Du musst das sein, was Gott will … Wenn du einen niedrigen Beruf hast, sollst du weder in Gedanken noch in Worten dagegen aufbegehren: „Ach Herr Gott, warum hast du mir so ein mühevolles Leben gegeben und vielen so

❶ Ordne die abgebildeten Personen in den Bildern 2 und 3 den Ständen zu und begründe deine Entscheidung.

❷ Stelle mithilfe von Bild 1 und Q1 fest, wie es im Mittelalter begründet wurde, dass die Menschen bestimmten Ständen angehörten.

❸ „Benimm dich anständig!" Erkläre die Aufforderung aus historischer und heutiger Sicht.

❹ Stelle Vermutungen an, warum der Mönch in Q1 so eindringlich die damalige Gesellschaftsordnung mit dem göttlichen Willen begründet.

❺ Zeichne einen Comic mit Sprechblasen, in dem ein Bischof, ein Adliger und ein Bauer sich zur Einteilung der Gesellschaft in drei Stände äußern. Achte dabei auch auf ihre Kleidung.

▶ *Z. B.: Ich bin Dietrich, der Bischof von Meißen, und genieße zahlreiche Sonderrechte. Ich bin der Meinung, dass die Bauern …*

❻ In der Predigt (Q1) heißt es: „Oder wer sollte uns Schuhe machen, wenn du wärst, was du wolltest? Du musst das sein, was Gott will …" Beurteile den Satz aus damaliger und heutiger Sicht.

▶ Video

Wie und wozu verliehen die Herrscher ihre Macht?

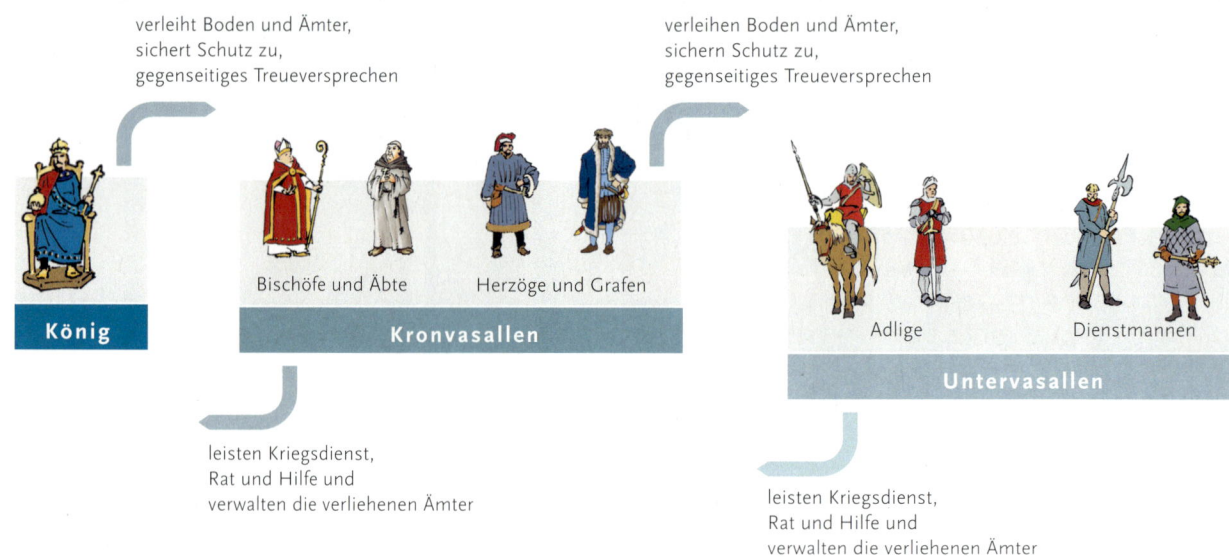

verleiht Boden und Ämter, sichert Schutz zu, gegenseitiges Treueversprechen

verleihen Boden und Ämter, sichern Schutz zu, gegenseitiges Treueversprechen

König

Bischöfe und Äbte   Herzöge und Grafen

Kronvasallen

Adlige   Dienstmannen

Untervasallen

leisten Kriegsdienst, Rat und Hilfe und verwalten die verliehenen Ämter

leisten Kriegsdienst, Rat und Hilfe und verwalten die verliehenen Ämter

1 – Das mittelalterliche Lehnswesen. Durch gegenseitige Treueversprechen waren König, Herzöge, Bischöfe und Ritter bei der Herrschafts- ausübung miteinander verbunden. Die große Mehrheit der Bevölkerung, die Unfreien, war nicht lehnsfähig. Schaubild.

---

*Ämter
Ämter waren oft mit beson- deren Rechten und großen Einkünften verbunden, z. B. dem Recht, Münzen zu prägen, Zölle zu erheben oder nach Erz zu schürfen.

*Lehen
(= Geliehenes) Im Mittel- alter war dies das Nutzungs- recht an einer Sache (Grundbesitz, Rechte, Ämter). Der Lehnsmann verspricht dem Lehnsherrn dafür die Treue und bestimmte Leistungen. Das Lehenswesen wirkt noch heute nach in unseren Familiennamen wie Leh- mann, Lehner, Lechner und vielen Ortsnamen.

*Vasall
(keltisch gwas, lat. vassus = Knecht)

*Naturalien
Dies sind landwirtschaft- liche Erzeugnisse wie Getreide, Käse, Wolle, Häute, Schlachtvieh usw.

Persönliche Bindungen sichern

Ein großes Reich, wie das der Franken, konnte nicht von einem König allein regiert und verwaltet werden. Er brauchte Unter- stützung durch weltliche Herren (Herzöge und Grafen) und geistliche Herren (Bischö- fe und Äbte). Dazu musste er aber sicher sein, dass diese ihm treu waren und in sei- nem Sinne handelten. Das ging nur über gegenseitige Verpflichtungen. So mussten die weltlichen und die großen geistlichen Herren dem König zum Beispiel schwer bewaffnete Krieger zur Verfügung stellen, wenn er in den Krieg zog (Heerfolge). Dafür wurden ihnen vom König als Gegenleistung *Ämter oder Land mit den darauf wohnen- den Bauern auf Lebenszeit geliehen. Diese wurden als *Lehen bezeichnet. Wer sein Lehen direkt vom König erhielt, war fortan *Kronvasall. Diese konnten nun die Lehen an Untervasallen weiterverleihen. Erst später wurden die verliehenen Ämter und Ländereien erblich. So entstand ein ver- zweigtes Netz von Abhängigkeiten. Durch die Vergabe eines Lehens wurde ein persönliches, gegenseitiges Treueverhältnis begründet.

Der Vasall versprach seinem Herrn Rat, Hilfe, Treue und Waffendienst, der König wiederum versprach seinem Vasall Schutz und Fürsorge. Beide gingen einen Vertrag ein, den Schutzherrenvertrag. Dieser wurde auch zwischen Vasall und Untervasall ge- schlossen. Eid und Treuepflicht waren im Mittelalter höchste Werte, woran Lehnsherr und Lehnsmann gemessen wurden. Beide hatten das Recht, den Eid zu lösen und die Treue aufzukündigen, sobald einer von bei- den eidbrüchig wurde, z. B. wenn der König mutwillig seine Vasallen nicht schützte oder die Vasallen ihre Heerfolge verweigerten. Später wurde auf die Heerfolge verzichtet. Stattdessen forderten die Lehnsherren Ab- gaben in Geld oder *Naturalien.
Bei der Lehensübergabe wurde mit ver- schiedenen Symbolen gearbeitet:
– Krone: Zeichen königlicher Macht
– Fahne: Herrschafts- und Lehnssymbol
– Kniefall: Geste der Huldigung und Unterwerfung
– Zepter: Herrschaftssymbol; im Lehns- wesen Zeichen der Übergabe eines Lehens an einen geistlichen Fürsten (Bischof, Abt)

Wem gehört das Lehen?

Wenn ein Vasall seinen Verpflichtungen nicht oder schlecht nachkam, musste er sein Lehen wieder zurückgeben. Starb der Vasall, fiel das Lehen an den Lehnsherrn zurück (Mannfall). Dieser konnte dann entscheiden, ob und an wen er das Lehen nun vergab. Mit der Zeit erhoben die Vasallen oft den Anspruch, das Lehen an ihre Kinder weiterzugeben. So setzte sich im 11. Jahrhundert langsam die Erblichkeit der Lehen durch und wurde von Kaiser Konrad II. schließlich 1037 per Gesetz festgeschrieben.

Ab dem 11. Jahrhundert spielten auch die Dienstmannen (Ministeriale) eine wichtige Rolle als Verwalter und Soldaten für Königsgüter und Klöster, später auch für den Adel. Dabei handelte es sich um unfreie Männer, die im Dienst eines Hofes standen und schließlich in den Adelsstand aufsteigen konnten.

2 – Lehensvergabe. Abbildungen aus einer Sammlung von Rechtsgrundsätzen aus dem 13. Jahrhundert, dem Sachsenspiegel, hier in einer Abschrift von 1375.

M1 **Der Historiker Jacques Le Goff schrieb über die Verleihung des Lehens und den Treueid:**

... Der Lehnsvertrag bindet einen Herrn und seine Vasallen aneinander. Durch die Huldigung, bei der der Vasall seine gefalteten Hände in die des Herrn legt, wird er Gefolgsmann des Herrn. Dabei spricht er eine Formel aus. ... Darauf folgt der Lehnseid, die Verpflichtung zur Treue ... Der Vasall gelobt ... mit diesen Worten: „Ich verspreche auf meinen Glauben, von diesem Augenblick an treu zu sein ...“

Die Verleihung des Lehens fand während einer Zeremonie statt ... Dabei reichte der Herr seinem Vasallen ein Gegenstandssymbol, das der Vasall behielt: Palmenzweige, Erdschollen ..., Lanze, Standarte oder Wappen ... oder ein Handlungssymbol, mit dem der Herr den Vasallen berührte oder das er ihm einen Augenblick übergab, dann aber zurücknahm. Zepter, Rute, Goldring ...

❶ Erläutere, inwiefern in Schaubild 1 eine soziale Abstufung zum Ausdruck kommt. Wer ist hier am höchsten, wer am niedrigsten gestellt?

❷ Erkläre mithilfe von Bild 1 das Lehnswesen.
▶ *Der König verleiht Land an ... und erhält dafür ...*

❸ Ordne folgende Aussagen den einzelnen Bildern zu:
– Eine Burg wird als Lehen vergeben.
– Eine Kirche wird als Lehen vergeben.
– Ein Geistlicher vergibt ein Lehen.
– Der König vergibt ein Lehen durch die Übergabe eines Zepters.
– Ein Lehnsmann leistet dem Lehnsherrn den Treueid auf das Reliquiar (Gefäß, in dem Überreste von Heiligen aufbewahrt und verehrt werden).
– Ein Lehnsmann erweist dem Lehnsherrn die Ehre, indem er ihm den Vortritt lässt.

❹ Stellt in einem Rollenspiel mithilfe des Textes, M1 und Bild 2 die Lehensübergabe nach.
▶ *Vorgehen: Rollen und Aufgaben verteilen, Requisiten zusammenstellen, Spiel einüben und präsentieren*

❺ Aus dem Lehen ist das heutige Leihen und Verleihen geworden. Erläutere, worin die Unterschiede bestehen.
▶ *Berücksichtige dabei folgende Fragen: Was erwartest du, wenn du Dinge verleihst? In welchem Zusammenhang gibt es in der heutigen Zeit „Verleihungen"? Stimmt der Spruch „Geliehen ist nicht geschenkt"?*

 Video

Was bedeutete Grundherrschaft?

1 – Bauern beim *Frondienst. Buchmalerei, 15. Jahrhundert.

* Fronarbeit
Dienst von Bauern für ihren Grundherrn. Frondienste wurden in Bayern und den Grenzgebieten im Osten auch Robot/Rabot genannt. Daraus leitet sich unser heutiges Wort Roboter ab.

* Hörige
Bezeichnung für Bauern, die an das vom Grundherrn verliehene Land gebunden waren und bestimmte Abgaben und Dienste leisten mussten.

* Herrenhof
Großer Hof des Grundherrn, der vom Meier geleitet wurde.

* Leibeigene
Ein Leibeigener war abhängig von seinem Herrn. Er gehörte zum persönlichen Besitz des Grundherrn, sodass dieser über Leib und Leben seiner Leibeigenen bestimmen konnte.

* Schindeln
Dies sind speziell geformte Holzplättchen zum Decken von Dächern.

* Morgen
Ein Morgen war früher die Fläche, die ein Bauer mit einem Pferde- oder Ochsenpflug an einem Morgen pflügen konnte und entsprach etwa 1000–2500 m².

Warum wurden die Bauern abhängig?

Als Karl der Große regierte, besaßen zunächst noch viele Bauern im Frankenreich ihr eigenes Land. Aber 200 Jahre später gehörte dieses Land zumeist adligen oder geistlichen Herren oder Klöstern. Die freien Bauern waren verpflichtet, an den vielen Kriegszügen Karls des Großen und seiner Nachfolger teilzunehmen. So waren die Bauern manchmal mehrere Jahre nicht zu Hause und fehlten bei Aussaat und Ernte. Viele starben auch auf den Kriegszügen oder kamen als Invaliden zurück. Um dem Kriegsdienst zu entgehen, übergaben immer mehr freie Bauern ihr Land (ihren Grund) einem Herrn, der dadurch ihr Grundherr wurde. Grundherren konnten z. B. Grafen oder Herzöge, aber auch Äbte und Bischöfe sein. Der Grundherr bot den Bauern Schutz und unterstützte sie in Notzeiten, aber vor allem ersparte er ihnen den Kriegsdienst.

Diese Bauern waren damit jedoch unfreie Bauern geworden. Man nannte sie auch *Hörige. Zwar konnten sie weiter auf ihren Höfen wohnen und das ganze Jahr das Feld bestellen, aber sie waren nun auch zu Gegenleistungen verpflichtet. Dazu gehörte,

dass sie ihrem Grundherrn nicht nur zur Treue verpflichtet waren, sondern auch erheblich mehr Abgaben als die freien Bauern zahlen und vielfältige (Fron-)Dienste leisten mussten.

Ein höriger Bauer durfte seinen Hof nur noch mit Erlaubnis seines Herrn verlassen. Auch einer Eheschließung musste der Grundherr zustimmen. Darüber hinaus durfte der hörige Bauer nicht jagen, weil die Jagd allein dem Grundherrn vorbehalten war und hörige Bauern auch keine Waffen tragen durften. Unerlaubtes Jagen oder Waffentragen wurde strengstens bestraft. Dadurch waren Bauern z. B. Wildschäden auf ihren Feldern schutzlos ausgeliefert. Noch schlechter erging es den *Leibeigenen des Grundherrn. Hierzu gehörten meist Knechte und Mägde, die gar keine Rechte hatten.

Die Organisation der Grundherrschaft

Die ländlichen Güter eines Grundherrn lagen oft sehr weit verstreut. Um sie besser verwalten zu können, setzte er einen Verwalter ein – den sogenannten Meier, Schulzen oder Vogt. Dieser führte oft über mehrere Bauernhöfe die Aufsicht. Dieses

System der Grundherrschaft blieb sehr lange bestehen. Erst Ende des 18. bis zur Mitte des 19. Jahrhunderts erfolgte schrittweise die Abschaffung der Leibeigenschaft auf deutschem Gebiet. In Russland bestand diese bis ins 20. Jahrhundert fort.

Bauer Widrad und das Kloster Prüm
In welchem Umfang die hörigen Bauern Abgaben und Dienste leisteten, erfahren wir aus einem Bericht des Klosters Prüm in der Eifel. Zu diesem Kloster gehörten auch 30 hörige Bauern in Rommersheim. Einer dieser Bauern war Widrad.

Q1 Der Abt des Klosters Prüm schrieb im Jahr 893:
… Widrad gibt an das Kloster jedes Jahr einen Eber, ein Pfund Garn, drei Hühner, 18 Eier. Er fährt fünf Wagenladungen von seinem Mist auf unsere Äcker, bringt fünf Bündcl Baumrinde für die Beleuchtung und fährt zwölf Wagenladungen Holz zum Kloster. Dieses Holz dient im Winter zum Heizen. Ferner liefert Widrad dem Kloster jährlich 50 Latten und 100 *Schindeln für Dachreparaturen. Sein Brot backt Widrad in unserem Brauhaus. Hierfür zahlt er an das Kloster eine Gebühr. Eine Woche in jedem Jahr verrichtet er den Hirtendienst bei unserer Schweineherde im Wald. Er bestellt drei *Morgen Land, das ganze Jahr hindurch, jede Woche drei Tage. Das bedeutet: Er muss bei der Einzäunung unserer Äcker und Weiden helfen, zur rechten Zeit pflügen, säen, ernten und die Ernte in die Scheune bringen. Bis zum Dezember, wenn das Getreide gedroschen wird, muss er es zusammen mit anderen Hörigen bewachen, damit es nicht von Brandstiftern angezündet wird … Wenn Widrad 15 Nächte den Wachdienst verrichtet, das Heu geerntet und auf unseren Äckern gepflügt hat, erhält er in einem guten Erntejahr Brot, Bier und Fleisch; in anderen Jahren erhält er nichts. …

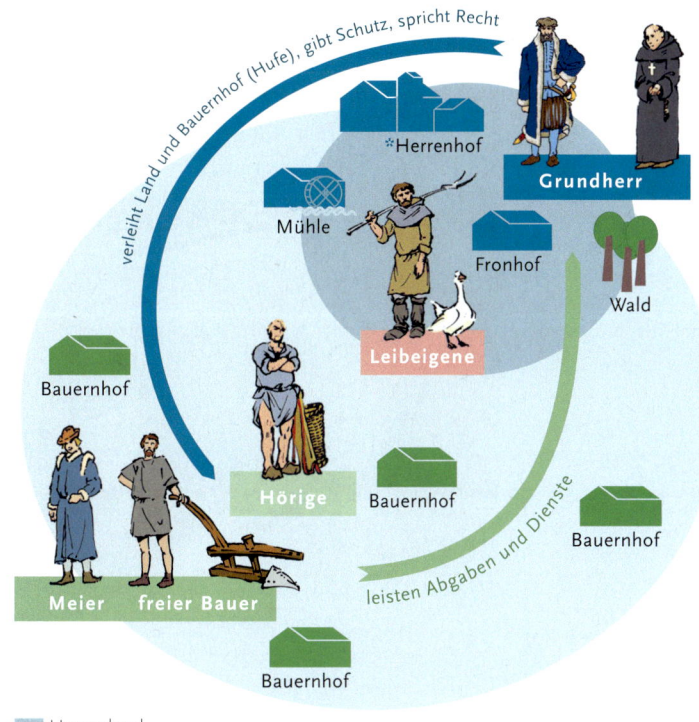

Herrenland
verliehenes Land (Hufenland)

2 Abhängigkeitsverhältnis zwischen Bauer und Grundherr. Schaubild.

❶ Erläutere mithilfe des Textes und von Schaubild 2, wie die Grundherrschaft funktionierte.
▶ *Der Hörige bestellt die Felder und … Der Meier … Der Grundherr …*
❷ Erarbeite anhand von Q1 die Abgaben und Dienste eines hörigen Bauern.
▶ *Übertrage die folgende Tabelle in dein Heft und notiere darin die Ergebnisse.*

Jährliche Abgaben	Frondienste	Weitere Leistungen
…	…	…
…	…	…

❸ Vermute, welche Abgaben und Dienste von Widrad und seiner Frau als besonders hart empfunden wurden.
❹ „Der hörige Bauer opferte seine Freiheit und gewann dafür Sicherheit." Stimmt die Aussage? Begründe.
❺ Vergleiche den Stand der Leibeigenen mit Sklaven zur Zeit des Römischen Imperiums. Gehe auf Gemeinsamkeiten und Unterschiede ein.

 Video

Lebenswelt Dorf

Wie sah ein mittelalterliches Dorf aus?

1 – Mittelalterliches Dorf um 1000. Illustration, 2012.

Ein mittelalterliches Dorf

Die Bauerndörfer im Mittelalter waren nicht sehr groß. Nur wenige hatten mehr als 100 bis 200 Einwohner. In der Mitte des Dorfes standen die Kirche und meist der Hof des Meiers. Um diesen Dorfkern herum gruppierten sich die kleineren und größeren Bauernhäuser, die überwiegend aus Holz erbaut waren. Diese bestanden zumeist aus einem einzigen Raum mit einer kleinen, offenen Feuerstelle zum Kochen, einem groben Holztisch und einfachen Hockern oder Bänken. Oft war dieser Raum jedoch noch unterteilt, um im Winter auch das Vieh unterzubringen. Das hatte den Vorteil, dass die Tiere den kalten Raum aufwärmten.

Betten gab es nicht. Zum Schlafen legte man sich einfach auf Strohsäcke und als Toilette diente der Misthaufen hinter dem Haus. Die Arbeitszeit der Bauern wurde durch die Jahreszeit bestimmt: Wenn es hell wurde, stand man auf – im Sommer gegen 4.00 und 5.00 Uhr. Das Vieh musste gefüttert, Kühe und Ziegen gemolken werden. Dann begann die Feldarbeit. Die erste Hauptmahlzeit gab es dann gegen 10.00 Uhr. Um das Überleben zu sichern, mussten alle mitarbeiten – auch die Kinder. Sobald es dunkel wurde, ging man schlafen, denn eine Beleuchtung gab es kaum.

Wenn dann am nächsten Morgen das Tageslicht durch kleine Öffnungen des Dachs fiel, die durch Weidengeflecht oder Schweinsblasen nur notdürftig geschlossen waren, begann ein neuer langer Arbeitstag für die ganze Familie.

Der Grundherr wohnte meist in der Nähe des Dorfes. Unweit der Siedlung lagen noch Wiesen, Wälder, Flüsse oder Teiche – das sogenannte Gemeindeland (Allmende), das alle Bauern nutzen konnten.

❶ ▪ Beschreibe die Anlage des Dorfes (Bild 1).
▶ *Im Vordergrund ist eine Mühle zu sehen ..., auf der Wiese ..., im Hintergrund ...*

❷ ▪ Nenne alle Tätigkeiten der Bäuerinnen und Bauern, die du auf dem Bild 1 siehst.

❸ ▪ Ein Dorf sollte seinen Bewohnern Schutz, ausreichende Ernährung und gute Seelsorge bieten. Erkläre, durch welche Anlagen dies deutlich wird.

❹ ▪ Verfasse mithilfe von Bild und Text einen Tagebucheintrag aus der Sicht eines Bauernjungen/Bauernmädchens, der/die über den Tagesablauf berichtet.
▶ *Du kannst folgendermaßen beginnen: Heute bin ich schon wieder gegen 4.00 Uhr von den ersten Sonnenstrahlen geweckt worden. Schnell sprang ich von meinem Strohsack auf ...*

🔊 Audio

Wie konnten die Menschen besser ernährt werden?

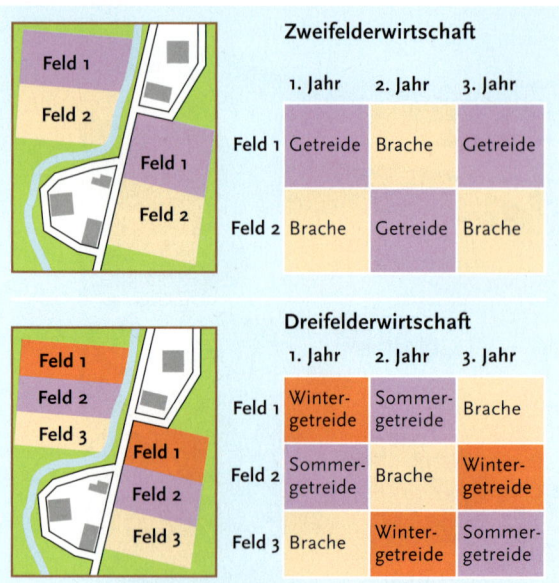

1 – Dreifelder-wirtschaft.

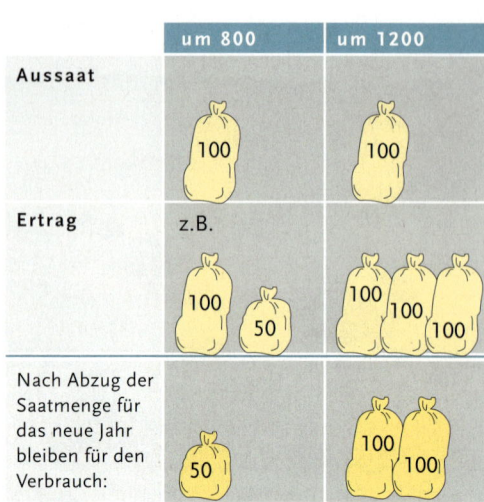

2 – Das Verhältnis zwischen Aussaat und Ernteertrag bei der Getreideernte in Kilogramm um 800 und 1200.

Die Herausforderung einer wachsenden Bevölkerung

Lebten im Frühmittelalter um das Jahr 650 etwa 9 Millionen Menschen in Europa, so war diese Zahl 700 Jahre später im Hochmittelalter auf ca. 50 Millionen gestiegen (heute: ca. 745 Millionen). Um so viele Menschen zu ernähren, wurden neue Anbaumethoden benötigt (v. a. im Getreideanbau) und effektivere Arbeitsgeräte.

Die Dreifelderwirtschaft – die Erfindung des Jahrhunderts

Seit dem 9. Jahrhundert setzte sich in ganz Europa eine neue Art der Bodennutzung durch. Die Bauern teilten ihr Land jetzt nicht mehr in zwei Teile (Zweifelderwirtschaft), sondern in drei gleich große Teile ein. Ein Feld bestellte man im Herbst mit Wintergetreide (Weizen, Roggen oder Gerste), das zweite Feld wurde im Frühjahr mit Sommergetreide versehen (Hafer, Gerste) und das dritte diente als Weideland für das Vieh und blieb unbestellt (brach). Diese Dreifelderwirtschaft brachte den Bauern große Vorteile:

– Die Arbeit des Pflügens, Säens und Erntens konnte gleichmäßiger über das ganze Jahr verteilt werden.

– Gegenüber Naturkatastrophen waren die Bauern jetzt besser abgesichert, da z. B. durch einen Hagelschlag nicht mehr die Ernte des ganzen Jahres vernichtet werden konnte.

– Wenn ein Drittel des Ackers ein Jahr lang nicht bearbeitet wurde, konnten hier Gras und Unkraut als Nahrung für das Vieh wachsen. Die Tiere düngten mit ihrem Kot die Erde. Im folgenden Jahr waren dadurch die notwendigen Nährstoffe für den Getreideanbau vorhanden.

Not macht erfinderisch: Neue Arbeitsgeräte und Techniken entstehen

Da mit dem Hakenpflug der Boden bisher nur aufgerissen werden konnte, wurde dieser seit dem Frühmittelalter allmählich vom Räderpflug mit einem eisernen Pflugschar abgelöst. Damit konnte der Boden stärker aufgelockert werden und die im Boden befindlichen Nährstoffe gelangten leichter in die Pflanze. Für die zum Pflügen verwendeten Pferde wurde im 8. Jahrhundert das Kummet – ein gepolsterter, versteifter Halsring – entwickelt. Dieses übertrug die Zuglast auf die Schulterblätter der Pferde, was eine vier- bis fünffache Zugkraft der Tiere ermöglichte. Allerdings blieb bis ins

Spätmittelalter das Pflügen mit Rindern der Normalfall, da diese wesentlich weniger Futter als Pferde benötigten und zudem als Schlachtvieh dienten. Um die Hufe der Pferde zu schützen, wurden Hufeisen verwendet.

Des Weiteren wurde die Sichel seit dem 11. Jahrhundert durch die Sense ersetzt. Mit ihr konnten die Bauern die Felder in kürzerer Zeit abernten und die Getreidehalme tiefer am Boden abschneiden, was wiederum mehr Stroh für das Vieh bedeutete. Einen großen Gewinn brachte auch die Erfindung des Dreschflegels. Zuvor hatte man das Korn aus den Ähren mit einem einfachen Stock ausgeschlagen oder durch Tiere oder Menschen ausgestampft. Nun schlugen mehrere Bauern im Rhythmus auf dem festen Scheunenboden so fest auf das Getreide ein, das dieses durch die Luft flog und durch einen gezielten Luftzug Spreu vom Weizen getrennt wurde. Übrig blieben die Körner, die nun leichter in die Mühle zur Mehlverarbeitung gebracht werden konnten. Der Dreschflegel wurde erst vor ca. 100 Jahren durch Dreschmaschinen und schließlich den Mähdrescher ersetzt.

Missernten nähren den Aberglauben

Durch die Neuerungen in der Landwirtschaft und zunehmende Waldrodungen für Ackerflächen konnten die Erträge beträchtlich gesteigert werden. Dies reichte für die Versorgung der schnell wachsenden Bevölkerung in manchen Jahren dennoch kaum aus. Besonders im Spätmittelalter, im 14. und 15. Jahrhundert, kam es auch aufgrund der lang anhaltenden Klimaverschlechterung und dem Auftreten von Pestzügen zu schweren Hungersnöten, die Millionen von Menschen hinwegrafften. Wechselnde Klimaphänomene wie Frost, Hagel oder Überschwemmungen wurden von der Kirche und den Menschen als Strafen Gottes für begangene Sünden gedeutet. Zum Schutz wurden die vielfältigsten abergläubischen Rituale entwickelt. So sollte das Läuten von geweihten Kirchenglocken

1 Sense
2 Düngung mit Mist und *Mergel
3 eiserner Pflug
4 Dreschflegel
5 besseres Saatgut
6 Kummet

3 – Fortschritte in der Landwirtschaft. Schaubild.

Unwetter fernhalten, oder es wurden Steine bzw. Pfeile gegen Himmel und Wolken geworfen oder geschossen. Auch entstanden in dieser Zeit viele Bauernregeln.

* **Mergel**
Darunter versteht man ein Gestein aus Ton und Kalk, das vor allem zur Verbesserung von Sandböden eingesetzt wurde.

❶ ▪ Fasse mit eigenen Worten die Neuerungen in der Landwirtschaft zusammen.

❷ ▪ Manche Ortsnamen, die auf -rode oder -reuth enden, erinnern heute an den Vorgang der mittelalterlichen Rodungen, um Ackerflächen zu schaffen. Sicher kennst du Orte die auf -rode/-roda, -reuth/-roth oder -brand enden. Nenne sie.

❸ ▪ Beschreibe mithilfe des Textes und Bild 1 die Unterschiede zwischen Zwei- und Dreifelderwirtschaft. Fertige eine eigene Skizze hierfür an.

❹ ▪ Untersuche anhand von Schaubild 2, wie sich das Verhältnis zwischen Aussaat und Ernteertrag zwischen 800 und 1200 veränderte. Füge der Tabelle eine dritte Spalte hinzu, die das Jahr 1400 darstellt.

❺ ▪ Erläutere anhand von Schaubild 2 und des Textes, durch welche weiteren Maßnahmen die landwirtschaftlichen Erträge gesteigert werden konnten.

▶ *Lege folgende Tabelle an:*

Alte Geräte	Neue Geräte	Verbesserung
Sichel	Sense	...

Lebenswelt des Adels

Welchen Zweck erfüllten Burgen?

1 – Burg Ranis in der Nähe von Pößneck, gegründet im 10. Jahrhundert; die Bauten stammen aus dem 13. bis 16. Jahrhundert.

2 – Die Leuchtenburg bei Kahla, erbaut im 13. Jahrhundert.

* **Naher Osten**
Darunter versteht man Regionen in Asien, die – im Unterschied zum Fernen Osten – näher an Europa liegen: Bahrain, Irak, Jemen, Jordanien, Katar, Kuwait, Libanon, Oman, Saudi-Arabien, Syrien, Vereinigte Arabische Emirate und Israel. Oft werden auch die Türkei und der Iran in diese Gruppe einbezogen.

* **Kemenate**
Dies war der zunächst einige beheizbare Raum und deshalb vor allem der Aufenthalts- und Arbeitsraum der Rittersfrau, der Kinder und der weiblichen Bediensteten.

* **Zisterne**
Die Zisterne war ein Sammelbecken für Regenwasser.

Entstehung von Burgen

Ursprünglich lebten die Adligen in den Dörfern auf Herrenhöfen in unmittelbarer Umgebung ihrer untergebenen Bauern. Burgen entstanden erst zwischen dem 9. und 16. Jahrhundert in Europa und im *Nahen Osten. Zunächst sollten sie nur als Schutz für die Landbevölkerung dienen. Aber Bedrohungen wie die Ungarn- und Mongoleneinfälle, Machtkämpfe im Reich zwischen den Adligen, um die Königswürde oder die Vormacht in der Region machten es nötig, mehr Burgen zu bauen und die bestehenden Burgen auszubauen. Nun waren sie Sicherungspunkte an den Grenzen. Als Höhenburgen auf Bergen und Felsen ermöglichten sie einen weiten Blick ins Land und die schnelle Reaktion auf feindliche Angriffe. Als Wasserburgen sicherten sie an Wasserläufen und Straßen die Handelswege. Immer häufiger wurden sie als befestigte Wohnsitze von Adelsfamilien genutzt. So wurden die Burgen zu Verwaltungszentren in ihren Regionen, dienten aber auch als Herberge und Marktplatz für Händler.

Im Mittelalter entstanden rund 19 000 Burganlagen, von denen noch etwa zwei Drittel wenigstens als Ruinen erhalten sind. Sie waren errichtet worden, um die Herrschaft der jeweiligen Burgherren zu sichern.

Die Burg als Verteidigungsanalage

Somit war eine Burg in erster Linie als militärische Anlage geplant und gebaut. Vom höchsten und mächtigsten Turm, dem Bergfried, konnte man die unmittelbare Umgebung überblicken. Im Fall eines Angriffs, einer Belagerung und Eroberung war er der letzte Zufluchtsort vor dem Feind. Als Palas bezeichnete man das Haupt- oder Herrenhaus, welches meist im ersten Obergeschoss angesiedelt und an das oftmals die *Kemenaten angegliedert waren. Hinzu kamen in einer Burg viele weitere Gebäude: Stallungen, Scheunen, Wohnräume für Knechte und Mägde. Auf keinen Fall durfte eine Kapelle für den Gottesdienst und die kirchlichen Feste fehlen. Um nicht an Wassernot zu leiden, legte man bis zu 80 Meter tiefe Ziehbrunnen oder *Zisternen an. Umgeben war die gesamte Anlage von einem Wall, einem Graben und einer Ringmauer mit Wehrgängen und Türmen, die Schutz vor Angriffen und Überfällen boten. Doch je stärker man Burgen ausbaute, umso stärker wurden auch die Waffen, um Burgen zu erobern. Darum wurden die Festungen mit der Zeit immer größer und mächtiger.

Alltagsleben auf der Burg

Das Leben auf einer Burg war vor allem im Winter hart und beschwerlich. Da nur wenige Räume beheizbar waren, z. B. die Kemenate, und es bis ins 13. Jahrhundert nur selten Glasscheiben gab, war es im Inneren einer Burganlage häufig zugig und kalt. Gänge und Treppen waren nachts nur notdürftig oder gar nicht beleuchtet.

Q1 Über sein Leben auf der Steckelburg bei Fulda schrieb im Jahr 1518 der Ritter Ulrich von Hutten:

... Die Burg selbst ... ist nicht als angenehmer Aufenthalt, sondern als Festung gebaut. Sie ist von Mauer und Graben umgeben, innen ist sie eng und durch Stallungen für Vieh und Pferde zusammengedrängt. Daneben liegen dunkle Kammern, vollgepfropft mit Geschützen, Pech, Schwefel und sonstigem Zubehör für Waffen und Kriegsgerät. Überall stinkt es nach Schießpulver; und dann die Hunde und ihr Dreck, auch das – ich muss es schon sagen – ein lieblicher Duft! ... Man hört das Blöken der Schafe, das Brüllen der Rinder, das Bellen der Hunde, das Rufen der auf dem Feld Arbeitenden, das Knarren und Rattern der Fuhrwerke und Karren ... Der ganze Tag bringt vom Morgen an Sorge und Plage, ständige Unruhe und dauernden Betrieb. Äcker müssen gepflügt und umgegraben werden, Weinberge müssen bestellt, Bäume gepflanzt, Wiesen bewässert werden; man muss eggen, säen, düngen, mähen und dreschen ... Wenn aber einmal ein schlechtes Ertragsjahr kommt, wie in dieser mageren Gegend meistens, dann haben wir fürchterliche Not und Armut. ...

3 – Angriff auf eine Burg. Aus einer mittelalterlichen Handschrift, um 1300.

❶ Ermittle mithilfe der Bilder 1 und 2, welche Vor- und Nachteile die Anlage von Burgen hatte.

❷ Beschreibe mithilfe von Bild 3, wie die Angreifer vorgehen und wie sich die Burgbewohner verteidigen. Berücksichtige dabei, wer an der Verteidigung beteiligt ist.

❸ Recherchiere im Internet Burgen, die sich in deiner Umgebung befinden. Wähle eine von ihnen aus und erstelle einen Steckbrief.
▶ *Der Steckbrief sollte folgende Elemente enthalten: Bauherr, Entstehungszeit, Burgentyp.*

❹ Informiere dich mithilfe des Textes und Q1 über die verschiedenen Aufgaben der Burgbewohner. Verfasse anschließend ein kurzes Hörspiel über das Leben auf einer Burg im Winter.
  – Überlege dir, welche Hintergrundgeräusche du bei einer Aufnahme mit dem Handy einspielen könntest.
  – Nimm die Erzählung auf und präsentiere sie deinen Mitschülerinnen und Mitschülern.

❺ Vergleiche die von dir in Aufgabe 3 vorgestellte Burg mit der Zeichnung auf S. 34/35 und überprüfe, welche Gebäude(teile) gut erhalten bzw. welche nicht mehr erhalten sind.

 Video

Auf der Burg

1 – Eine ideale Burg. Illustration, 2019.

Schauplatz Geschichte

Schalenturm

Pferdestall

Schmiede

Wehrmauer

In Thüringen kannst du noch heute viele Burgen besuchen, z. B. die Burg Ranis (siehe S. 32). Auf dieser Seite siehst du das Modell einer idealen Burg, die es in Wirklichkeit nicht so gegeben hat.

Seht euch die Burg an. Zählt auf, was ihr über die verschiedenen Gebäudeteile bereits wisst: Burgtor mit Zugbrücke, Palas, Wehrturm, Bergfried, Kemenate, Brunnen, Mauer, Kapelle.

Schlüpft nun in die Rolle einer der folgenden Figuren und notiert Informationen über euer Leben. Tauscht euch anschließend untereinander aus.

❶ Du bist der junge Ritter Albert und zu Besuch auf der Burg. Bald möchtest du dir selbst eine Burg bauen lassen und sollst dem künftigen Baumeister erklären, welche Räume du unbedingt brauchst und weshalb.

❷ Du bist der Minnesänger Reinhold. Heute Abend sollst du bei deinem Auftritt vor dem Burgherrn und seiner Familie die Schönheit der Burg besingen.

▶ *Gehe hierbei auch auf die Vorteile und die vielen verschiedenen Räume ein.*

❸ Du bist Kunigunde, die Frau des Burgherrn. Ihr erwartet Besuch von einer befreundeten Familie und du sollst ihr die Burg vorstellen. Bereite einen Rundgang vor.

Wie entstand der Ritterstand?

1 – Schwertleite, Erhebung zum Ritter. Ein hochstehender Ritter gibt dem Kandidaten die Sporen und umgürtet ihn mit dem Schwert, das er als Ritter von nun an „zu leiten wusste". Buchillustration, Mitte des 14. Jahrhunderts.

* Page
  Darunter versteht man einen Edelknaben im Dienst eines Adligen, der Hofdienste leistet und höfisches Benehmen erlernt.

* Knappe
  Ein Knappe ist der Begleiter eines Ritters, der das Waffenhandwerk lernt.

Der Aufstieg der Ritter

Ritter war zunächst nur ein Berufsstand und jeder, der sich ein Pferd und die teure Ausrüstung leisten konnte, konnte Ritter sein. Ein Berufskrieger war jedoch nicht in der Lage, sich um seinen Lebensunterhalt zu kümmern. Deshalb konnten nur Menschen mit Grundbesitz diesen Berufsstand ausüben. Der Landbesitz garantierte Einkünfte, Wohnung und Versorgung mit Nahrungsmitteln. Auch nichtadlige Reiche konnten Ritter sein, wenn sie Einkünfte aus Lehen erhielten. Die nichtadligen Ritter strebten danach, ihre Lebensweise der des Adels anzupassen. Mit dem Aufstieg des Rittertums sanken jedoch die Stellung und das Ansehen der Adligen in der mittelalterlichen Gesellschaft.

Die Ausbildung zum Ritter

Zum Ritter wurde man nicht geboren, sondern erzogen und so entwickelte sich eine eigene Erziehung für die Söhne der Ritter. Im Alter von sieben Jahren wurde der Junge zum *Pagen. Das heißt, ihm wurden am Hof eines befreundeten Ritters neben der kriegerischen Ausbildung auch die Grundlagen des Rittertums vermittelt. Der Page wurde im Reiten, Schwimmen und Bogenschießen ebenso unterrichtet wie im Tanzen, Singen oder Lautenspiel. Lesen und Schreiben hingegen spielten in der Erziehung eine eher geringe Rolle.

Nach dieser Grundausbildung wechselte der nun 14-Jährige zu einem anderen Herrn und wurde dessen *Knappe. In der Welt der Erwachsenen nahm der Junge nun am Alltag seines Lehrmeisters teil und sollte zum vollkommenen Ritter herangezogen werden. Um die Kampftechniken zu erlernen, trug der Knappe Schild und Speer seines Meisters, begleitete ihn auf Turnieren, bei der Jagd und sogar in der Schlacht. Außerdem lernte er neben der kriegerischen Ausbildung auch höfisches Benehmen, das heißt ein Verhalten, wie es an einem Adels- oder Königshof üblich war, vor allem das Benehmen bei Tisch.

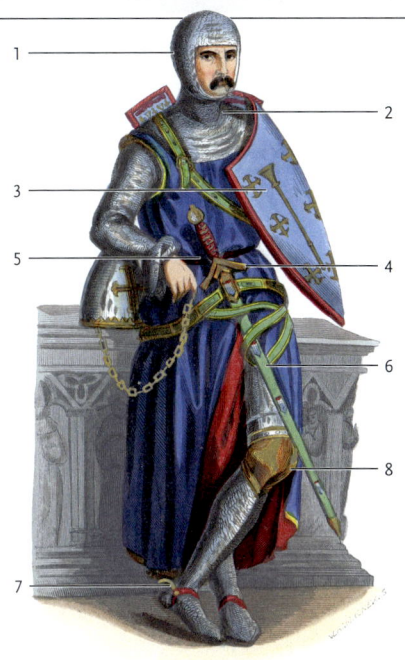

Schwertscheide

Knieschutz

Schild

Sporen

Schwert

Kettenpanzer

Halsberge

Helm

Gürtel

2 – Die Ausrüstung eines englischen Kreuzritters, 13. Jahrhundert.

3 – Streitaxt.

4 – Morgenstern.

Aufnahme in den Ritterstand

Wenn der Knappe die ritterlichen Tugenden erlernt und unter Beweis gestellt hatte, wurde er mit 21 Jahren in die Ritterschaft aufgenommen.

Eine der bekanntesten Darstellungen dieser Zeremonie (Schwertleite) findet sich im Versroman „Tristan": Nach dem Besuch der Messe und dem Empfang des Segens in der Kirche umgürtete Tristans Onkel Marke ihn mit dem Schwert, legte ihm seine *Sporen an und ermahnte ihn, die ritterlichen Tugenden zu achten (Bild 1). Nach der religiösen Zeremonie folgte ein Fest mit Essen und Musik.

Ritterliche Tugenden

Im 12. und 13. Jahrhundert, also während der Regierung der Staufer-Kaiser Friedrich I. Barbarossa, seines Sohnes Heinrich VI. und Enkels Friedrich II. (1194–1250), erlebte das Rittertum seine größte Blüte. In den Romanen dieser Zeit waren Ritter die Helden wie Parzival und Erec aus der Tafelrunde von König Artus. In diesen Erzählungen und in sogenannten Minneliedern wurden die ritterlichen Tugenden *triuwe* (Treue), *stæte* (Beständigkeit), *mâze* (Selbstbeherrschung), *hôher muot* (edle Gesinnung) und eben die *minne* (Frauenverehrung, Liebe) von den Helden vorbildhaft vertreten. Diese Eigenschaften wurden zusammen mit Kraft und Geschicklichkeit im Waffengang auf Turnieren unter Beweis gestellt. Im Tjost (Zweikampf zu Pferd mit Lanze), im Buhuert und Turnei (Gruppenkampf) kämpfte jeder für seine Familie oder für eine schöne *êdele Frouwe* (Adlige).

*Sporen
Hierbei handelt es sich um metallene Bügel, die an den Schuhen befestigt werden und zumeist scharfe Spitzen oder Dornen besaßen, die den Pferden in den Bauch gedrückt wurden, um sie anzutreiben. Bei der Weihe zum Ritter erhielt ein Knappe diese als Zeichen seiner Ritterwürde.

❶▶ Beschreibe mithilfe des Textes „Der Aufstieg der Ritter", wer den Beruf des Ritters ergreifen konnte.

❷▪ Erkläre die Stationen der Ritterausbildung.

❸▪ Betrachte die Ausrüstung des Ritters. Notiere in deinem Heft die Bestandteile der Rüstung und ordne ihnen die Ziffern zu. Vermute, welche Vor- und Nachteile diese Rüstung mit sich brachte.

❹▪ Nenne und erkläre die Tugenden eines Ritters.

❺▪ Stelle gegenüber, was wir heute als „höflich" bezeichnen und was im Mittelalter als „höflich" galt. – Nenne Unterschiede und Gemeinsamkeiten. Erinnere dich dabei an das Gespräch zwischen Stella und ihrem Großvater (S. 15).

❻▪ Zwei junge Adlige, Albrecht und Jacob, tauschen sich über die Schwertleite eines Freundes am Vortag aus. Entwickelt in Partnerarbeit ein szenisches Spiel über dieses Ereignis und spielt es in der Klasse vor.

▶ *Vollzieht den Ablauf mithilfe des Texts und des Bildes nach und überlege, wie du die feierliche Stimmung der Zeremonie zum Ausdruck bringen kannst.*

🔊 Audio

Frauen im Mittelalter

Welche Rolle spielten Frauen in der Gesellschaft?

1 – Jagdgesellschaft eines Herzogs, um 1415.

2 – Bauernfamilie, um 1515.

✳ Mystik
Form der Religiosität,
religiöse Anschauung,
bei der durch Versenkung,
Hingabe und Askese eine
persönliche, erfahrbare
Verbindung mit Gott
gesucht wird.

✳ Priorin
Vorsteherin eines Klosters,
das keine Äbtissin hat.

Die adeligen Frauen

Ein adeliges Mädchen sollte als Ehefrau eines Herzogs oder eines Grafen die Pflichten der Burgherrin erfüllen oder als Nonne in einem Kloster leben. Deshalb wurde es zunächst auf der Burg der Eltern von ihrer Mutter erzogen. Handarbeiten wie Sticken, Nähen und Spinnen gehörten genauso zum Lehrplan wie das Führen der Hauswirtschaft einer ganzen Burg und den dazugehörigen Besitzungen. Daneben lernten die Mädchen Schreiben, Lesen und oft auch Fremdsprachen, wie z. B. Französisch und Latein. Auch Gesang und das Spielen eines Instruments gehörten zur Ausbildung. Damit waren sie umfassender gebildet als die Jungen. Im Grunde ging es aber darum, dass die Mädchen vorteilhaft verheiratet wurden, um das Ansehen der Familie zu steigern. Darum wurde ein Edelfräulein oft schon mit 14 Jahren an andere Höfe geschickt, wo sie als Gesellschafterin ihr höfisches Benehmen und andere Fertigkeiten wir Dichtkunst und Sprachen vervollkommneten.

Mit 16 war das Mädchen im heiratsfähigen Alter und es wurde erwartet, dass es bereits einen höfischen Haushalt führen und seinen gesellschaftlichen Pflichten nachkommen konnte.

Von Bäuerinnen und Mägden

Die meisten Frauen im Mittelalter lebten jedoch auf dem Land, weil die Landbevölkerung den weitaus größten Teil der Gesellschaft bildete. Deshalb waren die meisten Frauen Bäuerinnen. Hier mussten sie genauso hart arbeiten wie die Männer. Sie halfen auf den Feldern mit, mussten sich aber zusätzlich um den Haushalt und die Kinder kümmern. Auf den Burgen gab es Frauen, die verschiedene Arbeiten ausübten, etwa als Mägde oder Köchinnen. Es gab nur wenige Frauen, die einen Beruf erlernten und ausübten. So gab es damals schon Hebammen, die bei der Geburt halfen, ebenso wie heilkundige Frauen. Diese Tätigkeiten setzten eine gewisse Ausbildung voraus.

VIP

„Dein Schöpfer hat dir den besten Schatz gegeben, einen lebendigen Schatz: deinen Verstand."

Name: Hildegard von Bingen

Lebensdaten: 1098 –17. September 1179

Familie: Sie stammte aus einer reichen adligen Familie und war das zehnte Kind.

Jugend/Schule/Ausbildung:
- Hildegard wurde von Jutta von Sponheim als Nonne erzogen, legte mit 15 Jahren ihr Gelübde ab und wurde Benediktinerin.
- Sie hatte oft Anfälle und Visionen, die sie als Geschenk Gottes sah und später niederschrieb.

Werdegang:
- Sie war *Priorin des Frauenklosters von Disibodenberg und führte ein moderneres Klosterleben ein. 1147/48 gründete sie ihr eigenes Kloster am Rupertsberg bei Bingen.
- Hildegard beschäftigte sich mit Theologie, Politik, Kunst, Musik, Philosophie, Medizin und Naturkunde.

Besonderheit:
- Sie reiste viel, predigte und beriet wichtige Entscheidungsträger. Außerdem stand sie mit den Mächtigen ihrer Zeit, z. B. Bernhard von Clairveaux und König Barbarossa, in regem Briefkontakt.
- Die Geistliche war eine finanziell unabhängige, selbstbewusste Frau mit starker Ausstrahlung in einer von Männern beherrschten Welt und wurde wegen ihres Glaubens und ihrer Lebensart für viele zum Vorbild.

Was bleibt:
- Sie gilt bis heute als christliche *Mystikerin des Mittelalters.
- Ihre Werke über Krankheiten und die Heilwirkung von Pflanzen sind noch heute aktuell.
- Rezepte von ihr werden gern als Alternative zu herkömmlichen Arzneimitteln verwendet. Ihre Einheits- und Ganzheittheorie verbindet religiöse mit medizinischen und volkstümlichen Vorstellungen.
- eine Sammlung geistlicher Lieder

3 – Ein Ritter empfängt einen Blumenkranz als Minnelohn. Buchmalerei aus dem Codex Manesse, um 1310–1340.

❶ 🖥 Seht euch die Bilder 1 und 2 an. Schreibt jeweils einen kurzen Bericht über den Tagesablauf der dargestellten Personen und vergleicht die unterschiedlichen Lebensverhältnisse.

❷ 🖥 Vergleicht mithilfe der S. 36 die Erziehung eines adligen Mädchens mit der eines Jungen.

❸ 🖥 Erkläre das Zitat von Hildegard von Bingen.

❹ 🖥 Informiere dich im Internet über Produkte, die den Namen Hildegard von Bingen tragen. Was fällt dir auf?

❺ 🖥 Recherchiere über Agnes Dürer, die Ehefrau von Albrecht Dürer. Welche Tätigkeiten übte sie aus? Wie war ihre gesellschaftliche Stellung? Vergleiche Agnes Dürer mit Hildegard von Bingen.

❻ 🖥 Erkläre die Rolle unverheirateter adliger Frauen im Mittelalter.

❼ 🖥 Stellt die Aufgaben einer Bäuerin in einer Übersicht zusammen und vergleicht sie mit den Aufgaben einer adligen Frau.

❽ 🖥 Nehmt Stellung zur Überschrift dieser Seite.

Methode

Eine Sachquelle untersuchen

Fast überall, vor allem aber in Museen und Ausstellungen, findet ihr Sachquellen, auch gegenständliche Quellen genannt. Sie sind neben Text- und Bildquellen die wichtigste und größte Gruppe historischer Überreste. Zu unterscheiden sind bewegliche Objekte, wie Werkzeuge, Einrichtungsgegenstände, Geld und Abzeichen, und ortsfeste Objekte, wie Gebäude.

Nicht alle der unten aufgeführten Fragen lassen sich bei der Untersuchung einer Sachquelle beantworten, da die hierzu nötigen Informationen oft fehlen.

Diese Schritte helfen euch, eine Sachquelle zu untersuchen:

Schritt 1 **Die Sachquelle beschreiben**	■ Wie sieht das Objekt aus? Aus welchen Teilen besteht es? ■ Aus welchen Materialien ist es hergestellt? ■ Gibt es Verzierungen oder Inschriften (z. B. bei Münzen)?
Schritt 2 **Die Funktion der Sachquelle erkunden**	■ Wozu wurde das Objekt genutzt? ■ Welche Hinweise ergeben sich aus ihm selbst? ■ Welche Hinweise liefert die Bildlegende (bzw. die Beschriftung im Museum)? ■ Welche weiteren Informationen sind zu bekommen (z. B. im Museum, aus Sachbüchern, aus dem Internet)?
Schritt 3 **Die geschichtliche Bedeutung der Sachquelle erschließen**	■ Welche Rückschlüsse lässt die Sachquelle auf das Leben, Arbeiten und Wohnen der Menschen in jener Zeit zu? ■ Wie ist die Sachquelle zeitlich einzuordnen?

❶ Untersucht mit den drei Arbeitsschritten eine der Sachquellen auf S. 41 (Bild 2 oder Bild 3).

❷ Besucht euer Heimat- oder Stadtmuseum und bearbeitet mit dieser Methode eine dort ausgestellte Sachquelle aus der Zeit des Mittelalters.

1 – Turnierspielzeug. 1. Hälfte 16. Jahrhundert. Eisen, graviert, geätzt, Holz, teilweise farbig. 28 x 9 cm. Diese Gliederpuppe war Teil eines Kinderspielzeuges; die Rüstung ist genau gearbeitet. Das Untergewand und das dazugehörige Pferd sind verloren gegangen.

2 – Wappen der Grafen von Schwarzburg-Rudolstadt über dem Eingang des Kaisersaals der Schwarzburg im Kreis Saalfeld-Rudolstadt. Die Schwarzburger gehörten zu den Adelsfamilien, die am längsten in Deutschland regierten. Im Zentrum des Wappens ein schwarzer Doppeladler, auf dem Kopf die kaiserliche Krone. In der rechten Klaue hält er das Reichsszepter, in der linken den Reichsapfel. Foto, 2009.

Lösungsbeispiel zu Bild 1

Zum Schritt 1:
Zu sehen ist eine kleine, bewegliche Figur auf einem hölzernen Sockel. Auf dem Kopf und im oberen Bereich trägt die Figur eine eiserne Rüstung, die aus acht Teilen besteht, die durch nägelartige Stifte miteinander verbunden sind. Der Kopf der Figur ist durch einen großen Helm verdeckt, der nur einen breiten Sehschlitz offen lässt. Die Rüstung ist durch Gravuren an den äußeren Rändern und im Bereich des Helmes verziert.

Zum Schritt 2:
Die Bildlegende gibt Auskunft darüber, dass es sich um ein Kinderspielzeug handelt, das nur 28 cm hoch ist. Aus der Legende geht auch hervor, dass der untere Teil der Rüstung und das Pferd, die zu dieser Spielzeugfigur gehörten, verloren gegangen sind. Die Figur stammt aus der ersten Hälfte des 16. Jahrhunderts.

Zum Schritt 3:
Die Figur zeigt, dass das Leben der Ritter für Kinder so interessant war, dass sie es mithilfe einer solchen Figur nachspielen wollten. Die Rüstung ist einer echten Ritterrüstung genau nachempfunden und aufwendig verziert. Vermutlich war die Figur sehr teuer, sodass wohl nur wenige reiche Kinder mit einer solchen Figur gespielt haben werden.

3 – Schachspielstein mit gepanzerten Reitern im Zweikampf. Elfenbein, Vergoldungen, um 1100, 6,1 x 6,8 x 2,4 cm. Die Darstellung zeigt einen Zweikampf; der linke Kämpfer ist getroffen und lehnt sich fallend zurück. Das Schachspielen war seit dem 9. Jahrhundert in Europa verbreitet.

Lebenswelt Kloster

Welche Rolle spielten Klöster im Mittelalter?

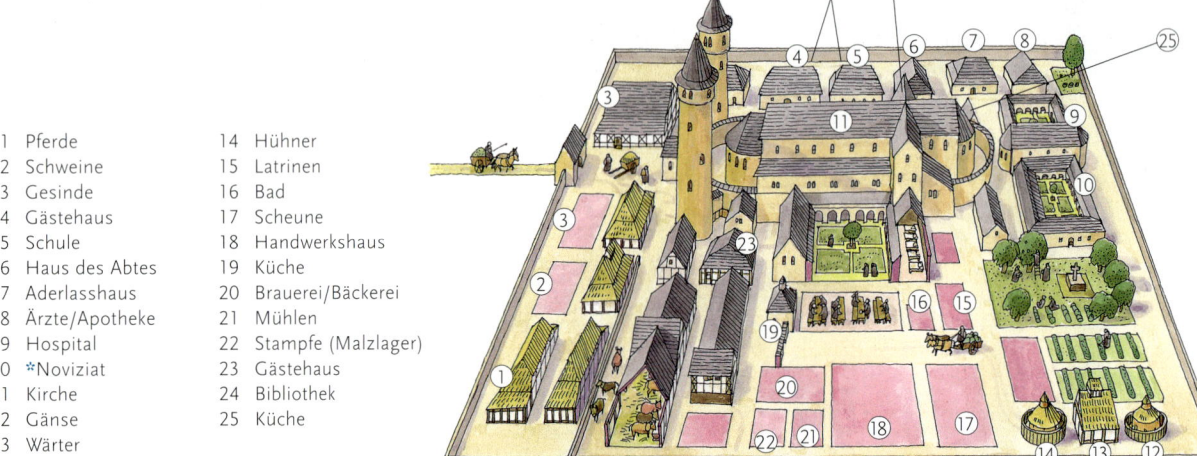

1 Pferde	14 Hühner
2 Schweine	15 Latrinen
3 Gesinde	16 Bad
4 Gästehaus	17 Scheune
5 Schule	18 Handwerkshaus
6 Haus des Abtes	19 Küche
7 Aderlasshaus	20 Brauerei/Bäckerei
8 Ärzte/Apotheke	21 Mühlen
9 Hospital	22 Stampfe (Malzlager)
10 *Noviziat	23 Gästehaus
11 Kirche	24 Bibliothek
12 Gänse	25 Küche
13 Wärter	

1 – Klosterplan von St. Gallen in der Schweiz. Rekonstruktionszeichnung nach einem Plan von 820 n. Chr. Das *Kloster entwickelte sich in der Mitte des 8. Jahrhunderts zu einer der bedeutendsten Stätten.

* Kloster
Ein Kloster ist eine bauliche Anlage, die von einer religiösen Lebensgemeinschaft genutzt wird oder wurde.

* Weinkeltern
Beim Keltern werden durch eine Presse Frucht- und Obstsäfte gewonnen, die auch als Vorstufen von Wein und Most verwendet werden.

* Noviziat
Dieser Begriff bezeichnet die Zeit der Ausbildung, in der jemand, der neu in eine christliche Ordensgemeinschaft eingetreten ist, sich in der Ausbildung und Vorbereitung auf die Ordensgelübde befindet. Die neu in die Gemeinschaft Aufgenommenen werden als Novize beziehungsweise Novizin bezeichnet

Klöster als kulturelle Zentren

Der Alltag des europäischen Mittelalters wurde durch die christliche Religion bestimmt. Manche Menschen gingen sogar in ein Kloster, um ihr Leben ganz in den Dienst Gottes zu stellen. Sie wurden Mönch oder Nonne. Dies hatte aber auch oft familiäre Gründe. Als zweiter oder dritter Sohn konnten Männer nichts erben und waren dann im Kloster wenigstens versorgt. Auch für Frauen war das Kloster eine Möglichkeit, der Not oder einem ungeliebten Ehemann zu entfliehen.

In der Klosterschule erhielten die Jungen, die sich auf das Mönchsleben vorbereiteten, eine Ausbildung im Lesen, Schreiben und Rechnen. Auch für junge Frauen und Mädchen war der häufigste Grund, in ein Kloster einzutreten, das Bedürfnis nach Bildung. Im Kloster konnten sie lesen und sich Theologie und Philosophie widmen.

Klöster als Zentren der Fürsorge

In vielen Klöstern gab es Armenhäuser und Hospitäler. Nächstenliebe zu leisten und Hilfsbedürftigen zu helfen, war die Pflicht der Nonnen und Mönche – wollten sie doch dem Vorbild Jesu Christi folgen. So erhielten Arme, Kranke und ältere Menschen nicht nur Kleidung und Essen, sondern wurden auch mit heilenden Arzneikräutern versorgt. Diese wurden in eigenen Klostergärten angebaut.

Das Wissen um die Heilkraft von Pflanzen und deren Wirkung wurde in den Klöstern aufgeschrieben und weitergegeben.

Klöster als wirtschaftliche Zentren

Das Wirken der Mönche und Nonnen ging weit über die Klostermauern hinaus. Ihnen war es oft zu verdanken, wenn bislang unzugängliche Gebiete bewohnbar gemacht, Straßen und Wege gebaut, Teiche und Bewässerungssysteme angelegt wurden. In den Klöstern wurden neue Getreide- oder Obstsorten gezüchtet. Mönche und Nonnen versorgten nicht nur die Angehörigen des eigenen Klosters, sondern auch das Umland. Selbst beim Bierbrauen und *Weinkeltern waren Klöster führend.

Klöster sind noch heute zum Teil wichtige Zentren für das religiöse Leben, aber auch als Träger von Pflegeeinrichtungen für Senioren, Kranke und Menschen mit Behinderungen. Als Wirtschaftsbetriebe führen sie Läden, in denen man klostereigene Produkte kaufen kann, oder stellen zeitweise Unterkünfte bereit. Auch als Tagungsorte öffnen Klöster ihre Tore. Eines der bekanntesten Klöster Thüringens ist das Augustinerkloster in Erfurt, das ab 1277 erbaut wurde und in dem Martin Luther zwischen 1505 und 1511 als Mönch lebte.

Gelübde für Mönche und Nonnen

Alle Klöster hatten strenge Regeln, nach denen der Tageslauf der Mönche und Nonnen ablief. Zumeist waren dies die Regeln des Benedikt von Nursia (um 480–547 n. Chr.), der als Begründer des Mönchtums in Europa gilt. Danach mussten Frauen und Männer, die in ein Kloster eintreten wollten, drei feierliche Versprechen (Gelübde) ablegen:
1. Sie verpflichteten sich, ohne Besitz zu leben (Armutsgelübde).
2. Sie versprachen, ehelos zu bleiben (Keuschheitsgelübde oder Zölibat).
3. Sie versprachen, dem Abt oder der Äbtissin zu gehorchen (Gehorsamkeitsgelübde).

Benedikt gab in 73 Kapiteln Anweisungen für das gemeinsame Leben im Kloster. In den meisten Klöstern bestimmen noch heute diese Benediktinerregeln das Leben der Mönche und Nonnen (Q1).

Das Leben im Kloster

Der Tagesablauf war streng geregelt und war geprägt von einem Rhythmus von Gebet und Arbeit (ora et labora = bete und arbeite): insgesamt acht Stunden Arbeit und acht Stunden Beten. Die Zeiten des Gebets unterbrachen die Arbeitszeit und ermöglichten Ruhepausen. Bei der Arbeit sollten die Mönche und Nonnen schweigen. Sie standen um drei Uhr morgens auf, beteten und hielten geistliche Übungen und Gottesdienste ab. Danach folgte die Arbeit, die vielfältig war: Teppiche und Kleider herstellen, Obst und Gemüse ernten, kochen, Wein keltern, Bier brauen, Kranke pflegen, in der Klosterschule unterrichten, Tote begraben und vieles mehr.

Im Laufe der Jahrhunderte entstanden neben den Benediktinern zahlreiche andere Klostergemeinschaften (Orden) wie die Franziskaner, Dominikaner und Zisterzienser.

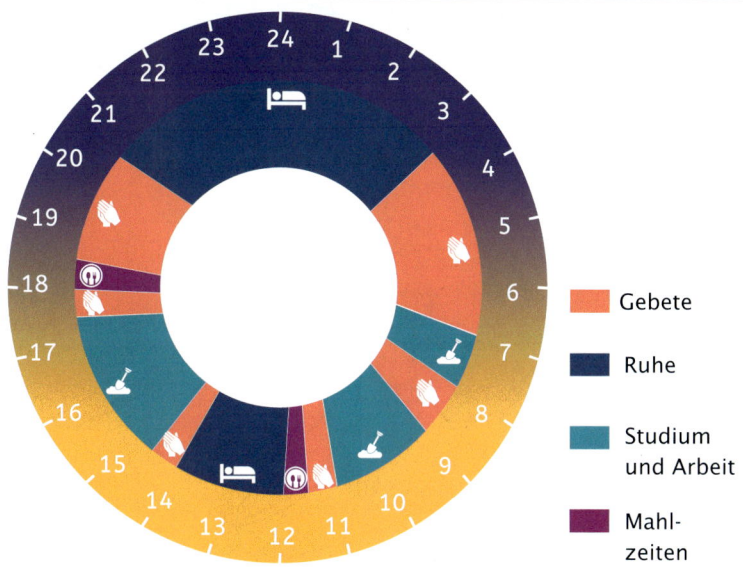

2 – Tagesablauf nach den Benediktregeln in einem Kloster.

Legende:
- Gebete
- Ruhe
- Studium und Arbeit
- Mahl-zeiten

Q1 **Für das Zusammenleben gab Benedikt den Mönchen im Jahre 540 feste Regeln:**
2: Der Abt gilt als Stellvertreter Christi im Kloster ...
5: Die erste Stufe der Demut ist Gehorsam ohne Zaudern ...
33: Keiner wage es, ohne Erlaubnis des Abtes etwas wegzunehmen oder zu empfangen odcr etwas Eigenes zu besitzen ... Alles sei allen gemeinsam ...
48: Müßiggang ist ein Feind der Seele. Deshalb sollen sich die Mönche beschäftigen: zu bestimmten Zeiten mit der Heiligen Schrift ... oder mit dem Einbringen der Ernte. Sie sind nämlich erst wahre Mönche, wenn sie von der Arbeit ihrer Hände leben.

---

❶ Entwirf eine Mindmap zur Rolle der Klöster im Mittelalter. Was leisteten sie? Wie prägten sie das Leben der Menschen auch außerhalb des Klosters?
▶ *Nimm hierzu die Methode „Eine Mindmap erstellen" zu Hilfe.*
❷ Anhand des Klosterplans von St. Gallen (Bild 1) kannst du die Berufe und Tätigkeiten der Mönche ermitteln. Arbeite sie heraus und trage sie in eine Tabelle in dein Heft ein.

Gebäude	Berufe	Tätigkeiten
Hospital	...	...

❸ Beschreibe mithilfe von Grafik 2 und Q1 den Tagesablauf in einem Kloster. Ordne dabei die Abbildungen den Tageszeiten zu. Zeichne nach diesem Vorbild deinen Tagesablauf und vergleiche.
❹ Recherchiere im Internet, wo sich in der Nähe deines Schul- bzw. Heimatortes ein Kloster befindet. Erkundige dich auf der Homepage über das Kloster, z. B. Gründungsjahr, Größe, Regeln, Tätigkeiten. Gestalte eine Collage und stelle sie deiner Klasse vor.

Kreuzzüge – Kriege im Namen Gottes

Wie kam es zu den Kreuzzügen?

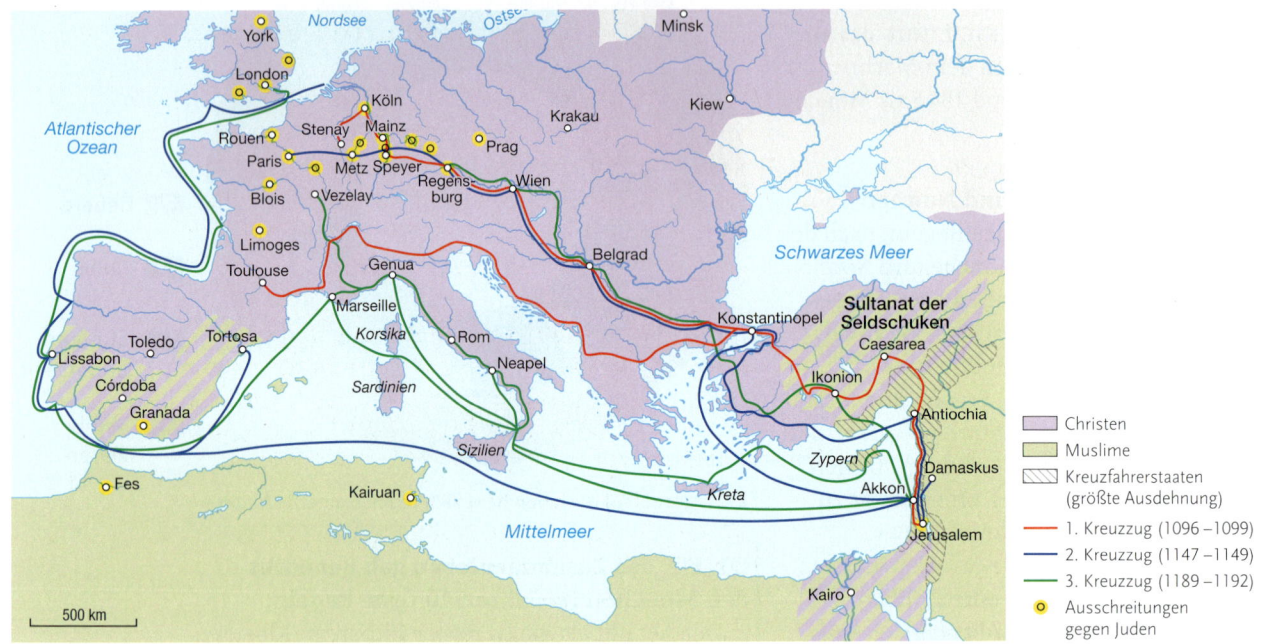

1 – Kreuzzüge im 11. und 12. Jahrhundert.

* **Seldschuken**
  Reitervolk aus Mittelasien
  (heutiges Turkmenistan
  und Usbekistan).

* **Synode**
  Versammlung hoher
  Kirchenvertreter.

* **Kreuzfahrer**
  So wurden die Teilnehmer
  der Kreuzzüge genannt.

Deus lo vult! – Gott will es!

Das für die Christen Heilige Land (Palästina) war im Zuge der Ausbreitung des Islams bereits Mitte des 7. Jahrhunderts von den Arabern erobert worden. Trotzdem konnten christliche Pilger, ohne angefeindet zu werden, zu den heiligen Stätten in Jerusalem, Betlehem oder Nazareth gelangen. Die Zahl der Pilger stieg immer weiter an, gefördert durch die Kirche und unterstützt von den hier herrschenden Kalifen, denn die Pilgersteuer brachte Geld ins Land. Im 11. Jahrhundert wurden Syrien, Palästina und große Teile des byzantinischen Reiches vom türkischen Volk der *Seldschuken erobert. Die Pilgerwege waren nun nicht mehr sicher. Pilger wurden ausgeraubt und ermordet. Der Kaiser von Byzanz Alexios I. Komnenos konnte nicht länger den Angriffen standhalten und bat um Unterstützung. Papst Urban II. nahm diesen Hilferuf zum Anlass, um zum Abschluss einer *Synode in Clermont 1095 zum Kreuzzug aufzurufen. Die heiligen Stätten sollten befreit werden und wieder unter christliche Kontrolle kommen.

Dieser Aufruf war nach Ansicht der Christen in Europa der Wille Gottes, der durch den Papst verkündet wurde. Der Kreuzzug war somit Kriegszug, Bußgang und Pilgerfahrt in einem.

Aufbruch zum Kreuzzug

Wanderprediger verbreiteten den Aufruf des Papstes in ganz Europa. Es brachen Hunderttausende auf und verließen ihre Familien und ihre Heimat. Unter der Führung des Lothringer Herzogs Gottfried von Bouillon brach das erste *Kreuzfahrerheer bereits 1096 auf. Es bestand aus Rittern, Adligen, Bauern und Handwerkern, aber auch aus Abenteurern, Verbrechern und Dieben. Insgesamt zogen etwa 320000 Männer, Frauen und Kinder los, um das Heilige Land zurückzuerobern. Von ihnen kamen nur circa 40000 vor den Mauern Jerusalems an. Auf dem Weg der Kreuzfahrer lagen viele jüdische Gemeinden und für diese hatten die Kreuzzüge tragische Folgen. In Worms, Speyer, Regensburg, Prag und anderen Städten wurden jüdische Häuser und Synagogen geplündert und zerstört sowie 5 000 Juden ermordet. Der Hass der Kreuzfahrer auf die Muslime war umgeschlagen in einen Hass gegen Andersdenkende und Andersgläubige.

Die Eroberung Jerusalems

Das Hauptziel der Kreuzfahrer war Jerusalem. Hier sollten vor allem die heiligen Stätten aus den Händen der Muslime, die aus christlicher Sicht heidnisch waren, befreit werden. Christen ist vor allem die Grabeskirche wichtig. Laut Überlieferung wurde hier Jesus Christus begraben. Nach einem Zwischenhalt in Konstantinopel, dem heutigen Istanbul, das damals Hauptstadt des Byzantinischen Reichs war, erreichte das christliche Heer 1099 Jerusalem und nahm es ein. Dabei kam es zu einem Blutbad, bei dem viele muslimische und jüdische Bewohner, darunter auch Frauen und Kinder, von den Kreuzrittern niedergemetzelt wurden. Im Jahr 1100 riefen die Kreuzfahrer das Königreich Jerusalem aus, dessen erster König Balduin von Boulogne wurde. Danach entstanden drei weitere Kreuzfahrerstaaten, nämlich Edessa, Antiochia und Tripolis. Weil die Kreuzfahrerstaaten jedoch durch die muslimischen Anrainerstaaten bedroht wurden, kam es bis 1270 noch zu vier weiteren Kreuzzügen, die allerdings nicht erfolgreich waren. Das christliche Königreich Jerusalem erlitt 1187 eine schwere Niederlage und ging wieder verloren. Akkon, die letzte Kreuzfahrerfestung in Palästina, fiel im Jahr 1291. Damit war die Kreuzfahrerbewegung zu Ende. Die Kreuzritter hinterließen auf ihrem Weg große Verwüstung und Tod. Ihre Feldzüge brachten Europa jedoch auch einen fruchtbaren Austausch mit der muslimischen und orientalischen Kultur.

Q1 Der Mönch Robert von Reims gab die Rede Papst Urbans II. im Jahr 1107 wie folgt wieder:

... Ihr Volk der Franken, ... ihr seid ... Gottes geliebtes und auserwähltes Volk. ... An euch richtet sich unsere Rede. ... Aus dem Land Jerusalem und der Stadt Konstantinopel kam schlimme Nachricht. ... Ein fremdes Volk, ein ganz gottfernes Volk ... hat die Länder der dortigen Christen besetzt, durch Mord, Raub und Brand entvölkert und die Gefangenen teils in sein Land abgeführt, teils elend umgebracht; es hat die Kirchen Gottes gründlich zerstört ... Ihr überaus tapferen Ritter, dieses Land, in dem ihr wohnt, ... ist von euch beängstigend dicht bevölkert ... und liefert seinen Bauern kaum die nötigste Nahrung. Tretet den Weg zum Heiligen Grab an, nehmt das Land dort dem gottlosen Volk, macht es euch untertan! ... Jerusalem ist der Mittelpunkt der Erde, das fruchtbarste aller Länder. ... Schlagt also diesen Weg ein zur Vergebung eurer Sünden; nie verwelkender Ruhm ist euch im Himmelreich gewiss ...

2 – Jerusalem, Grabeskirche, im 4. Jahrhundert gegründet. Foto, 1980.

❶▶ Verfolge anhand der Karte den Weg der Kreuzfahrer während des ersten Kreuzzugs. Benenne mithilfe eines Atlasses die heutigen Staaten, durch die der Weg führte.

❷▶ Nenne die Gründe für den Kreuzzug laut Papst Urban II. (Q1).

❸▶ Erkläre mithilfe von Q1, mit welchen Versprechen Urban II. seine Zuhörer zur Teilnahme am Kreuzzug bewegen wollte.

❹▶ Recherchiere zur Grabeskirche (Bild 2) und erläutere, warum Jerusalem das Hauptziel der Kreuzfahrer war.

❺▶ Erkläre mithilfe des Textes, ob es neben religiösen auch andere Gründe gab, in das Heilige Land zu ziehen.

❻▶ Nimm Stellung zur Aussage: „Gott will es!"

❼▶ Beurteilt in Partnerarbeit, welches Motiv wohl maßgeblich für die zahlreiche Teilnahme an den Kreuzzügen war.

▶ *Berücksichtigt die Denkweise der damaligen Zeit.*

▶ Video

Methode

Textquellen vergleichen

Du hast bereits gelernt, wie Textquellen entschlüsselt werden.

Häufig stehen zu einem Thema auch mehrere Quellen zur Verfügung, die ähnliche oder sogar unterschiedliche Sichtweisen auf ein Ereignis zum Ausdruck bringen.

So ist es möglich, einen Sachverhalt aus verschiedenen Perspektiven zu betrachten. Es muss jedoch auch hinterfragt werden, warum Unterschiede in der Beschreibung vorliegen.

Folgende Hinweise helfen dir, Textquellen zu vergleichen:

Schritt 1
Erschließen der einzelnen Textquellen

- Wer ist der jeweilige Autor?
- Wo und wann sind die Texte verfasst worden?
- Welchem historischen Zeitraum lassen sich die Quellen zuordnen (Epoche, Ereignis, Konflikt)?
- Welche Textsorte liegt jeweils vor (Bericht, Brief, Rede, Vertrag, Inschrift, Erzählung, ...)?
- Wer sind die Adressaten der Texte (Machthaber, Öffentlichkeit, bestimmte Personengruppen, ...)?
- Was ist das gemeinsame Thema der Texte?
- Welche Sätze enthalten Sachinformationen? Welche Sätze geben die Meinung des Verfassers oder sein Urteil wieder?

Schritt 2
Überprüfen der Glaubwürdigkeit der Texte

- Waren die Autoren wirklich Augenzeugen der Geschehnisse oder liefern sie Informationen aus „zweiter Hand"?
- Mit welchem zeitlichen Abstand zum Geschehen wurden die Texte verfasst?

Schritt 3
Vergleich der Inhalte

- Stelle die wichtigsten Informationen und Kernaussagen beider Texte gegenüber.
- Welche Gemeinsamkeiten und Unterschiede kannst du feststellen?
- Wie kann man die Differenzen erklären (Perspektive, unterschiedliche Interessen der Autoren)?

Schritt 4
Sammeln weiterer Informationen

- Ordne dein bisheriges Wissen über den Sachverhalt den neu gewonnenen Informationen hinzu.
- Benötigst du weitere Informationen für deine Einschätzung? Recherchiere.

Schritt 5
Formulieren der Ergebnisse

- Fasse deine Ergebnisse zusammen.
- Wie lassen sich die Texte aus heutiger Sicht bewerten?
- Bilde dir ein eigenes Urteil zu den Geschehnissen und begründe es.

❶ ▶ Lies dir die Textquellen Q1 und Q2 auf S. 47 durch und vollziehe die Arbeitsschritte zum Quellenvergleich anhand des Lösungsmusters nach. Fülle die vorhandenen Lücken.

❷ ▶ Führe mithilfe der Arbeitsschritte einen Textquellenvergleich von Q1 und Q2 auf der S. 121 (Bauern und Luther) durch.

1 – Eroberung Jerusalems durch die Kreuzritter. Zeitgenössische Buchmalerei.

Q1 Der arabische Chronist Ibn al-Athir (1160–1233) berichtet in seiner Geschichte der Kreuzzüge:

… In der al-Aqsa-Moschee … töteten die Franken mehr als 70 000 Muslime, unter ihnen viele … Religions-gelehrte …, die ihr Land verlassen hatten, um in frommer Zurückgezogenheit an diesem heiligen Ort zu leben. Aus dem Felsendom raubten die Franken mehr als vierzig Silberleuchter, … zwanzig goldene und andere unermessliche Beute. Die Flüchtlinge erreichten Bagdad.
… In der Kanzlei des Kalifen gaben sie einen Bericht, der die Augen mit Tränen füllte und die Herzen betrübte. … Wegen des schweren Unglückes, das sie erduldet hatten, brachen sie sogar das Fasten. …

Q2 Der französische Mönch Fulcher von Chartres (1059–1127) schildert um 1100 in seiner Chronik:

… Nach dem großen Gemetzel betraten sie die Häuser und ergriffen alles, was sie vorfanden. Es geschah so, dass jeder, der zuerst ein Haus betrat, ob er reich oder arm war, nicht von einem anderen Franken bedroht wurde. Er durfte das Haus und den Palast, oder was er fand, besetzen und besitzen, als wäre es sein Eigen. So einigten sie sich gegenseitig über ihr Recht auf Besitz. Auf diese Weise wurden viele arme Leute reich. …

Lösungsbeispiel zu S. 45, Q1, und S. 47, Q1:

Zum Schritt 1:
Die Textquellen handeln beide von der Eroberung Jerusalems. Die Autoren gehören den jeweiligen gegnerischen Parteien an. Wilhelm von Tyrus schreibt aus der Sicht der Kreuzfahrer, Ibn al-Athir aus der der Muslime.

Zum Schritt 2:
Beide Berichte stammen nicht von Augenzeugen und wurden in einigem zeitlichen Abstand verfasst. Trotzdem erscheinen beide glaubwürdig, da die Ereignisse ähnlich geschildert werden, obwohl die Berichtenden gegnerischen Parteien angehören.

Zum Schritt 3:
Beide Verfasser schildern das grausame Vorgehen der Kreuzritter. Fulcher von Chartres macht dabei die damalige christliche Sicht auf die Kreuzzüge deutlich, indem er das Vorgehen der Ritter als „gerechtes Urteil Gottes", Akt der Reinigung und Herstellung der Ordnung darstellt. Ibn al-Athir dagegen weist nicht nur auf die getöteten Muslime, sondern …

Zum Schritt 4:
Um mehr über den geschichtlichen Hintergrund der Ereignisse zu erfahren, kann man sich in einem Lexikon oder im Internet über den Ersten Kreuzzug und die Eroberung Jerusalems informieren.

Zum Schritt 5:
Die Eroberung Jerusalems wird in beiden Quellen als grausames Ereignis beschrieben, aber es gibt in der Darstellung auch Unterschiede, weil die Verfasser das Ereignis aus verschiedenen Blickwinkeln betrachten …

Juden, Christen und Muslime

Spanien – ein Beispiel religiöser Toleranz?

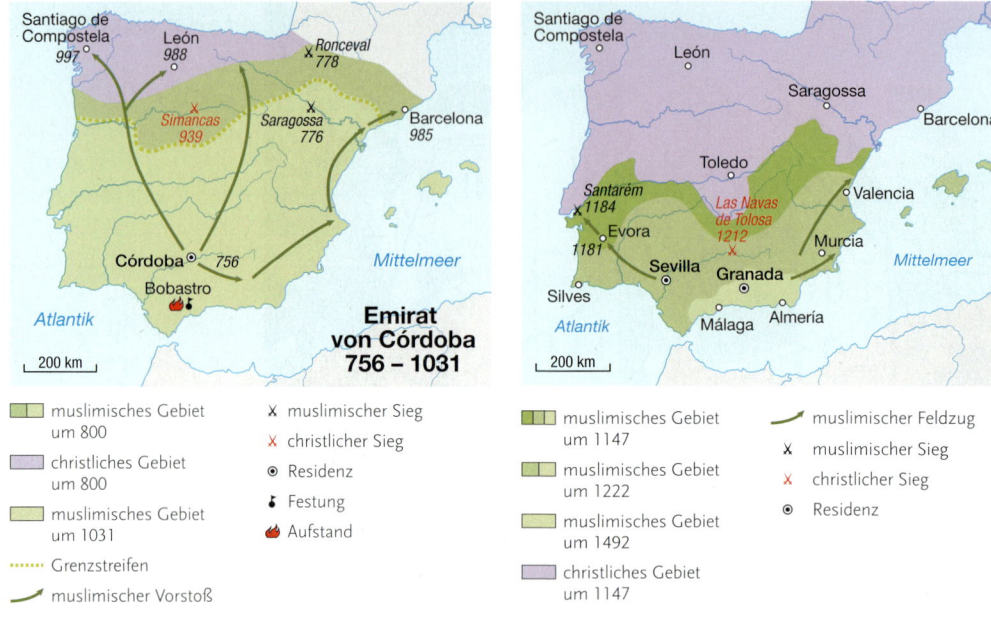

1 – Islamische und christliche Herrschaft in Spanien vom 8. bis zum 11. Jahrhundert.

Islamische Herrschaft in Spanien

Bevor arabische Heere im Jahre 711 in Spanien eindrangen, wurde dieses Gebiet von den Westgoten beherrscht. Diese hatten nach dem Untergang des Weströmischen Reiches hier ein Königreich errichtet. Die arabischen Heere drangen immer weiter vor und eroberten die Hauptstadt Toledo. Die Westgoten mussten sich ergeben. Innerhalb von drei Jahren wurde fast ganz Spanien besetzt – nur im Norden konnten die Christen ihr Gebiet verteidigen. Die Muslime nannten ihr neues Herrschaftsgebiet fortan al-Andalus.

Eine Zeit des Friedens

Unter der muslimischen Herrschaft erlebte Spanien einen gewaltigen Aufschwung und eine Zeit der religiösen Vielfalt. Zwar kam es auch immer wieder zu gewaltsamen Auseinandersetzungen, doch bleibt diese Zeit des zumeist friedlichen religiösen Miteinanders in der Geschichte beispielhaft. Große Bedeutung erlangte Kalif Abd ar-Rahman III. (912–961). Während seiner Regierungszeit und der seines Sohnes Al Hakam II. wurde die spanische Stadt Córdoba zur größten und reichsten Stadt Europas.

Córdoba – lebhaft und modern

In arabischen Quellen aus dem 10. Jahrhundert heißt es über die Stadt, dass es hier 113 000 Häuser und fast 60 000 Villen und Paläste gab. Mehr als 500 000 Einwohner soll Córdoba gehabt haben. Ihnen standen 50 Krankenhäuser und fast 900 öffentliche Bäder zur Verfügung. Es gab viele öffentliche Schulen und 17 Hochschulen. Selbst die ca. 70 Bibliotheken konnten von den Einwohnern kostenlos genutzt werden.

Córdoba – Stadt der Wissenschaften

So war es nicht verwunderlich, dass sich Córdoba in dieser Zeit zum Zentrum von Kultur und Wissenschaft entwickelte. Hier trafen sich Gelehrte aus aller Welt – Muslime, Juden und Christen –, um gemeinsam in Medizin und Naturwissenschaften zu forschen und die Werke der alten Griechen zu übersetzen. Es kam zu einer Vernetzung von Wissen zwischen Arabien und Europa. Welchen Einfluss die arabisch-muslimische Kultur des Mittelalters noch heute auf unser Leben hat, zeigt sich an vielen Lehnwörtern, die in unsere Sprache übernommen wurden: Admiral, Alkohol, Benzin, Chemie, Gitarre, Kaffee, Karussell, Laute, Marzipan, Muskat, Orange, Sofa, Ziffer, Zucker u. v. a.

2 – Arabisches Wasserrad am Fluss Guadalquivir. Es versorgte unter anderem die Gärten des *Alcazar mit Wasser. Diese neue Technologie übernahmen die Spanier in der Folgezeit.

3 – Der Löwenhof der Alhambra (= Rote Burg), eine im 13. und 14. Jahrhundert von den muslimischen Herrschern erbaute Burg in Granada. Foto, 2012.

Die Rückeroberung Spaniens

Leider zeigten sich die Nachfolger der großen Kalifen weniger tolerant. Immer wieder kam es zu Streitigkeiten mit den Christen. Als sich in Europa um 1100 die Kreuzzugsbewegung (siehe S. 44) entwickelte, begann auch der Niedergang der arabischen Herrschaft in Spanien. Die christlichen Herrscher begannen mit der Rückeroberung Spaniens – der Reconquista. In der entscheidenden Schlacht 1212 von Las Navas de Tolosa siegten die christlichen Heere. Nur das Gebiet um Granada konnte sich noch 300 Jahre halten. Erst das katholische Königspaar Ferdinand von Aragon und Isabella von Kastilien beendete schließlich 1492 den Kampf und die religiöse Toleranz. Im selben Jahr mussten die Juden und 1501 die Muslime Spanien verlassen, wenn sie sich nicht taufen lassen wollten.

Q1 Im Jahre 713 schloss der arabische Feldherr Musa ibn Nusair mit dem besiegten westgotischen König folgenden Vertrag:
... Sie [der König und seine Leute] werden weder getötet noch versklavt, noch von ihren Frauen und Kindern getrennt, noch wegen ihrer Religion behelligt. Ihre Kirchen werden nicht verbrannt, religiöse Gegenstände nicht daraus geraubt. Das gilt, solange er [der König] sich an unsere Vereinbarungen hält. ...

* Alcázar
Festung des Kalifen und später der christlichen Herrscher.

❶ ▶ Nenne Folgen der Eroberung Spaniens durch die Araber.

❷ ▶ Beschreibe mithilfe der Karten 1 und 2 sowie des Textes
   a) die Eroberung Spaniens durch die muslimischen Heere,
   b) die christliche Rückeroberung Spaniens.

❸ ▶ Erkläre mithilfe des Textes, weswegen Córdoba ein Zentrum von Kultur und Wissenschaft war.

❹ ▶ Gib die Anweisungen des Feldherrn Musa ibn Nusair wieder und bewerte sein Verhalten gegenüber den besiegten Westgoten.

❺ ▶ Ein fränkischer Händler, der im 10. Jahrhundert Córdoba besucht, berichtet am Abend in einem Brief seiner Frau von seinen Eindrücken. Verfasse den Brief.

▶ *Du kannst folgendermaßen beginnen: Liebe Magda, du kannst dir nicht vorstellen, welch wunderbare Stadt Córdoba ist ...*

❻ ▶ Tauscht euch darüber aus, wie sich das heutige Leben zwischen den verschiedenen Religionen und Kulturen in eurer Stadt / eurem Ort gestaltet.

🔊 Audio

Lebenswelt Stadt

Wie entstanden Städte?

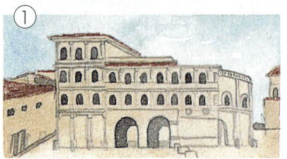  

1 – Voraussetzungen für die Entstehung von Städten. Schaubild.

Die Anfänge mittelalterlicher Städte

Die Wurzeln der europäischen Städte liegen unter anderem bei den Römern. Viele ihrer ✳Städte in den Provinzen entstanden in der Nähe römischer Kastelle und entlang des Limes. Diese Befestigungsanlagen boten Handwerkern und Händlern gute Geschäftsmöglichkeiten und Schutz. Im Hochmittelalter, also im 11. bis 13. Jahrhundert, war es durch vielfältige Veränderungen (siehe S. 30/31) nicht nur zu einer Bevölkerungsexplosion gekommen, sondern auch zu einer Weiterentwicklung der Gesellschaft. Es begannen Spezialisierungen auf bestimmte berufliche Tätigkeiten, die wiederum den Handel aufblühen ließen. Handwerker und Kaufleute, die auf Kundschaft angewiesen waren, ließen sich an günstigen Stellen nieder und siedelten so an wichtigen Handelsstraßen, Flussübergängen (Brücken, Furten), Hafenbuchten oder in der Nähe von Bergbaugebieten. Manchmal suchten sie auch Schutz in der Nähe von Burgen, Klöstern oder Bischofssitzen.

So entstand Weimar im 9. Jahrhundert im Schutz einer Burg. Oft zeigen uns die Namen der Städte ihre Herkunft. Beim Ortsnamen von Jena etwa wird angenommen, dass er aus dem Slawischen stammt. Dies würde belegen, dass Teile Deutschlands von den Slawen aus Osteuropa aus besiedelt wurde, etwa ab dem 10. Jahrhundert.

Wann wurde eine Siedlung zur Stadt?

Jede neu gegründete Siedlung gehörte einem Stadtherrn, also einem Grundherrn, Grafen, Herzog oder Bischof, auf dessen Land die Siedlung stand. Das Recht, Märkte abzuhalten oder Mauern zum Schutz zu errichten, konnte der Stadtherr seiner Ansiedlung erteilen aber auch entziehen. Diese Rechte waren später mit dem Stadtrecht verbunden, ebenso wie das Recht ein eigenes Gericht zu haben. Der Stadtherr konnte nun Zölle und Steuern (Marktgebühren) erheben und Maße und Gewichte festlegen. Städte waren also ein gute Einnahmequelle. Und je größer und mächtiger eine Stadt wurde, umso mehr wurde auch die Macht des Landesherrn gefestigt.

2 – Weimar im Jahre 1570.

M1 Der Historiker Winfried Ackermann schrieb 1987 in einer erfundenen Erzählung:

… Noch ehe der Tag angebrochen ist, macht sich der Bauer auf den Weg zur Stadt. Heute nimmt er zum ersten Mal seinen Sohn mit. Dieser trägt einen Korb mit Eiern. Über die Schulter hat er sich zwei Hühner gehängt. Der Vater hat in seinem schweren Tragekorb einige *Maß Mehl, Butter und noch ein paar Felle. Das Dorf liegt über vier Stunden Fußmarsch von der Stadt entfernt. Endlich, als die Sonne aufgeht, sehen sie die Türme der Stadt vor sich. Der Sohn ist ganz aufgeregt.

„Vater! So viele Türme und Dächer habe ich noch nie gesehen. Jetzt weiß ich, was eine Stadt ist! Wo viele Menschen wohnen, das ist eine Stadt."

„Nein", entgegnete der Vater, „das stimmt nicht ganz. Nicht die Zahl der Menschen ist entscheidend. Der Ort muss eine Mauer, sein eigenes Gericht und sein eigenes Rathaus haben. Dann kann er sich Stadt nennen. Außerdem hat jede Stadt einen Markt. Er befindet sich in der Nähe der großen Stadtkirche und des Rathauses. Wir sind bald dort."

Von allen Seiten haben sich inzwischen Bauern hinzugesellt. Mit vielen anderen stehen sie vor dem Stadttor. Ein Stadtknecht hält sie an. Er durchsucht den schweren Tragekorb. Dann dürfen sie passieren, ohne eine Abgabe zahlen zu müssen, denn sie tragen nur die für die Stadt wichtigen Lebensmittel mit sich. Für andere Waren muss man nämlich Torzoll bezahlen. Schnell haben sich die beiden durch das Gedränge der Wagen und Menschen hindurchgeschlängelt. Sie laufen durch die engen Gassen und gelangen endlich auf den Hauptmarkt. Hier wird alles angeboten, was die *Bürger der Stadt brauchen.

❶▶ Ordne den Darstellungen im Schaubild jeweils die richtige Bildunterschrift zu (A) Hafenbuchten, (B) ehemalige Römerstädte, (C) kreuzende Handelswege, (D) Flussübergänge, (E) Burgen. Nenne zu jedem Punkt möglichst eine thüringische Stadt als Beispiel.

❷▪ Nenne anhand von Bild 2 und M1 typische Merkmale einer Stadt im Mittelalter. Erkläre, welche Voraussetzungen die Stadt für ihre Gründung an diesem Ort hatte. Nutze hierzu das Schaubild 1.

❸▪ Als Vater und Sohn aus M1 abends nach Hause zurückkehren, möchte der Sohn der Mutter von seinen Erlebnissen des Tages berichten. Erzähle die Geschichte weiter: *Wir waren noch weit entfernt, da sahen wir schon gewaltige Türme und …*

Geschichte vor Ort

Städte in Thüringen

1 – Stadtansicht von Erfurt. Holzschnitt aus Hartmann Schedels Weltchronik, 1493.

Thüringische Städte als Macht- und Handelszentren

Während des Mittelalters entstanden auch auf dem Gebiet des heutigen Thüringen zahlreiche Städte. Manche Städte wurden von Fürsten gegründet, um den eigenen Herrschaftsbereich zu sichern, andere entwickelten sich allmählich aufgrund ihrer günstigen Lage zu bedeutenden Handelszentren, wie z. B. Erfurt.

M1 **Der Historiker Willibald Gutsche schrieb über die Entwicklung Erfurts im 9. Jahrhundert:**

... Neben den schon ansässigen Kaufleuten ließen sich Fernhändler nieder, die den Ort zuvor nur als Wanderhändler aufgesucht hatten. Zu ihnen gesellten sich im Siedlungsbezirk der Kaufleute ... Handwerker. Ein Straßenmarkt – vermutlich mit Schwerpunkt am Fischmarkt – erstreckte sich von der Furt an der späteren Krämerbrücke bis zur heutigen Markstraße, die als eine der ältesten befestigten Straßen der Stadt gelten kann. ...

Eine wichtige Rolle bei der Entwicklung Erfurts zu einem bedeutenden Handelszentrum im deutschen Reich spielten der Anbau und der Handel mit Waid. In mehr als 300 Dörfern Thüringens züchtete man die Waidpflanzen. Aus ihren Blättern wurde ein begehrtes Blaufärbemittel gewonnen. Berühmt waren auch die zahlreichen Webereien Erfurts, die kostbares Tuch herstellten. Im Jahre 1331 erhielt Erfurt vom Kaiser Ludwig IV. das Messeprivileg. Als Messen bezeichnete man große Handelsmärkte, die mehrere Tage oder Wochen dauerten. Händler und Kunden kamen nun jedes Jahr aus den verschiedensten Gegenden Deutschlands und Europas zum Besuch der Erfurter Messe.

Mit seinen fast 20 000 Einwohnern zählte Erfurt in dieser Zeit zu den deutschen Großstädten. Seine Bedeutung erkennt man auch daran, dass seine Bürger im Jahre 1392 beschlossen, eine Universität zu gründen, die zu den ältesten in Deutschland zählt.

2 – Städtegründungen in Thüringen vom Hochmittelalter bis 1464.

Auf den Spuren der Heimatstadt

Ihr könnt über die Geschichte eurer (Kreis-)Stadt einen kleinen Stadtführer anfertigen. Findet dafür zunächst anhand der Karte 2 heraus, in welchem Zeitraum eure (Kreis-)Stadt gegründet wurde.

Bildet im Anschluss daran Arbeitsgruppen. Jede Gruppe kann dann eine der folgenden Aufgaben bearbeiten:

– Eine Gruppe besorgt sich beim Verkehrsamt oder im Rathaus alte und neue Stadtpläne. Zeichnet in den neuen Plan eurer Stadt die Umrisse der mittelalterlichen Stadt ein und kennzeichnet die ältesten Straßen und Gassen.

– Eine zweite Gruppe fotografiert alte Häuser, Kirchen, aber auch Wappen, Figuren und Sprüche an einzelnen Häusern.

– Eine dritte Gruppe sucht auf dem Friedhof die ältesten Grabsteine. Notiert: Wie alt wurden die Menschen? Sind Berufe angegeben? Woher kamen die Menschen? Was erfährt man sonst noch über die Verstorbenen? Erkundigt euch auch, wo die Toten beerdigt wurden, bevor dieser Friedhof angelegt wurde.

– Eine vierte Gruppe besorgt sich Informationen zur Geschichte eurer (Kreis-)Stadt und verfasst dann einen kleinen Informationstext.

Gemeinsam könnt ihr jetzt einen Stadtführer erstellen mit allen wichtigen Informationen. Bereitet einen Besuch im Stadtmuseum vor. Schreibt auf, welche zusätzlichen Informationen ihr dort bekommen habt.

❶ ▶ Fasst die Informationen über die Entstehung der Handelsstadt Erfurt aus M1 und dem Text zusammen.

❷ ▶ Nennt mithilfe der Karte 2 die Anzahl der Städte, die vor 1180 entstanden. Vergleicht diese Zahl mit den nach 1180 gegründeten Städten.

Methode

Statistiken und Diagramme untersuchen

Um historische Entwicklungen über einen längeren Zeitraum übersichtlich darzustellen, wird häufig auf Diagramme und Statistiken zurückgegriffen. Zahlen und Daten können so leichter miteinander verglichen werden. Vielfach finden sich solche Darstellungen auch in Zeitungen, im Fernsehen und im Internet. Wie bei der Auswertung von Statistiken und Diagrammen vorgegangen wird und was man zu beachten hat, erfährst du in den folgenden vier Schritten.

Folgende Hinweise helfen dir, Statistiken und Diagramme zu untersuchen:

Schritt 1 **Thema klären**	■ Was ist dargestellt? Informationen zum Thema findest du in Über- oder Unterschriften, Legenden oder anderen Beschreibungen. ■ Welcher Zeitraum ist dargestellt? ■ Welche Orte, Länder oder Regionen werden in die Statistik einbezogen?
Schritt 2 **Inhalt erfassen**	■ Welche Form der Darstellung wird genutzt (Tabelle, Säulen-, Linien-, Kreis- oder Flächendiagramm)? ■ Welche Größen und Maßeinheiten werden verwendet (z. B. Zeit in Jahren, Einwohnerzahlen, Anteile in Prozent)? ■ Wie viele verschiedene Sachverhalte werden dargestellt (z. B. die Stadt- und/ oder Landbevölkerung; wird die Einwohnerzahl für einen oder mehrere Orte untersucht)?
Schritt 3 **Informationen entnehmen**	■ Welche Informationen werden konkret wiedergegeben (größter/kleinster Wert, starke oder plötzliche Veränderungen)? ■ Welche Entwicklungen kann man ablesen (Zunahme, Abnahme, Stabilität)?
Schritt 4 **Ergebnisse auswerten**	■ Werden weitere Informationen für die Beantwortung der Sachfragen benötigt? ■ Welche Vorkenntnisse sind vorhanden und können einbezogen werden? ■ Was kann man zusammenfassend sagen? ■ Welche Folgerungen kann man aus den Angaben ziehen?

❶ Benenne die unterschiedlichen Darstellungsformen von S. 55.

❷ Vollziehe die Musterlösung für die Einwohnerstatistik (1) nach.

❸ Prüfe, welche Darstellungsform geeigneter für die Veranschaulichung der Bevölkerung thüringischer Städte ist. Begründe deine Meinung.

❹ Werte mithilfe der Schritte Material 2 aus.

❺ Erstelle ein geeignetes Diagramm für die Daten in Abbildung 3.

Stadt	1450	1500	1550	1600
Erfurt	18 000	16 000	18 000	19 000
Jena	3 000	4 000	4 500	5 000
Nordhausen	4 000	5 000	6 300	8 000
Arnstadt	2 800	2 600	3 000	3 200
Schmalkalden	–	4 500	5 000	–

1 – Einwohnerzahlen verschiedener thüringischer Städte 1450–1600.

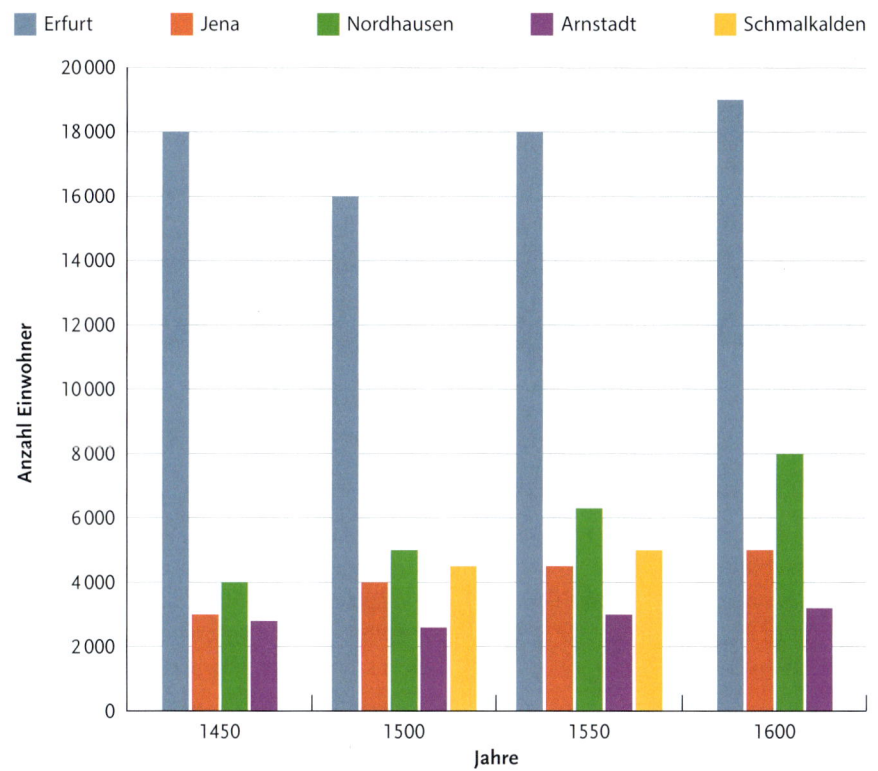

2 – Einwohnerzahlen verschiedener thüringischer Städte von 1450 bis 1600. Diagramm.

Jahr	Stadtbevölkerung	Landbevölkerung
um 1000	ca. 0,5 %	ca. 99,5 %
um 1200	ca. 0,4 %	ca. 99,6 %
um 1350	ca. 10,0 %	ca. 90,0 %
um 1400	ca. 12,0 %	ca. 88,0 %
um 1800	ca. 18,0 %	ca. 82,0 %
1871	28,5 %	71,5 %
1910	70,1 %	29,9 %
2000	88,0 %	12,0 %

3 – Stadt- und Landbevölkerung in Deutschland (in Prozent der Gesamtbevölkerung).

Lösungsbeispiel zur Tabelle 1:

Zum Schritt 1:
In der Einwohnerstatistik werden für verschiedene thüringische Städte (Erfurt, Jena, Nordhausen, Arnstadt und Schmalkalden) die anhand von Quellen geschätzten Einwohnerzahlen der Jahre 1450, 1500, 1550 und 1600 aufgezeigt. Für Schmalkalden ließen sich die Zahlen für 1450 und 1600 nicht ermitteln.

Zum Schritt 2:
Es wird eine Tabelle genutzt. Die Angaben sind auf Hunderter gerundet. In dem Säulen-diagramm Material 2 werden die Angaben der Tabelle 1 grafisch umgesetzt.

Zum Schritt 3:
Um 1450 hatte Arnstadt die geringste Bevölkerung der fünf Städte. Erfurt war durchgehend die bevölkerungsreichste Stadt des heutigen Thüringens. Die Bevölkerungszahl Nordhausens hat sich von 1450 bis 1600 ver-doppelt.

Zum Schritt 4:
Zusammenfassend kann man sagen, dass die Statistik die Be-völkerungsentwicklung zwischen den Jahren 1450 und 1600 im Wesentlichen wiedergibt. Für vier Städte lässt sich eine stetige Bevölkerungszunahme feststel-len. Einen Bevölkerungsrückgang gab es in keiner dieser Städte. Aufgrund fehlender Zahlen lassen sich diese Aussagen für Schmal-kalden allerdings nicht treffen.

Lebenswelt Stadt

Station I: Markttag

Station	Bearbeitung	Meine Meinung zum Thema
Stationenlernen: Bürger, Stadt und Städtebünde		
Station	*Bearbeitung*	z. B. Es war interessant, weil ... z. B. ich war überrascht, dass ... z. B. Ich würde gerne mehr erfahren über ...
Station I *Markttag*	*Wann:* *Mit wem:*	
Station II *Bürgerschichten*	*Wann:* *Mit wem:*	
Station III *Zünfte und Gilden*	*Wann:* *Mit wem:*	
Station IV *Machtkämpfe*	*Wann:* *Mit wem:*	
Station V *Handel und Städtebünde*	*Wann:* *Mit wem:*	

1 – Laufzettel für das Stationenlernen.

Einführung

Im Rahmen der folgenden Stationsarbeit sollt ihr euch eigenständig mit der mittelalterlichen Stadt beschäftigen. Im Mittelpunkt eurer Forschungen stehen die Bürger und Bürgerinnen einer Stadt. Arbeitet einzeln oder mit einem Partner / einer Partnerin. Ihr entscheidet, in welcher Reihenfolge ihr die Stationen bearbeiten möchtet.

Ablauf

Um die Aufgaben jeder Station lösen zu können, benötigt ihr Schreibzeug und Zeichenutensilien. Damit ihr euer Vorankommen anzeigen könnt, tragt ihr nach jeder Station auf eurem Laufzettel neben eurer Station ein, wann und mit wem ihr sie bearbeitet habt, und gebt Rückmeldung, wie euch das Thema gefallen hat. Die Aufgaben einer jeden Station findet ihr auf den jeweiligen Seiten. Dort befinden sich Pflichtaufgaben, die gelöst werden müssen, und Wahlaufgaben, von denen eine ausgesucht werden kann. Die Informationen aus dem Stationsmaterial liefern euch die Lösungen. Ihr könnt aber auch weitere Materialien (Bücher, Zeitschriften, Internetseiten) verwenden. Überlegt, in welcher Form ihr eure Ergebnisse abschließend vor der Klasse präsentieren könnt, z. B. in Form eines Plakats, im Stil einer Quizshow oder einer Nachrichtensendung.

Die Marktfahne wird aufgezogen

Zunächst gab es nur wenige Markttage im Jahr. Später fanden dann jedoch bis zu dreimal pro Woche an meist festgelegten Tagen Märkte statt. Dann strömten Menschen aus der ganzen Umgebung in die Stadt. So kamen Bauern mit ihren Wagen oder zu Fuß, Händler mit ihren Waren aus benachbarten Städten oder gar Fernhändler aus entlegenen Ländern. Bereits am Stadttor herrschte großes Gedränge, denn alle Wagen wurden strengstens von den Wächtern kontrolliert. Pünktlich um 7.00 Uhr begann dann der Markttag mit dem Aufziehen der Marktfahne.

Auf langen, überdachten Tischen oder hölzernen Verkaufsbuden boten Metzger, Bäcker, Bauern, Händler und Handwerker ihre Waren an. *Geldwechsler saßen auf ihren Bänken vor dem Rathaus, prüften und wogen die vielen Münzen, die in Umlauf waren.

Doch die Märkte dienten nicht nur dem Handel. Sie waren auch ein Treffpunkt, wo Nachrichten ausgetauscht wurden, die die Fernhändler aus der weiten Welt mitbrachten. Fahrendes Volk, Gaukler und Musikanten sorgten zudem für Unterhaltung. *Bader hatten Stände aufgestellt und behandelten kleine Verletzungen oder zogen Zähne. Schreiber setzten für ein paar Münzen wichtige Urkunden und Briefe auf. Mit dem Läuten der Feierabendglocke und dem Einziehen der Marktfahne endete schließlich das Markttreiben.

* Geldwechsler
Der Geldwechsler tauschte gegen eine Gebühr eine Währung in die ortsübliche um. Machte der Geldwechsler seine Arbeit schlecht, wurde seine Bank kaputt gemacht. Das hieß auf Italienisch banca rotta (zerschlagener Tisch) – woher unser heutiger Begriff bankrott rührt. Noch heute kümmern sich Banken um unser Geld, verleihen Geld und wechseln Geld in andere Währungen um.

* Bader
Bader betrieben oft Badestuben, konnten aber auch als Friseure, Zahnärzte oder Ärzte für die „kleinen Leute" tätig werden, die sich einen richtigen Arzt (Medicus) nicht leisten konnten.

2 – Ein mittelalterlicher Markt in der Stadt Genth. Gemälde von Felix de Vigne (1806–1862).

* Pranger
Steinerner Pfeiler oder höl-
zerner Pfahl, an dem Übel-
täter – durch ein Halseisen
festgehalten – vor den
Augen aller zur Schande
ausgestellt wurden. Hier-
von leitet sich heute noch
die Redewendung ab „je-
manden an den Pranger
stellen". Dies bedeutet: der
öffentlichen Verachtung
und Missbilligung preis-
geben.

* Schilling
Währung im damaligen
Bayern und Österreich.

Die Marktordnung

Bei all dem bunten Treiben herrschte auf
dem Markt dennoch eine strenge Ordnung.
Auf dem Marktplatz stand in vielen Städten
das Marktkreuz als Zeichen des Friedens.
Vielerorts wurde ein eigener Marktfriede
ausgerufen. Wer ihn verletzte, dem drohte
eine Geldbuße, als Ehrenstrafe der
*Pranger, die Verstümmelung oder gar
der Galgen.
Auch Kauf und Verkauf waren durch die
Marktordnung geregelt. So finden sich in
ihr Preisfestsetzungen und Vorschriften
über die Qualität der Waren, z. B. über die
Länge von Würsten oder die Größe und das
Gewicht des Brotes. Wer dagegen verstieß,
wurde ebenfalls streng bestraft. Einem
wegen Betrugs überführten Bäcker drohte
so die „Bäckertaufe".

**Q1 Marktordnung des Herzogs von
Niederbayern für die Stadt Landshut,
1256:**
... Wir verbieten, Schwerter und Dolche
innerhalb der Stadt zu tragen. Wer ein
Schwert trägt, zahlt der Stadt 6 *Schilling
und dem Richter 60 Pfennig ...
Die Leute, die von außerhalb Waren in die
Stadt bringen, dürfen diese nicht außerhalb
des öffentlichen Marktes verkaufen.

... Wer das übertritt, zahlt der Stadt 6 Schilling und
dem Richter 60 Pfennig.
Hat er kein Geld, so wird ihm die Hand abgeschlagen.
Wir ordnen an, dass zwei gute ... Würste für einen
Pfennig verkauft werden sollen; sie dürfen nur aus
reinem Schweinefleisch ... gemacht werden. Wer dagegen verstößt, zahlt 1 Pfund [= 240 Pfennige] Strafe
und wird für die Dauer eines Jahres vom Handwerk
ausgeschlossen. ...

Pflichtaufgaben

1 ▶ Lies die Texte und betrachte Bild 1.
2 ▶ Nenne anhand des Textes und Q1 Straftaten im Zusammenhang
mit dem Markttreiben und Maßnahmen, die ergriffen wurden, um
diese zu ahnden.
3 ▶ Beschreibe Bild 1 und halte Berufsgruppen fest, die auf dem Markt
vertreten waren.
4 ▶ „Die Strafen waren zu hoch und zu hart." „Kauf ist Vertrauens-
sache." „Wer Vertrauen missbraucht, kann gar nicht hart genug
bestraft werden." Beziehe Stellung zu einer der Aussagen und
begründe deine Antwort.

Wahlaufgaben

5 ▶ Stelle dir vor, du bist Schreiber auf einem mittelalterlichen Markt.
Verfasse einen Tagebucheintrag über den vergangenen Markttag.
6 ▶ Ein Nürnberger Bäckermeister hat zu kleine Brote gebacken.
Nun droht ihm die „Bäckertaufe". Informiere dich über diese Art
der Bestrafung und verfasse eine Erzählung, die über das Ereignis
berichtet.

🔊 Audio

Station II: Bevölkerungsschichten

1 – Ein Patrizier mit seiner Familie. Gemälde von Jean Bourdichon (etwa 1457–1521).

2 – Eine Handwerkerfamilie. Gemälde von Jean Bourdichon.

---

* **steinerne Häuser**
Häuser aus Stein konnten sich nur sehr wohlhabende Menschen leisten. Alle anderen bewohnten Häuser aus Holz. Aus diesem Umstand entwickelte sich die heutige Bezeichnung „steinreich".

* **Abdecker**
Diese waren für die Beseitigung der toten Tierkörper und deren Weiterverwertung zuständig.

* **Tagelöhner**
Dies waren Personen ohne Grundbesitz und Berufsausbildung. Sie waren daher ohne festes Beschäftigungsverhältnis und gezwungen, unterschiedliche Hilfstätigkeiten anzunehmen. Der Name „Tagelöhner" ergab sich aus der Tatsache, dass diese Beschäftigungen oft von einem zum anderen Tag wechselten.

Wer hat das Sagen in der Stadt?

Die Bewohner einer mittelalterlichen Stadt gehörten verschiedenen Schichten an. Herkunft, Vermögen und Beruf bestimmten, ob man zur Ober-, zur Mittel- oder zur Unterschicht gehörte. Die Oberschicht einer Stadt nannte man auch die Patrizier. Das waren vor allem reiche Kaufleute und adlige Großgrundbesitzer, die in die Stadt gezogen waren. Ihre prächtigen *steinernen Häuser standen im Zentrum der Stadt um den Marktplatz herum. Sie bildeten die Führungsschicht und besetzten durch langjährige Kämpfe gegen den jeweiligen Stadtherrn ab dem 13. und 14. Jahrhundert alle führenden Ämter. Der Sohn eines Patriziers heiratete in der Regel nur die Tochter einer anderen Patrizierfamilie. Streng wurde darauf geachtet, dass Besitz, Einfluss und Reichtum der Familie erhalten blieben.

Wer zählte außerdem zu den Bürgern?

Zur Mittelschicht gehörten die Handwerksmeister und Kleinhändler. Häufig lebten alle Handwerker mit gleichem Beruf in einer Straße. Man erkennt dies heute noch an Straßennamen wie Schmiedegasse,

Krämerbrücke oder Fleischerplatz. Manche Handwerker, wie z. B. die Goldschmiede, konnten es zu großem Reichtum bringen. Andere, wie z. B. die Leineweber, gehörten zu den ärmeren Bürgern der Unterschicht. Zu diesen zählten auch die Handwerksgesellen. Sie lebten in der Regel im Haushalt ihres Meisters und erhielten nur einen geringen Lohn. Auch Mägde und Diener, *Tagelöhner und Dienstboten gehörten zur Unterschicht.

Wer lebte am Rande der Gesellschaft?

Unter diesen standen nur noch diejenigen, die „unehrliche" Berufe ausübten: Bader, Totengräber, *Abdecker, Henker (Scharfrichter), und ihre Familien, aber auch Prostituierte. Sie fristeten ein Leben am Rande der Stadt oder außerhalb der Stadtgrenzen und wurden von den Bürgern gemieden. Niemand wollte mit ihnen im Wirtshaus an einem Tisch sitzen oder mit ihren Kindern spielen. Sie hatten keine Ehre und waren somit nicht vertrauenswürdig. Am Rande der Stadt lebten auch die Juden in ihren eigenen Vierteln. All diese Personen gehörten nicht zu den Bürgern, waren aber

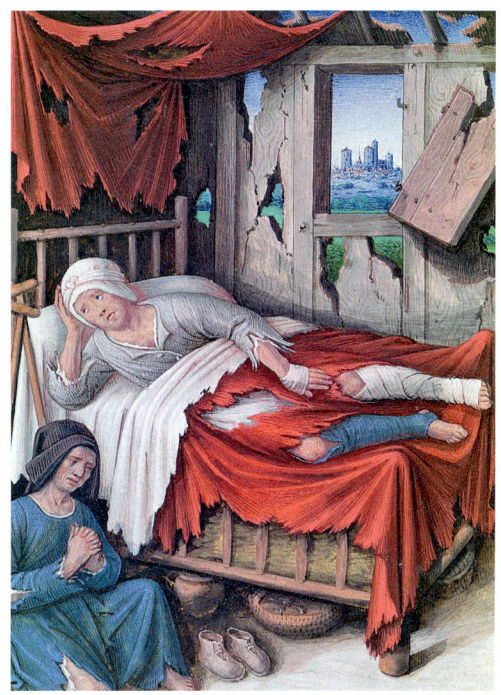

3 – Ein Tagelöhner. Gemälde von Jean Bourdichon.

4 – Ein Bettler bei der Armenspeisung. Gemälde von Bergognone.

frei in dem Sinne, dass sie nur den für alle Stadtbewohner geltenden Gesetzen und Verordnungen unterworfen waren. Angesichts der z. T. herrschenden Willkür adliger Herren auf dem Lande schauten viele Bauern neidisch auf die Stadtbürger. Nicht selten kam es zur „Landflucht" von unfreien Bauern in die Stadt. Gelang es ihnen, ein Jahr und einen Tag in einer Stadt zu leben, ohne dass ihr Grundherr sie fand und einfing, waren sie frei. Daher entstand der Ausspruch ✳„Stadtluft macht frei".

Das Leben der Frauen

Das Bild der Frauen in einer mittelalterlichen Stadt war klar. Sie wurden früh verheiratet (mit 18–22 Jahren) und hatten dann als Hausfrauen relativ selbstständig den meist sehr großen Haushalt zu organisieren – neben Eltern, Großeltern und Kindern konnten dazu auch unverheiratete Verwandte sowie Knechte und Mägde zählen. Zehn bis vierzehn Kinder im Verlaufe einer Ehe waren keine Seltenheit. Von ihnen erreichten meist weniger als die Hälfte das 14. Lebensjahr.

In Handwerksbetrieben waren Frauen jedoch auch stark eingebunden. Sie verkauften die Waren, vertraten ihre Männer in deren Abwesenheit oder führten den Betrieb nach dem Tod des Mannes weiter. Einige wenige Frauen hatten sogar eigene Betriebe, v. a. im Textilgewerbe.

✳ „Stadtluft macht frei"
Wenn der Herr aber mit sieben Zeugen beweisen konnte, dass der Unfreie sein Eigentum war, musste er ihm wieder dienen.

Pflichtaufgaben

❶ ▶ Lies die Texte und betrachte die Bilder auf diesen Seiten.

❷ ▶ Erkläre den Satz: „Stadtluft macht frei."

❸ ▶ Zeichne eine zweispaltige Tabelle. Trage in die linke Spalte die Bezeichnung der Stadtbevölkerungsschichten ein und in die rechte Spalte, wer alles dazugehört hat. Verwende hierfür auch die Bilder.

Wahlaufgaben

❹ ▶ Zeichne mit deiner Partnerin / deinem Partner ein Schaubild, in dem die Ränge der einzelnen Bevölkerungsschichten deutlich werden.

▶ *Überlegt zuerst, wie man eine Rangfolge im Bild darstellen kann und ordnet dann die einzelnen Gruppen der Stadt in eure Übersicht ein.*

❺ ▶ Erkunde in deinem eigenen Schul- oder Heimatort, welche Bevölkerungsgruppen dort ansässig waren. Informiere dich hierzu im Internet, in der Bibliothek oder im örtlichen Archiv.

▶ *Mache auch einen Rundgang durch den Ort und notiere dir Straßennamen, um Hinweise zu erhalten.*

Station III: Zünfte und Gilden

1 – Zunftzeichen.

❋ Zunft
Das ist ein Zusammen-
schluss von Handwerkern
einer Berufsrichtung in den
mittelalterlichen Städten.
Die Zunftordnung schrieb
die Herstellung und den
Verkauf von Waren sowie
das Zusammenleben der
Handwerker vor.

❋ Gilde
(altnord. „gildi" = Genossenschaft, Trinkgelage,
Schwurvereinigung)
Zusammenschluss von
Kaufleuten einer Stadt zum
gegenseitigen Schutz und
zur Förderung gemein-
samer Interessen.

Handwerker organisieren sich: ❋Zünfte
Über die Hälfte der Stadtbewohner ver-
diente ihren Lebensunterhalt als Handwerker, z. B. als Schneider, Schreiner, Gerber,
Schuster, Metzger, Bäcker usw. Sie produ-
zierten alles für den täglichen Bedarf, wie
Kleidung, Nahrung, Hausrat. Das Bevölke-
rungswachstum, der höhere Anspruch an
die Waren und der technische Fortschritt
erlaubten es, dass sich die Handwerker
spezialisieren konnten. Schon bald gab es
z. B. Huf-, Nagel-, Messer-, Helm-, Pfan-
nen-, Kessel-, Gold- und Silberschmiede,
Brot- und Zuckerbäcker usw. Viele dieser
Spezialhandwerke gibt es heute nicht mehr.
Sie leben aber in unseren Nachnamen fort,
wie Riemenschneider, Plattner, Sporer,
Harnischer, Hutmacher, Wagner, Seiler
und viele andere.
Der Meister verbrachte mit seinen Gesellen
und Lehrlingen die meiste Zeit in der Werkstatt, wenigstens 80 Stunden in der Woche,
meist mehr. Seine Frau führte den Haushalt
und kümmerte sich um die Kinder, half
aber auch in der Werkstatt bei der Fertigung
und beim Verkauf mit.
Seitdem im 12. Jahrhundert die Bürger
begannen, ihre Rechte und Interessen

gegenüber dem Stadtherrn zu verteidigen,
schlossen sich alle Handwerksmeister einer
Berufsgruppe (z. B. alle Bäcker) in ihrer
Stadt zu einer Zunft zusammen und wählten einen Zunftmeister aus ihren Reihen,
der die Zunft anführte. Jedes Handwerk hatte also seine eigene Zunft und ein eigenes
Wappen. Die Aufgaben der Zünfte waren:
– die Regelung zur Lehrlings- und Meister-
  ausbildung,
– die Überprüfung der Produktqualität
  und die Festsetzung der Preise,
– die genaue Festlegung der herzustellen-
  den Warenmengen, damit alle Meister
  von ihrem Handwerk leben konnten.
Geriet ein Zunftmitglied in Not oder starb,
leisteten die anderen Hilfe und Unterstützung. Dazu zahlten die Meister einen Bei-
trag in die Zunftkasse ein. Nach dem Tod
eines Zunftmitglieds übernahm oft dessen
Frau die Leitung des Betriebs. Sie musste
aber einen erfahrenen Gesellen einstellen,
der der Zunft angehörte.
Bis ins 18. Jahrhundert hinein bestand
Zunftzwang. War ein Handwerker kein
Mitglied der Zunft, galt er als Pfuscher
und ihm wurde „das Handwerk gelegt",
d. h., er durfte nicht weiterarbeiten.

2 – Beim Salzhändler. Buchmalerei aus dem 14. Jahrhundert.

3 – Getreidehändler notiert gekaufte Mengen. Buchmalerei von Domenico Lenzi, 14. Jahrhundert.

Händler organisieren sich: *Kaufmannsgilden

Produzierte Waren wurden entweder von den Handwerkern in der Werkstatt verkauft oder von Händlern auf dem Markt. Und während Kleinhändler und Krämer die Waren des täglichen Bedarfs anboten, handelten die Kaufleute mit begehrten und teuren Luxuswaren. Diese erwarben sie auf langen Reisen bei anderen Kaufleuten, z. B. in Italien und Frankreich. Später unternahmen sie eigene Handelsexpeditionen per Schiff oder mit Karawanen nach Asien und Afrika, um seltene Stoffe wie Damast oder Seide, Schmuck, Edelsteine, Porzellan, aber auch orientalische Gewürze wie Pfeffer, Safran, Muskat oder Parfüms zu kaufen oder einzutauschen. Fremde Kaufleute kamen in die Städte, um Handel zu treiben. Viele Städte besaßen sogenannte Stapelrechte, die fremde Händler zwangen, ihre Waren über einen gewissen Zeitraum in den Städten zu stapeln und anzubieten. Diesen Zwang konnten sie nur umgehen, indem sie ein Stapelgeld zahlten.
Ab dem 13. Jahrhundert entwickelten sich auch Messen, so etwa in Frankfurt am Main.

Früher als die Handwerker schlossen sich die Kaufleute in sogenannten Gilden zusammen. Zunächst sollten diese in den großen Fernhandelsstädten für gewinnbringenden Handel sorgen. Außerdem konnten organisierte Gruppen ihre Rechte und Interessen so besser gegen den Stadtherrn und später auch im Stadtrat durchsetzen.

Pflichtaufgaben
❶ ▣ Lies die Texte und betrachte die Bilder auf diesen Seiten.

❷ ▣ Zähle Familiennamen auf, welche ebenfalls Berufe bezeichnen und heute noch existieren.

❸ ▣ Ordne den Zunftwappen 1–5 in Bild 1 die entsprechenden Berufe zu.

❹ ▣ Erkläre, welchen Zweck Zünfte und Gilden erfüllten.

❺ ▣ Beziehe Stellung, ob Zünfte und Gilden sinnvoll waren und ob sie heute noch Sinn hätten.

Wahlaufgaben
❻ ▣ Entwerft ein Zunftwappen für einen modernen Beruf, z. B. Computer- oder Sportartikelhersteller.

❼ ▣ Ein Mitglied der Bäckerzunft ist verstorben. Entwerft einen Dialog zwischen dem Zunftmeister und der Witwe des Bäckers über das weitere Vorgehen.

▶ *Berücksichtigt, welche Möglichkeiten eine Zunft hatte und welche Herausforderungen auf die Witwe zukamen.*

Station IV: Machtkämpfe in der Stadt

Bürgermeister
mit politischen Rechten

entscheiden gemeinsam über Angelegenheiten der Stadt

wählen

Ratsherren

wählen aus ihren Reihen

Patrizier, Handwerksmeister (Zunftmitglieder)

ohne politische Mitbestimmung

Frauen

Gesellen, Lehrlinge, Lohnarbeiter, Knechte

„Unehrliche Leute", Bettler

Juden

1 – Herrschaft in mittelalterlichen Städten ab dem 14. Jahrhundert. Schaubild.

✳ Schöffe
ehrenamtlicher Richter

✳ Hausstättenzins
Steuer auf das Bewohnen eines Anwesens

Bürger erheben sich gegen Stadtherren

Wie die Bauern auf dem Lande einem Grundherrn unterstanden, so unterstanden anfangs die Stadtbewohner ihrem Stadtherrn (meist ein Grafen, Fürst oder Bischof). Diese wiederum setzten einen Verwalter (Vogt) ein, der die Verteidigung der Stadt im Krieg organisierte, Steuern eintrieb und das Zusammenleben der Bürger regelte. Mit der Größe einer Stadt wuchs aber auch das Selbstbewusstsein ihrer Bürger. Vor allem die Patrizier, die es zu beachtlichem Wohlstand gebracht hatten, verlangten politischen Einfluss. So widersetzten sich ab dem 12./13. Jahrhundert immer häufiger die Bürger den Anordnungen ihrer Stadtherren. In anderen Städten kauften die Patrizier ihrem Stadtherrn auch einfach Rechte ab, wie z. B. die Wahl einer eigenen Stadtverwaltung und des Bürgermeisters, eine eigene Gerichtsbarkeit und Zollfreiheit für all ihre Handelsgüter.

Auch Handwerker und Händler fordern mehr Rechte

Es waren aber vor allem die vielen weniger vermögenden Kaufleute und die in Zünften organisierten Handwerker, die mit ihren Steuerzahlungen den Bau von Rathäusern, Kirchen, Stadtmauern usw. ermöglichten. Im Kriegsfall trugen sie die Hauptlast zur Verteidigung der Stadt. Von einer Mitwirkung im Stadtrat blieben sie jedoch ausgeschlossen. Ab dem 14. Jahrhundert wehrten auch sie sich immer häufiger und forderten ein Mitspracherecht. In einigen Städten lösten die Zünfte die Herrschaft der Patrizier sogar völlig ab.

Aufstände in Nordhausen

Auch in Nordhausen erhoben sich die Bürger gegen die adligen Stadtherren und die Patrizier. So wurde Jahr 1206 die Stadtmauer erheblich verstärkt, um gegen die angrenzenden Grafen und Ritter besser gerüstet zu sein. Die Grafen von Schwarzburg, Stolberg und Hohnstein fühlten sich durch den Ausbau der Stadtbefestigung in ihren Rechten eingeschränkt und befehdeten die Stadt. Im 13. und 14. Jahrhundert griffen sie Nordhausen mehrfach an, um die Herrschaft über die Stadt zurückzugewinnen. So versuchten sie 1329 – vergeblich –, gewaltsam in die Stadt einzudringen, wobei der Nordhäuser Bürgermeister und drei Bürger, die ihre Tore verteidigten, zu Tode kamen.

In der Osterwoche 1324 brach ein Bürgeraufstand aus und die Vertreter der herrschenden Geschlechter wurden vertrieben. Im Jahr 1375 übernahmen die Handwerker in Nordhausen schließlich die Macht, der Rat wurde gestürzt und seine Mitglieder verbannt.

Der Roland von Nordhausen

Nordhausen war eine der wenigen Städte, in denen die Bürger nach langen Kämpfen einen dauerhaften Sieg erringen konnten. Ende des 14. Jahrhunderts wurde am Rathaus ein Roland aufgestellt, der dort bis zu den Stadtbränden von 1710 und 1712 stand und 1717 durch den jetzigen Roland ersetzt wurde (s. Bild 2). Er ist das Wahrzeichen der Stadt. Ein Roland stellt einen Ritter mit bloßem Schwert, dem Richtschwert, dar und versinnbildlicht die Stadtrechte der Bürger, die sie gegen die alten adligen Stadtherren erkämpft haben. Rolandstatuen stehen deshalb zumeist auf Marktplätzen oder vor Rathäusern und sind vor allem in nord- und ostdeutschen Städten zu finden.

2 – Nordhäuser Roland am Rathaus, Foto, 2003.

Q1 Wer zahlt den Hausstättenzins? Aus einem Nordhäuser Steuerverzeichnis, 1289

Der Abt von St. Peter zu Erfurt und der Dekan von St. Marien, ebenfalls zu Erfurt, bekunden die Aussage dreier Erfurter Bürger, dass während ihres *Schöffenamtes in Nordhausen der *Hausstättenzins daselbst zwar von den weltlichen Personen, auch wenn sie dort nicht dauernd wohnten, aber nicht von den Klöstern und den Religiosen erhoben worden sei.

Pflichtaufgaben

❶ Lies die Texte und betrachte die Bilder auf diesen Seiten.
❷ Erkläre den Satz: „Stadtluft macht frei – aber nicht gleich."
❸ Erläutere, inwiefern der in Q1 dargestellte Sachverhalt einen Konflikt zwischen welchen Gruppen auslösen konnte.
❹ Erkläre, warum es den Bürgern gelang, die adligen Herren und die Patrizier zu stürzen.

Wahlaufgaben

❺ Zeichne mit einer Partnerin / einem Partner ein Schaubild, in dem die Ränge der einzelnen Bevölkerungsschichten deutlich werden.
▶ *Überlegt zuerst, wie man eine Rangfolge im Bild darstellen kann und ordnet dann die einzelnen Gruppen der Stadt in eure Übersicht ein.*
❻ Erkunde in deinem eigenen Schul- oder Heimatort, welche Bevölkerungsgruppen dort im Mittelalter ansässig waren. Informiere dich hierzu im Internet, in der Bibliothek oder im örtlichen Archiv.
▶ *Mache einen Rundgang durch den Ort und notiere dir Straßennamen, um Hinweise zu erhalten.*

▶ Video

Station V: Handel und Städtebünde

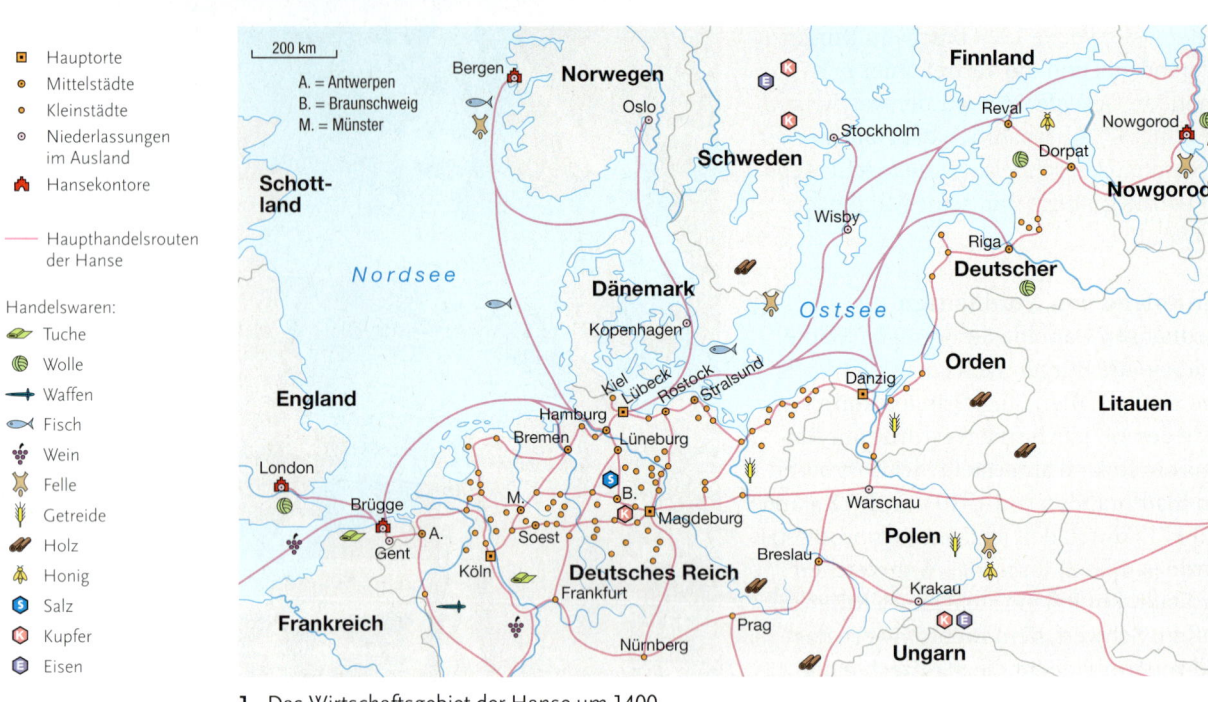

Legende:

- ◨ Hauptorte
- ◉ Mittelstädte
- ○ Kleinstädte
- ⊙ Niederlassungen im Ausland
- ⌂ Hansekontore

— Haupthandelsrouten der Hanse

Handelswaren:

- 🍃 Tuche
- Wolle
- ⟶ Waffen
- 🐟 Fisch
- 🍇 Wein
- Felle
- Getreide
- Holz
- Honig
- S Salz
- Kupfer
- Eisen

A. = Antwerpen
B. = Braunschweig
M. = Münster

200 km

1 – Das Wirtschaftsgebiet der Hanse um 1400.

* **Hanse**
Althochdt. „hansa" bedeutet Gruppe, Schar oder Gefolge.

Handel und Städtebünde

Das Herz jeder Stadt war der Markt und der Handel war die Grundlage für eine gute wirtschaftliche Entwicklung. Zunächst wurden Waren mit dem Umland ausgetauscht. Je wohlhabender eine Stadt wurde, desto größer wurde der Bedarf an Gütern aus anderen Regionen. Einige Städte waren spezialisiert auf bestimmte Waren, die auch über die Landesgrenzen hinweg begehrt waren. Die Städte in Flandern waren beispielsweise berühmt für ihre wertvollen Tuche, die hier fast schon industriell hergestellt wurden. Sächsische Bergstädte lieferten Erze. Viele Städte waren durch Salzproduktion und -handel zu Wohlstand gelangt. Luxuswaren aus anderen Ländern wie Gewürze, Stoffe, Schmuck, Pelze waren ebenfalls gefragt. Der Handel mit diesen Gütern brachte hohe Gewinne. Aber die Handelswege waren unsicher und noch nicht gut ausgebaut. Über Land und zur See mussten die Händler v. a. mit Räubern, Unwettern und Krankheiten fertig werden.

Bald knüpften die Städte untereinander enge Kontakte. Sie verbanden sich zu Gemeinschaften, sogenannten Städtebünden. Einer der ersten war der Bund der norditalienischen Städte – die Lombardische Liga / der Lombardenbund. Zu ihm gehörten u. a. Venedig, Mailand, Padua und Verona. In den deutschen Gebieten formierten sich ebenfalls Städtebünde wie der Rheinische Städtebund mit 70 Städten, der Schwäbische Städtebund mit 20 Städten oder der Oberlausitzer Sechsstädtebund zwischen Bautzen, Görlitz, Kamenz, Lauban, Löbau und Zittau. Der wichtigste und bekannteste Städtebund war aber die *Hanse.

Mit der Zeit verlor der Sicherheitsaspekt der Städtebünde jedoch seine Bedeutung und politische Interessen rückten in den Vordergrund. Durch den Zusammenschluss und die entstehende wirtschaftliche Macht konnten die Städte nun ihre Machtansprüche gegenüber König, Kaiser und Landesherren leichter durchsetzen.

2 – Im Hafen einer Hansestadt. Illustration.

Die Hanse

Einer der mächtigsten Städtebünde war die Hanse. Die Händler im Nord- und Ostseeraum hatten sich im 12. Jahrhundert in verschiedenen Hansen zusammengefunden. In wichtigen Handelsstädten, v. a. entlang der Ost- und Nordseeküste, hatten sie eigene Häuser, eigene Kirchen und gemeinsame Lagerräume für ihre Waren. 1356 schlossen sie sich als Genossenschaft zur deutschen Hanse unter der Führung Lübecks zusammen. Nun galt überall innerhalb dieses Verbunds das ☀Lübische Recht. Es wurde sogar eine niederdeutsche Verkehrssprache eingeführt, sodass alle Urkunden, Briefe und Bilanzen in einer Sprache abgefasst werden und man sich überall im Gebiet der Hanse in einer Sprache verständigen konnte. Auf den unregelmäßig stattfindenden Hansetagen wurden Streitigkeiten unter den Hansestädten beigelegt, mit fremden Herrschern und Staaten verhandelt, Mitglieder aufgenommen oder ausgeschlossen und über Krieg und Frieden entschieden. Im 14. Jahrhundert umfasste die Hanse 170 Mitgliedsstädte.

Mit der Entdeckung der Handelswege nach Afrika, Asien und Amerika verlor die Hanse ihre Bedeutung, weil der Handel sich nun nicht mehr auf den Nord- und Ostseeraum konzentrierte.

Q1 1469 schrieben Vertreter der Hanse an den englischen Kronrat:

... Die Hansa Theutonica [deutsche Hanse] ist ... ein festes Bündnis von vielen Städten, Orten und Gemeinschaften zu dem Zwecke, dass die Handelsunternehmungen zu Wasser und zu Land den erwünschten und günstigen Erfolg haben und dass ein wirksamer Schutz gegen Seeräuber und Wegelagerer geleistet werde, damit nicht durch deren Nachstellungen die Kaufleute ihrer Güter und Werte beraubt würden. ...

☀ Lübisches Recht
Das Lübische Recht war ursprünglich das in Lübeck geltende Stadtrecht. Es beinhaltete eine Ordnung für die Stadtverwaltung, aber auch das Strafrecht in der Stadt. Während der Hansezeit richteten sich über 100 Städte nach diesen Rechtsvorschriften.

Pflichtaufgaben

1 ▶ Lies die Texte und betrachte die Bilder auf diesen Seiten.

2 Erkläre mit eigenen Worten, warum sich Städte miteinander verbanden.

3 ▶ Ermittle mithilfe der Karte 1, welche deutschen und europäischen Städte zur Hanse gehörten.

4 Fasse mithilfe des Textes und Q1 mit eigenen Worten zusammen, welchen Zweck und welche Folgen der Zusammenschluss zur Hanse für die Städte hatte.

5 Recherchiere, ob es auch heute noch einen Städtebund gibt. Worin bestehen seine Aufgaben und seine Bedeutung?

Wahlaufgaben

6 Stell dir vor, du bist ein Kaufmann und möchtest einen befreundeten Kaufmann überreden, der Hanse beizutreten. Sammle Argumente für den Beitritt. Verfasse ein Gespräch.

7 Versetze dich in verschiedene Personen in Bild 2. Verfasse kleine Geschichten zu ihnen und stelle so verschiedene Tätigkeiten im Hafen einer Hansestadt vor.

▶ Video

Wie lebten Juden und Christen zusammen?

1 – Kaiser Heinrich VII. verleiht im 14. Jahrhundert Juden einen Schutzbrief. Buchmalerei aus der Trierer Bilderhandschrift, 14. Jahrhundert.

* **Synagoge**
Versammlungsräume der jüdischen Gemeinde, in denen gemeinsame Versammlungen, Gottesdienste und Unterricht in jüdischer Glaubenslehre stattfinden.

* **Privileg**
Hierbei handelt es sich um ein Vorrecht, das einer einzelnen Person oder einer Gruppe eingeräumt wird.

Miteinander von Juden und Christen

Seit etwa dem 4. Jahrhundert entstanden auf deutschem Gebiet jüdische Gemeinden. Freie Juden besaßen das römische Bürgerrecht, aber sie wurden durch die Ausbreitung des Christentums als Staatsreligion nun als „Heiden" oder „Ungläubige" angesehen. Im 11. Jahrhundert lebten in den deutschen Städten etwa 20 000 Menschen jüdischen Glaubens – der größte Teil in Speyer, Worms, Trier und Mainz, die eigene Ordnungen, Riten und Gebräuche zu entwickeln begannen, welche in einer neuen jüdischen Tradition mündeten. Wie alle anderen nahmen sie am städtischen Leben teil. Sie beteiligten sich an der Verteidigung der Städte, trieben Handel und kamen tagtäglich mit den christlichen Mitbürgern in Berührung: im Haus, auf der Straße, in der Werkstatt oder auf dem Markt. Als Ärzte, die auch Bischöfe, Päpste und Kaiser behandelten, waren sie in ganz Europa hoch angesehen.

Besonders erfolgreich waren Juden auch in den Bereichen Pharmazie, Bankwesen und Fernhandel. Sie knüpften Kontakte zu den jüdischen Gemeinden rund um das Mittelmeer und konnten so hochwertige und seltene Waren wie Seide, Pelze und kostbare Gewürze liefern. Die christlichen Könige schätzten die Tüchtigkeit der Juden und stellten ihnen und ihren Familien Schutzbriefe aus, die sie vor feindlichen Übergriffen bewahren sollten (Bild 1), welche durch Neid oder Missgunst hätten aufkommen können. In ihnen war auch festgelegt, welchen Zinssatz sie als Geldverleiher maximal verlangen durften.

Trotz ihrer unterschiedlichen Religionen und Gebräuche lebten Juden und Christen aber bis in das 14. Jahrhundert hinein bis auf einige Ausnahmen zumeist friedlich zusammen.

Die Verfolgung jüdischer Mitbürger

Im 11. Jahrhundert kam es im Zusammenhang mit dem Aufruf Papst Urbans zum ersten Kreuzzug 1096 (s. S. 44/45), der sich eigentlich gegen die Feinde des Christentums in Jerusalem richtete, mancherorts auch zu gewaltsamen Übergriffen gegen die jüdische Bevölkerung. * Synagogen wurden zerstört, Häuser der jüdischen Bevölkerung angezündet und Tausende ermordet.

Zu diesen Gewaltausbrüchen kam es vermutlich, weil Urban II. zur Gewalt gegen Ungläubige aufgerufen hatte, die sich dann auch gegen Juden als Andersgläubige richtete. Hinzu kamen materielle Motive, die zu Plünderungen führten.

Die Juden wurden in der Folgezeit zunehmend als Sündenböcke für Missernten, Naturkatastrophen, Krankheiten, Armut und persönliches Leid verantwortlich gemacht. Um sie zu demütigen, waren sie fortan verpflichtet, den Kaftan, einen weiten Mantel mit Streifen, sowie einen Spitzhut und – seit dem 15. Jahrhundert – einen gelben Fleck auf der Kleidung zu tragen. In vielen Städten mussten sie in eigenen Stadtvierteln leben.

2 – Ein jüdischer Arzt und sein Patient.
Holzschnitt, 1487.

3 – Juden werden auf dem Scheiterhaufen verbrannt.
Holzschnitt von Michael Wolgemut, 15. Jahrhundert.

Q1 Markgraf Heinrich von Meißen (1215–1288) äußerte sich zu den Juden in seinem Herrschaftsgebiet:

... [Die Markgrafen] haben alle ihre Juden, Jüdinnen und deren Kinder ... begnadigt, dass sie dieselben schützen, beschirmen und verteidigen wollen ... Sie wollen die Juden bei ihren jüdischen Rechten lassen, ihren Eid sollen sie auf das Buch Mose schwören. Den Juden soll gleiches Recht wie den Christen zuteilwerden. Alle Juden im Gebiet der Markgrafen sollen von jeglichen Geleits- und Zollabgaben frei sein. Dafür haben die Juden [...] den Markgrafen 1000 Gulden für ein Jahr bezahlt. Kein Jude soll mehr Zinsen nehmen als auf ein Schock Groschen wöchentlich einen halben Groschen. ...

Q2 Der christliche Geschichtsschreiber Matthias von Neuenburg (1295–1365) berichtet über die Judenverfolgungen in den Jahren 1348/49:

Und es wurden die Juden beschuldigt, dass sie diese Pest veranlasst oder verschärft hätten, indem sie Gift in Quellen und Brunnen geworfen. Sie wurden verbrannt vom Meeresufer an bis nach Deutschland, nur nicht in Avignon, wo sie der Papst Clemens VI. schützte. Nachdem man einige in Bern, in der Grafschaft Froburg und an anderen

Orten gefoltert und in Zofingen Gift gefunden hatte, wurden sie an vielen Orten ermordet und darüber an die Ratsherren der Städte Basel, Freiburg und Straßburg geschrieben, und da die Machthaber sie zu schützen suchten und sogar einige Edle Basels wegen eines den Juden zugefügten Unrechts auf längere Zeit verbannt wurden, sieh, da eilte das Volk mit seinen Bannern vor das Rathaus. Darüber erschraken die Ratsherren, und der Bürgermeister fragte, was sie wollten, worauf diese antworteten, sie würden nicht abziehen, ehe die Verbannten zurückgekehrt wären ... Darauf sagte das Volk noch, es wollte die Juden nicht länger in der Stadt dulden, und Ratsherren und Volk schwuren, dass innerhalb zweihundert Jahren kein Jude mehr in der Stadt wohnen sollte. ... Die Juden wurden in jener Gegend allenthalben gefangen genommen.

❶ Nenne Gebiete, auf denen sich die jüdische Stadtbevölkerung Ansehen erwarb.

❷ Juden und Christen lebten lange Zeit friedlich miteinander. Begründe diese Aussage mithilfe des Textes und der Bilder 1 und 2.

❸ Nenne die Rechte, die Markgraf Heinrich in dem Schutzbrief für die Juden (Q1) festschrieb, und erkläre, warum er diesen ausstellte.

❹ Nenne anhand von Q2 Merkmale und Folgen der Judenverfolgung im Mittelalter. Erläutere und bewerte das Verhalten der beteiligten Gruppen.

❺ Fasse zusammen, welche Vorwürfe mancherorts gegen Juden erhoben wurden und wie mit ihnen umgegangen wurde. Nimm hierfür den Text und Bild 3 zu Hilfe und beurteile das Verhalten der Bevölkerung und der Obrigkeit.

Welche Gefahren bedrohten die Städte?

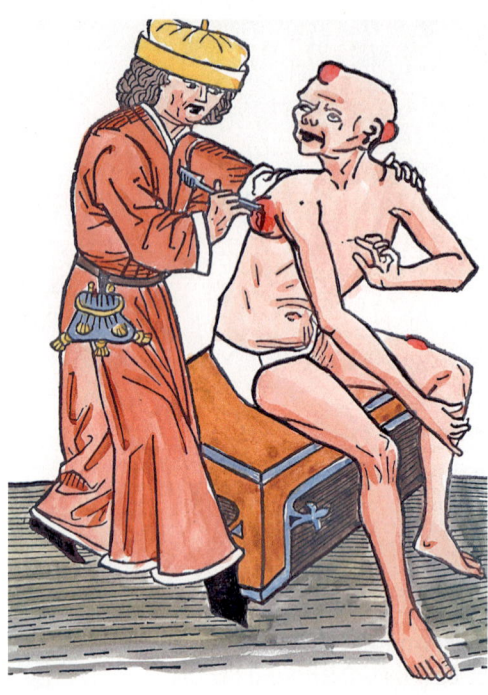

1 – Einem Kranken werden von einem Arzt die Pestbeulen aufgeschnitten. Holzschnitt, Nürnberg, 1482.

2 – Leprakranker mit Klapper. An Lepra Erkrankte mussten immer mit einer Klapper ihre Ankunft ankündigen. Zeichnung nach einem Holzschnitt aus dem 16. Jahrhundert.

---

* Pest
Die Pest ist eine hochgradig ansteckende Infektionskrankheit, die bei Mensch und Tier durch ein Bakterium ausgelöst wird. Sie kann durch den Biss von mit Krankheitserregern verseuchten Insekten (v. a. Flöhen) oder Tröpfcheninfektion übertragen werden.

* Cholera
Schwere Infektionskrankheit, die durch Bakterien hervorgerufen wird und durch starkes Erbrechen und Durchfall gekennzeichnet ist.

* Typhus
Hierbei handelt es sich um eine durch Bakterien verursachte Infektionskrankheit, die den gesamten Körper betrifft.

Gefahren in der mittelalterlichen Stadt

Während die Menschen auf dem Land vor allem gegen Hunger durch Missernten kämpfen mussten, sahen sich die Bewohner mittelalterlicher Städte vor allem anderen Problemen ausgeliefert. Hier lebten Menschen auf engstem Raum zusammen. Man achtete wenig auf Sauberkeit und Hygiene. Mist wurde beispielsweise vor der Tür gelagert und die Nachttöpfe morgens aus dem Fenster auf die Straße entleert. Es gab weder eine Kanalisation noch eine Müllabfuhr. Trinkwasser entnahm man oft aus den nahe gelegenen, verschmutzten Flüssen. Besonders in den heißen Sommermonaten legte sich ein unerträglicher Gestank über die Stadt. All dies förderte die Ausbreitung von Krankheitserregern, die leicht von Ratten, Wanzen, Flöhen oder Läusen auf den Menschen übertragen werden konnten.

Krankheiten

Heute wissen wir, dass wir uns z. B. im Winter durch eine gezielte Hygiene vor einer Grippe schützen können. Damals wussten die Menschen jedoch um derartige medizinische Zusammenhänge noch nicht. Tödliche Krankheiten wie *Pest, *Cholera, *Typhus und *Lepra konnten sich deshalb rasend schnell ausbreiten und löschten in manchen Jahren ein Drittel der Stadtbewohner oder mehr aus.
Zur Behandlung gab es zwar Ärzte und Apotheker, doch waren das mittelalterliche Wissen und die Ausbildung der Ärzte nicht mit heutigen medizinischen Standards vergleichbar. Es wurde daher versucht, diese schweren Krankheiten mithilfe von Kräutern zu bekämpfen.
Die Krankenzimmer in den Spitälern waren teilweise sehr klein, häufig mussten sich zwei Kranke ein Bett teilen, was die Ansteckungsgefahr erhöhte.

Menschen mit schweren ansteckenden Krankheiten wie Lepra (auch „Aussatz" genannt) mussten außerhalb der Stadt leben und die Menschen durch das Bedienen einer Klapper warnen, wenn sie sich näherten.

Q1 Der italienische Gelehrte Giovanni Boccaccio (1313–1375) schrieb 1349:
... Die todbringende Pest gelangte ... von Ort zu Ort. ... Gegen dieses Übel half keine menschliche Klugheit oder Maßregel, obgleich man ... die Stadt ... von vielem Unrat reinigen ließ, auch jedem Kranken den Eintritt verwehrte. ... Ebenso wenig nützten die demütigen Gebete. ... Es kamen zu Anfang der Krankheit ... an den Weichen (seitliche Lendengegend) oder in den Achselhöhlen gewisse Geschwülste zum Vorschein, die ... Pestbeulen genannt wurden. Von den genannten Teilen des Körpers aus verbreiteten sich diese tödlichen Pestbeulen ... über alle übrigen Teile. ... Dabei schien es, als ob zur Heilung dieses Übels weder ärztlicher Rat noch irgendeine Arznei wirksam oder förderlich wäre. ... Fast alle starben binnen drei Tagen. ... Ich schweige davon, dass ein Mitbürger den anderen vermied, dass der Nachbar fast nie den Nachbarn pflegte und dass die Verwandten selten einander besuchten; ... dass ein Bruder den anderen im Stich ließ. ...

M1 Der Geschichtsforscher Herbert Schwenk schrieb 1998:
... Gleich dreimal wurde Cölln (das spätere Berlin) von Feuersbrünsten heimgesucht, denen ihre Bewohner schutzlos ausgeliefert waren: 1348, 1376 und 1380. Ursachen und Ausmaße waren unterschiedlicher Art.
Gemeinsam war jenen Bränden, dass der mittelalterliche Häuserbau die Städte damals überaus feueranfällig machte und Großfeuer rasch um sich greifen konnten. Die Häuser waren aus Holz und Lehm in Fachwerk erbaut und die Dächer mit

3 – Bei dem großen Stadtbrand von Bern 1405 zerstörte das Feuer an die 600 Häuser, über 600 Todesopfer waren zu beklagen. Buchmalerei, 1405.

feuerempfindlichen Holzschindeln oder gar Stroh gedeckt. ... Leipzig brannte in den Jahren 1361, 1420, 1498 und 1519. Dresden ereilte im Jahre 1491 der große Stadtbrand. Der nächste große Brand folgte 1685.

✻ **Lepra**
Lepra ist eine durch Bakterien hervorgerufene Infektionskrankheit, die starke Veränderungen an Haut, Nerven und Knochen verursacht.

❶ ◳ Nenne Gefahren, mit denen Bewohner einer mittelalterlichen Stadt konfrontiert waren.

❷ ◳ Beschreibe anhand von M1 die Ursachen für das Auftreten von Bränden. Liefere bauliche Verbesserungsvorschläge für die Stadt, um diese Gefahr zu minimieren.

❸ ◳ Erläutere anhand von Bild 1 und 2 sowie Q1, wie die Menschen in den mittelalterlichen Städten mit den Kranken umgingen. Beurteile dieses Verhalten aus damaliger und heutiger Sicht.

❹ ◳ Stelle dir vor, du bist während einer Epidemie erkrankt und klagst einem Medicus dein Leid. Formuliere eine Beschreibung.
▶ *Berichte ihm von deinen Lebensumständen und deinen Problemen.*

❺ ◳ Entwickelt eine Diskussion zum Thema „Verhütung weiterer Epidemien", wie sie in der damaligen Ratsversammlung stattgefunden haben könnte. Unterbreitet Vorschläge.

Methode

Wir entdecken unsere Stadt – was ist vom Mittelalter übrig?

Das Mittelalter scheint sehr weit weg von uns zu sein. Kaum etwas erinnert an dieses Zeitalter, doch in vielen thüringischen Städten stößt man beim genaueren Hinsehen auf Spuren des Mittelalters: angefangen bei Straßen, deren Namen mittelalterliche Berufe oder Einrichtungen in sich tragen, bis hin zu aus der Zeit stammenden Gebäuden und Stadtplänen.

Sicher gibt es auch in eurer Stadt oder Gemeinde Spuren des Mittelalters. Wenn ihr sie finden wollt, könnt ihr euch bei der Spurensuche an den folgenden vier Schritten orientieren.

Folgende Hinweise helfen dir, nach Spuren des Mittelalters zu suchen:

Schritt 1 **Aktuelle Luftbilder und Stadtpläne auswerten**	Besorge dir im Internet oder in der Stadtinformation ein Luftbild und/oder einen Stadtplan deiner Stadt. ■ Wo liegt der Stadtkern? ■ Wo sind auffällige Linien oder Konturen im Stadtbild erkennbar? ■ Welche besonderen Merkmale einer mittelalterlichen Stadt lassen sich noch erkennen, z. B. Marktplatz, Kirchen, Stadtmauern, Stadttore, Wälle?
Schritt 2 **Straßen-, Platz- und Flurnamen analysieren**	Beschaffe dir einen Stadtplan mit genauer Beschriftung: ■ Welche Straßen-, Platz- und Flurnamen könnten auf das Mittelalter hinweisen? Achte besonders auf Berufsbezeichnungen. ■ Was bedeuten diese Namen?
Schritt 3 **Das Stadtbild beurteilen**	Informiert euch weiter im Internet über mittelalterliche Gebäude. Nutzt hierzu auch historische Stadtpläne und vergleicht sie mit dem heutigen Stadtplan. Auf dem Stadtwappen kann man auch Interessantes entdecken. ■ Welche noch heute erhaltenen Bauwerke sind im Mittelalter errichtet worden? Welche sind nur dem Mittelalter nachempfunden und später gebaut? Für fast jede Gemeinde gibt es beim zuständigen Denkmalamt eine Ortsbeschreibung, die ihr für eure Entdeckung heranziehen könnt. Dokumentiere deine Entdeckungen mit Fotos und Zeichnungen.
Schritt 4 **Museum und Archiv erkunden**	Besuche das Stadtarchiv oder das Stadtmuseum in deinem Ort: ■ Welche Quellen und Ausstellungsgegenstände stammen aus dem Mittelalter? ■ Sind schriftliche Quellen oder Darstellungen zur mittelalterlichen Geschichte verfügbar? Was verraten sie dir über das städtische Leben im Mittelalter? ■ Betrachte das Wappen der Stadt.

1 ▶ Beschreibe und erkläre das Stadtbild Bad Langensalzas (Bild 1). Gehe auf Lage, Form, auffällige Gebäude und die Straßenanordnung ein.

2 ▶ Nun sollst auch du zu einem Detektiv des Mittelalters werden. Bereite mithilfe dieser Doppelseite eine eigene Erkundung deines Schulortes oder Wohnortes vor. Achte auf Inschriften an den Gebäuden, Wappen und Zunftzeichen.

1 – Luftbild der Stadt Bad Langensalza. Foto, 2013.

2 – Marktkirche St. Bonifacii, Bad Langensalza. Foto, 2009.

Judengasse

Pfortenstraße

Backhausstraße

Töpfermarkt

Ziegeleiweg

3 – Straßennamen in Bad Langensalza

4 – Altarbild in der Marktkirche St. Bonifacii Bad Langensalza. Foto, 2007.

Lösungsbeispiel zu Bild 1:

Zum Schritt 1:
Den Namenszusatz „Bad" trägt Langensalza seit 1956. Man kann sehr gut den mittelalterlichen Kern der Stadt erkennen, der durch Bäume und einen Grüngürtel begrenzt ist. Fast zentral liegt der Marktplatz. Zwei Kirchen sind ebenfalls gut zu erkennen, wobei eine am alten Stadtrand und eine am Marktplatz steht.

Zum Schritt 2:
Viele Straßennamen von Bad Langensalza lassen darauf schließen, dass es dort im Mittelalter Handwerker gab (Bäcker, Töpfer). Die Pfortenstraße verlief sicher auf eines der Stadttore, auf eine Pforte zu, und in der Judengasse wohnten Juden. Der Ziegeleiweg gibt Hinweise auf die ehemalige Produktionsstätte von Dachbedeckungen.

Zum Schritt 3:
Die Marktkirche St. Bonifacii wurde 1272 erstmals urkundlich erwähnt und mit Unterbrechungen bis 1592 errichtet. Der Turm ist mit 72 Metern der zweithöchste Kirchturm in Thüringen. Ursprünglich hatte er vier Glocken, wobei noch heute zwei davon zum Gottesdienst läuten und viertelstündlich die Zeit angeben. Eine der Glocken stammt aus dem Jahr 1564 und hat einen Durchmesser von 1,88 Metern. Damit ist sie eine der größten Kirchturmglocken in Thüringen. Im Innenraum des Kirchenschiffes befindet sich neben einem spätmittelalterlichen Altar auch ein romanischer Taufstein.

Über den Tellerrand geschaut

Raue Männer aus dem Norden

1 – Heimatgebiet und Eroberungen der Normannen.

Normannen: Händler, Piraten, Fürsten

Einige Germanenstämme blieben in den nördlichen Gebieten des heutigen Norwegens, Schwedens und Dänemarks. Man nannte sie Nordmänner oder Normannen. Den meisten sind sie heute als ✱Wikinger bekannt. Ihre Raubzüge waren aufgrund der wendigen Schiffe und erfahrenen Krieger gefürchtet. Dabei überfielen sie nicht nur Orte an den Küsten Englands und Frankreichs, sondern sie fuhren von den Mündungen der Flüsse tief in das jeweilige Landesinnere. Sogar Paris und das Umland wurden von ihnen verwüstet. Bis weit in den Süden Spaniens waren sie bekannt und gefürchtet. Darum erhielten sie vom französischen König im Jahr 911 Land an der Atlantikküste geschenkt: die Normandie. Dafür sollten sie dem König dienen und das Land verteidigen. Neben Raubzügen waren sie aber auch auf der Suche nach neuen Siedlungsgebieten, besiedelten Island (um 850) sowie Grönland (um 960) und entdeckten als erste Amerika (um 1000). Ihre Handelsbeziehungen reichten bis Byzanz und Bagdad. Auf den großen Flüssen im Osten fuhren sie weit ins heutige Russland und die heutige Ukraine hinein.

Hier wurden sie Waräger genannt. Der Waräger-Stamm der Rus wurde von den hier ansässigen miteinander verfeindeten Slawenstämmen gebeten, ihre Fürsten zu sein, weil sie unvoreingenommener wären und so für Frieden sorgen sollten. Damit wurde 862 die Kiewer Rus gegründet. Die Geschichte Russlands begann.

❶ ▶ Nenne aus der Sicht eines slawischen Stammesmitglieds Gründe, die für oder gegen das Fürstenamt der Waräger sprechen.

❷ ▶ Ermittle anhand von Karte 1 und eines Atlasses die von den Normannen eroberten Gebiete. Unterscheide nach Dänen, Norwegern und Schweden.

Dänen	Norweger	Schweden
…	…	…

❸ ▶ Beurteilt die Entscheidung des französischen Königs, den Normannen die Normandie zu überlassen.

Das kann ich …

Europa im Mittelalter

Wichtige Begriffe

Bergfried	Stadt
Lehen	Hanse
Dreifelderwirtschaft	Stände
Palas	Kemenate
Gilde	Zunft
Schwertleite	Kreuzzug
Grundherrschaft	

Wissen und erklären

❶ Erklärt euch gegenseitig die wichtigen Begriffe.

❷ Beschreibe, mit welchen Mitteln ein mittelalterlicher König seine Herrschaft sicherte (Bild 1).

❸ Erkläre, welche Stände es im Mittelalter gab und wie ihr Verhältnis zueinander gesehen wurde (Q1).

❹ Mache dir in Stichworten Notizen über die Lebensumstände eines Adligen, eines Mönches und eines Bauern.

❺ Nenne Unterschiede zwischen der Lage der Frauen im Mittelalter und heute.

Anwenden

❻ Lies Q2 und Q3 und stelle mithilfe der Methodenseiten auf 46/47 einen Quellenvergleich an.

Beurteilen und handeln

❼ Beurteile, ob den Bauern im Mittelalter ihre Lage Vor- oder Nachteile gebracht hat.

❽ Suche in eurer näheren Umgebung nach Spuren des Mittelalters und berichte der Klasse.

❾ Stellt euch gegenseitig die Eintragungen in eurem Portfolio vor.

Q1 Der Bischof Adalbero von Laon schrieb 1016:

… So gliedert sich das Haus des Herrn, obschon einheitlich dem Glauben nach, in drei Teile: Die einen beten, die anderen kämpfen, die dritten arbeiten. Diese drei … sind untrennbar verbunden. Vom Dienst des einen hängt die Tätigkeit der beiden anderen ab, so unterstützen sich alle wechselseitig. …

1 – Die Belehnung geistlicher und weltlicher Fürsten. Abbildung aus einer Sammlung von Rechtsgrundsätzen, dem „Sachsenspiegel", 13. Jahrhundert.

Q2 Papst Gregor VII. schildert die Ereignisse von Canossa 1077 in einem Brief folgendermaßen:

… (König Heinrich IV.) kam in geringer Begleitung nach Canossa, wo wir uns aufhielten. Dort harrte er während dreier Tage vor dem Tor der Burg ohne jedes königliche Gepränge auf Mitleid erregende Weise aus, nämlich unbeschuht und in wollener Kleidung, und ließ nicht eher ab, unter zahlreichen Tränen Hilfe und Trost des apostolischen (päpstlichen) Erbarmens zu erflehen, als bis er alle … zu … solchem barmherzigen Mitleid bewog, dass sich alle unter vielen Bitten und Tränen für ihn verwandten. …

Q3 In der Biografie Heinrichs IV., die ein anonymer Schreiber etwa 1106/07 verfasste, war über dieses Ereignis Folgendes zu lesen:

… Als Heinrich erkannte, wie sehr er in Bedrängnis geraten war, fasste er in aller Heimlichkeit einen schlauen Plan; plötzlich und unerwartet reiste er dem Papst entgegen und erreichte mit einem Schlag zwei Dinge: Er empfing die Lösung vom Bann und unterband durch sein persönliches Dazwischentreten die für ihn bedenkliche Zusammenkunft des Papstes mit seinen Widersachern. Auf das ihm zur Last gelegte Verbrechen ging er kaum ein, weil er, wie er betonte, auf Anschuldigungen seiner Gegner, selbst wenn sie auf Wahrheit beruhten, nicht antworten müsse. …

▶ Teste dich

Hier spielt die Geschichte …

Mittelalterliche Berufe – wer bin ich?

Einführung

Um 1000 n. Chr. wuchs die Bevölkerung rasant. Besonders in den Städten wohnten immer mehr Leute auf engstem Raum. Damit in Gesprächen deutlich gemacht werden konnte, um wen es geht, entwickelten sich mit der Zeit sogenannte Beinamen. Häufig wurde hierzu die eigene Berufsbezeichnung genutzt. Später entwickelten sich daraus die Nachnamen. Auch heute gehen noch viele Familiennamen auf alte Berufsbezeichnungen zurück, die fast vergessen sind. In dem folgenden Spiel könnt ihr auf eine Reise in die Welt der alten Berufe gehen und raten, welche Geschichte hinter den Namen steckt. Helfen können dir hierbei auch z. T. die Zunftzeichen.

Durchführung

Folgende Berufe gilt es zuzuordnen:

Böttcher	Metzler	Müller
Gerber	Sattler	Stellmacher/Wagner
Kürschner	Barbier	Nagler

Los geht's!

Findet die Antworten auf die Fragen der folgenden Seite.
Ein Wappen fehlt. Finde den Beruf und gestalte ein eigenes Wappen dazu.

Start

1 Dieser bis ins 19. Jahrhundert hoch angesehene Beruf stellte meist aus Holz Wagen her. Diese wurden von Pferden gezogen und dienten der Beförderung von schweren Lasten und Personen.

2 Das Handwerk des hier gesuchten Berufes schloss sich als eines der ersten zu einer Zunft zusammen. Es war ein sehr angesehener Beruf, denn man stellte aus Tierfellen Bekleidung her.

3 Im Mittelalter galt dieser Beruf als unehrlich. Das lag vielleicht daran, dass Körperpflege und Hygiene noch kein so hoher Stellenwert eingeräumt wurde wie heute. Die Handwerker kümmerten sich unter anderem um das Haare- und Bartschneiden, zogen aber auch Zähne, heilten Wunden und schienten Knochenbrüche.

4 Dieser Nachname ist eine alte Berufsbezeichnung für den heutigen Fleischer.

5 Diese Berufsgruppe stellte größere Gefäße und Behälter aus Holz her, in denen man vor allem Wein und Bier lagerte.

6 Der Nachname, der von diesem Beruf abgeleitet wurde, ist heute der häufigste in Deutschland. Im Mittelalter hatten diese Handwerker häufig einen schlechten Ruf, weil ihnen unterstellt wurde, die Menschen zu betrügen. Sie stellten Mehl, Öle und Futtermittel aus Pflanzen her.

7 Um aus einem normalen Gewebe ein feineres Tuch herzustellen, benötigte man früher diesen Berufszweig. Dieser veredelte einen Stoff durch das Abschneiden von überstehenden Wollfaserresten.

8 Dieser heute ausgestorbene Beruf war ein Spezialzweig des Schmiedehandwerkes. Eisennägel wurden im Mittelalter noch per Hand gefertigt. Ab Mitte des 19. Jahrhunderts konnten Nägel maschinell hergestellt werden.

9 Gegenstände aus Leder und Stoffen für den Umgang mit Tieren stellte dieser Handwerker her: Zaumzeug, Sattel und Kummet, manchmal aber auch Taschen.

10 Im Mittelalter muss es sehr schlecht gerochen haben. Aber besonders bei dieser Berufsgruppe stank es besonders, denn sie stellten aus rohen Tierhäuten feines Leder her.

Ziel

2 Neue Horizonte – neue Welten

„Oh Jahrhundert, oh Wissenschaft, es ist eine Lust zu leben!"
Diese Worte stammen von dem Ritter und Gelehrten Ulrich von Hutten. Sie verdeutlichen, was die neue Epoche ausmachte, die um 1450 das Mittelalter ablöste – die Neuzeit. Sie war geprägt durch einen großen Forscherdrang, dessen Ergebnis eine Vielzahl bedeutender Erfindungen und Entdeckungen war. Mit ihnen konnten die Menschen die Welt mit anderen Augen sehen und so ihren Horizont erweitern.

Darum geht es ...

2 Neue Horizonte – neue Welten

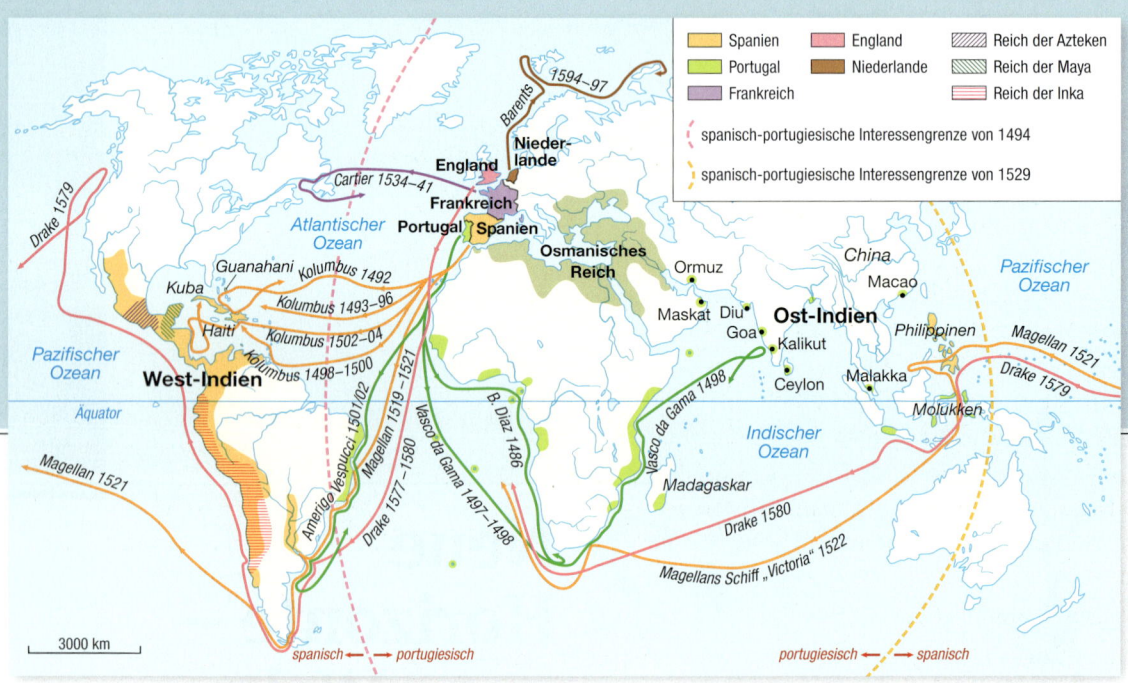

Legende:

Spanien	England	Reich der Azteken
Portugal	Niederlande	Reich der Maya
Frankreich		Reich der Inka

spanisch-portugiesische Interessengrenze von 1494

spanisch-portugiesische Interessengrenze von 1529

1 – Europäische Entdeckungsfahrten im 15./16. Jahrhundert.

Die Welt mit anderen Augen sehen

Während im Mittelalter der christliche Glaube das Weltbild der Menschen in Europa bestimmte, änderte sich dies um 1500. Begünstigt durch eine Warmzeit war es ab dem Hochmittelalter zu einer Bevölkerungsexplosion gekommen. Tausende Siedlungen wurden neu gegründet und die vorhandenen Städte wuchsen sichtbar. Sie entwickelten sich zu Zentren des kulturellen und wissenschaftlichen Austauschs. Die Menschen begannen, sich verstärkt für naturwissenschaftliche Vorgänge zu interessieren und zu forschen. Sie wollten alles genau wissen. Diese neue Sicht auf die Welt und eine Vielzahl an Erfindungen machten es möglich, dass europäische Seefahrer aufbrachen, um nach neuen Seewegen zu suchen und fremde Länder zu entdecken. Dieses Zeitalter der Entdeckungen ging einher mit der Eroberung der Welt durch die Europäer, deren Folgen bis heute spürbar sind. In diesem Kapitel wirst du viele Neuerungen und Erfindungen kennenlernen und erfahren, welche Auswirkungen sie hatten.

Am Ende des Kapitels kannst du folgende Fragen beantworten:

- Wie veränderte das neue Denken das Bild der Menschen von sich selbst und der Welt?
- Welche bahnbrechenden Erfindungen gab es um 1500 und inwiefern ermöglichten viele von diesen die Entdeckung neuer Seewege oder neuer Erdteile und Kulturen?
- Wie lebten die Völker der Inkas und Azteken in Mittel- und Südamerika?
- Welche Folgen hatten die europäischen Entdeckungsfahrten für die einheimische Bevölkerung Amerikas und für die Europäer?
- Wie werden Bildquellen untersucht?
- Wie halte ich ein Referat?

1453	1492	1519–21	15.–16. Jh.
Eroberung Konstantinopels durch die Türken	Globus von Martin Behaim, erste Entdeckungsreise des Kolumbus	Erste Weltumsegelung durch Magellan	Epoche der Renaissance

Opa, sag mal …

Stella: Hallo Opi, du, ich habe mal eine Frage: Wir sind in Geschichte gerade bei den Seefahrten des Kolumbus. Da hat Charlotte von ihrem Urlaub erzählt und gesagt, dass es auf der Insel Ibiza ein Denkmal mit einem Ei und dem Schiff von Christoph Kolumbus gibt. Weißt du, was das zu bedeuten hat?

Opa: Ah, das Ei des Kolumbus! Das soll auf folgende, kleine Geschichte zurückgehen: Kolumbus wurde nach seiner Rückkehr von der Amerikareise zu vielen Feiern eingeladen. Bei einem Festessen ließ ein Gast die Bemerkung fallen, dass es doch nichts Besonderes war, Amerika zu entdecken. Das kränkte Kolumbus sehr, sodass er zu dem Gast sagte, es wäre auch einfach, ein Ei auf die Spitze zu stellen.

Stella: Wie soll denn das gehen? Das Ei fällt doch immer wieder um, oder?

Opa: Es brachte auch keiner der Anwesenden zustande. Schließlich nahm Kolumbus selbst das Ei und schlug es so stark auf den Tisch, dass die Spitze eindrückte und das Ei stehen blieb. Da sagten die Anwesenden, dass sie das so auch gekonnt hätten. Worauf Kolumbus wiederum gesagt haben soll: „Der Unterschied ist, meine Herren, dass Sie es hätten tun können, ich hingegen habe es getan!"

Stella: Clever, dieser Kolumbus.

Opa: Genau, und deswegen spricht man bei einer überraschend einfachen Lösung für ein schwieriges Problem vom Ei des Kolumbus.

Stella: Also dafür steht das Denkmal. Es ist aber auch lustig, wie der Künstler diese Geschichte dargestellt hat. Bei meinem nächsten gekochten Frühstücksei werde ich auch einmal Kolumbus spielen.

2 – Mayatempel von Yucatan (heutiges Mexiko). Foto, 2019.

3 – „Das Denkmal der Entdeckung Amerikas", umgangssprachlich „Ei des Kolumbus" genannt, in Sant Antoni auf Ibiza. Im Inneren des Eies ist die Santa Maria, das Schiff des Christoph Kolumbus, zu sehen. Foto, 2012.

❶ ▶ Lest das Gespräch zwischen Stella und ihrem Opa in verteilten Rollen.

❷ ▶ Ermittle mithilfe der Karte und eines Atlasses Ausgangs- und Zielpunkte für Entdeckungsfahrten im 15. und 16. Jahrhundert.

❸ ▶ Erkläre, was Kolumbus mit dem Ei verdeutlichen wollte.

❹ ▶ Berichte, was du über die Entdeckungen im 15. und 16. Jahrhundert schon weißt. Die Einstiegsseite (S. 12/13) sowie die Bilder 2 und 3 helfen dir dabei.

▶ Video

Wandel in der frühen Neuzeit

Neue Zeit – neues Denken?

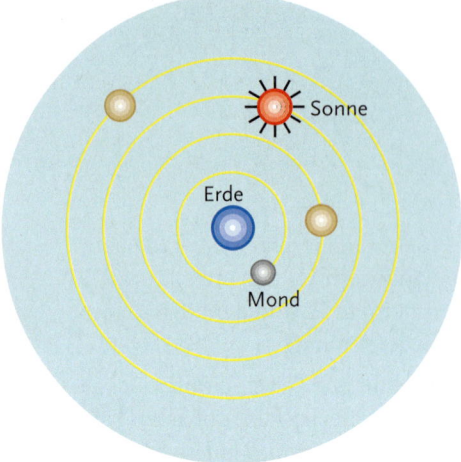

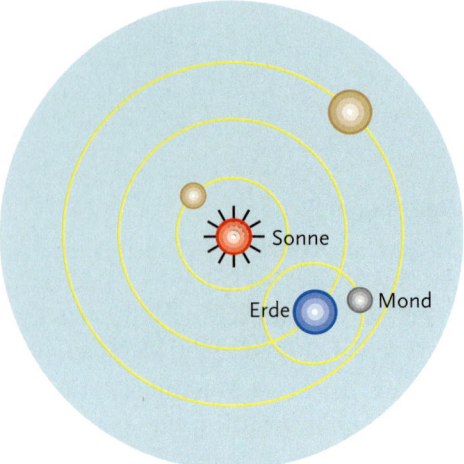

1 – Bewegung der Planeten nach der mittelalterlichen Vorstellung (= geozentrisches Weltbild). Schaubild.

2 – Bewegung der Planeten nach den Berechnungen des Kopernikus (= heliozentrisches Weltbild). Schaubild.

Nikolaus Kopernikus (1473–1543).

Leonardo da Vinci (1452–1519), Selbstporträt, ca. 1490–1500.

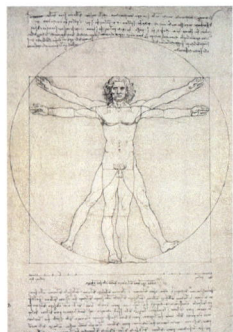

Proportionsstudie „Vitruvianischer Mensch". Skizze von Leonardo da Vinci, 1492.

Wissenschaft oder Glaube?

Im Mittelalter hatte der christliche Glaube das Denken der Menschen und somit das gesamte Leben bestimmt. Auch zu wissenschaftlichen Fragen wurden Antworten vorwiegend in der Bibel gesucht. Aber im 15. Jahrhundert änderte sich das. Für diese neue Denkweise steht beispielsweise der polnische Priester und Astronom Nikolaus Kopernikus.

Dieser hatte sich nicht nur mit dem alten geozentrischen Weltbild des Ptolemäus und dessen Vorgängern auseinandergesetzt, sondern den Sternenhimmel genau beobachtet. Er erkannte, dass die Sonne „[i]n der Mitte von allen [Planeten]" ihren Sitz hat und sich die Planeten in Kreisbewegungen um sie drehen. Außerdem stellte er fest, dass die Erde sich um ihre eigene Achse dreht. Fast 30 Jahre forschte Kopernikus an seiner Theorie, die völlig dem bisherigen Weltbild der Kirche widersprach. Und so scheute sich der Kirchenmann bis kurz vor seinem Tod davor, seine Erkenntnisse, die er in dem Buch „Die Umschwünge der himmlischen Kugelschalen" zusammengefasst hatte, öffentlich zu machen. Als das Werk im März 1543 schließlich erschien, wurde es von vielen als „Humbug" abgetan und kritisiert. Jahrzehnte später verbot die Kirche das Werk, da es den biblischen Lehren widersprach. Das bedeutete, es durfte bis 1822 nur in bearbeiteter Form erscheinen. Doch der Durchbruch des neuen heliozentrischen Weltbildes war nicht mehr aufzuhalten. Man nennt dies die „kopernikanische Wende".

„Wissen ist das Kind der Erfahrung"

Ein weiterer berühmter Wissenschaftler war Leonardo da Vinci. 1452 in der Nähe von Florenz in Italien geboren, galt er schon bei seinen Zeitgenossen als *Universalgenie, denn er war Naturwissenschaftler, Maler, Bildhauer, Architekt, Ingenieur, Arzt, Philosoph und Erfinder. Besonders berühmt sind seine Gemälde der Mona Lisa oder der „Vitruvianische Mensch".

Neben seinen Zeichnungen trugen auch verschiedene Erfindungen zu da Vincis Ruhm bei, die für die damalige Zeit wohl Science-Fiction gewesen sein dürften: ein Fallschirm, ein Panzerfahrzeug, ein U-Boot, ein Tauceranzug oder Flugapparate, die er Luftschrauben nannte. Dabei stand für ihn stets der Entwurf im Mittelpunkt und nicht dessen praktische Verwirklichung. Grundlage für seine Arbeiten waren genaue Beobachtungen von Umwelt und Natur. Darüber hinaus war er am Aufbau und den Funktionen des menschlichen Körpers inter-

3 – Mona Lisa. Gemälde von Leonardo da Vinci, ca. 1503.

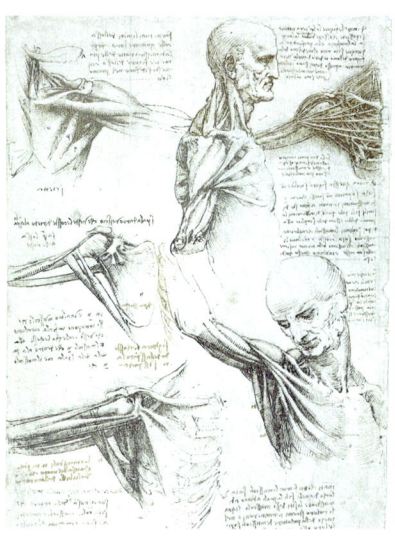

4 – Studienblatt zur Hals- und Schultermuskulatur. Leonardo da Vinci, ca. 1509.

5 – Luftschraube: Vorläufer des Hubschraubers. Modell nach einer Zeichnung von Leonardo da Vinci, 1480–1490.

essiert und *sezierte, trotz Verbots durch die Kirche, über 30 Leichen. Seine Körperstudien lieferten wichtige Erkenntnisse für die weitere medizinische Forschung.

„Die Neugier steht immer an erster Stelle des Problems, das gelöst werden soll"

Der 1564 im italienischen Pisa geborene Philosoph, Mathematiker, Ingenieur, Physiker und Astronom Galileo Galilei galt ebenfalls als Universalgenie. Er entwickelte zum Beispiel das Fernrohr weiter, um damit die Milchstraße und die Mondoberfläche zu beobachten. Neben Sonnenflecken entdeckte er die Saturnringe und die vier Jupitermonde. All das waren Beweise für die Behauptungen des Nikolaus Kopernikus: Die Erde dreht sich um die Sonne und nicht umgekehrt. Mit diesen Erkenntnissen erregte er Missfallen beim Papst. Alle Schriften des Galileo Galilei wurden verboten. Nach mehreren Prozessen und Haftstrafen zwang man ihn, unter Androhung des Feuertodes, alle seine Thesen zu widerrufen. Erst 1992 erklärte der Vatikan diesen Prozess für Unrecht.

Q1 Der niederländische Gelehrte Rudolf Agricola schrieb 1472 an einen Freund:
... Lass dir verdächtig sein, was du bisher gelernt hast. Verurteile alles und verwirf das, wofür du keine Beweise findest. Auf dem Glauben beruht die Frömmigkeit, die wissenschaftliche Bildung aber sucht stets nach Beweisen ...

Q2 Seine Vorgehensweise begründete Leonardo 1493 mit folgenden Worten:
... Mir aber scheint, es sei alles Wissen eitel und voller Irrtümer, das nicht von der Erfahrung, der Mutter aller Gewissheit, zur Welt gebracht wird ... Hüte dich vor den Lehren jener Spekulanten, deren Überlegungen nicht von der Erfahrung bestätigt sind ... Wir müssen von der Erfahrung ausgehen und mit dieser die Naturgesetze erforschen ...

* Universalgenie
Begriff für eine gelehrte Person, die sich auf verschiedenen (wissenschaftlichen) Gebieten durch außergewöhnliche Leistungen hervorgetan hat.

* sezieren
Dies bezeichnet das Öffnen und Zergliedern des toten menschlichen Körpers.

❶ Beschreibe mithilfe der Bilder 1 und 2 den Unterschied zwischen dem geozentrischen und kopernikanischen (heliozentrischen) Weltbild. Fertige zur Verdeutlichung eine Skizze an.
❷ Prüfe, ob es Ähnlichkeiten in den Auffassungen des Agricola (Q1) und dem Vorgehen des Kopernikus gibt.
▶ *Formuliere hierfür Agricolas Aussage und vergleiche dann.*
❸ Erstellt in Gruppenarbeit Steckbriefe zu Kopernikus, da Vinci und Galilei. Orientiert euch dabei an den VIP-Seiten.
❹ Gestaltet in Partnerarbeit zu folgender Situation ein Rollenspiel: Ein Mönch und ein Forscher diskutieren die Ansichten von Kopernikus und Galilei (Text).
▶ *Mönch: Lieber Freund, findest du nicht auch, dass Gott das Universum mit unserer Erde als Mittelpunkt wunderbar geschaffen hat?*
Forscher: Nun, dem kann ich leider nicht ganz zustimmen, denn ...

Wie veränderte sich das Bild vom Menschen?

1 – Selbstbildnis im Pelzrock. Gemälde des Nürnberger Künstlers Albrecht Dürer (1471–1528), 1500.

2 – David-Skulptur von Michelangelo, 1501–1504. Sie ist 5,17 m hoch und damit die erste Monumentalstatue der Renaissance.

---

*❋ Renaissance
(frz. für Wiedergeburt)
Epoche am Ende des 15.,
Anfang des 16. Jahrhunderts, die die antike Philosophie, Literatur und Kunst wiederentdeckte und wiederbelebte. Sie ging von den Städten Norditaliens aus und verbreitete sich in ganz Mittel- und Westeuropa.*

Lorenzo di Medici
(1449–1492).

*❋ Humanismus
Geistige Bewegung, die sich während der Renaissance von Italien aus in ganz Europa verbreitete. Die Humanisten waren überzeugt, dass die Menschen durch das Studium der antiken Vorbilder vollkommener würden.*

Die Wiedergeburt der Antike

Seit dem 14. Jahrhundert war Italien, insbesondere Florenz, zum Zentrum von Kunst, Kultur und Wissenschaft geworden. Finanziert und gefördert von der einflussreichen Familie der Medici lebten viele der damals bedeutendsten Persönlichkeiten, wie der Bildhauer Michelangelo Buonarroti oder der Gelehrte und Politiker Machiavelli, in der Stadt. Künstler und Gelehrte waren davon besessen, das bisherige Weltbild zu hinterfragen und den Menschen und die Erde besser zu verstehen. Allein der Verstand und die Sinne sollten benutzt werden, um Antworten auf rätselhafte Naturereignisse zu finden. Man richtete sich nicht mehr nach der Bibel, sondern las nun vorrangig die alten Schriften der griechischen und römischen Gelehrten. Deshalb nennt man diese Zeit auch die ❋Renaissance. Insbesondere die gebildeteren und reicheren Stadtbürger lösten sich häufig von der Bevormundung durch die Kirche. Sie fühlten sich als eigenständige Persönlichkeiten und wollten sich bereits im Diesseits an Schönem erfreuen und das Leben genießen. So entwickelte sich der einzelne selbstbewusste und glückliche Bürger zum Ideal der Renaissance.

Der Mensch im Mittelpunkt – ❋Humanismus

Mit der Renaissance entstand somit auch eine neue Weltanschauung, die sich an den Interessen, den Werten und der Würde des einzelnen Menschen orientierte. Prinzipien dieser neuen Sichtweise waren Toleranz, Gewaltfreiheit und Gewissensfreiheit. Da der Mensch stets im Mittelpunkt stand, sprechen wir vom Humanismus.
Auch in der Kunst veränderte sich vieles. Wichtig wurde hier die genaue Darstellung des Menschen. Bildhauer wollten ihn möglichst naturgetreu und vollkommen zeigen.

Q1 Über die Rolle des „neuen Menschen" schrieb der italienische Gelehrte Gianozzo Manetti (1396–1459):
... Die Welt ist wohl von Gott geschaffen, aber der Mensch hat sie verwandelt und verbessert. Denn alles, was uns umgibt, ist unser eigenes Werk, das Werk des Menschen, alle Wohnstätten, alle Schlösser, alle Gebäude aus der ganzen Welt ... Von uns sind die Gemälde, die Skulpturen; von uns kommen der Handel, die Wissenschaften und philosophischen Systeme. Von uns kommen alle Erfindungen und alle Arten von Sprachen und Literaturen ...

VIP

Name: **Georg Rollenhagen**

Lebensdaten: 22. April 1542 (Bernau) – 20. Mai 1609 (Magdeburg)

Familie: Sein Vater war Tuchmacher, Bierbrauer und Landwirt in Bernau.

Jugend/Schule/Ausbildung:
– Bis 1556 besuchte Georg die Lateinschule in Bernau.
– Von 1558 bis 1560 besuchte er das Gymnasium in Prenzlau und Magdeburg.
– 1560 immatrikulierte er sich in Wittenberg, wo er 1567 zum Magister der Philosophie promovierte.

Werdegang:
– Anschließend war er an der Magdeburger Stadtschule tätig. Ab 1575 war er Rektor der Schule, die er zu überregionaler Bedeutung führte.
– Von 1573 bis 1609 war Rollenhagen Prediger an der Sankt-Sebastian-Kirche in Magdeburg.

Besonderheiten:
Georg Rollenhagen wurde zu einem bedeutenden Schriftsteller und Schuldramatiker seiner Zeit. Er veröffentlichte mehrere Werke. Das bekannteste ist der 1595 erschienenen Froschmeuseler, in dem er sich satirisch gegen den Krieg wendet und eine bürgerliche Ethik unterstützt.

Was bleibt:
Die Stadt Magdeburg benannte zu Ehren Georg Rollenhagens eine Straße. Auch in München Waldperlach trägt eine Straße seinen Namen.

3 – Titelblatt des „Froschmeuselers", 1595.

❶ ▶ Beschreibe mit eigenen Worten, wie sich das Lebensgefühl der Menschen um 1500 veränderte.

❷ ▶ Erkläre den Begriff „Humanismus" und seine Entstehung.

❸ ▶ Die David-Skulptur von Michelangelo (Bild 2) ist die wohl bekannteste der Kunstgeschichte. Die biblische Figur des Davids wird vor dem Kampf mit dem Riesen Goliath gezeigt. Beschreibe, wie die Statue auf dich wirkt, und erkläre diese Wirkung.

❹ ▶ Recherchiere zu den im Text (S. 18) erwähnten Personen und fertige zu einer von ihnen einen Steckbrief nach Vorlage der VIP-Seite an.

❺ ▶ Beschreibe das Gemälde 1 und erläutere, inwiefern es ein typisches Werk der Renaissance ist. Recherchiere, warum das Gemälde seinerzeit auch viel Kritik erntete.

❻ ▶ Recherchiere zum „Froschmeuseler" und erläutere, warum sich Rollenhagen darin gegen den Krieg wendet.

 Video

Wie konnten sich Ideen schnell verbreiten?

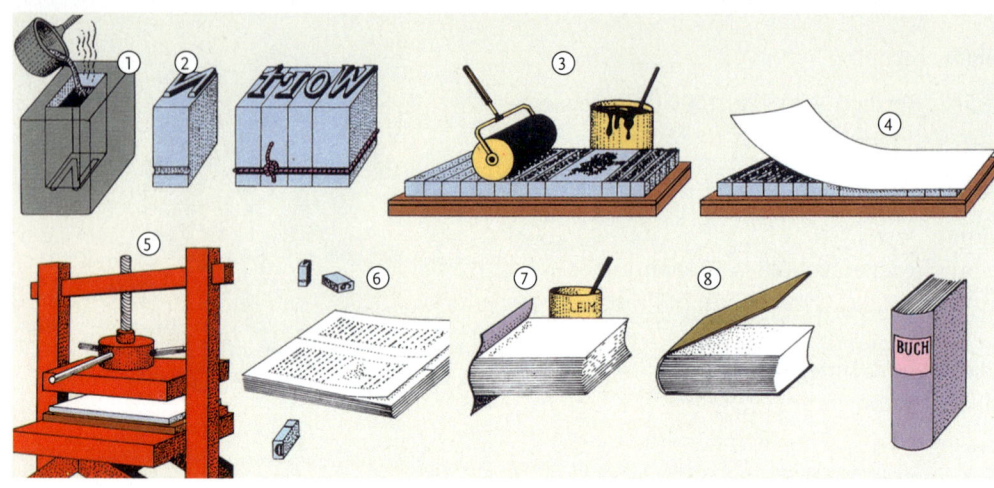

① In eine *Matrize goss Gutenberg flüssiges Blei.
② Daraus entstand eine Bleiletter.
③ Die Lettern setzte er zu einer Druckform zusammen, die er schwarz färbte.
④ Darauf legte er einen Bogen Papier.
⑤ Er presste Papier und Druckform zusammen.
⑥ Nun war der Bogen bedruckt.
⑦ Die Bögen wurden zu einem Buch zusammengetragen.
⑧ Der Buchblock erhielt einen Einband.

1 – So stellte Johannes Gutenberg ein Buch her. Schaubild.

---

*Matrize
Musterletter (enthielt am oberen Ende das hervorstehende, spiegelverkehrte Bild eines Schriftzeichens) aus einem harten Metall, das in ein Klötzchen aus weichem Kupfer geschlagen wurde.

*Gutenberg
Der Name ist abgeleitet vom Hof zum Gutenberg, in dem Johann Gensfleisch, geboren wurde.

*Flugschriften
Diese Einblattdrucke wurden beim Kirchgang oder auf öffentlichen Plätzen von umherziehenden Händlern billig verkauft und informierten und unterhielten so eine breite Leserschaft.

*Revolution
So bezeichnet man einen grundlegenden Wandel, der in kurzer Zeit erfolgt.

*Digitalisierung
Unter Digitalisierung wird allgemein die Aufbereitung von Informationen zur Verarbeitung oder Speicherung in einem digitaltechnischen System, wie z. B. einem Computer, verstanden.

Die Erfindung des Buchdrucks

„Mehr als das Gold hat das Blei die Welt verändert. Und mehr als das Blei in der Flinte, das Blei im Setzkasten." Dies schrieb ca. 200 Jahre nach der Erfindung des Buchdrucks der Schriftsteller und Physiker Georg Christoph Lichtenberg. Bücher wurden im Mittelalter zumeist von Mönchen in Klöstern abgeschrieben. Die Anfertigung einer ganzen Bibelabschrift dauerte knapp drei Jahre. Das Kopieren der Bücher war damit sehr teuer. Eine Bibel kostete etwa 500 Gulden – für diese Summe konnte man damals ein kleines Bauerngut erwerben oder ca. 30 Ochsen. Also konnten sich Bücher und das Wissen darin nur sehr wohlhabende Personen und Klöster leisten. Aber davon abgesehen, konnte um 1500 nur jeder fünfte Mensch lesen und schreiben. Das alles änderte sich schlagartig, als 1450 der Goldschmiedemeister Johann Gensfleisch, genannt *Gutenberg, in Mainz seine Erfindung vorstellte – den Buchdruck mit beweglichen Lettern. Zwischen 1452 und 1454 wurden 180 Exemplare einer 1282-seitigen Bibel mit dem neuen Verfahren gedruckt: Daran waren sechs Schriftsetzer, zwölf Drucker sowie weitere Hilfsarbeiter beteiligt. Von dieser ersten Auflage sind heute noch 48 Exemplare erhalten. Die Erfindung war so erfolgreich, dass es schon um 1500 in Europa über 1100 Druckereien gab, die bereits über 40 000 verschiedene Werke gedruckt hatten. Neben Bibeln wurden zunächst viele andere religiöse Schriften gedruckt, aber auch immer mehr wissenschaftliche Bücher und politische *Flugschriften. In vielen Städten wurden Schulen gegründet. Die ersten Zeitungen und Reiseberichte erschienen. Druckerzeugnisse waren nun bei Weitem billiger als Handschriften. Mehr Informationen konnten jetzt schneller viel mehr Menschen erreichen. Die der Erfindung des Buchdrucks mit beweglichen Lettern folgenden historischen Ereignisse wären ohne ihn anders oder gar nicht passiert. Deshalb sprechen wir bei dieser Erfindung von einer medialen *Revolution.

Sie war außerdem der Beginn der modernen Massenmedien. Ohne den Buchdruck wäre das 500 Jahre später erfundene Internet gar nicht denkbar gewesen. Das World Wide Web bildet zusammen mit Computern und Smartphones sowie der *Digitalisierung von Daten eine neue Stufe der Massenmedien, die ebenso wie Gutenbergs Erfindung seither starke Auswirkungen auf das Leben der Menschen haben. Zu Beginn des 21. Jahrhunderts sprechen wir deshalb von einer digitalen Revolution.

2 – Innensicht einer Druckerei, Holzschnitt von Abraham van Weerdt, um 1650. Spätere Kolorierung.

Johannes Gensfleisch, genannt Gutenberg (ca. 1398–1468), Erfinder des Buchdrucks. Kupferstich 1584. Fantasiebild, nach seinem Tod hergestellt.

Q1 Der islamische Gelehrte Mirza Muhammad (etwa 1499–1551) schrieb:

... Durch dich, o Gutenberg, Bürger von Mainz, blühen die Wissenschaften. Durch deine Erfindung entzündete sich das Wissen, breitete sich überall aus und durchdringt jetzt alles, von der niedrigsten Hütte bis zum Goldpalast. Auch Asien ... schreibt deinen Namen mit Goldbuchstaben.

M1 In der JIM-Studie 2019 wurde der Medienumgang der 12- bis 19-Jährigen in Deutschland untersucht.

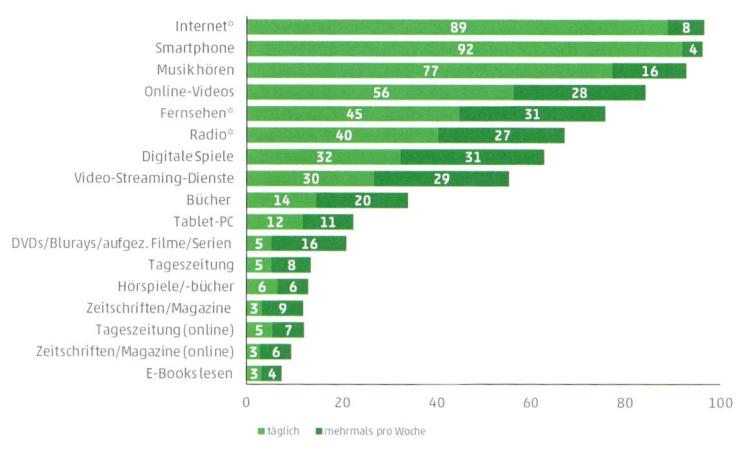

Quelle: JIM 2019, Angaben in Prozent; °egal über welchen Verbreitungsweg, Basis: alle Befragten, n=1.200

❶ ▪ Beschreibe mithilfe der Bildfolge 1 die Entstehung eines Buches nach dem Gutenbergverfahren.

❷ ▪ Zähle mithilfe des Textes und von Q1 die Vorteile für die Gesellschaft auf, die der Buchdruck mit sich brachte.

❸ ▪ Ein Mönch besucht um 1460 die Druckerei in Bild 2. In einem Brief an sein Kloster berichtet er von seinen Eindrücken.

▶ *Ich betrat voll Neugier die Druckerstube. Zuerst fiel mir auf ...*

❹ ▪ Vervollständige die Tabelle mit Vor- und Nachteilen der digitalen Medien sowie eigenen Beispielen.

Vorteil	Beispiel	Nachteil	Beispiel
Informationen sind schnell zugänglich	Internet	...	...
mehr Waren sind schneller verfügbar	Online-shop	...	...
breitere Vernetzung und Austausch mit mehr Menschen	soziale Netzwerke	Mobbing	...

❺ ▪ Beurteile anhand von M1, welche Rolle digitale Medien im Alltagsleben von Jugendlichen in Deutschland spielen. Ordne deine Ansicht in der Statistik ein.

❻ ▪ Johannes Gutenberg wurde zum „Mann des Jahrtausends" gewählt. Beziehe Stellung, ob du die Entscheidung teilst, und begründe deine Meinung.

Wodurch wurden Entdeckungsfahrten möglich?

1 – Globus des Martin Behaim von 1492. Behaim war Kaufmann in Nürnberg.

2 – Kompass, um 1550.

3 – Federzuguhr des Peter Henlein. Die erste Taschenuhr, um 1510 von dem Nürnberger Schlosser und Feinmechaniker Peter Henlein entwickelt.

Gefährliche Schifffahrt

Im Fernhandel konnten die Kaufleute viel Geld verdienen, doch eine Seefahrt über das offene Meer galt als gefährlich. Die Furcht vor Ungeheuern und Unwettern war groß. Da es kaum eine Möglichkeit gab, sich über die eigene Position sicher zu orientieren, fuhren die Schiffe immer dicht an den Küsten entlang.

Neue Möglichkeiten eröffneten sich für die Seefahrer mit ganz neuen Karten, die nach Norden ausgerichtet waren und genauere Angaben zu Küsten, Häfen und Entfernungen enthielten. Der Globus von Martin Behaim zeigte außerdem deutlich die Kugelgestalt der Erde und Möglichkeiten für eventuelle neue Seewege (Bild 1).

Neue Messgeräte und Schifftypen

Mithilfe des Kompasses (Bild 2), einer chinesischen Erfindung, konnte auch bei rauer See die Richtung bestimmt werden. Außerdem gab es jetzt Tabellen, die den täglichen Stand der Sterne angaben. War bekannt, wie hoch ein Stern zu einer bestimmten Zeit am Horizont stand (Bilder 4 und 5), konnte mithilfe dieser Tabellen die genaue Position (Breitengrad) bestimmt werden. Ein wichtiges Instrument für die Zeitmessung und Navigation bei der Seefahrt war auch die Sanduhr. Mit ihr wurde gemessen, wie viele Knoten auf der Leine sich in einer halben Minute abwickelten. Bis heute ist die Bezeichnung Schiffsknoten das Maß zur Feststellung der Geschwindigkeit eines Schiffes.

Darüber hinaus wurden neue seetüchtige Schiffe gebaut, die Karavellen. Sie hatten einen Hauptmast mit einem großen Viereckssegel, das bei Rückenwind für eine hohe Geschwindigkeit sorgte. Am vorderen und hinteren Mast erlaubten die kleineren Dreieckssegel auch ein Segeln fast gegen den Wind. Mit all diesen Erfindungen war die Voraussetzung für weitere Seefahrten geschaffen.

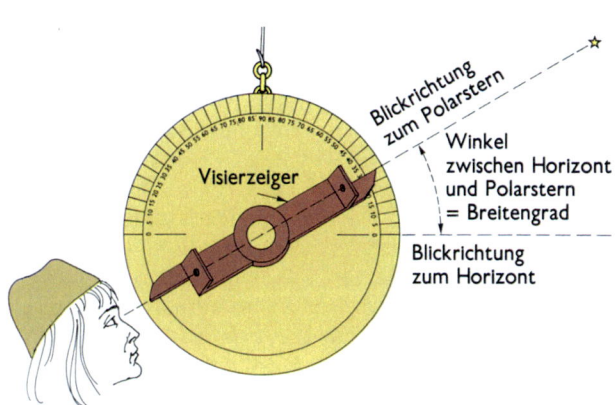

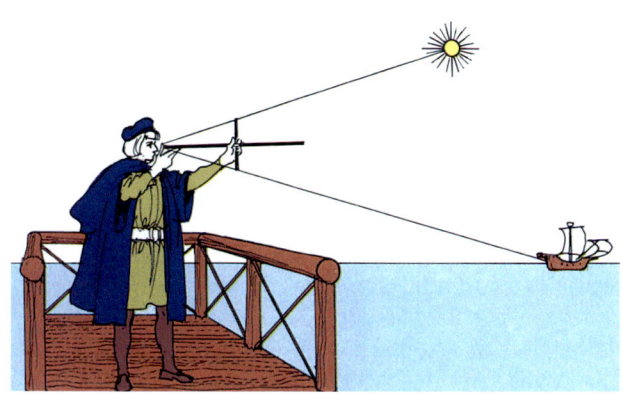

4 – Astrolabium, lateinisch für „Sternnehmer". Das Astrolabium misst die Höhe eines Sterns über dem Horizont. Zeichnung.

5 – Jakobsstab. Mit dem Jakobsstab misst man die Höhe des Sterns über dem Horizont (= Breitengrad). Zeichnung.

6 – Das Log (engl. log = Holzscheit).
Obere Abbildung: Die Geschwindigkeit eines Schiffes wurde gemessen, indem man ein Schwimmholz ins Wasser warf und die Zeit feststellte, die beim Passieren der Messstrecke verging.
Untere Abbildung: Auch das Knotenlog wurde ins Wasser geworfen. Dabei wurde die Zeit ermittelt, die beim Abwickeln des Seils verging, an dem festgelegte Strecken mit Knoten markiert waren.
Zeichnung.

7 – Lot. Es diente zum Messen der Wassertiefe. So konnte man feststellen, ob eine Gefahr für das Schiff bestand. Zeichnung.

❶ ▪ Überprüfe mithilfe eines Globus folgende Behauptung: Wenn man von Europa immer nach Westen oder nach Osten fährt, kommt man schließlich wieder am Ausgangspunkt an.

❷ ▪ Sieh dir auf den Bildern 2 und 4–7 die Instrumente an und ordne sie den folgenden Funktionen zu:
– Positionsbestimmung,
– Geschwindigkeitsmessung,
– Tiefenmessung.

❸ ▪ Beschreibe zusammenfassend, warum diese Funktionen für die Seefahrt auf dem offenen Meer wichtig waren.

▶ *Die Geräte zur Navigation ermöglichten es den Seefahrern, …*

❹ ▪ Erkläre, warum ein Kapitän die genaue Zeit wissen musste.

❺ ▪ Erläutere folgende Aussage: Die Entdeckungsfahrten wurden erst möglich durch die „Wissensexplosion" in der frühen Neuzeit.

▶ *Erst als der Mensch einsah, dass nicht alles durch die Bibel erklärt werden konnte, begann er …*

Entdeckte Kolumbus Indien?

1 – Christoph Kolumbus am spanischen Königshof, Gemälde von Vaclav Brozik, ohne Datierung.

Christoph Kolumbus.
Zeitgenössisches
Porträt.

✳ **Stadtrepublik**
Ein Staat, dessen Gebiet
sich auf die Fläche einer
Stadt und ihr Umland
beschränkt. Venedig und
Genua wurden von ihren
Patriziern geführt. Aus
ihren Reihen wurde ein
Doge (Anführer) gewählt,
der das Oberhaupt der
Stadt war.

Auf dem Seeweg nach Indien?

Mit der Eroberung Konstantinopels 1453
kontrollierten die Osmanen einen Knoten-
punkt für den Handel über den Landweg
zwischen Asien und Europa. Besonders
für die Händler der italienischen ✳Stadt-
republiken Genua und Venedig bedeutete
das eine große Bedrohung ihrer Wirt-
schaftsmacht.
Daher wurde überlegt, welche Möglichkeiten es gäbe, nach Indien zu gelangen. Der
erfahrene Seemann Christoph Kolumbus
hatte die Idee, dass Indien erreichbar wäre,
wenn nicht in östlicher Richtung, sondern
immer nach Westen gesegelt wird.
Kolumbus kannte die Karten des Florenti-
ners Paolo Toscanelli, der 1474 einen westlichen Seeweg nach Indien mit 4445 Kilometern berechnet hatte, und griff diese Idee
auf. Was er nicht wusste: Tatsächlich beträgt
die Strecke allerdings 19 631 Kilometer.

Aufbruch in ferne Länder

Hartnäckig suchte Kolumbus nach Förde-
rern für seine Unternehmung. Er bat 1485
das spanische Königspaar um eine kleine
Flotte, doch der König zeigte keinerlei Interesse. Er war zu sehr mit dem Kampf gegen
die muslimischen Araber in seinem Land
beschäftigt. Erst als 1492 die letzten muslimischen Heere besiegt waren, erhielt Kolumbus die Zusage vom spanischen Königspaar Ferdinand und Isabella. Am 3. August
1492 verließ er mit den Schiffen „Santa
Maria", „Pinta" und „Niña" sowie 100 Mann
Besatzung den spanischen Hafen Palos.
Kolumbus rechnete mit drei Wochen Fahr-
zeit, doch daraus wurden zwei Monate.
Während die Vorräte an Bord immer knapper wurden, versuchte die Schiffsbesatzung
mehrfach, ihren Kapitän zum Umdrehen zu
bewegen. Doch Kolumbus hielt an seinem
Kurs fest. Nach vielen Schwierigkeiten kam
am Morgen des 12. Oktober 1492 endlich
Land in Sicht. Kolumbus war sich sicher,
eine Indien vorgelagerte Insel erreicht zu
haben. Tatsächlich war er auf einer Insel der
mittelamerikanischen Bahamas gelandet.
Im Namen des spanischen Königs ergriff
Kolumbus Besitz von der Insel Guanahani
und nannte sie, aus Dankbarkeit für die ge-
lungene Überfahrt, San Salvador (= heiliger
Erlöser). Die Inselbewohner nannte er, aufgrund seines Irrtums, Indianer.

2 – Kolumbus wird, als er zum ersten Mal in „Indien" ankommt, von den Einwohnern mit großen Geschenken „verehrt und begabet" (begeistert) aufgenommen (Originalbildunterschrift). Kupferstich von Theodor de Bry, 1594.
In vielen seiner Illustrationen stellte der Protestant de Bry die katholischen Kolonisten aus Spanien als brutal, menschenverachtend und grausam dar.

Q1 Der Arzt und Astronom Paolo Toscanelli schrieb in einem Brief an Kolumbus (ca. 1480):

… Ich habe Kenntnis genommen von deinem hochherzigen und großartigen Plan, auf dem Weg nach Westen, den dir meine Karte zeigt, zu den Ländern des Ostens zu segeln. Besser hätte er sich mithilfe einer runden Kugel klarmachen lassen. Es freut mich, dass du mich richtig verstanden hast. Der genannte Weg ist nicht nur möglich, sondern wahr und sicher …

Besitz ergreife … Sofort sammelten sich an jener Stelle zahlreiche Eingeborene der Insel an. In der Erkenntnis, dass es sich um Leute handle, die man weit besser durch Liebe als mit dem Schwert retten und zu unserem heiligen Glauben bekehren könne, gedachte ich, sie mir zu Freunden zu machen, und schenkte also einigen unter ihnen rote Halsketten aus Glas und noch andere Kleinigkeiten von geringem Werte, worüber sie sich ungemein erfreut zeigten …

Q2 Kolumbus schrieb am 12. Oktober 1492 in sein Bordtagebuch:

… Um zwei Uhr morgens kam das Land in Sicht, von dem wir etwa acht Seemeilen entfernt waren … Dann legten wir bei und warteten bis zum Anbruch des Tages, der ein Freitag war, an welchem wir zu einer Insel gelangten … Dort erblickten wir alsogleich nackte Eingeborene. Ich begab mich … an Bord eines mit Waffen versehenen Bootes an Land. Dort entfaltete ich die königliche Flagge … Ich rief die beiden Kapitäne und auch all die anderen, die an Land gegangen waren, … zu mir und sagte ihnen, durch ihre persönliche Gegenwart als Augenzeugen davon Kenntnis zu nehmen, dass ich im Namen des Königs und der Königin, meiner Herren, von der genannten Insel

❶ ▪ Nenne mithilfe des Texts und von Q1 Motive, die Kolumbus dazu bewegten, den Seeweg nach Indien zu suchen.

❷ ▪ Beschreibe mithilfe des Textes die Reisebedingungen für die Mannschaften.

❸ ▪ Beschreibe mithilfe des Atlasses die geografische Lage Konstantinopels (Istanbuls). Erkläre, warum diese die Suche der Europäer nach einem anderen Weg nach Indien beeinflusst hat.

❹ ▪ Erkläre Toscanellis Hinweis an Kolumbus (Q1), dass der Seeweg nach Indien sicher sei, und beende Toscanellis Brief mithilfe deiner Ergänzungen. Bewerte Toscanellis Hinweise.

❺ ▪ Erläutere, was auf Bild 1 dargestellt ist und welche Bedeutung diese Szene für Kolumbus hatte.

❻ ▪ Untersuche Bild 2: Wie stellt de Bry die Einheimischen dar, wie Kolumbus und seine Leute? Welchen Eindruck will er mit seiner Darstellung vermitteln? Gehe dabei auch auf die Entstehungszeit des Bildes ein.

❼ ▪ Gib kurz wieder, wie Kolumbus die Eingeborenen einschätzt (Q2).

❽ ▪ Vergleiche die Darstellung der ersten Begegnung zwischen Europäern und Einheimischen auf Bild 2 mit der in Q2.

▶ Video

Methode

Ein Referat halten

Auch im Geschichtsunterricht haltet ihr immer wieder Referate. Du lernst dabei anhand von Recherchen einen Sachverhalt genauer kennen und kannst diesen dann anderen zusammenfassend vermitteln.

Diese Methode ist nicht nur für den Geschichtsunterricht wichtig. Auch in anderen Fächern, höheren Klassen oder im Berufsleben wirst du immer wieder Referate halten.

Die folgenden Schritte helfen dir, ein Referat oder einen Kurzvortrag vorzubereiten:

Schritt 1 **Klärung des Themas und Eingrenzung**	■ Wie lautet das genaue Thema deines Vortrags? Bei eigener Themenwahl achte darauf, dass es nicht zu allgemein oder zu umfassend ist. ■ Welchen Umfang soll das Referat haben (Redezeit)? ■ Wie viel Zeit hast du zur Erarbeitung?
Schritt 2 **Recherche durchführen und Material sammeln**	■ Wie kannst du Expertin/Experte auf deinem Themengebiet werden? ■ Wo findest du Material zu dem Thema (Bücher, Fachzeitschriften, Internet)? Frag auch deine Lehrkraft, ob sie dir Literatur empfehlen kann. ■ Notiere dir Wichtiges oder kopiere geeignete Übersichten oder Informationen. Nutze für Internetseiten und Bücher Lesezeichen und notiere dir deine Quellen, um sie am Ende deines Referats zur Verfügung stellen zu können. ■ Sammle Skizzen, Bilder oder Übersichten zur Verdeutlichung und Anschaulichkeit. Vergiss nicht, für alle Materialien die Quellen anzugeben!
Schritt 3 **Gliederung anfertigen**	■ Erstelle eine Gliederung mit Unterpunkten. Eine Mindmap kann dir helfen, die vielen Informationen zu sortieren. ■ Formuliere Leitfragen und achte auf einen „roten Faden", der sich durch dein Referat zieht. ■ Gibt es etwas besonders Spannendes oder Kurioses innerhalb deines Themas? Nutze das für die Einleitung. ■ Fasse im Schlussteil Wesentliches zusammen.
Schritt 4 **Redekarten erstellen und Referat üben**	■ Erstelle zu jedem Gliederungspunkt eine Redekarte. Notiere darauf nur kurze Stichpunkte oder Stichworte, damit du während des Vortrages freier und mit Blick zur Klasse sprichst. ■ Vermerke auf den Redekarten auch, wann du Bilder oder Übersichten zeigst. ■ Übe dein Referat mehrmals. Nutze hierfür nur die Redekarten. ■ Bereite dich auf Nachfragen zu Fremdwörtern oder Zusammenhängen vor.

❶ ▣ Bereitet mithilfe der vier Schritte ein Referat vor. Mögliche Themen:
- Christoph Kolumbus (Beispiel S. 88/89)
- Die Azteken – eine Hochkultur (S. 96/97)
- Die Folgen der europäischen Eroberung in Übersee (S. 98–101)

1 – Eine Schülerin hält ein Referat. Foto, 2019.

M1 Beispiel für Beleg einer Textstelle:
WAS IST WAS, Band 5: Große Entdecker.
Ihre Reisen und Abenteuer, Nürnberg 2015

M2 Beispielgliederung
A Einleitung:
1 Um was geht es: Christoph Kolumbus –
  sein Leben
B Hauptteil
1 Lebensdaten im Überblick
2 Motive für die Reisen
3 Die erste Reise
4 Umgang mit der einheimischen
  Bevölkerung
5 Folgen der „Entdeckung" für die
  einheimische Bevölkerung
C Schluss
1 Zusammenfassung
2 Kolumbus – heute noch umstritten?

Tipps für das Referat:
– Stell dich während des Referats hin.
– Beginne erst, wenn alle ruhig sind.
– Schau dein Publikum freundlich an.
– Sprich klar, deutlich und nicht zu schnell.
– Mach nach jedem Gliederungspunkt eine
  kurze Pause.
– Beziehe deine Anschauungsmaterialien
  ein, indem du auf sie zeigst.

Lösungshinweise zum Beispiel:
Lena interessiert sich sehr für Christoph Kolumbus und seine Entdeckungsreisen. Sie hat schon viel darüber gelesen und ihre Geschichtslehrerin gefragt, ob sie ein Referat zu diesem Seefahrer halten darf. Sie erhält zwei Wochen Zeit, um sich auf das Referat vorzubereiten.

Zu Schritt 1:
Thema: Das Leben von Kolumbus, 15 Minuten Redezeit

Zu Schritt 2:
Abbildungen verschiedener Bücher (M1) und Kindersuchmaschine

Zu Schritt 3:
siehe M2

Zu Schritt 4:
siehe M3

M3 Redekarten

Einleitung

1 Thema nennen, Gliederung grob umreißen
→ Folie mit Gliederung einblenden
– ...

Motive

– Suche eines westlichen Seewegs von Europa nach Indien
– ...

Hauptteil

Daten: → hier Folie mit Bild einblenden
Christoph Kolumbus, geb. um 1451 in Genua,
1. Reise nach „Indien" 1492, Rückkehr März 1493,
gestorben 1506
– ...

Aufbruch ins Unbekannte

Schauplatz Geschichte

Am 3. August 1492 startete Kolumbus mit den Schiffen „Santa Maria", „Pinta" und „Niña" vom spanischen Hafen Palos de la Frontera seine große Entdeckungsreise. Wie man sich die Vorbereitung des Schiffes vorstellen muss, seht ihr auf diesem Bild.

Bildet Gruppen und bearbeitet eine der Aufgaben 1–3. Stellt eure Ergebnisse anschließend den anderen Gruppen vor.

❶ An Bord seht ihr den Ersten Offizier, der genau beobachtet, welche Waren für die weite Reise gebraucht werden. Erstellt eine Ladeliste für ihn mit wichtigen Dingen, die man zum Überleben auf einer langen Seereise benötigt.

❷ Am Hafen herrscht ein reges Treiben von vielen unterschiedlichen Personen. Entwerft Sprechblasentexte mit den Gedanken der folgenden Personen (von rechts):
  – die reiche Frau am Kai;
  – der Mönch;
  – der Matrose an der Kanone;
  – der Hilfsarbeiter mit dem schweren Sack;
  – der Schiffsjunge auf dem Fass;
  – der Handwerker mit dem Balken.

❸ Auch Kapitän Kolumbus ist auf dem Schiff zu sehen. Ihm gehen viele Fragen durch den Kopf. Formuliert fünf mögliche Fragen und versucht, sie anschließend zu beantworten.

▶ *Woher weiß ich, dass wir wirklich nach Indien kommen, wenn wir immer nur Richtung Westen fahren?*

 Audio

Gruppenpuzzle: Europäische Entdecker

Heinrich der Seefahrer (1394–1460)

Heinrich der Seefahrer

Heinrich der Seefahrer war der vierte Sohn König Johans I. von Portugal. Als Prinz (Infant) von Portugal wurde er 1394 geboren und fühlte sich schon früh von der Seefahrt angezogen. 1415 eroberte eine von ihm geführte Flotte das nordafrikanische Ceuta. Von diesem Zeitpunkt an begann die Zeit der portugiesischen Entdeckungen und Eroberungen. Unter seiner Führung stieg Portugal zur größten Seemacht der damaligen Zeit auf. Seine Flotten entdeckten und besiedelten die Inselgruppe der Azoren. Heinrich war zwar nie an einer Entdeckungsreise beteiligt, er plante, finanzierte und unterstützte aber die portugiesische Entdeckungs- und Handelspolitik mit allen nötigen Mitteln. Außerdem ließ er den Schiffstyp der Karavelle entwickeln. Entlang der afrikanischen Westküste entstanden eine Reihe von Handelsposten. 1445 stieg Portugal in den Handel mit Sklaven aus Afrika ein. Bis zu Heinrichs Tod im Jahr 1460 gelang es den Portugiesen, weiter vorzudringen als alle bisherigen Seefahrer. Über 2000 Seemeilen (mehr als 3700 km) wurden an der westafrikanischen Küste zurückgelegt und dabei sehr genaue Karten von diesen Regionen angefertigt. Heinrich der Seefahrer legte damit die Grundlagen für die kommenden Entdeckungsfahrten.

Vasco da Gama (1469–1524)

Vasco da Gama

Ein Weg über das Meer nach Indien sollte dafür sorgen, dass teure Gewürze und Waren wesentlich schneller und preisgünstiger nach Europa gelangten als über Land. Deshalb suchte der Portugiese Vasco da Gama im Auftrag König Manuels I. von Portugal den direkten Seeweg nach Indien. Bereits 1495 hatte Bartolomeu Diaz im Auftrag Portugals erfolgreich das Kap der Guten Hoffnung an der Südspitze Afrikas umsegelt. Da Gama wollte ihm folgen und brach am 8. Juli 1497 mit einer Flotte von vier Schiffen von Lissabon aus nach Süden auf – immer an der afrikanischen Westküste entlang – zu den Kanarischen Inseln und zu den Kapverdischen Inseln. Von dort aus ging es weiter um das Kap der Guten Hoffnung herum. Zwischen der Insel Madagaskar und der Ostküste Afrikas hindurch segelten die Schiffe bis Sansibar. Nach neun Monaten Fahrt erreichte da Gama schließlich Mombasa und nahm von dort den direkten Kurs nach Osten durch den Indischen Ozean. Am 20. Mai 1498 erreichte die Flotte endlich ihr Ziel und landete in der indischen Stadt Calicut. Noch zweimal reiste da Gama nach Indien. Vor seiner dritten Reise war er zum *Vizekönig von Indien ernannt worden. Er starb in Indien am 24. Dezember 1524.

Amerigo Vespucci (1454–1512)

Amerigo Vespucci

Als Sohn eines Kaufmanns 1454 in Florenz geboren, stand er in den Diensten der reichen Bankiersfamilie Medici. 1492 arbeitete er in einer ihrer Filialen im spanischen Sevilla. Dort finanzierte er beispielsweise die Flotte des Christoph Kolumbus. Nach seinem Dienst bei den Medici soll er insgesamt vier Seereisen unternommen haben. Dabei führte ihn immer wieder der Weg an die Küsten Amerikas. Er erkannte als Erster, dass Kolumbus nicht „ein paar vorgelagerte Inseln" von Asien entdeckt hatte, sondern einen großen, noch unbekannten Kontinent. Orte und Länder bekamen von ihm ihre Namen, wie z. B. Venezuela („Klein-Venedig" – weil die Bevölkerung an der Küste Häuser auf Pfählen errichtet hatte wie in Venedig) und Rio de Janeiro (Januar-Fluss). Außerdem beschrieb Vespucci als Erster Pflanzen und Tiere (Flora und Fauna) der „Neuen Welt" und erstellte erste Karten von dem Kontinent, der nach ihm benannt wurde – Amerika. Die Entscheidung darüber traf der deutsche Kartograf Martin Waldseemüller, der den Namen von der lateinischen Form ableitete „Americus Vesputius". Vespucci starb mit höchsten Ehren in Sevilla 1512.

Ferdinand Magellan (1480–1521)

Ferdinand Magellan

Die tragische Geschichte des 1480 geborenen Portugiesen Ferdinand Magellan begann am 10. August 1519 in Sevilla mit fünf vom spanischen König ausgerüsteten Schiffen und einer Besatzung von 250 Seeleuten. Sein Ziel waren die Gewürzinseln (Molukken/Indonesien), die er, wie vor ihm Kolumbus, auf dem westlichen Seeweg finden wollte. Um Proviant aufzunehmen, wurden zuerst die Kanarischen Inseln angesteuert. Von dort aus ging die Flotte auf Südwestkurs und erreichte am 6. Dezember 1519 Südamerika in der Nähe der Bucht von Rio de Janeiro. Danach ging es südwärts vorbei am Rio de la Plata. Nach langer Suche, unterbrochen durch eine siebenmonatige Winterpause und nach einer Meuterei auf zwei Schiffen, die zurück nach Spanien gesegelt waren, fanden die Seefahrer die Meerenge zwischen Südamerika und der Antarktis. Sie heißt noch heute nach ihrem Entdecker Magellanstraße. Während der fast viermonatigen Pazifiküberfahrt starben 19 Seeleute an *Skorbut. Am 6. März 1521 erreichte die Flotte endlich die Marianen-Inseln und zehn Tage später die Philippinen. Dort wurde Magellan bei einem Kampf mit der einheimischen Bevölkerung getötet. Die verbliebenen Seeleute kamen am 6. November 1521 auf den indonesischen Gewürz-inseln an und konnten kostbare Gewürze durch Handel erwerben. Die Heimreise führte um das Kap der Guten Hoffnung herum. Am 9. Juli 1522 passierte das verbliebene letzte Schiff die Kapverdischen Inseln und erreichte am 6. September 1522 mit nur 18 überlebenden Seeleuten Spanien. Magellan erlebte also nicht mehr den Triumph, die erste Weltumsegelung vollendet zu haben.

---

1 ▣ Lest euch die vier Karteikarten durch.

2 ▣ Bildet in der Klasse Fünfergruppen (Stammgruppen). Jede/Jeder in der Gruppe sucht sich jeweils einen der Seefahrer aus: Heinrich der Seefahrer, Christoph Kolumbus (S. 88 und 89), Vasco da Gama, Ferdinand Magellan, Amerigo Vespucci.

3 ▣ Alle Schülerinnen und Schüler mit demselben Seefahrer finden sich in einer Expertengruppe zu-sammen und erstellen einen Steckbrief mithilfe der Lehrbuchtexte und eines Atlasses.

Name	
Lebensdaten	
Was wurde durch ihn entdeckt?	
Welcher Weg wurde genommen?	
Bedeutung	

4 ▣ Wenn alle Expertengruppen ihre Steckbriefe erstellt haben, gehen die Expertinnen und Experten zurück in ihre Stammgruppen und stellen ihren Seefahrer vor. Die Gruppe erstellt nun eine Übersicht über die Leis-tungen der fünf und präsentiert anschließend ihr Ergebnis in Form eines Galeriegangs der Klasse.

5 ▣ Die Klasse bewertet schließlich die Präsentationen und berichtigt falls nötig.

* **Vizekönig/Vizekönigin**
Vertreter/Vertreterin des eigentlichen Königs. Diese Konstellation war häufig bei den Überseereichen anzutreffen, bei denen das neu eroberte Territorium nicht direkt regiert werden konnte.

* **Skorbut**
Der Skorbut tritt aufgrund dauerhaften Vitamin-C-Mangels nach etwa drei Monaten auf. Es kommt dann zu Fieber, Durchfall, Zahnfleischbluten und Ausfall von Zähnen, Ge-lenkentzündungen und anderen Symptomen. Am Ende kann Skorbut zum Tod durch Herzschwäche führen.

Wie lebten die Azteken?

1 – Tenochtitlán, die Hauptstadt der Azteken, wurde um 1345 gegründet.
Ausschnitt aus einer Rekonstruktion von Luis Covarrubias, 1963.

Wappen Mexikos

✱ **Hochkultur**
Merkmale einer Hochkultur waren: Staat mit zentraler Verwaltung und Regierung, Arbeitsteilung, ein Abgaben- oder Steuersystem, Recht, Schrift, Zeitrechnung, Kunst, Architektur, Anfänge von Wissenschaft und Technik.

✱ **Obsidian**
Gesteinsglas, das vulkanischen Ursprungs ist. Es entsteht, wenn Lava so schnell abkühlt, dass keine Kristalle gebildet werden.

Alte Kulturen in der „Neuen Welt"

Die entdeckten Gebiete wurden auf den Karten des 16. Jahrhunderts als „Neue Welt" bezeichnet. Neu war der amerikanische Kontinent aber nur für die ankommenden Europäer. Denn auf diesem Erdteil lebten schon lange zahlreiche Völker mit ✱Hochkulturen, z. B. die Maya, die Inka und die Azteken.

Tenochtitlán: Hauptstadt der Azteken

Das Volk der Azteken nannte sich selbst die Mexi'ka (sprich: Meschika). Damit sind sie die Namensgeber des heutigen Mexikos in Mittelamerika. Der Legende nach bauten sie ihre Hauptstadt Tenochtitlán auf einer Insel in einem Salzsee. Diesen Ort zeigte ihnen ein in einem Feigenkaktus sitzender Adler, der eine Schlange fraß. Die Azteken hielten ihn für ein Zeichen des Sonnengottes. Das mexikanische Staatswappen zeigt heute noch ebendiesen Adler. Auf den Grundmauern Tenochtitláns steht nun die Hauptstadt des Landes: Mexiko-Stadt. Tenochtitlán war der Mittelpunkt des Reiches und beherbergte über 300 000 Einwohner – ca. 100 000 mehr als Europas damals größte Stadt: Paris. Durch Dämme war es mit dem Festland verbunden.

Leben im Aztekenreich

Die Azteken fertigten Waffen aus Stein und ✱Obsidian. Ihre Handwerker und Händler in den Städten waren ähnlich wie die europäischen Zünfte und Gilden organisiert. Es gab ein weites Handelsnetz mit den anderen Völkern vor allem in Mittel- und Südamerika, obwohl die Azteken keine Räderfuhrwerke oder Lasttiere wie Pferde kannten.

Das Reich der Azteken wurde von einem König angeführt. Als die Europäer erstmals auf die Azteken trafen, hieß dieser Moctezuma II. Er war zugleich Oberbefehlshaber der Armee und oberster Priester. Ihm standen die Adligen zur Seite. Sie waren als königliche Ratgeber, Richter, Offiziere und höhere Priester tätig. Das Amt eines einfachen Priesters konnte jeder Junge übernehmen. Mädchen und Jungen besuchten nach Geschlechtern getrennte Schulen, über die Bildung der Mädchen ist aber nur wenig überliefert. Die Mehrheit der Bevölkerung bestand aus Handwerkern, Bauern, Fischern und Sklaven. Letztere waren Kriegsgefangene oder Azteken, die Verbrechen wie Diebstähle begangen hatten. Die Azteken waren ein kriegerisches Volk. Immer wenn sie ein weiteres Volk besiegt

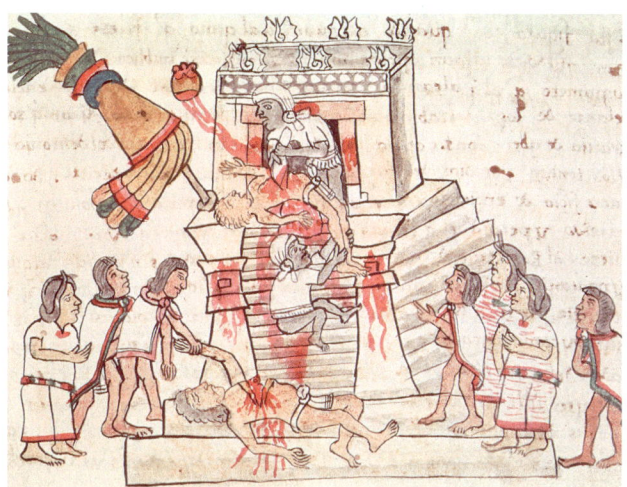

2 – Menschenopfer. Illustration aus einer aztekischen Handschrift, Mitte 16. Jahrhundert.

3 – Belebtes Treiben auf einem Marktplatz in Tenochtitlán, im Hintergrund der große Tempel im Zentrum der Stadt, auf dem die Menschenopfer stattfanden. Rekonstruktionszeichnung von H. Tom Hall, 1987.

hatten, „adoptierten" sie dessen Götter, sodass im Aztekenreich an über 1600 Götter geglaubt wurde. Der wichtigste Gott war der Sonnengott Huitzilopochtli. Dieser Sonnengott verbrauchte in der Vorstellung der Azteken für seinen Tagesablauf seine ganze Energie. Deshalb benötigte er, um jeden Tag wieder neu aufzustehen, Nahrung in Form von Menschenblut und -herzen. Ohne ständige neue Menschenopfer käme, dieser Vorstellung nach, die Sonne zum Stillstand und die Welt müsste sterben. Deshalb wurden jährlich vermutlich Tausende Menschen geopfert.

Q1 Über Tenochtitlán schrieb Hernando Cortéz 1520 an den spanischen König:
... Die Hauptstadt Tenochtitlán liegt in einem salzigen See. Sie hat vier Zugänge, alle über Steindämme führend, die von Menschenhand erbaut sind. Sie sind etwa zwei Lanzen breit ... An einem der Dämme laufen zwei Röhren aus Mörtelwerk entlang, jede etwa zwei Schritte breit und eine Mannslänge hoch. Durch eine Röhre kommt ein Strom süßen Wassers bis in die Mitte der Stadt. Alle Menschen nehmen davon und trinken es. Die andere Röhre wird benutzt, wenn die erste gereinigt wird ... Die Stadt hat viele öffentliche Plätze, auf denen ständig Markt gehalten wird.

Dann hat sie noch einen anderen Platz ..., wo sich täglich mehr als 60 000 Einwohner treffen: Käufer und Verkäufer von Lebensmitteln, *Kleinodien aus Gold, Silber, Messing, Muscheln, Hummerschalen und Federn. Außerdem verkauft man Steine, Bauholz, Kalk und Ziegelsteine ... Es gibt Apotheken ..., es gibt Häuser, wo man für Geld trinken und essen kann. Es gibt Leute zum Lasttragen ... Es gibt in dieser Stadt viele sehr gute und große Häuser, weil alle großen Herren des Landes ... ihre Häuser in der Stadt haben. Sie wohnen dort eine gewisse Zeit des Jahres. Aber auch sonst gibt es viele reiche Bürger ...

*Kleinodien
Es handelt sich um kostbare Gegenstände, häufig Schmuck.

❶ ▪ Beschreibe Bild 1 mithilfe von Q1.
❷ ▪ Beschreibe die Menschenopfer der Azteken (Text und Bild 2). Recherchiere zusätzlich im Internet zum Ausmaß dieser Opfer und nimm Stellung dazu.
❸ ▪ Vergleiche mithilfe von Q1 Tenochtitlán mit europäischen Städten des Mittelalters.
❹ ▪ Entwirf mithilfe des Textes auf S. 34 ein Schaubild, das die Rangordnung im Aztekenreich darstellt.
❺ ▪ Überprüfe und belege anhand der Informationen auf dieser Doppelseite, dass es sich bei den Azteken um eine Hochkultur handelte.
▶ *Nutze auch die Worterklärung in der Randspalte.*

Wie eroberten die Spanier das Aztekenreich?

1 – Cortéz erhält bei seiner Ankunft Geschenke von aztekischen Boten. Gemäß einer mexikanischen Handschrift aus dem 16. Jahrhundert.

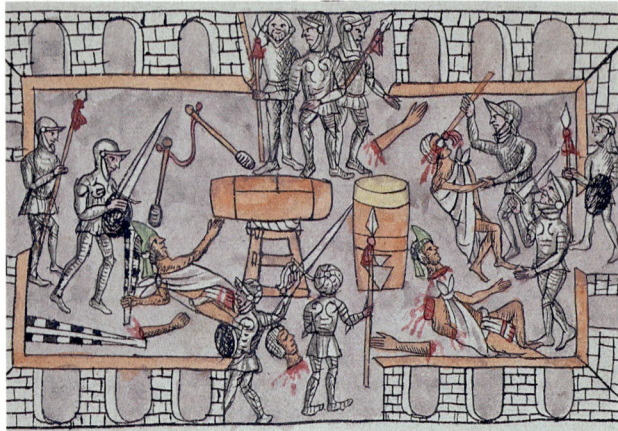

2 – Die Spanier richten bei einer religiösen Feier ein Blutbad an, um aufkommende Aufstände bei den Azteken zu unterdrücken. Spanische Handschrift, um 1520.

* **Quetzalcoatl**
Dieser Gott wurde von verschiedenen amerikanischen Völkern (z. B. den Mayas) verehrt. Er wird meist als große, gefiederte Schlange dargestellt.

Die Ankunft der „Götter"

Es gab bei den Azteken eine Sage über den Gott *Quetzalcoatl. Dieser Gott lebte als König der Azteken, bis er vertrieben wurde. „Am Tage der Wiederkehr meiner Geburt werde ich wiederkommen", soll er gesagt haben. Das konnte nach dem Kalender der Azteken nur das Jahr 1363, 1467 oder 1519 sein. Dann würden weißhäutige Boten seine Ankunft melden. Nach einer Legende kam 1519 ein Bote zu Moctezuma, dem König der Azteken (1465–1520), und meldete: „Weiße Männer sind an der Küste gelandet." Moctezuma erschrak und dachte: „Sind das die Boten Gottes?" In Wirklichkeit war es der spanische Adlige Hernando Cortéz (1485–1547) mit 550 Soldaten. Er wollte die Goldschätze erbeuten, von denen er gehört hatte.

Moctezuma schickte den Spaniern Gesandte, die sie durch Bitten und reiche Geschenke zur Umkehr drängen sollten. Doch Cortéz ließ sich nicht aufhalten. Mit seinen Männern erreichte er wenige Tage später Tenochtitlán. Moctezuma hatte von seinen zurückgekehrten Gesandten gehört, dass die Spanier sich ganz in Eisen kleideten und von Hirschen auf dem Rücken getragen würden (Pferde waren in Südamerika unbekannt). Nur ihre Gesichter seien nicht bedeckt und die Haut weiß wie Kalk, weiß wie das Gesicht Quetzalcoatls. Der Herrscher der Azteken empfing und begrüßte die Fremden. Diese aber nahmen in den kommenden Tagen und Wochen Moctezuma gefangen, ließen sich die Schatzhäuser zeigen und begannen, alles Gold zu Barren einzuschmelzen.

„Noche Triste" – die traurige Nacht

Die Spanier raubten nicht nur sämtliches Gold, sie begannen auch, Tempel zu plündern, Götterstatuen zu zerstören und – unter dem Vorwand, dass die Religion der Azteken Teufelszeug sei – auch fast alle aztekischen Schriften zu verbrennen. Deshalb existieren heute kaum Quellen zu den damaligen Ereignissen aus Sicht der Azteken.

Als die Spanier die Heiligtümer der Azteken zerstörten und die Opferung an den Sonnengott untersagten, kam es noch im Jahr 1520 zum Aufstand. Während der Kämpfe starb Moctezuma. Cortéz musste mit seinen Soldaten fliehen, kam aber 1521 zurück und schloss Tenochtitlán mithilfe von anderen, inzwischen verbündeten mittelamerikanischen Völkern ein. Diese hatten sich den Spaniern angeschlossen, um sich von der Herrschaft Moctezumas zu befreien, der zuvor Feldzüge gegen sie geführt hatte. Die Belagerung der Stadt dauerte

3 – Die Eroberung Tenochtitláns durch die Spanier und verbündete mittelamerikanische Völker im Jahre 1521. Gemälde aus der zweiten Hälfte des 17. Jahrhunderts.

über drei Monate, dann wurde Tenochtitlán erstürmt und niedergebrannt. Mit den Trümmern wurden die alten Kanäle zugeschüttet und auf dem ehemaligen Tempelberg eine Kirche errichtet. Es wird geschätzt, dass im Kampf zwischen 100 000 und 240 000 Azteken starben.

Q1 Nach den Aufzeichnungen von Bernardino de Sahagún um 1550 berichtete ein aztekischer Augenzeuge:

... Die Azteken schenkten den Göttern [den Spaniern] goldene Fahnen und goldene Halsketten. Als sie das Gold in ihren Händen hatten, brach Lachen aus den Gesichtern der Spanier hervor, ihre Augen funkelten vor Vergnügen. Wie Affen griffen sie nach dem Gold ... Sie schwollen an vor Gier und Verlangen nach Gold.
... Als die Spanier sich im Palast eingerichtet hatten, fragten sie Moctezuma nach dem Staatsschatz aus. Als sie am Schatzhaus waren, zeigte man ihnen die Reichtümer. Vor Vergnügen fletschten die Spanier die Zähne wie die Tiere und beklopften einander vor Freude. Sie glaubten, in ihrem Paradies zu sein, durchsuchten alles, als ob es ihr Eigentum wäre ...

Q2 In einem weiteren Bericht von Bernal Diaz del Castillo heißt es:

... In den Häusern, im See und auf dem Land, in den Kanälen und auf den vielen Plätzen lagen überall Leichen und Totenköpfe, Cortéz selbst war übel geworden ... Die Luft war so verpestet, dass die Azteken darum baten, den Abzug sämtlicher Einwohner zu gestatten. Drei Tage und drei Nächte waren die Ausfallstraßen und die Dämme mit langen Zügen von erbärmlichen Gestalten bedeckt. Männer, Frauen und Kinder schleppten ihre entkräfteten Körper aus der Stadt, ein jammervoller Leichenzug ... Es hat wohl kaum ein Volk gegeben, das so viel Hunger, Durst und Kriegsnot ausstehen musste ...

❶ ▢ Nenne jeweils das Ziel von Cortéz und Moctezuma und vergleiche sie.
❷ ▢ Beschreibe das Verhalten der Spanier aus der Sicht der Azteken und das Verhalten der Azteken aus Sicht der Spanier. Nutze hierzu die Informationen aus dem Text, Bild 1, Bild 2 und Q1.
❸ ▢ Untersuche Bild 1.
❹ ▢ Beziehe mithilfe des Textes, von Q1 und Q2 Stellung zum Verhalten der Spanier.

Was bedeutet *Kolonialherrschaft?

1 – Die spanischen Kolonialherren misshandeln die unterworfenen Völker. Kolorierter Kupferstich von Theodor de Bry, 1596.

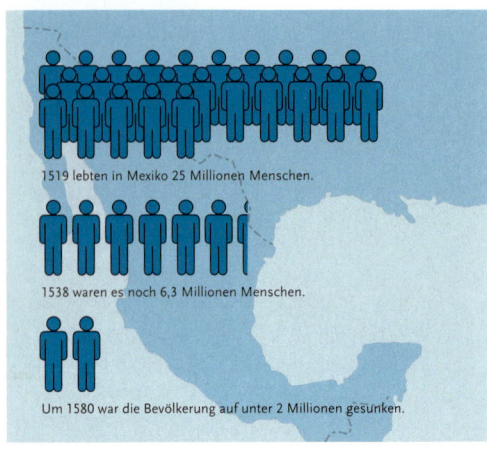

1519 lebten in Mexiko 25 Millionen Menschen.

1538 waren es noch 6,3 Millionen Menschen.

Um 1580 war die Bevölkerung auf unter 2 Millionen gesunken.

2 – Bevölkerungsentwicklung Mexikos 1519–1580. Schaubild.

✢ **Kolonialherrschaft**
Die Eroberung zumeist überseeischer Gebiete durch militärisch überlegene Staaten (vor allem Europas) seit dem Ende des 15. Jahrhunderts wird als Kolonialismus bezeichnet. Die Kolonialmächte errichteten in den unterworfenen Ländern Handelsstützpunkte und Siedlungskolonien. Sie verfolgten vor allem wirtschaftliche und militärische Ziele.

✢ **Dreieckshandel**
Dies bezeichnet den Handel zwischen Afrika, Amerika und Europa. Die Europäer kauften oder raubten Sklaven in Afrika, die nach Amerika transportiert wurden. Von dort brachte man Gold, Silber, Zucker und Baumwolle nach Europa. Weil dieser Handel sich auf der Karte ähnlich wie ein Dreieck darstellt, wird er auch „Dreieckshandel" genannt.

Eroberungen im Namen Gottes?

Mit den spanischen Eroberern kamen auch Mönche. Sie wollten den christlichen Glauben unter der indigenen Bevölkerung verbreiten. Vielfach geschah dies, indem diese gewaltsam getauft wurde. So berichtete ein Mönch im Jahre 1529, dass allein von ihm und einem Mitbruder über 200 000 Menschen getauft worden seien. Die spanischen Beamten förderten diese gewaltsame Missionierung. Durch den christlichen Glauben – so hofften sie – würde die einheimische Bevölkerung zu gehorsamen Untertanen erzogen werden. Noch heute gehören circa 90 Prozent der Mexikaner dem römisch-katholischen Glauben an.

Herren und Sklaven

Nach der Eroberung begannen die Spanier bald, das eroberte Land als ihre Kolonie einzurichten und zu verwalten mit dem Ziel, einen maximalen wirtschaftlichen Gewinn zu erreichen. Für sie war es selbstverständlich, dass sie über die eroberten Gebiete verfügten, wie sie es wollten. So errichteten sie große landwirtschaftliche Güter. Auf ihnen wurde vor allem angebaut, was in Europa benötigt wurde, z. B. Tabak, Baumwolle oder Mais. Die Plantagenbesitzer beschränkten sich dabei auf den Anbau nur einer Pflanzensorte. Bis heute sind diese so-genannten Monokulturen charakteristisch für die Landwirtschaft Südamerikas. Die indigene Bevölkerung musste auf diesen Ländereien Sklavenarbeit leisten. Die europäischen Eroberer erwirtschafteten auch reichen Gewinn durch die Ausbeutung der Bodenschätze. Überall wurden Bergwerke angelegt, um diese abzubauen. So konnten z. B. große Mengen von Silber nach Spanien geliefert werden. Die jährlichen Silberlieferungen nach Spanien stiegen von 175 000 kg (1550) auf 270 000 kg im Jahr 1600. Möglich war dies nur, weil die Arbeitskraft der indigenen Bevölkerung ausgebeutet wurde. Viele Menschen starben. Hierbei spielten auch Krankheiten eine Rolle, die die europäischen Eroberer einschleppten und gegen die die indigene Bevölkerung nicht immun war. Hunderttausende starben an einfachen Infektionen, aber auch an Epidemien wie den Pocken und der Pest.

Sklaven aus Afrika

Der Dominikanermönch und erste Bischof von Chiapas im heutigen Mexiko, Bartolomé de Las Casas, stimmte einem Vorschlag spanischer Siedler zu, afrikanische Sklaven zu beschäftigen, um die Situation der indigenen Bevölkerung zu erleichtern. Sie waren angeblich kräftiger und daher für die schweren Arbeiten auf den Landgütern und in den Bergwerken besser geeignet. So begann in Afrika die Verschleppung von Menschen als Sklaven. Zwischen 1550 und 1800 waren dies mehr als zehn Millionen.

„Entdecker" oder „Eroberer"?

In fast allen ehemaligen Kolonien Mittel- und Südamerikas leben heute die Nachfahren jener Völker, die einst Hochkulturen geschaffen hatten, zu einem großen Teil am Rande der Gesellschaft.

400 Jahre nach der Landung des Kolumbus wurde das Ereignis 1892 durch US-Präsident Harrison zu einem offiziellen Feiertag erklärt – dem „Columbus Day". Auch Spanien begeht den 12. Oktober seit 1987 als Nationalfeiertag – den „Tag der Zusammengehörigkeit aller spanischsprechenden Völker". Von den Nachfahren der damaligen Hochkulturen und zunehmend auch großen Teilen der übrigen Bevölkerung wird diese Verherrlichung seit jeher stark kritisiert. Ihrer Meinung nach sollte man nicht von „Entdeckung", von „kultureller Begegnung" oder vom „Austausch zwischen zwei Welten" sprechen, sondern von „Eroberung" und „Völkermord". In einigen US-Bundesstaaten wurde die Bezeichnung „Columbus Day" bereits abgeschafft.

Q1 Der Dominikanermönch Bartolomé de Las Casas (1484–1566) schrieb an den spanischen König:

... Ein königlicher Beamter erhielt 300 Indios als Arbeitskräfte zugeteilt. Nach drei Monaten hatte er durch die Arbeiten in den Gruben 270 davon zu Tode gebracht, sodass ihm nur der zehnte Teil blieb. Danach gab man ihm wiederum dieselbe Zahl und noch mehr, doch er brachte sie wieder um, und je mehr man ihm gab, desto mehr mordete er ...

In drei oder vier Monaten starben in meinem Beisein mehr als 7000 Kinder, weil ihre Väter und Mütter in die Gruben geschickt wurden ... Als ziemlich sicheres Ergebnis kann man annehmen, dass in den genannten 40 Jahren durch die tyrannischen und teuflischen Taten der Christen mehr als 12 Millionen Männer, Frauen und Kinder getötet worden sind. ...

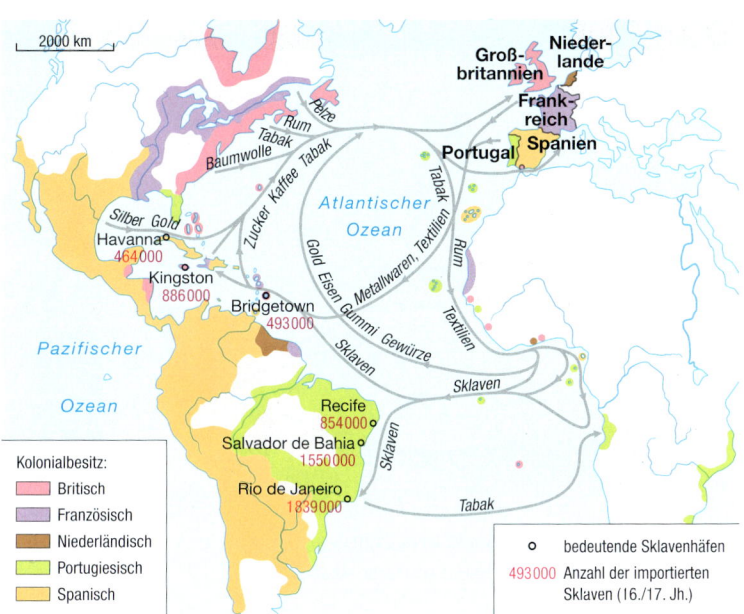

3 – Der ✳Dreieckshandel zwischen Europa, Afrika und Amerika im 17. Jahrhundert.

❶ ▶ Stelle die Motive der Europäer heraus, Amerika zu kolonialisieren. Nutze hierfür Q1 und den Text.

❷ ▶ Betrachte den Kupferstich von Theodor de Bry (Bild 1) und entnimm ihm Einzelheiten über die Behandlung von Sklaven.

❸ ▶ Las Casas (Q1) spricht davon, dass der königliche Beamte „mordet". Erkläre, was er damit zum Ausdruck bringen wollte.

❹ ▶ Erläutere das Schaubild 2 mithilfe des Textes und von Q1.

❺ ▶ Erkläre anhand der Karte, wie sich der Handel zwischen Europa, Afrika und Amerika gestaltete.

❻ ▶ Bewerte die Erkenntnisse, die du aus dem Schaubild 2 gewonnen hast.

❼ ▶ Beziehe Stellung: Sollte es einen „Columbus Day" geben?

❽ ▶ Erarbeite mithilfe der S. 98/99 und 100/101 die Ausgangsfrage „Was bedeutet Kolonialherrschaft?"
  a) für die Spanier und
  b) für die indigene Bevölkerung.
▶ *Lege dazu eine Tabelle an unter der Überschrift:*

Die Folgen der Kolonialherrschaft für die	
Spanier	indigene Bevölkerung

❾ ▶ Informiere dich über Bartolomé de Las Casas und bereite ein Kurzreferat vor.
▶ *Nutze hierzu die Methode „Ein Referat halten", S. 90.*

 Video

Über den Tellerrand geschaut

Der größte Seefahrer – ein Chinese?

1 – Modell eines chinesischen Schatzschiffes zur Zeit des Zheng He im Vergleich zu einem portugiesischen Schiff. Rekonstruktionszeichnung.

2 – Admiral Zheng He und seine Flotte von Handelsschiffen. Lithografie.

Zheng He brachte seinem Kaiser als Geschenk aus Afrika eine Giraffe mit.

＊ Eunuch
Bei Eunuchen handelte es sich um kastrierte Diener. Dies bedeutet, dass den Betreffenden die Hoden und häufig auch der Penis entfernt wurden, womit sie keine männliche Konkurrenz zum Kaiser darstellten.

Der „chinesische Kolumbus" – Zheng He

Zheng He wurde als Kind gefangen genommen und kam an den chinesischen Kaiserhof, wo er als ＊Eunuch das Vertrauen seines Kaisers Zhu Di erwarb und von ihm zu einem der höchsten Beamten gemacht und schließlich zum Admiral der kaiserlichen Flotte ernannt wurde. Sein ehrgeiziger Plan war die Erkundung der Meere und neuer Handelswege sowie die Beseitigung des Piratenproblems. Mit seiner Flotte konnte er beide Ziele erreichen. Seine Flotte war so groß wie eine Stadt auf See, mit fast 28 000 Mann Besatzung auf 300 Schiffen, mit Hunderten Kanonen, roten Segeln und aus kunstvoll geschnitztem und bemaltem Holz gebaut. Die vier größten von ihnen waren sogenannte Schatzschiffe. Sie maßen 50 m in der Breite und 120 m in der Länge. Über 60 große Dschunken (chinesische Segelschiffe) wurden von über 200 Versorgungsschiffen begleitet, auf denen Tiere gehalten, Trinkwasser gelagert, Sojabohnen und anderes Gemüse angebaut wurden. Die erste von insgesamt sieben Reisen begann 1405. Zunächst begab sich Zheng He mit der Flotte zu Chinas ältestem Handelspartner Indien, um auf dem Rückweg die Piraten zu bekämpfen. Während der folgenden sechs Expeditionsreisen drangen die Chinesen im Jahre 1417 bis nach Mogadischu (Somalia) und 1420 nach Mosambik in Afrika vor. Auf allen Reisen wurden politische Beziehungen mit den Handelspartnern geknüpft oder erneuert. Die Flotte kam stets reich beladen mit Kostbarkeiten wie Elfenbein, Edelsteinen und Gewürzen wieder. Diese hatten sie gegen chinesische Seide, Tee und Porzellan eingetauscht. Erst 1498 betraten die Portugiesen unter Vasco da Gama die afrikanische Ostküste und Indien. Aber warum fanden sie hier keine chinesischen Handelsniederlassungen?

Das Ende der chinesischen Seefahrt

Nachdem Kaiser Zhu Di gestorben war, interessierten sich seine Nachfolger nicht mehr für Handel und Expeditionen. Zheng He begab sich 1431 nochmals auf große Fahrt, starb jedoch 1433 oder 1435 auf hoher See. China gab damit die Herrschaft auf den Weltmeeren an die Europäer ab.

❶ ⬛ Vergleiche die Expeditionen des Zheng He mit denen der Europäer.
▶ Berücksichtige z. B. Ausrüstung und Zielstellungen.
❷ ⬛ Stell dir vor, du seiest 1417 der Hafenmeister von Mogadischu. Informiere deinen Herrn über die Ankunft der Neuankömmlinge aus China in Form eines Briefes.

Das kann ich …

Neue Horizonte – neue Welten

Wichtige Begriffe

Dreieckshandel
heliozentrisches Weltbild
Humanismus
Karavelle

Kolonialismus
Neuzeit
Renaissance
San Salvador

Wissen und erklären

❶ Wählt einen Begriff aus und erklärt ihn euch gegenseitig, ohne ihn dabei zu nennen. Wenn ihr unsicher seid, lest noch einmal auf den entsprechenden Lehrbuchseiten nach.

❷ Ordne die Aussagen (M1) nach Ursachen und Folgen der Entdeckungen in der Tabelle. Schreibe diese in deinen Hefter und ergänze in jeder Spalte zwei weitere.

Anwenden

❸ Erarbeite mithilfe der Methodenschritte S. 90 ein Referat zum Thema „Erfindungen der frühen Neuzeit" und setze dich mit einer Erfindung und seinem Erfinder auseinander.

▶ *Mögliche Themen wären: das erste Mikroskop, erste Feuerwaffen, die erste Luftpumpe usw.*

❹ Analysiere Bild 1 anhand der Methodenschritte auf S. 297/298.

Beurteilen und handeln

❺ Bewerte die Entdeckungen und die kolonialen Eroberungen aus der Sicht der indigenen Bevölkerung und aus der Sicht der Europäer. Stelle beides in einer Tabelle gegenüber.

❻ Bildet Gruppen und erstellt zu der in Bild 1 dargestellten Szene ein Rollenspiel.

❼ Beschreibe Bild 2 und beziehe Stellung zur Frage: Christoph Kolumbus – Verbrecher oder Held?

1 – Christoph Kolumbus im März 1493 vor König Ferdinand und Königin Isabella nach seiner Rückkehr. Gemälde von Eugène Delacroix aus dem Jahre 1839.

M1 Ursachen und Folgen der Entdeckungen

1. Suche nach Gewürzen
2. Nutzung des Kompasses zur Orientierung
3. Einfuhr von Mais in Europa
4. Wunsch, das Christentum zu verbreiten
5. Bau der Karavelle als neuer Schiffstyp
6. Bildung von Kolonien in Afrika
7. Nachweis, dass die Erde eine Kugel ist
8. Verlangen nach Gold
9. Zollschranken durch die Errichtung des Osmanischen Reiches
10. Hohe Sterblichkeit der indigenen Bevölkerung

Ursachen für die Entdeckungen	Folgen der Entdeckungen
…	…

2 – Aktivisten bilden einen Kreis um eine Skulptur von Christoph Kolumbus, nachdem diese vor dem Minnesota State Capitol in St. Paul gestürzt worden ist. Die Situation steht im Zusammenhang mit dem gewaltsamen Tod des Afroamerikaners George Floyd durch einen weißen Polizisten. Der Tod hatte zu starken Unruhen in den USA geführt. Foto, 10.06.2020.

▶ Teste dich

Hier spielt die Geschichte …

Neuzeitbingo

Einführung

In diesem Kapitel habt ihr viele Persönlichkeiten der frühen Neuzeit kennengelernt. Um diese noch einmal zu wiederholen und euer Wissen zu festigen, könnt ihr in der Klasse *Bingo spielen.

*Bingo
Das ist ein spannendes und unterhaltsames Spiel, das seit fast 100 Jahren in unterschiedlichen Varianten gespielt wird.

Vorbereitung des Bingos

Ihr benötigt für jede Schülerin und jeden Schüler ein kariertes A4-Blatt. Auf diesem Blatt zeichnet ihr ein großes Rechteck, das in 25 Teile gegliedert wird. Beachtet bei der Größe, dass in die entstehenden Kästchen mindestens zwei Begriffe eingetragen werden müssen. Die Spielleitung, am besten eure Geschichtslehrkraft, braucht 25 Notizzettel.

Die Spielleitung nennt nun laut die Namen der folgenden 25 Persönlichkeiten: *Johannes Gutenberg, Dante Alighieri, Niccolò Machiavelli, Georgius Agricola, Francis Drake, Hernando Cortéz, Francisco Pizarro, Peter Henlein, Zheng He, Lorenzo de Medici, Moctezuma, Atahualpa, Isabella von Spanien, Amerigo Vespucci, Albrecht Dürer, Nikolaus Kopernikus, Michelangelo Buonarroti, Heinrich der Seefahrer, Vasco da Gama, Galileo Galilei, Martin Behaim, Leonardo da Vinci, Osman I., Ferdinand Magellan, Christoph Kolumbus*

Jetzt erstellt jede Schülerin und jeder Schüler ihren/seinen eigenen Bingoschein. Dazu schreibt sie/er die laut genannten Namen in eines der Kästchen und ergänzt, welchen Beruf die Person hatte, was derjenige erfunden hat oder welche Entdeckung man mit dieser Persönlichkeit verbindet. Wichtig dabei ist, dass die Anordnung der Personen bei allen unterschiedlich ist, also alle ihren individuellen Bingoschein haben. Gleichzeitig notiert die Spielleitung jeweils eine Person auf einem Notizzettel.
Wenn alle Persönlichkeiten genannt und auf den Schein notiert wurden, kann das eigentliche Spiel losgehen!

Ablauf

Die Spielleitung dreht den Stapel mit den Notizblättern um, durchmischt ihn gut und zieht verdeckt einen Zettel. Der Name auf dem Papier wird laut verkündet.
Die Spielerinnen und Spieler ergänzen nun, für was die Persönlichkeit berühmt ist. Weiterhin suchen sie den Namen auf ihrem Bingoschein und streichen ihn mit einem Kreuz farbig durch.
Jetzt wird die nächste Berühmtheit von der Spielleitung gezogen und laut verlesen. Anschließend wird in der Klasse geklärt, was die Person geleistet hat, und alle streichen den Namen auf ihrem Bingoschein durch. So geht es immer weiter.

Ende des Spiels

Wer auf seinem Bingoschein als Erstes eine horizontale, vertikale oder diagonale Linie mit fünf abgestrichenen Persönlichkeiten hat, ruft laut: „BINGO!" Diejenige oder derjenige hat das Spiel gewonnen und darf die nächste Spielleiterin bzw. der nächste Spielleiter sein.

Tipp

Bingo könnt ihr auch gut für andere Fächer abwandeln und zur Wiederholung spielen, zum Beispiel mit Englischvokabeln, grammatischen Begriffen in Deutsch oder Lernwörtern aus der Biologie.

Martin Behaim Globus	Zheng He ...			

3 Kirchenspaltung und Glaubenskonflikt

Das Bild „Die Seelenfischerei" malte der niederländische Künstler Adriaen P. van de Venne im Jahre 1614. Es zeigt die Christen, die durch einen breiten Fluss gespalten sind – in Protestanten auf der linken und Katholiken auf der rechten Seite. Auf dem Bild versuchen katholische und protestantische Geistliche, möglichst viele Menschen in ihre Boote zu ziehen. Letztere haben Bibeln in ihren Booten und auf ihren Netzen die Worte Fides (Glaube), Spes (Hoffnung) und Caritas (Liebe) befestigt – die drei christlichen Tugenden.
Der Regenbogen, der für den gemeinsamen christlichen Glauben steht, wird von den „Fischern" gar nicht mehr beachtet. Wie konnte es zu dieser Entwicklung kommen?

3 Kirchenspaltung und Glaubenskonflikt

1 – Konfessionen in Deutschland, 1550.

Die frühe Neuzeit war geprägt von Krisen und Umbruchbewegungen. Einerseits hielt neues Denken Einzug in den Alltag, andererseits dominierten weiterhin mittelalterliche Ansichten die Gesellschaft. Der Adel lebte von der Arbeit seiner Untertanen. Er kämpfte in zahlreichen Kriegen um Macht und Einfluss im Reich und in Europa. Die vorrangig ländliche Bevölkerung litt unter den schweren Frondiensten und den hohen Abgaben. In den Städten herrschte Überbevölkerung. Diese begünstigte den Ausbruch und die Verbreitung von Infektionskrankheiten. Im 15. und 16. Jahrhundert begannen die Menschen nun, ihre Lebenssituation zu hinterfragen. Scharfe Kritik wurde dabei auch an der Kirche geäußert, da sie auf alle Lebensbereiche tiefgreifenden Einfluss hatte. In Worte fasste diese Kritik der Universitätsprofessor und Mönch Martin Luther. Er veröffentlichte am 31.10.1517 seine 95 Sätze (Thesen) gegen die Missstände in der Kirche. Eigentlich wollte er nur eine Erneuerung der Kirche herbeiführen. Doch er löste damit eine grundlegende politische und gesellschaftliche Umwälzung im Herzen Europas aus.

Am Ende des Kapitels kannst du folgende Fragen beantworten:

- Was kritisierten die Menschen um 1500 an der Kirche?
- Wer war Martin Luther und welche Ziele verfolgte er?
- Wie veränderte sich das Verhältnis zu Politik und Religion durch die Verbreitung der neuen Lehre Luthers?
- Wie kam es zur Bildung neuer Glaubensrichtungen?
- Welche Ereignisse führten zum Bauernkrieg und welchen Ausgang fand dieser?
- Warum führten Christen mit unterschiedlichen Bekenntnissen fast 30 Jahre lang Krieg gegeneinander?
- Wie können zeitgenössische Spottbilder gedeutet werden?

1517	1521	1524–1526	1555	1618–1648
Beginn der Reformation, 95 Thesen	Reichstag in Worms	Deutscher Bauernkrieg	Augsburger Religionsfriede	Dreißigjähriger Krieg

Opa, sag mal …

Stella: Na, du hast dich ganz schön erschreckt vor mir, oder?

Opa: Du siehst wirklich zum Fürchten aus, mein kleiner Vampir. Aber ich dachte, du bist aus dem Faschingsalter raus?!

Stella: Ach Opa, Fasching war gestern, heute ist Halloween! Wir haben gerade in der Schule ein Projekt zum Thema Halloween und heute, am letzten Tag, durften wir alle verkleidet in den Unterricht kommen.

Opa: Das sind so neumodische Sachen, mit denen ich gar nichts anfangen kann. Weißt du denn, warum man sich zu Halloween so gruselig verkleidet?

Stella: Logisch, das haben wir doch in der Projektwoche behandelt. So neumodisch ist das gar nicht. Es ist ein alter, keltischer Brauch, den es wohl schon vor mehr als 1000 Jahren gab. Er wird noch heute in England, Irland und Schottland, v. a. aber in den USA am Vorabend des 1. Novembers gefeiert. Ursprünglich war der 31. Oktober der letzte Tag des keltischen Kalenders und man glaubte, dass an diesem Tag die Lebenden mit den Toten zusammentreffen könnten. Anfangs wurde den Toten mit Lichtern vor den Häusern der Weg auf die Erde gewiesen. Später hatte man eher Angst vor möglichen bösen Geistern und bastelte Masken, um sich zu schützen.

Opa: Klingt spannend! Siehst du, ich kenne nur Allerheiligen. Das ist ein alter christlicher Feiertag, der am 1. November begangen wird.

Stella: Den Zusammenhang kann ich dir erklären, Opa. Halloween ist nämlich die irische Bezeichnung für das altenglische „All Hallows Eve", also der Abend vor Allerheiligen. Die irischen und englischen Auswanderer haben diesen Brauch dann vor über 200 Jahren mit in die USA gebracht.

Opa: Was ich alles von dir lernen kann! Aber weißt du auch, warum in Thüringen der Tag vor Allerheiligen ein Feiertag ist?

Stella: Klar, damit wir genügend Zeit haben, uns für die Halloweenparty zu verkleiden!

Opa: Nicht ganz! Wir erinnern uns an diesem Tag an Martin Luther und die Veröffentlichung seiner 95 Thesen. Diese soll er auch – so die Legende – an die Tür der Schlosskirche in Wittenberg geschlagen haben.

Stella: Martin Luther? Ist das nicht der Mönch, der die Bibel ins Deutsche übersetzt hat und wegen seiner Ideen Ärger mit dem Papst hatte?

Opa: Genau richtig! Und weil Martin Luther mit seinen 95 Thesen die damalige Kirche erneuern, also reformieren wollte, spricht man heute am 31. Oktober vom Reformationstag. Aber darüber sprecht ihr sicherlich noch im Unterricht. Das war nämlich eine ziemlich schwierige Zeit.

Stella: Bestimmt! Aber Opa, ich finde es trotzdem toll, dass du immer über solche Sachen Bescheid weißt und mir so viele Dinge erklären kannst!

Opa: Und du ergänzt mich perfekt mit den neumodischen Dingen. Wir sind eben ein super Team!

❶ ▶ Lest das Gespräch zwischen Stella und ihrem Opa in verteilten Rollen.

❷ ▶ Finde heraus, was man unter dem Begriff „Konfession" versteht.

❸ ▶ Berichte, was du über die Ereignisse in der Zeitleiste, z. B. im Religionsunterricht, bereits gehört hast.

❹ ▶ Erkläre die Bedeutung des 31. Oktober.

▶ *Verwende Begriffe wie Halloween, Kelten, Allerheiligen, Tote, Reformation, Luther.*

❺ ▶ Stelle mithilfe der Karte fest, wie die Konfessionen 1555 auf deutschem Gebiet verteilt waren.

Am Vorabend der Reformation

Unter welchen Ängsten litten die Menschen um 1500?

1 – „Das Jüngste Gericht", dreiteiliges Altargemälde von Hans Memling, 1467–71. Mittelteil: Jesus als Weltenrichter sitzend auf einem Regenbogen. Links von ihm Maria, rechts Johannes der Täufer, im Halbkreis sind die Apostel angeordnet. Unter Jesus der Erzengel Michael bei der Wägung der Menschen. Linker Flügel: Aufnahme der Glückseligen in das Paradies durch Petrus. Rechter Flügel: Das *Fegefeuer erwartet die verdammten Seelen.

✳ das Jüngste Gericht
Das Jüngste Gericht ist ein Begriff aus der Bibel für das Gericht Gottes, wenn das Ende der Welt gekommen ist. Nach dem Tod werden die guten und bösen Taten der Menschen überprüft, um einen Platz im Himmelreich zu erlangen.

✳ Fegefeuer
(von mhd. „vegen" für reinigen, putzen) Die Katholiken glauben, dass nach dem Tod die Seele zunächst in ein reinigendes Feuer kommt, wo alle kleinen Sünden des Lebens aus dem Diesseits „verbrannt" werden. Die so gereinigte Seele kann am Tag des Jüngsten Gerichts auf das Himmelreich hoffen. Schwere Sünden hingegen kann selbst das Fegefeuer nicht heilen.

Himmel oder Hölle

Die Menschen zu Beginn der Neuzeit waren immer noch fest davon überzeugt, dass der Tod den Übergang vom Diesseits ins Jenseits darstellte. Doch führte der Weg dann in den Himmel oder in die Hölle? Altarbilder, wie das obige, zeigten den Menschen eindrücklich, dass am Tag des *Jüngsten Gerichts über diese Frage entschieden wird. Die Frage, ob man in den Himmel oder die Hölle kommt, sollte das Leben im Diesseits bestimmen. Die Geistlichen predigten den Gläubigen jeden Sonntag in der Kirche, dass Gott ein sündiges Leben bestrafen werde. Man glaubte, dass selbst Missernten, Seuchen wie die Pest oder Kriege göttliche Strafen wären.

Höllenangst und Todesfurcht

Die Menschen pilgerten zu christlichen Wallfahrtsorten oder spendeten der Kirche zur Vergebung ihrer Sünden Gaben verschiedenster Art. Im Gegenzug sollten Geistliche für ihr Seelenheil beten. In ihrer Not erwarteten die Menschen Trost, Orientierung und Hilfe durch die Kirche. Doch wurden sie immer öfter enttäuscht. Einige Bischöfe und Priester vernachlässigten zu dieser Zeit ihre Pflichten, hielten den *Zölibat nicht ein und führten lieber ein ausschweifendes Leben auf Kosten der Gläubigen. Die Kirchenherren benahmen sich wie Adlige: Verschwendung und moralischer Verfall griffen auch unter den Geistlichen um sich. Die Menschen fragten sich immer öfter, ob solche Priester überhaupt für ihr Seelenheil sorgen könnten. Doch auch viele Geistliche selbst übten jetzt Kritik am Zustand ihrer Kirche. Wie sollte man die zweifelnden Gläubigen noch überzeugen, wenn die Kirche nicht das vorlebte, was sie von ihren Gläubigen verlangte? Der Ruf nach einer Reform, also einer Erneuerung der Kirche, wurde immer lauter.

2 – Nonnen und ein Abt überqueren auf dem Heimweg von einem Trinkgelage einen zugefrorenen See. Holzschnitt, um 1450.

Auf den Spruchbändern ist im Uhrzeigersinn zu lesen:

1. Er will uns werden zu schwer. Die Flasch ist uns worden leer.

2. Fahrt mich mit gutem Fleiß, dass mir nicht zerbrech das Eis.

3. Wir wollen dich fahren wohl, denn du bist geschwollen und voll.

4. Liebe Schwestern, gebt uns zu trinken. In dem Eis wollen wir versinken.

Q1 In einem Schreiben der Herzöge von Bayern, Wilhelm IV. und Ludwig X., heißt es 1523:

... Vor allem die Bauern auf dem Lande drohen in aller Öffentlichkeit, sie wollten alle *Pfaffen totschlagen. Sie sagen, dass die Priester so unpriesterlich und unordentlich leben, dass es wider den christlichen Glauben wäre, sie länger zu ertragen. Die Priester – so heißt es – liegen Tag und Nacht in den öffentlichen Wirtshäusern, trinken ... und lassen sich volllaufen. ... Oftmals gehen sie nach solchem Trinken und Lärmen ... zum Altar, um die Messe zu lesen. ...

M1 Der Theologe Hans Kühner schrieb 1973 über Papst Leo X. (1513–1521):

... Leos Hofstaat bestand aus 683 Menschen, vom Erzbischof bis zum Elefantenwärter, vom Hoforchester bis zum Hofpoeten und zum Hofnarren, verschlang es Unsummen. Oft war Leo wochenlang auf Jagden, an

denen bis zu 2000 Reiter teilnahmen, darunter Kardinäle, Spaßmacher und Hofschauspieler. ... Und im Karneval von 1521 wurden alle Regierungsgeschäfte überhaupt eingestellt, weil die Aufführung eines Balletts wichtiger war. ...

✱ **Zölibat**
Religiös begründete Pflicht, dass Geistliche der katholischen Kirche nicht heiraten dürfen und enthaltsam leben müssen.

✱ **Pfaffen**
Das ist ein abwertender Ausdruck für Priester.

---

❶ ▶ Beschreibe mithilfe des Textes und des Altarbildes, welche Glaubensvorstellung die Menschen im ausgehenden Mittelalter hatten.
▶ *Anhand des Altarbildes von ... wird deutlich, dass die Menschen Ende des 15. Jahrhunderts ...*

❷ Stelle dir vor, du wärst ein Kirchenbesucher um 1500 und blickst während des Gottesdienstes lange auf das Altarbild. Beschreibe Ängste und Gefühle, die es bei dir erzeugt.

❸ Erstelle mithilfe von Q1, M1 und Bild 2 eine Beschwerdeliste gegen die Geistlichen.

❹ Überlege, was du auf ein Bild malen würdest, das die Ängste der heutigen Menschen darstellt. Besprich deine Gedanken mit einer Partnerin / einem Partner und notiert euch gemeinsam Bildelemente. Fertigt im Anschluss eine Skizze an.

Welche Missstände herrschten in der Kirche?

1 – Ein im Jahr 2016 erschienener Comic stellt das Leben und Wirken Martin Luthers in Bildern dar. Bruder Martin (links) unterhält sich hier mit anderen Gelehrten. Auszug aus dem Comic „Martin Luther. Ein Mönch verändert die Welt", 2016.

Theologie
(altgriech.: theos = Gott und logos = Lehre) Hierbei handelt es sich um die Lehre von Gott.

Ablassbrief
So wird ein Schriftstück genannt, das den Käufer von den Strafen für begangene Sünden befreite.

Philosophie
(altgriech.: philosophia = Liebe zur Weisheit) Die Philosophie setzt sich mit allen Fragen auseinander, die den Menschen, das Leben und die Welt betreffen.

geißeln
Bezeichnet das Zufügen starker körperlicher Schmerzen mithilfe einer Peitsche, in deren Lederriemen z. T. kleine Kugeln aus Eisen oder Blei eingeflochten sind. Die Handlung soll an das Leiden Christi erinnern, der vor seiner Kreuzigung gegeißelt worden sein soll, und der Buße bzw. der Selbstbestrafung für Sünden dienen.

Befreit Geld von allen Sünden?

Christen, die durch eine Beichte Reue zeigten und Buße taten, wurden ursprünglich von ihren Sünden freigesprochen. Seit dem 11./12. Jahrhundert hatte sich allerdings durchgesetzt, dass jeder, statt Buße und Reue zu tun, einfach eine Geldsumme zur Wiedergutmachung an die Kirche zahlen konnte und dafür einen sogenannten *Ablassbrief erhielt. Ein solcher konnte auch für Verstorbene erworben werden, die nicht mehr bereuen konnten.

Der Papst braucht Geld

Im Jahr 1506 hatte Papst Julius II. mit einem der ehrgeizigsten Bauprojekte der Renaissance begonnen – dem Petersdom in Rom. Dieser sollte an Reichtum und Größe alle Gebäude der Kirche übertreffen. Doch um diesen Bau zu finanzieren, brauchte er riesige Geldsummen. Deshalb schrieb der Papst den sogenannten Ablass aus und schickte Mönche durchs Land, die für ihn Ablassbriefe verkauften. Einer der bekanntesten Ablasshändler war der aus Pirna oder Leipzig stammende Dominikanermönch Johann Tetzel. Er prägte den Ausspruch: „Sobald das Geld im Kasten klingt, die Seele aus dem Fegefeuer springt."

Ein Mönch namens Luther

Der Mönch und *Theologieprofessor Martin Luther (1483–1546) gehörte zu den Kritikern des Ablasshandels. Er war mit 21 Jahren in das Kloster der Augustinermönche in Erfurt eingetreten. Nur als Mönch, so glaubte er, könnte er ein Leben führen, das Gott gefiel. Immer wieder stellte er sich die Frage: Wird Gott mir Sünder gnädig sein? Luther begann das Studium der Theologie. 1507 wurde er in Erfurt zum Priester geweiht und studierte anschließend *Philosophie in Wittenberg. Ab 1512 war er auch Prediger an der Wittenberger Stiftskirche.

Q1 Luther berichtete 1506 über sein Leben im Kloster:

... Jedes Mal beim Verlassen unserer Klosterkirche blickte ich auf ein Bild, das Gott als den Richter über die Menschen zeigte. Einmal dachte ich voll Schrecken daran, dass ich heimlich über Bruder Albertus gelacht hatte, der wieder während des Morgengebetes eingenickt war. In meiner Zelle kniete ich daraufhin nieder und bat Gott wegen dieser Sünde um Vergebung. Häufig *geißelte ich mich, bis ich blutete, um Gott zu zeigen, wie ernst ich es meinte. ...

2 – Spottbild gegen Johannes Tetzel, Holzschnitt 1546. Der Text lautet: Oh ihr Deutschen merket mich recht / Des heiligen Vaters Papstes Knecht / bin ich und bring euch itzt [jetzt] allein / Zehntausendundneunhundert carein [Kehr ein (in den Himmel)] / Gnad und Ablass von einer Sünd / Vor Euch / Eure Eltern / Weib und Kind / Soll ein jeder gewehret sein / so viel ihr legt ins Kästelein / Sobald der Gulden im Becken klingt / im huy die Seel im Himmel springt.

3 – Der Augustinermönch Martin Luther. Gemälde von Lucas Cranach dem Älteren, 1522/1524.

Q2 Der Mönch Myconius, der sich Luther anschloss, schrieb 1527:

... 1517 kamen etliche mit den gekauften Ablassbriefen zu Martin ... und beichteten. Als sie dabei aber sagten, dass sie weder von Ehebruch, Wucher noch unrechtem Gut und dergleichen Sünde und Bosheit ablassen wollten, da sprach sie Martin Luther nicht frei von ihren Sünden. ... Da beriefen sie sich auf die Ablassbriefe. Diese wollte Luther nicht anerkennen. Er berief sich auf die Aussagen der Bibel: Wenn ihr eure Sünden nicht bereut und Buße tut, werdet ihr alle umkommen. ...

M1 Luthers Glaubensgrundsätze lassen sich folgendermaßen zusammenfassen:

Nicht durch gute Worte, sondern allein durch den Glauben (sola fide) wird der Mensch vor Gott gerecht. Gott rechtfertigt den Menschen allein aus Gnade (sola gratia) und maßgebend für den Glauben ist allein die Schrift, also die Bibel (sola scriptura).

❶ Zähle die Vorwürfe gegenüber der Kirche auf, die im Comic (Bild 1) geäußert werden. Ergänze diese unter der Überschrift „Missstände der Kirche" mit weiteren Kritikpunkten, die im Text genannt werden.

❷ Erkläre mithilfe von Q1, wie Luther versuchte, Gott gnädig zu stimmen. Warum flößte die Allmacht Gottes ihm Angst ein?

❸ Lies M1. Gib mit deinen eigenen Worten Luthers Rechtfertigungslehre wieder.

▶ *Unter der Rechtfertigungslehre von Luther ist zu verstehen, dass Gläubige ...*

❹ Recherchiere im Internet zum Leben Martin Luthers. Erstelle einen Steckbrief zu Martin Luther. Orientiere dich dabei an den VIP-Seiten.

❺ Analysiere Bild 2. Nutze hierfür die Methodenseite „Flugblätter entschlüsseln" (S. 118).

❻ Vor allem die bäuerliche Bevölkerung sah eine Erlösung von Sünden im Ablasshandel. Verfasse mithilfe des Textes und von Q2 den Brief eines Bauern, in dem er beschreibt, was er sich von dem Kauf eines Ablassbriefes erhofft.

▶ *Über ein Jahr musste ich sparen, bis ich das Geld für den Ablassbrief zusammenhatte. Aber der Aufwand hat sich gelohnt. ...*

❼ Erkundige dich bei deiner Ethik- oder Religionslehrkraft, welche Kritik es heute an der Kirche gibt. Diskutiert eure Ergebnisse in der Klasse.

🔊 Audio

Reformation und Bauernkrieg

Wie begann die Reformation?

1 – „Luther läßt 95 Sätze gegen den Ablass an die Schlosskirche zu Wittenberg anschlagen (am 31. Oktober 1517)". Die Schlosskirche diente seit 1507 als Universitätskirche. Lithografie von Adolf Menzel, 1835.

Autorität
Die Autorität des Papstes bedeutet, dass der Papst in Glaubensfragen das letzte Wort hatte und seine Entscheidungen nicht angezweifelt werden durften.

Kirchenbann
Der Kirchenbann war die schwerste Strafe, die die katholische Kirche gegen ihre Angehörigen verhängen konnte. Fortan war der Gebannte kein Mitglied der Kirche mehr und sollte von den Gläubigen gemieden werden.

Reichsacht
Die Reichsacht war die höchste weltliche Strafe im Alten Reich. Der Verurteilte wurde damit aus der Gemeinschaft ausgestoßen.
Jeder/Jede hatte nun das Recht, den Geächteten zu töten.

Luther und sein Glaube an Gott

Martin Luther hatte sich immer wieder gefragt, wie die Menschen leben sollten, um nach ihrem Tod in Gottes Himmelreich zu gelangen. Dabei kam er zu der Auffassung, dass nur Gott selbst darüber urteilen dürfe, wer in das Himmelreich aufgenommen werde – nicht der Papst.

Aus diesem Gedanken heraus erstellte Luther eine Liste mit 95 Thesen gegen die Willkür der Kirche und gegen den Ablasshandel, die er am 31.10.1517 an den Erzbischof Albrecht von Brandenburg sandte. Der Legende nach soll er sie am selben Tag auch an die Tür der Wittenberger Schlosskirche geschlagen haben (Thesenanschlag), wo die Kirchgänger die Liste am nächsten Tag lesen sollten.

Luther wollte mit seinen 95 Thesen keine neue Glaubenslehre begründen, sondern die Missstände in der Kirche aufdecken und abstellen. Erst in den folgenden Streitgesprächen mit anderen Theologen zeigte sich, dass Luther nicht nur den Ablasshandel verurteilte. Als man ihn aufforderte, die *Autorität des Papstes in Glaubensfragen anzuerkennen, lehnte er dies ab. Er sagte,

dass Päpste sich schon geirrt hätten. Deshalb sei für einen Gläubigen nur verpflichtend, was in der Bibel steht. Folglich könne der Papst keine endgültigen Entscheidungen in Glaubensfragen treffen.

Der Papst verhängt den *Kirchenbann

Dank des Buchdrucks war es möglich, dass sich Luthers Aussagen innerhalb kürzester Zeit weit verbreiteten. Papst Leo X. (1475–1521) verurteilte die Lehre Luthers und forderte ihn auf, seine Kritik an der Kirche zu widerrufen. Dieser weigerte sich aber. Deshalb schloss der Papst ihn aus der Kirche aus, indem er am 3. Januar 1521 den Kirchenbann über Luther verhängte.

Der Kaiser verhängt die *Reichsacht

Eigentlich war Kaiser Karl V. (1520–1556) verpflichtet, nach dem Kirchenbann durch den Papst sofort auch die Reichsacht über Martin Luther zu verhängen. Aber er hatte bei seiner Wahl auch versprochen, wichtige Entscheidungen nicht ohne die Fürsten zu treffen. Doch waren gerade einige seiner treuesten Fürsten in der Zwischenzeit Luthers Anhänger geworden.

2 – Luther auf dem Reichstag in Worms. Gemälde, 1887.

Deshalb zwangen sie den Kaiser, Luther die Gelegenheit zu geben, seine Schriften zu verteidigen. Luther wurde daraufhin zum Reichstag nach Worms eingeladen. Auf der Reise nach Worms erhielt Luther viel öffentlichen Zuspruch. Am 18. April 1521 stand er dann schließlich vor den Landesherren des Reiches, die ihn aufforderten, seine Schriften zu widerrufen.

Nach einem Tag Bedenkzeit trat er abermals vor Kaiser und Fürsten und antwortete: „Daher kann und will ich nichts widerrufen, weil wider das Gewissen etwas zu tun, weder sicher noch heilsam ist. Gott helfe mir. Amen." Daraufhin verhängte Karl V. am 8. Mai 1521 die Reichsacht über Martin Luther und verbot seine Schriften. Mit diesem Wormser Edikt (Erlass) schwor der Kaiser, die Einheit der Kirche zu erhalten und verbot die Lehre Luthers als *Häresie.

Q1   Am 31. Oktober 1517 veröffentlichte Luther in Wittenberg eine Schrift über den Ablasshandel:

... 21. Es irren die Ablassprediger, die da sagen, dass durch des Papstes Ablässe der Mensch von aller Sündenstrafe losgesprochen und erlöst werde ...
27. Eine falsche Lehre predigt man, wenn man sagt: Sobald das Geld im Kasten klingt, die Seele aus dem Fegfeuer springt ...

32. Wer glaubt, durch Ablassbriefe das ewige Heil erlangen zu können, wird auf ewig verdammt werden samt seinen Lehrmeistern ...
36. Jeder Christ, der wahrhaft Reue empfindet, hat einen Anspruch auf vollkommenen Erlass der Schuld auch ohne Ablassbrief ...
43. Man soll die Christen lehren, dass, wer den Armen gibt und dem Bedürftigen leiht, besser tut, als wer Ablassbriefe kauft ...

* Häresie, Häretiker
Als Häretiker wurden im Mittelalter diejenigen bezeichnet, die von der Glaubensmeinung der Kirche abwichen und ihr eine eigene Lehre entgegenstellten. Die abweichende Meinung nannte man auch Häresie. Dieselbe Bedeutung haben die Begriffe „Ketzer" und „Ketzerei".

❶ ▪ Lege eine Tabelle an und werte darin Luthers Aussagen aus (Q1).

Luther verurteilt	Luther fordert
Ablassprediger	...

❷ ▪ Betrachte Bild 2 und ordne folgende Personen und Personengruppen zu: Kaiser Karl V., Luther, geistliche Fürsten, weltliche Fürsten. Deute anhand der Darstellung ihre Einstellung zu Luther.
❸ ▪ Erläutere mithilfe des Textes und Q1 die neue Glaubenslehre Martin Luthers.
❹ ▪ Schlüpft in die Rollen verschiedener Personen in Bild 1, die Luthers Thesen gerade gelesen haben. Schreibt in Sprechblasen, was sie gerade denken könnten. Führt anschließend ein Streitgespräch zwischen ihnen.
▶ *Ältere Frau (links im Bild): Muss dieser Querdenker Luther unsere Kirchenwelt so durcheinanderbringen? ...*
Junge Frau mit Kind: ...

Wie verbreitete sich die neue Lehre?

1 – Das „Luther-Triptychon". Es zeigt Martin Luther als Augustinermönch, Universitätslehrer und Junker Jörg und befindet sich heute in der Herder-Kirche in Weimar. Gemälde von Veit Thim, nach Luther-Bildnissen von Lucas Cranach d. Ä., 1572.

✳ vogelfrei
Dies ist ein Begriff der alten deutschen Rechtslehre. Wer für vogelfrei erklärt wurde, durfte von jedermann straflos getötet werden.

✳ Junker
Der Begriff meint im eigentlichen Sinne Jungherrn oder Rittergutsbesitzer und wurde für Luther nur als Tarnung verwendet.

✳ evangelisch
So wurden Luthers Anhänger genannt, da sie allein dem Wort Christi in der Heiligen Schrift, dem Evangelium, verpflichtet waren.

Luther auf der Wartburg

Auf dem Reichstag von Worms sicherte der Kaiser Luther noch 21 Tage lang freies Geleit für seine Rückkehr zu, danach galt er als ✳„vogelfrei". Auf seiner Rückreise nach Wittenberg wurde er auf Anweisung des sächsischen Kurfürsten Friedrich des Weisen zum Schein entführt und auf die einsam gelegene Wartburg bei Eisenach (Thüringen) in Sicherheit gebracht. Der Kurfürst wollte dadurch das Leben Luthers vor dem Papst und dem Kaiser schützen. Luther lebte nun mehrere Monate unerkannt auf der Wartburg und wurde ✳Junker Jörg genannt. Seinen Aufenthalt hier nutzte er, um in nur elf Wochen das Neue Testament aus dem Hebräischen und Altgriechischen zu übersetzen. Eine deutsche Standardsprache gab es damals noch nicht. In jeder Region sprach man eine eigene Mundart. „Deutschland hat mancherley Dialectos, Art zu reden, also, das die Leute in 30 Meilen Weges einander nicht vol können verstehen", klagte Luther. Darum entwickelte er eine allgemein verständliche Sprache. Als Grundlage dafür nutzte er das sogenannte Meißner Kanzlei-Deutsch, eine Art geregeltes Sächsisch. Daraus entwickelte sich das heute gesprochene Standard-deutsch. Die Bibelübersetzung und die von Luther neu gedichteten deutschen Kirchenlieder sollten den ✳evangelischen Glauben für jedermann zugänglich machen. Mithilfe des Buchdrucks wurde die Luther-Bibel zum meistgelesenen Buch Deutschlands.

Die Ausbreitung der Reformation

Die neuen Lehren fanden rasch Zuspruch in der Bevölkerung und auch viele Fürsten wurden zu eifrigen Befürwortern.
Der noch junge römisch-deutsche Kaiser Karl V. wollte als katholisches Oberhaupt des Reiches die Einheit der Papstkirche jedoch unbedingt beibehalten. Gleichzeitig war er aber auch König von Spanien und hatte nach den Entdeckungen und Eroberungen in der „Neuen Welt" ein riesiges Reich zu regieren. All das führte dazu, dass er oft in Kriege verwickelt war. Aufgrund dieser vielseitigen Verpflichtungen und Auseinandersetzungen war er nur noch selten im Lande. Viele Fürsten wiederum nutzten diese Situation aus und bauten während der Abwesenheit Karls V. ihre eigene Macht aus. Ihnen kam die Reformbewegung Luthers, die die katholische Kirche infrage stellte, somit gelegen, um ihren Widerstand gegen die kaiserliche Macht zu erneuern.

Nun musste der Kaiser reagieren. Das Wormser Edikt von 1521 hatte die Reformation nicht aufhalten können. Bücher und Flugblätter (siehe S. 118) verbreiteten Luthers Lehre. Menschen, die von seinen Ansichten überzeugt waren und andere dafür begeistern wollten, zogen durchs Land und verkündeten das Wort Gottes in deutscher Sprache (Laienprediger). Oft kam es zu handgreiflichen Auseinandersetzungen, wenn ein Priester den Gottesdienst in lateinischer Sprache abhielt und die Anhänger Luthers dagegen laut deutsche Kirchenlieder sangen.

Entstehung von Landeskirchen

In dieser Situation traten zahlreiche Landesherren als Schutzherren für die neu entstehende evangelische Kirche in Erscheinung. Sie übernahmen mit der Einwilligung Luthers die Aufsicht über die Kirchen anstelle der früheren katholischen Bischöfe und eigneten sich die Kirchengüter und das Vermögen der ehemaligen katholischen Bistümer und Klöster an. Die Landesherren waren nun auch *Landesbischöfe. Die evangelischen Landesherren kümmerten sich um die Neugestaltung des Gottesdienstes, die Versorgung der Pfarreien mit gut ausgebildeten Pfarrern und um die Erneuerung des Schulwesens. Um ihre Reformen bezahlen zu können, beschlagnahmten sie alle Klöster mit ihrem Grundbesitz, die von Nonnen und Mönchen verlassen worden waren.

Q1 An seinen Landesherrn, Kurfürst Friedrich den Weisen, schrieb Luther 1525:
... Die Pfarreien liegen überall elend; da gibt niemand, da bezahlt niemand. So achtet der gemeine Mann weder Predigt noch Pfarrer. Wenn hier nicht eine tapfere Ordnung und staatliche Erhaltung der Pfarrer und Predigtstühle vorgenommen wird, gibt es in kurzer Zeit weder Pfarrhöfe noch Schulen und das Wort Gottes wird zugrunde gehen. ...

2 – Kaiser Karl V. (1500–1558) ließ sich auf diesem Gemälde von Peter Paul Rubens als Weltenherrscher darstellen, um 1604.

* Landesbischöfe
Dies ist der Titel des kirchlichen Leiters der evangelischen Landeskirche.

❶ ▫ Beschreibe mit eigenen Worten die Situation im Reich zu Beginn der Reformation.

❷ ▪ Erzähle mithilfe von Bild 1, wie es mit Luther nach dem Reichstag weiterging.

❸ ▪ Erläutere, wie es den neuen evangelischen Landesherren gelang, ihren Machtanspruch gegenüber dem Kaiser auszubauen.

❹ ▪ Erkläre anhand von Bild 2 und des Darstellungstextes, welche Stellung Karl V. im Reich und der Kirche haben wollte.

▶ *Beschreibe das Gemälde zunächst und gehe auf die Bedeutung einzelner Symbole ein.*

❺ ▪ Verfasse mit den Informationen auf dieser und den vorangehenden Seiten einen Lexikonartikel, der den Begriff „Reformation" verständlich erklärt.

▶ *Ein Lexikonartikel beginnt mit dem zu erklärenden Begriff – hier: Reformation – und erläutert diesen dann in kurzer, sachlicher Form.*

❻ ▪ Recherchiere zu Friedrich dem Weisen. Zeige seine besondere Bedeutung für den Verlauf der Reformation in Thüringen auf.

Methode

Flugblätter entschlüsseln

Schulen, Restaurants und Unternehmen setzen Flyer ein, um für ihre Dienstleistungen oder Produkte zu werben. Die Idee hierfür entstand bereits kurz vor der Reformation. Mit der Erfindung des Buchdrucks wurde es deutlich leichter, Informationen zu verbreiten. Ein neues Medium entstand – das Flugblatt. Es bestand meist aus nur einer Seite, einem kurzen Text, einem großformatigen Bild oder beidem. Im Laufe der Reformation entstand eine wahre Flut von Flugblättern, mit denen für den eigenen Glauben geworben oder die gegnerische Seite verspottet wurde. Die Bilder waren für alle verständlich und erforderten nicht unbedingt die Fähigkeit, lesen zu können.

Allerdings gibt es auch Symbole oder Darstellungsarten, die für uns heute schwer zu entschlüsseln sind. Gerade in der Reformationszeit waren Teufelsfiguren oder Ungeheuer sehr beliebt. Der Esel stand für Dummheit, das Schaf für Folgsamkeit, der Wolf für Gefräßigkeit und Gier, der Fuchs für Hinterlist, der Hund für Folgsamkeit, der Ziegenbock für Sturheit, der Löwe für Macht, das Schwein für Einfältigkeit, die schwarze Katze für das Böse und der Hahn hatte teuflische Eigenschaften. Der Papst wurde oft mit der Tiara – der dreifachen Bischofsmütze – oder einem Bischofsstab dargestellt. Entschlüsselte Flugblätter liefern viele Informationen über ihre Entstehungszeit, vorherrschende Konflikte, Ereignisse und handelnde Personen.

Folgende Hinweise helfen dir beim Entschlüsseln von Flugblättern:

Schritt 1 **Klärung des Themas**	■ Wann entstand das Flugblatt (Bildlegende beachten)? ■ Wer war der Künstler des Bildes / der Bilder auf dem Flugblatt? ■ Wer war der Auftraggeber des Flugblatts? ■ Welche Personen, Gegenstände, Ereignisse oder Orte sind dargestellt?
Schritt 2 **Gestaltung genauer untersuchen**	■ Was steht im Vordergrund? Was tritt in den Hintergrund? ■ Welche Symbole werden verwendet (Tiere mit menschlichen Eigenschaften, Stärken und Schwächen, Gegenstände, Farben)? ■ Welche Funktionen haben diese Symbole? ■ Gibt es Texte auf dem Flugblatt?
Schritt 3 **Einordnung in den historischen Zusammenhang**	■ In welchen historischen Zusammenhang (Ereignis, Epoche, Prozess/Konflikt, ...) lässt sich das Flugblatt einordnen? ■ Recherchiere nach zusätzlichen Informationen, z. B. zu abgebildeten, dir unbekannten Personen. ■ Wie geht der Verfasser des Flugblatts mit dem Thema um (sachgerecht, mit Spott und Hohn, stellt er jemanden oder Missstände bloß)?
Schritt 4 **Intention erkennen**	■ Was ist die Botschaft oder Wirkung des Flugblatts? ■ An wen richtet sich das Flugblatt? ■ Wie wirkt das Flugblatt auf dich? ■ Welche Schlüsse ziehst du aus der Darstellung?

❶ Betrachte Bild 1. Was fällt dir auf?
❷ Überprüfe deinen ersten Eindruck mithilfe der Musterlösung und ergänze diese.
❸ Interpretiere das Flugblatt 2 auf S. 119 mithilfe der vier Methodenschritte.

1 – Flugblatt über katholische Theologen. Über den Personen sind die Namen vermerkt (von links nach rechts): Thomas Murner, Hieronymus Emser, Papst Leo X., Johannes Eck, Jakob Lemp. Der Papst übergibt Johannes Eck eine Münze. Aus der Bildunterschrift geht hervor, dass Leo X. Johannes Eck einen Kardinalshut und Geld verspricht, im Gegenzug sollte Eck Luther niederzwingen. Anonymer Künstler, um 1521.

2 – Luther: des Teufels Dudelsack. Holzschnitt von Erhard Schoen, um 1530.

Lösungsbeispiel zum Bild 1:

Zum Schritt 1:
Das Flugblatt entstand um 1521, also zur Zeit der Reformation. Der Künstler des Bildes ist unbekannt. Abgebildet sind fünf Personen mit Tierköpfen.

Zum Schritt 2:
Wer die Personen sind, verraten die darüberstehenden Bezeichnungen. Links im Bild zu sehen ist „Doktor Murner" mit schwarzem Katzenkopf (teuflisch), daneben „Doktor Bock Emser" (stur und dumm), in der Mitte Papst Leo X., der mit einem Löwenkopf versehen ist und in der Überschrift als Antichrist bezeichnet wird. Rechts neben ihm stehen Doktor Eck(ius) mit einem Schweinekopf (einfältig) und Doktor Lemp mit einem Hundekopf (folgsam). Alle zeichnen sich durch ihre Doktorenhüte als Gelehrte aus, tragen jedoch unterschiedliche Gewänder und Gegenstände: Murner als Franziskaner eine Mönchskutte und ein Buch (Bibel), Emser sowie Eck einen Talar, der Papst die Papstkrone und einen aufwendig bestickten Mantel sowie den Papststab und Lemp einen pelzbesetzten Mantel (Adel).

Zum Schritt 3:
Das Flugblatt ist im Zusammenhang mit dem Ketzerprozess gegen Luther zu sehen, da hier Kritiker Luthers, aber auch der Papst mithilfe der Tierzuschreibungen verspottet werden. …

Zum Schritt 4:
Das Flugblatt richtet sich an die Gläubigen und will sie aufklären über den Charakter des Papstes. Die Abbildung ist antikatholisch, denn es werden die Gegner der Reformation, allen voran Papst Leo X., als vermenschlichte Tiere dargestellt und verspottet. …

Video

Warum erhob sich der gemeine Mann?

1 – Bauern schwören auf die Bundschuhfahne. Auf ihr ist das Kreuz Christi zu sehen, das auf einem Bundschuh steht. Dieser galt als Symbol der Bauern im Gegensatz zu den gesporten Ritterstiefeln. Nachträglich kolorierter Holzschnitt von Pamphilius Gengenbach, 1514.

* **gemeiner Mann**
Hierbei handelt es sich um eine Bezeichnung für das einfache Volk. Zwar lebten 80 Prozent der Bevölkerung um 1500 auf dem Land und von der Landwirtschaft, aber auch einfache Handwerker und ihre Gesellen sowie verarmte Ritter zählten zum gemeinen Volk.

* **Haufen**
Dies waren Zusammenschlüsse von Bauern einer Region unter einem Anführer. Häufig standen sie unter der Führung wohlhabender bzw. niederer Bauern oder niederer Adliger, wie z. B. Rittern.

* **Kornzehnt**
Regelmäßige Abgabe an die Kirche, die ein Zehntel der Getreideernte betraf.

Widerstand gegen die alte Ordnung

Im Alten Reich lebten um 1500 etwa 16 Millionen Menschen, davon 12 Millionen auf dem Land. Viele von ihnen führten ein elendes Leben, das durch harte Arbeit bestimmt war. Abgaben und Frondienste an weltliche und geistliche Herren nahmen ständig zu. Wer nicht gehorchte, wurde hart bestraft. Die Grundherren interessierten sich nur für eine Vergrößerung ihrer Einnahmen. So konnten sie sich mehr Land und Herrschaftsrechte kaufen. Besonders die Bauern, aber auch verarmte Ritter, Handwerker, die unteren Schichten der Stadtbürger und Bergarbeiter lehnten sich gegen diese Zustände auf. Schon lange vor der Reformation kam es deswegen vor allem im Süden und Südwesten des Reiches zu Aufständen. Sie wurden meistens von den Landesherren blutig niedergeschlagen. Eine der größten Aufstandswellen war die Bundschuh-Bewegung. Die meisten Unruhen waren nicht religiös motiviert, sondern hatten das Ziel, die bestehenden politischen und gesellschaftlichen Verhältnisse für den *gemeinen Mann erträglicher zu machen.
Martin Luthers Idee von der „Freiheit des Christenmenschen" weckte nun neue Hoffnungen auf ein gerechteres Leben. Diese und andere Schriften verbreiteten sich dank des Buchdrucks wie ein Lauffeuer und führten vom Südwesten des Reiches ausgehend bis nach Sachsen zu Aufständen. Diese sogenannten *Bauernhaufen wurden oft von wohlhabenden Bauern, Rittern, ehemaligen Landsknechten oder Geistlichen angeführt.

Aufstand oder Krieg?

Die kleinen, örtlich begrenzten Aufstände entwickelten sich bald zu großen Erhebungen der Bauernschaft. In Sachsen kam es außerdem zu Aufständen der Bergleute gegen ihre Herren. Allerdings fehlte es an Absprachen zwischen den Haufen. Die Fürsten gewannen durch Verhandlungen Zeit und formierten ihre Gegenwehr. So sollten die Bauern ihre Forderungen schriftlich einreichen. Nachdem die Bauern 300 Klageschriften vorgelegt hatten, merkten sie jedoch schnell, dass sie nur hingehalten wurden. Bewaffnet mit Schwertern, Sicheln und Mistgabeln plünderten sie Schlösser, Klöster und Kirchen. Luther, der anfänglich auf der Seite der Bauern gestanden hatte, war geschockt angesichts der Zerstörungen und stellte sich auf die Seite der Fürsten. Er begründete seine Haltung mit der Bibel: Wer das Schwert nimmt, soll durch das Schwert umkommen. Etwa 100 000 Bauern starben in den Kämpfen und bei Vergeltungsaktionen der Landesherren; ihre Anführer wurden hingerichtet. Einer von ihnen führte die größte Erhebung in Sachsen und Thüringen an – Thomas Müntzer (s. S. 122/123). Freiheit hieß für ihn vor allem, dass auch die Bauern gegenüber ihren Herren frei waren und sich gegen die bestehende Ordnung wehren sollten. Schnell fand Müntzer viele Anhänger in der Bauernschaft. In der Schlacht bei Frankenhausen wurden seine Anhänger am 15. Mai 1525 vernichtend geschlagen. Müntzer selbst wurde 13 Tage später im nahen Mühlhausen gefangen genommen und mit 49 weiteren Aufständischen hingerichtet.

Die überlebenden Bauern mussten für die entstandenen Schäden bezahlen. Kaum eine ihrer Forderungen wurde erfüllt.

2 – Denkmal für Florian Geyer in Giebelstadt, Unterfranken. Foto, 2019.

Q1 Die „Zwölf Artikel" der Bauernschaft wurden per Flugblatt bekannt und zum Programm der Aufständischen:

1. Zum Ersten ist unser demütig Bitte und Begehr, dass in Zukunft jede Gemeinde ihren Pfarrer selbst wählen und auch wieder absetzen kann ...

2. Den *Kornzehnten wollen wir gern geben ... Da man ihn Gott und den Seinen geben soll, gebührt er einem Pfarrer, so er das Wort Gottes klar verkündet ... Den kleinen Zehnt (Viehzehnt) wollen wir nicht geben, denn Gott der Herr hat das Vieh frei dem Menschen geschaffen.

3. Zum Dritten ist es bisher Brauch gewesen, uns als Leibeigene zu halten, was zum Erbarmen ist ... Es ergibt sich aus der Heiligen Schrift, dass wir frei sind, und wir wollen es sein. Nicht, dass wir völlig frei sein und keine Obrigkeit haben wollen; das lehrt uns Gott nicht ...

6. Die Frondienste sollen verringert werden ...

Q2 Luthers Reaktion auf die Bauernaufstände 1525 lautete:

Erstens haben sie ihrer Obrigkeit Treue und Ergebenheit geschworen, untertänig und gehorsam zu sein, wie das Gott gebietet. Da sie aber diesen Gehorsam mutwillig brechen und sich dazu gegen ihre Herren stellen, haben sie dadurch Leib und Seele verwirkt. ... Zweitens machen sie Aufruhr, berauben und plündern unter Gewalttaten Klöster und Schlösser, womit sie schon allein als öffentliche Straßenräuber und Mörder wohl zweifachen Tod an Leib und Seele verdient haben. ... Drittens decken sie diese schreckliche, grauenhafte Sünde mit dem Evangelium, nennen sich christliche Brüder ..., wodurch sie die allergrößten Gotteslästerer ... werden ...

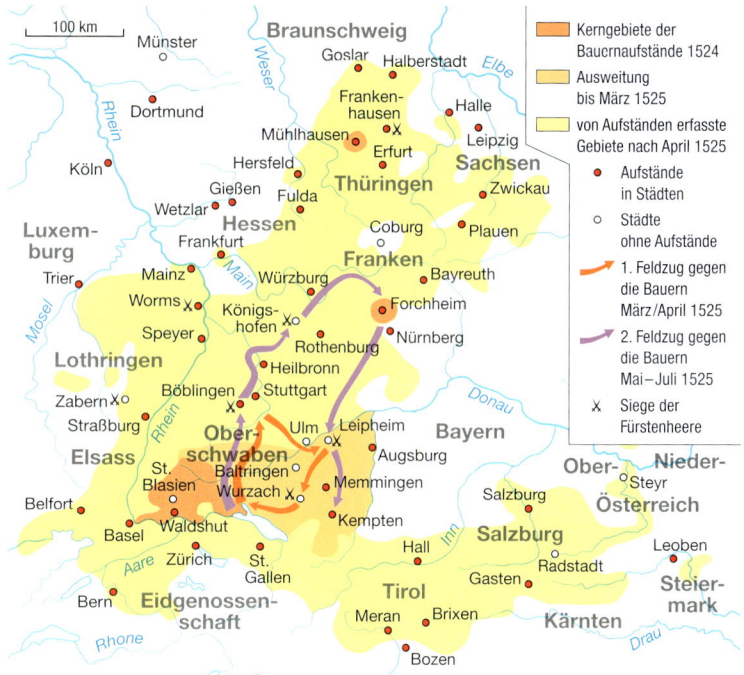

3 – Kerngebiet und Ausbreitung der Bauernaufstände.

❶▶ Beschreibe die Probleme der Bauern im Alten Reich um 1500.
❷ Erkläre mithilfe der Karte, wie sich die Aufstände ausbreiteten und welche heutigen Bundesländer in Deutschland betroffen waren.
❸ Untersuche die Forderungen der Bauern in Q1.
❹ Recherchiere zum Leben Florian Geyers (Bild 2). Erläutere und bewerte, warum ihm der Ort Giebelstadt ein Denkmal gesetzt hat.
❺ Fasse Luthers Meinung zu den Bauernaufständen anhand des Verfassertextes und Q2 zusammen und beziehe Stellung.
❻ Recherchiere zum Leben und Wirken Thomas Müntzers und halte ein Referat hierzu.
❼ Spielt ein Streitgespräch zwischen einem Bauern und einem Adligen.

Geschichte vor Ort

Müntzer und der Bauernkrieg in Thüringen

1 – Thomas Müntzer predigt vor aufständischen Bauern. Gemälde von Wilhelm Otto Pitthahn, 1958.

2 – Thomas Müntzer mit Bibel und Schwert vor dem Frauentor in Mühlhausen. Lebensgroße Skulptur von Will Lammert 1957.

Thüringische Städte als Macht- und Handelszentren

Luther hatte sich im Bauernkrieg auf die Seite der Fürsten gestellt und die Bauern aufgefordert, ihren Herren weiter zu dienen. Ganz anderer Ansicht war Thomas Müntzer (1489–1525). Im Jahre 1523 übernahm er eine Pfarrstelle in Allstedt (im heutigen Sachsen-Anhalt).

M1 In einer Lebensdarstellung des Mitteldeutschen Rundfunks über Thomas Müntzer hieß es 2006:

... So führte er (in Allstedt) noch vor Luther eine deutsche Liturgie ein, um das Wort Gottes allen zugänglich zu machen. Den Altar ließ er mitten in den Raum stellen, damit er den Gläubigen zugewandt sprechen konnte. Im Chor durften Mädchen und Frauen mitsingen, auch das gab es noch nie. Und noch etwas veränderte sein Leben: Im selben Jahr heiratete Müntzer die entlaufene Nonne Ottilie von Gersen. Eine Priesterehe – bis dato unvorstellbar! Müntzers Gottesdienste in deutscher Spra-

che waren eine Sensation und zogen scharenweise Besucher aus dem Umland an ...

Q1 In seiner berühmten Fürstenpredigt im Jahre 13. Juli 1524 sagte Müntzer in Allstedt:

... Gott will die Gewaltigen vom Stuhl stoßen und die Niedrigen erheben. Und nachdem er die große Unterdrückung des Volkes gesehen hat, will er es jetzt befreien. Aus diesem Grund kann kein Fürst, Graf, Edelmann oder andere angesehene Leute, die Gewalt auf Erden besitzen, vor ihm (Gott) bestehen bleiben, sie müssen herunter ...

Die Schlacht von Frankenhausen

Müntzer verließ Allstedt und zog mit seinen Anhängern nach Mühlhausen, wo er einen Bauernhaufen zum Kampf gegen die Fürsten bildete. Bei Frankenhausen, wo er am 11. Mai 1525 eintraf, wollte Müntzer seinen Haufen mit anderen Bauernhaufen zusammenschließen. Inzwischen hatten sich jedoch die Fürstenheere vor Franken-

3 – Müntzer auf dem Weg zum Richtplatz in Mühlhausen. Aus L'Univers Illustre. Veröffentlicht Paris, 1859.

hausen formiert. Sie unterbreiteten Müntzer Verhandlungsangebote, was dieser aber ablehnte. Angebote Müntzers wiederum wurden von den Fürsten abgelehnt. Da die Hauptforderungen der Fürsten, nämlich die Auslieferung Müntzers und seiner Hauptleute, abgelehnt wurde, kam es am 15. Mai 1525 zur Schlacht.

M2 In der Lebensdarstellung des Mitteldeutschen Rundfunks über Thomas Müntzer hieß es weiterhin:
... Mit seinen Anhängern verließ Müntzer Mühlhausen, die Stadt, in die er kaum vier Wochen später zurückkehren sollte – gefangen, todgeweiht. Denn gegen die Truppen Philipps von Hessen waren die Aufständischen in der Schlacht vom 15. Mai 1525 chancenlos. Von den 7000 Bauern und Handwerkern wurden 6000 getötet. Müntzer konnte zunächst fliehen und in Frankenhausen Unterschlupf finden. Bald jedoch wurde er gefasst. Zwölf Tage ließ ihn der Graf von Mansfeld in seiner Festung Heldrungen verhören und foltern. Das Protokoll des Verhörs enthielt keinen Widerruf ... Am 27. Mai 1525 wurde Thomas Müntzer auf dem Richtplatz von Mühlhausen enthauptet, der Leichnam wurde gepfählt und aufgespießt ...

❶ Erläutert anhand von M1, welche Neuerungen Müntzer in seinem Gottesdienst einführte.

❷ Erklärt, wie Müntzer auf den Bildern 1 und 2 dargestellt wird. Achtet darauf, was er in seinen Händen hält.

❸ Beschreibt mithilfe von M2 das Ende des Bauernkriegs in Thüringen.

❹ Bereitet einen Ausflug zum Bauernkriegsmuseum in Mühlhausen mithilfe der Methode S. 232 vor.

❺ Informiert euch in eurer Stadtbibliothek über den Verlauf der Reformation und des Bauernkriegs in eurer (Kreis-)Stadt. Verfasst dazu ein kurzes Referat, das ihr vor der Klasse halten könnt.

Wie reagierte die Obrigkeit auf Luthers Handeln?

1 – Der Reichstag von Augsburg 1530. Dargestellt sind die Übergabe der Bekenntnisschriften an Kaiser Karl V. (links), in der Mitte eine Taufhandlung, rechts zeigt der Teufel eine Tafel mit den Namen von Ketzern. Im Hintergrund werden Andersgläubige aus der Kirche gejagt. Konfessionsgemälde, 1601.

Philipp Melanchthon (1497–1560).

✳ Protestanten
Seit dem Reichstag zu Speyer im Jahr 1529 wurden die Anhänger Luthers auch als Protestanten bezeichnet. Dort war beschlossen worden, gegen die Reformation energisch vorzugehen. Dagegen hatten fünf Landesherren und 14 Reichsstädte protestiert.

✳ Konzil
Der Begriff bezeichnet eine Versammlung hochrangiger Kirchenvertreter wie Bischöfe und Kardinäle.

✳ Gegenreformation
Dies ist eine Bezeichnung für die Maßnahmen der katholischen Kirche, die zur Zurückdrängung der Reformation dienen sollten.

Kompromisse auf dem Augsburger Reichstag

Karl V. konnte die Spaltung der Kirche nicht mehr aufhalten. Die Reichsfürsten bildeten zwei Lager: das kaiserlich-katholische und das landesherrlich-evangelische. Diese beiden Gruppen sollten nun für die nächsten 100 Jahre die Politik im Alten Reich bestimmen. Zunächst wurde alles darangesetzt, die Anhänger Luthers zu zwingen, sich wieder der Papstkirche anzuschließen. Dagegen protestierten 1529 fünf evangelische Fürsten und 14 Reichsstädte auf dem Reichstag von Speyer und verließen diesen. Diese „Protestation zu Speyer" wurde namensgebend für die Mitglieder der evangelischen Landeskirchen, die sich nun ✳Protestanten nannten. Um den Frieden im Reich zu wahren und eine Verständigung in Glaubensfragen zu erreichen, lud Kaiser Karl V. zum Reichstag in Augsburg ein. Dort forderte er von ihnen die Rückkehr zum katholischen Glauben. Philipp Melanchthon (s. Bild Randspalte), ein enger Vertrauter Luthers, verfasste mit der „Augsburger Konfession" eine Bekenntnisschrift der Protestanten. In dieser versuchten die Reformatoren zu beweisen, dass ihr Glaube und ihre Lehre im Einklang mit der biblischen Schrift und deren Traditionen seien. Kaiser und Kirche lehnten jedoch diese Sichtweise ab. Eine Einigung im Glaubensstreit rückte in weite Ferne.

Das ✳Konzil von Trient

Der Kaiser setzte nun alle Hoffnungen auf ein kirchliches Konzil. Zu diesem berief Papst Paul III. 1545 Theologen aus allen katholischen Ländern Europas nach Trient. Aufgabe des Konzils sollte es sein, die kirchlichen Sitten zu verbessern und die weitere Ausbreitung der reformatorischen Lehren zu verhindern. Die Kirchenversammlung beschloss das Verbot des Ämterkaufs und des Ablasshandels mit Geld, um den Forderungen der Protestanten entgegenzukommen. An allen weiteren Glaubensgrundsätzen hielten sie aber fest, sodass wieder keine Einigung zustandekam.

Doch diese Beschlüsse fanden bei den Protestanten nur geringe Beachtung. Enttäuscht von dieser Reaktion, beschloss der Papst nun, die Reformation rückgängig zu machen (✳Gegenreformation). Unterstützt wurde er dabei vom ✳Jesuitenorden, dessen Mitglieder sich als „Soldaten Christi" verstanden. Sie gelobten dem Papst und der katholischen Kirche bedingungslosen Gehorsam und verfolgten das Ziel, jene Christen zurückzugewinnen, die vom katholischen Glauben abgefallen waren.

Der Augsburger Religionsfrieden

Diese Maßnahmen führten nicht zum Ende der protestantischen Bewegung, schwächten aber deren Fürsten. Sie mussten fürchten, vom Kaiser angegriffen zu werden, und hatten deshalb bereits 1531 zur Verteidigung ihres Glaubens und ihrer Fürstenrechte den Schmalkaldischen Bund gegründet. Dieser unterlag im sogenannten Schmalkaldischen Krieg 1546/47 dem Kaiser und seinen Truppen. Abermals schien eine religiöse Ruhe undenkbar. Erst auf dem Reichstag von Augsburg 1555 kam es zu einem Friedensschluss – dem Augsburger Religionsfrieden. Sein Grundsatz „Cuius regio, eius religio" – „Wessen Gebiet, dessen Religion" – regelte das künftige Nebeneinander beider nun gleichgestellter Glaubensbekenntnisse. Kaiser Karl V. hatte nun den Frieden im Reich wiederhergestellt, aber die Spaltung der Kirche konnte nicht mehr rückgängig gemacht werden.

Q1 Ignatius von Loyola (1491–1556), Gründer des Jesuitenordens, gab Ratschläge zum Umgang mit Protestanten:
… Die Protestanten verstehen es, ihre falsche Lehre mundgerecht zu machen, indem sie ihre Lehren in den Schulen verkünden und kleine Heftchen unter das Volk bringen, die leicht zu verstehen sind. Somit wäre die Errichtung von Schulen … das beste Mittel, um der katholischen Kirche zu Hilfe zu kommen.
Wir müssen außerdem jegliche Habsucht unterlassen. Dann können wir den stärksten Angriffsgrund der Reformatoren entkräften, nämlich ihren Hinweis auf das unfromme Leben der Geistlichen. …

Q2 Auszüge aus dem Augsburger Religionsfrieden von 1555:
§ 15 Friedensformel
… Religionsstreitigkeiten sollen bei Androhung kaiserlicher Bestrafung nicht anders als durch friedliche Mittel beigelegt werden …

2 – Vision des heiligen Ignatius von Loyola. Ignatius von Loyola kniet vor Jesus, der mit der ausgestreckten Hand auf das zerstörte Rom zeigt. Gemälde von Pierre Subleyras, 17. Jahrhundert.

§ 17 Ausschluss Andersgläubiger
… Alle anderen Glaubensgemeinschaften, die nicht den beiden Religionen angehören, sollen von diesem Frieden ausgeschlossen sein.
§ 24 Auswanderungsrecht
Wo aber unsere … Untertanen wegen ihrer Religion wegziehen und an anderen Orten sich niederlassen wollen, soll ihnen dies und auch der Verkauf ihres Hab und Gutes bewilligt werden …

✳ **Jesuiten**
Als Jesuiten werden die Mitglieder der katholischen Ordensgemeinschaft „Gesellschaft Jesu" bezeichnet, die von Ignatius von Loyola 1534 gegründet wurde.

❶ ▶ Erkläre mit eigenen Worten den Begriff Protestant und seine Entstehungsgeschichte.

❷ ▪ Fasse zusammen, welche Hoffnungen Kaiser Karl V. in den Augsburger Reichstag setzte.

❸ ▪ Arbeite heraus, inwiefern Bild 1 die Kirchenspaltung zum Ausdruck bringt.

❹ ▪ Stelle Vermutungen an, warum die evangelischen Fürsten die Ergebnisse von Trient ablehnten. Begründe deine Meinung.

❺ ▪ Erkläre mithilfe von Q1, durch welche Maßnahmen die Jesuiten die Reformation zurückdrängen wollten.

❻ ▪ Bewerte die Regelungen in Q2. Welche Einwände kannst du – aus damaliger und heutiger Sicht – gegen die Bestimmungen des Augsburger Religionsfriedens erheben?

❼ ▪ Nimm Stellung zu der Frage: Warum konnte die Spaltung der christlichen Kirche nicht verhindert werden?

❽ ▪ Beschreibe die Darstellung in Bild 2 mithilfe der Methode „Bilder untersuchen" auf S. 297. Untersuche, welche Botschaft mit dem Bild vermittelt werden sollte und wer der Adressat gewesen sein könnte.

Auswirkungen der Reformation

Wie veränderte die Reformation den Alltag?

1 – Unterricht in einer Schule im 16. Jahrhundert. Holzschnitt, 1592.

2 – Krankenpflege. Holzschnitt aus dem Buch J. Dryanders, 1542.

Veränderung der Gesellschaft

Die Reformation veränderte nicht nur die Kirche, sondern bewirkte auch tiefgreifende Veränderungen in allen Bevölkerungsschichten. Die Menschen wurden durch Luthers Vorbild, sich auf das eigene Gewissen zu verlassen, selbstbewusster gegenüber der Kirche und dem Staat. Hinzu kam die einfache, verständliche Sprache und die Bildsprache der Flugblätter, die selbst die untersten Schichten verstanden. Dadurch verloren Kirche und Landesherren an Einfluss auf ihre Untertanen.

Neues Schulwesen

Das Gotteswort stand jetzt allen offen, die lesen konnten. Darum betonte Luther in seinen Schriften, wie wichtig die „gelehrte Bildung aller Kinder" sei, einschließlich der Mädchen und Frauen. Bildung sollte nicht mehr an Kirchenzwecke gebunden sein, wie zur Ausbildung von Priesternachwuchs, sondern allen Bürgern zugänglich gemacht werden. Die Oberhoheit hierfür übernahmen Kirche und Staat. In den evangelischen Gebieten mussten deshalb die neu entstandenen Landeskirchen viele Bereiche des Alltags neu regeln – so auch das Schulwesen. Es wurde beschlossen, in allen Städten und Dörfern Schulen einzurichten, in denen fortan Jungen und Mädchen getrennt voneinander Unterricht erhalten sollten.

Ein neues System der Sozialfürsorge

Die zentrale Einnahmequelle für Kirchen und Klöster fiel mit der Reformation weg, da den Menschen deutlich gemacht wurde, dass sie auch ohne Geldzahlungen an Klöster und Kirchen in den Himmel gelangen könnten. Außerdem gingen der Kirche mit dem Ende des Ablasshandels weitere große Einnahmen verloren.

Die soziale Fürsorge, die vorher Sache der Kirche gewesen war, wurde nun eine Angelegenheit der Landesherren und Bürger. Dazu wurden Spenden reicher Bürger für Bedürftige in „gemeinen Kästen" (Gotteskasten) gesammelt (s. Bild 3).

Q1 Auf der Synode in Homberg von 1526 wurde Folgendes beschlossen:

... In Städten und Dörfern sollen Schulen sein, in welchen Knaben in den Elementarlehren [Rechnen, Lesen] und im Schreiben ... unterrichtet werden, bis [sie sich] zum Studium in Marburg ... begeben. Und wenn ... ein vollständiger Elementarunterricht unmöglich ist, so sollen wenigstens die Pfarrer ... Unterricht im Lesen und Schreiben erteilen ...
Außerdem sollen ... Mädchenschulen eingerichtet werden, unter der Leitung [älterer] und frommer Frauen, die außer in Religionslehre ... die Mädchen auch im Lesen, Nähen, Sticken hinlänglich unterrichten ...

VIP

Martin Luther über Katharina von Bora: „Nicht um Frankreichs und Venedigs willen würde ich meine Käthe hergeben, denn Gott hat mir eine Frau geschenkt, deren Segnungen so viel größer sind als ihre Schwächen."

Name: Katharina von Bora

Lebensdaten: 29. Januar 1499 – 20. Dezember 1552

Familie: Sie stammte aus einem verarmten sächsischen Adelsgeschlecht.

Jugend/Schule/Ausbildung:
– Ab 1504 kam sie zur Erziehung in das Benediktinerkloster in Brehna bei Halle.
– Sechs Jahre später trat sie in das strenge Zisterzienserinnenkloster in Nimbschen bei Grimma ein und lernte dort lesen, schreiben und ein wenig Latein.
– 1515 legte sie ihr Gelübde als Nonne ab.

Werdegang:
– Beeinflusst durch die lutherische Lehre, floh sie Ostern 1523 mit acht weiteren Nonnen auf einem Pferdewagen mit Heringsfässern aus dem Kloster. Luther organisierte diese Flucht.
– In Wittenberg wurde sie Magd bei dem berühmten Maler Lucas Cranach d. Ä. Mit ihm und seiner Frau Barbara verband sie fortan eine lebenslange Freundschaft.
– Nach langer Suche nach einem Ehemann für Katharina beschlossen Martin Luther und sie zu heiraten. Die Hochzeit fand am 13. Juni 1525 statt. Aus dieser „Vernunftehe" entstand im Laufe der Zeit echte Liebe.
– Katharina bewohnte mit Luther und den sechs gemeinsamen Kindern ein ehemaliges Klosteranwesen in Wittenberg und wurde gleichzeitig Gärtnerin, Bäuerin, Wirtschafterin, Bierbrauerin, Imkerin, Verwalterin, Gastgeberin und Krankenschwester.
– Sie starb 1552 auf der Flucht vor der Pest in Torgau.

Besonderheit:
Weil Katharina ihrem Ehemann an Stärke weit überlegen war, nannte er sie „mein Herr Käthe".

Was bleibt:
Katharina von Bora bleibt als starke Ehefrau Luthers in Erinnerung, ohne deren Unterstützung er nicht hätte arbeiten können. Im Gedenken an sie wurden deutschlandweit Kirchen, Straßen, Schulen und andere Einrichtungen nach ihr benannt.

3 – Gemeiner Kasten der Stadt Wittenberg. Eisentruhe mit drei voneinander unabhängigen Schlössern. Foto, 1998.

❶🔲 Beschreibe anhand des Bildes 1 die Zustände in Schule und Krankenpflege im 16. Jahrhundert.

❷🔲 Veranschauliche die Beziehung zwischen Martin Luther und Katharina Luther, indem du Adjektive für deren Umgang miteinander findest.

❸🔲 Vergleiche anhand von Bild 1 und des Textes die Schulbildung zur Zeit der Reformation mit unserem heutigen Schulsystem und erstelle eine Tabelle. Nutze für deine Antworten Q1.

❹🔲 Erkläre anhand von Bild 2 die Maßnahmen, die getroffen wurden, um Armen und Kranken zu helfen. Recherchiere in diesem Zusammenhang zu Bild 3 und erkläre die Bedeutung dieses Gegenstands.

Der Dreißigjährige Krieg – ein Glaubenskrieg?

1 – Schlacht am Weißen Berg am 8. November 1620. Zeitgenössisches Gemälde von Gemälde von Pieter Snayers.

* **Kaiserwahl**
In der „Goldenen Bulle, einem Gesetzbuch von 1356, war geregelt, dass der König und ab 1562 auch der Kaiser des Heiligen Römischen Reiches von den sieben geistlichen und weltlichen Kurfürsten gewählt werden sollte. Dies waren die Erzbischöfe von Köln, Trier und Mainz, der König von Böhmen sowie der Herzog von Sachsen, der Markgraf von Brandenburg und der Pfalzgraf bei Rhein. Die letzten drei waren nach der Reformation protestantisch geworden.

* **Johann von Tilly**
(1559–1632)
Er war ein Feldherr der katholischen Liga und ab 1630 der kaiserlichen Truppen. Tilly starb 1632 nach der Schlacht bei Rain am Lech in Ingolstadt.

Der „Prager Fenstersturz"

Im Jahr 1612 war der katholische Kaiser Rudolf II. gestorben, der dem protestantischen Böhmen ihre Glaubensfreiheit garantiert hatte. Einer seiner Nachfolger – der streng katholische böhmische König Ferdinand II. – hielt sich jedoch nicht an diese Glaubensfreiheit und entfernte viele Protestanten aus den königlichen Diensten. Protestantische böhmische Adlige protestierten dagegen und wollten am 23. Mai 1618 auf der Prager Burg ihrem Anliegen gegenüber dem Kaiser deutlich Gehör zu verschaffen. Dieses Treffen lief jedoch aus dem Ruder und an seinem Ende warfen die erbosten protestantischen Adligen die beiden königlich-habsburgischen Statthalter und einen Sekretär aus dem Fenster der königlichen Kanzlei. Die Statthalter und der Sekretär überlebten den Fall aus dem zweiten Stock, weil sie auf einem Misthaufen landeten. Dieser „Prager Fenstersturz" markierte den Beginn des Dreißigjährigen Kriegs, der in vier Phasen verlief.

Böhmisch-Pfälzischer Krieg (1618–1623)

Die böhmischen Stände setzten Ferdinand II. ab und wählten 1619 den Protestanten Friedrich von der Pfalz zu ihrem König. Damit hatten nun die protestantischen Kurfürsten die Mehrheit bei der *Kaiserwahl. Das war für die katholischen Kurfürsten und den Kaiser nicht hinnehmbar, denn der Katholik Ferdinand II. sollte neuer Kaiser werden. In der Schlacht am Weißen Berg bei Prag schlugen die katholischen Truppen unter ihrem Feldherrn *Tilly das böhmische Heer und vertrieben Friedrich. Die pfälzische Kurfürstenwürde wurde an den katholischen Herzog von Bayern gegeben. Tillys Armee besetzte Böhmen und verwüstete die Kurpfalz. Nun sollten die protestantischen Fürsten im Norden angegriffen werden.

Dänisch-Niedersächsischer Krieg (1625–1629)

Der Dänenkönig Christian IV. war durch seine Ländereien auf deutschem Gebiet auch deutscher Reichsfürst und stellte sich nun an die Spitze der deutschen Protestanten. Die kaiserlichen Heerführer Tilly und *Wallenstein besiegten auch ihn und eroberten in der Folgezeit den gesamten norddeutschen Raum. Kaiser Ferdinand II. sah sich als Sieger und forderte die Rückgabe der katholischen Kirchengüter und die Wiederherstellung der Verhältnisse von vor 1555.

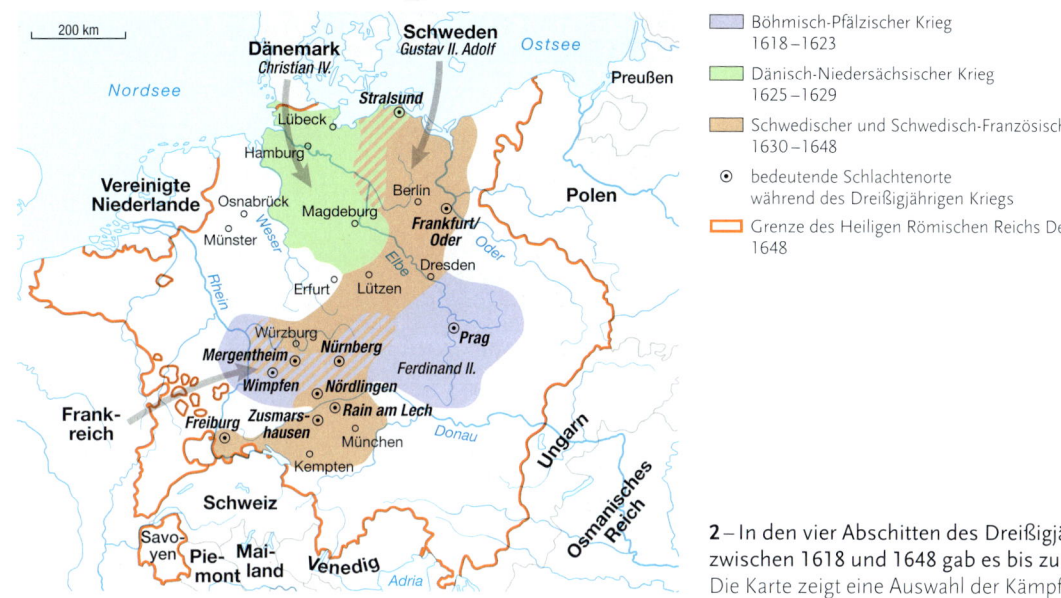

2 – In den vier Abschitten des Dreißigjährigen Kriegs zwischen 1618 und 1648 gab es bis zu 80 große Schlachten. Die Karte zeigt eine Auswahl der Kämpfe.

Schwedischer Krieg (1630–1635)

Es war Gustav II. Adolf, König von Schweden, der sich nun als Beschützer der Protestanten hervortat. Sein eigentliches Hauptziel war jedoch die Vormachtstellung im Ostseeraum. So landete er im Juni 1630 mit seinem Heer an der Ostseeküste und zog, unterstützt von den evangelischen Fürsten, von Sieg zu Sieg bis weit nach Bayern hinein. In der Schlacht von Lützen (nahe Leipzig) 1632 fiel Gustav II. Adolf. Seine Truppen, nun unter Herzog Bernhard von Sachsen-Weimar, gewannen dennoch die Schlacht. Bis 1635 konnte sich aber keine der beiden Seiten durchsetzen. Erste Friedensgespräche wurden geführt.

Schwedisch-Französischer Krieg (1636–1648)

Das katholische Frankreich unter Kardinal Richelieu unterstützte seit längerer Zeit aus machtpolitischen Gründen die protestantischen Fürsten und Schweden gegen die kaiserlich-katholischen Fürsten. Nun griff es aktiv in den Krieg ein und verlängerte ihn erneut. Frankreich wollte endlich die Vormachtstellung in Europa einnehmen. Dazu musste aber der deutsche Kaiser und damit das Alte Deutsche Reich geschwächt werden.
Aber keine Seite konnte die Oberhand gewinnen. Plünderungen, Verwüstungen, Tod, Hunger und Krankheiten ließen den Wunsch nach Frieden wachsen. Schätzungsweise 40 Prozent der deutschen Landbevölkerung sind dem Krieg und seinen Folgen zum Opfer gefallen.

Endlich Frieden

In den westfälischen Städten Münster und Osnabrück kam es nach mehrjährigen Verhandlungen am 25. Oktober 1648 zum Friedensschluss. Dieser „Westfälische Frieden" bestimmte, dass künftig Katholiken, Lutheraner und Calvinisten gleichberechtigte Religionen im Reich seien und jeder Untertan frei seine Konfession wählen dürfe. Der Kaiser musste gegenüber den Fürsten einen großen Machtverlust hinnehmen.

* Albrecht von Wallenstein
Er stammte aus einer protestantischen Adelsfamilie in Böhmen, trat aber 1606 zum katholischen Glauben über. Als kaiserlicher General im Dreißigjährigen Krieg war er sehr erfolgreich und stellte dem Kaiser sowohl Söldnerheere als auch Geld zur Verfügung. Bald hatte er das kaiserliche Heer unter seiner alleinigen Kontrolle. Die militärische Macht nutzte er schließlich auch zu politischen Zwecken. Aus diesem Grund setzte ihn der Kaiser ab und brachte ihn vor Gericht. 1634 wurde er ermordet.

❶ 📄 Fertige eine Zeitleiste zum Verlauf des Dreißigjährigen Kriegs an. Beginne mit dem „Prager Fenstersturz".
▶ „Prager Fenstersturz"

❷ 📄 Beschreibe Bild 1 und ordne es in die Geschehnisse ein.

❸ 📄 Ermittle mithilfe der Karte 2 und des Internets die Gebiete im Alten Reich, die die höchsten Bevölkerungsverluste hatten.

❹ 📄 Recherchiert in Partnerarbeit zu Wallenstein und Gustav II. Adolf und bereitet ein Referat zu beiden vor.
▶ Nimm hierzu die Methode „Ein Referat halten", S. 90, zu Hilfe.

❺ 📄 Beziehe Stellung: Handelte es sich beim Dreißigjährigen Krieg um einen Glaubenskrieg?

▶ Video

Die Leiden der Bevölkerung im Dreißigjährigen Krieg

1 – Plünderung eines Dorfes. Gemälde von Sebastiaen Vrancx, ca. 1620.

Schauplatz  Geschichte

„Der Krieg ernährt den Krieg." Dieser Ausspruch entstand im Zusammenhang mit dem Dreißigjährigen Krieg. Die verschiedenen Heere waren selten kleiner als 15 000 Mann, meist größer. Zudem gab es zusätzlich noch einen ebenso großen *Tross aus Frauen und Kindern, Händlern, Badern usw., die ebenfalls versorgt werden mussten. So kam es, dass Dörfer und Städte überfallen, geplündert und tagelang gebrandschatzt wurden – alles verbunden mit immenser Gewalt gegen die Bevölkerung. Danach folgten zumeist Hunger und Krankheiten wie Pest und Typhus.

❶ Beschreibt das Bild.
▶ *Nehmt hierzu die Methode „Bilder untersuchen", S. 297, zu Hilfe.*
Bildet Paare/Gruppen und bearbeitet eine der Aufgaben 2–4. Stellt eure Ergebnisse den anderen Gruppen anschließend vor.

❷ Schreibe einen Zeitungsbericht über die Ereignisse in dem Dorf.

❸ Ihr seid einer der Söldner Wallensteins. Viele Jahre ziehst du nun schon gegen verschiedene Heere ins Feld. Jeden Abend gehen dir die unterschiedlichsten Gedanken durch den Kopf. Schreibe sie auf.
▶ *Liebes Tagebuch, Jahre, Monate, Tage ... ich kann sie kaum noch zählen ...*

❹ Ein Bauernmädchen/Ein Bauernjunge konnte rechtzeitig aus dem Dorf fliehen und beobachtet das Geschehen aus einem Versteck heraus. Später berichtet sie/er einer Freundin / einem Freund, was passiert ist. Verfasse einen Dialog.
▶ *Bertram/Gerda: Grauenvolle Tage liegen hinter mir ...*

* **Tross**
Begleitzug der Heere, der in den Bereichen Versorgung und Transport unterstützte.

Die Bartholomäusnacht

1 – „Le Massacre de la Saint-Barthélemy". Darstellung der Bartholomäusnacht am 23./24. August 1572. Zeitgenössisches Gemälde von François Dubois.

Kasper von Coligny (1519–1572).

Heinrich von Guise (1550–1588).

Heinrich von Navarra (1553–1610).

Eine Hochzeit mit Folgen

Eigentlich sollte es eine Friedenshochzeit werden zwischen dem hugenottischen König Heinrich von Navarra und der katholischen Königstochter Margarethe. Seit dem Tod ihres Vaters Heinrich II. von Frankreich im Jahre 1559 regierte ihre Mutter Katharina von Medici für ihre minderjährigen Söhne, um deren Thronfolge zu sichern. Nach langen Jahren des Kriegs zwischen den verfeindeten Religionen und aneinander begangenen Gräueltaten hoffte die Königinmutter, einen Ausgleich herbeizuführen. Schon 1562 war ein Toleranzedikt erlassen worden, das freie Religionsausübung gestattete. Doch wurde seine Umsetzung durch die katholischen Fürsten unter Führung von Herzog von Guise verhindert, indem diese im selben Jahr einen Gottesdienst der Hugenotten überfallen und die meisten Besucher ermorden ließen. Damit begann der erste Hugenottenkrieg. Die Hugenotten wurden geführt von Admiral von Coligny und König Heinrich von Navarra. Nach zehn Jahren des offenen Konfliktes sollte nun vom 18. bis 21. August 1572 Hochzeit gefeiert werden. Kurz nach den Feierlichkeiten wurde ein Attentat auf Admiral von Coligny verübt.

Höchstwahrscheinlich war es wieder Heinrich von Guise, der dann den Mord an den Hugenotten in den frühen Morgenstunden des Bartholomäustages (24. August) 1572 in Auftrag gegeben hatte. Die Gelegenheit war günstig, denn alle bedeutenden Hugenotten befanden sich in Paris. Mit dem Ruf „Der König will es" wurde das Pariser Volk, das einen Vergeltungsangriff der Hugenotten fürchtete, aufgestachelt.

Zunächst wurde von Coligny ermordet, dann weitete sich das Massaker aus. An diesem Tag wurden etwa 5000 Hugenotten in Paris, in den Folgetagen ca. 20 000 in ganz Frankreich ermordet. Dabei wurde auch vor Frauen, Kindern und älteren Menschen kein Halt gemacht.

❶ 🔲 Beschreibe Bild 1 und fasse die Ereignisse der Bartholomäusnacht zusammen.
▶ Nimm hierzu die Methode „Bilder untersuchen", S. 297, zu Hilfe.
❷ 🔲 Vergleiche die politische Situation in Frankreich mit der im Alten Reich vor dem Dreißigjährigen Krieg.
❸ 🔲 Beziehe Stellung, ob dieser Konflikt rein religiöser Natur war. Begründe deine Antwort.

Das kann ich …

Kirchenspaltung und Glaubenskonflikt

Wichtige Begriffe

95 Thesen   Kirchenbann

Reformation   Reichsacht (Vogelfreiheit)

Ablasshandel   Bauernkrieg

Konfession   Augsburger Religionsfriede

Protestanten   Westfälischer Friede

gemeiner Mann

Wissen und erklären

❶ Erklärt euch gegenseitig die wichtigen Begriffe und schreibt ihre Bedeutung in euren Hefter.

❷ Erläutere mithilfe von Bild 1 den Verlauf der Reformation.

❸ Erläutere das Luther-Zitat (Q1).

Anwenden

❹ Betrachte das Bild „Die Seelenfischerei" zum Auftakt des Kapitels (S. 106/107) und erläutere das Dargestellte mithilfe des Auftakttextes.

❺ Werte die Grafik 3 aus. Erkläre, welche Auswirkungen die Reformation hatte.

▶ *Religionszugehörigkeit vor der Reformation lag bei annähernd 100% römisch-katholisch.*

❻ Analysiere mithilfe der Methodenschritte S. 118 das Flugblatt (Bild 2).

▶ *Ordne hierfür den Buchstaben A–F die entsprechenden Bedeutungen 1–6 zu.*

    1. Geistliche der katholischen Kirche (Kardinal, Bischof, Mönch)

    2. Papstwappen bestehend aus Petrusschlüssel und Tiara

    3. Ablassbrief mit Siegel

    4. Kreuz mit Leidenswerkzeugen der Kreuzigung Jesu

    5. Ablasstruhe mit Teufel

    6. Papst mit Krone (Tiara)

Beurteilen und handeln

❼ Diskutiert, wie ein Christenmensch laut Luther handeln müsste (Q1).

❽ Beziehe Stellung zu Luthers Verhalten in den Jahren nach 1517.

Q1 **Martin Luther schreibt zu Beginn seiner Abhandlung „Von der Freiheit eines Christenmenschen" Ende Oktober 1520:**

Ein Christenmensch ist ein freier Herr über alle Dinge und niemandem untertan. Ein Christenmensch ist ein dienstbarer Knecht aller Dinge und jedermann untertan.

2 – „Das siebenköpfige Papsttier". Flugblatt eines unbekannten Künstlers von 1530, koloriert im 16. Jahrhundert. „Regnum diaboli" heißt es übersetzt „Das Reich des Teufels".

1 – Martin Luther auf dem Reichstag in Worms 1521 vor Kaiser Karl IV. und den Kurfürsten. Wandgemälde von Hermann Wislicenus, 1879/97.

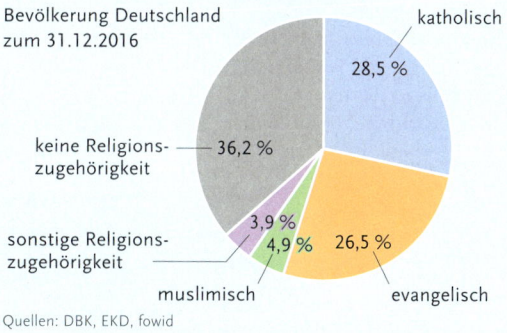

Bevölkerung Deutschland zum 31.12.2016

katholisch 28,5 %

keine Religionszugehörigkeit 36,2 %

sonstige Religionszugehörigkeit 3,9 %

muslimisch 4,9 %

evangelisch 26,5 %

Quellen: DBK, EKD, fowid

3 – Religionszugehörigkeit in Deutschland 2016.

▶ Teste dich

Hier spielt die Geschichte …

Das Dame(n)-Spiel

Einführung

Ihr habt in diesem Kapitel mit Katharina von Bora bereits eine starke Frau der frühen Neuzeit kennengelernt. Es gab aber wesentlich mehr Frauen, die die Geschicke der Welt gelenkt haben, wenn auch z. T. aus dem Hintergrund. Zehn Beispiele seien hier vorgestellt. Könnt ihr sie richtig zuordnen? Sicherlich müsst ihr auch recherchieren. Aber es ist durchaus spannend, mehr über die weibliche Seite der Geschichte zu erfahren.

A
„Nach mir wurde ein Cocktail mit Tomatensaft benannt, die Bloody Mary. Den Beinamen ‚Die Blutige‘ erhielt ich, weil während meiner Regierungszeit sehr viele Protestanten ihr Leben lassen mussten. Ich, als erste regierende Königin von England, wollte mein Land wieder zum Katholizismus bringen, mit allen Mitteln – koste es, was es wolle.“

B
„Ich bin eine indische Kaisergemahlin und starb bei der Geburt meines 14. Kindes. Da mein Gatte mich wegen meiner Schönheit und Güte verehrte, ließ er von über 20 000 Männern ein großes Mausoleum (Grabgebäude) errichten, das heute noch weltberühmt ist: den Taj Mahal.“

C
„Ich stamme aus der einflussreichen florentinischen Familie der Medici. Meinem geliebten französischen Mann Heinrich II. gebar ich insgesamt zehn Kinder. Drei von ihnen wurden sogar Könige von Frankreich. Da sie noch zu jung waren, um zu regieren, war ich ihre Regentin und lenkte somit die Politik Frankreichs.“

1 Margarete von Parma
(1522–1586)

2 Elisabeth I. von England
(1533–1603)

3 Katharina von Medici
(1519–1589)

4 Maria I. von England
(1516–1558)

D
„Mein Vater ist Karl V. und mein Halbbruder Phillip II. von Spanien. Obwohl ich aus einer Affäre mit einer Zofe stamme, habe ich mir als Statthalterin der Niederlande einen Namen gemacht. Sicherlich ahnte mein Vater, dass ich ein solch hohes Amt bekleiden kann, denn er erkannte mich als einziges seiner zahlreichen Kinder als ‚natürliche‘ Tochter an.“

E

„Durch die Leidenschaft zum Vater des berühmten Malers Rubens und meine gescheiterte Ehe mit Wilhelm von Oranien wurde ich auf traurige Weise berühmt. Wegen meiner Affäre kam ich für Jahre in Hausarrest in Siegen, in Beilstein, in Zeitz und in Dresden. Schließlich starb ich eingesperrt in zwei Räumen im Residenzschloss zu Dresden."

F

„Ich bin die Tochter von Heinrich VIII. und seiner zweiten Ehefrau. In die Geschichte bin ich als ‚jungfräuliche Königin' eingegangen, weil ich mein Leben lang nur eine Liebe hatte: mein England. Trotzdem machte es mir Spaß, vielen großen Herren Eheversprechen zu geben, damit sie England nicht angreifen."

G

„Ich bin eine der wenigen weiblichen Reformatorinnen. Immer hoffte ich, dass auch Frauen in dem neuen Glauben Mitspracherecht hätten, wurde aber leider enttäuscht. Es wurden sogar Spottgedichte über mich geschrieben, weil ich als Frau zwei reformatorische Schriften verfasste. Heute erinnert der Argula-Radweg in Bayern an mich und meine wichtigsten Lebensstationen."

H

„Über mich wurde erzählt, ich hätte meinen geliebten Gatten Süleiman I. mit meinen roten Haaren verhext. Obwohl ich als eine polnische Sklavin in den Harem von Sultan Süleiman kam, gelang es mir, durch Intelligenz und Schönheit zur Freundin, Ratgeberin und Ehefrau von ihm aufzusteigen."

I

„Heute bin ich als Schutzpatronin Spaniens bekannt und werde von vielen als Nationalheilige bezeichnet. Zu meinen Lebzeiten lag ich einmal drei Tage lang in einer todesähnlichen Starre. Es wurde sogar schon ein Grab ausgehoben, um mich zu beerdigen. Drei Jahre lang war ich fast vollständig gelähmt. Als es mir besser ging, gründete ich das Konvent zum heiligen Josef in Ávila."

J

„Ich bin eine tragische Königin. Denn obwohl ich einst mit dem König von Frankreich verheiratet war, musste ich die Hälfte meines Lebens in Gefangenschaft verbringen. Meine Cousine Elisabeth I. ließ mich schließlich wegen Hochverrats zum Tode verurteilen, weil ich sie von ihrem Thron stürzen wollte. Aber mein Sohn James Stuart folgte ihr schließlich auf den englischen Thron."

5 Maria Stuart (1542–1587)

6 Mumtaz Mahal (1593–1631)

7 Teresa von Ávila (1515–1582)

8 Argula von Stauff (1492–1554)

9 Roxelane (1507–1558)

10 Anna von Sachsen (1544–1577)

4 Absolutismus und Aufklärung

„So wie ich Frankreich groß und mächtig machen werde, so groß soll mein Schloss sein." Mit diesem Auftrag ließ Ludwig XIV. (1638–1715) das Jagdschlösschen seines Vaters zur glanzvollen Residenz erweitern. Seit 1682 bewohnten der König und sein Hofstaat – fast 20 000 Menschen – das Schloss. Für viele Fürsten und Herrscher in Europa wurden das prächtige Schloss, die luxuriöse Hofhaltung und die absolute Herrschaft dieses Königs zum Vorbild.

🔊 Audio

4 Absolutismus und Aufklärung

1600–1750

Kunststil des Barocks in Europa

1 – Europa um 1740.

Dreißig Jahre lang hatte in Deutschland der Krieg gewütet. Als 1648 endlich Frieden geschlossen wurde, teilte man Deutschland in mehr als 300 Fürstentümer auf. Die Macht des Kaisers war geschwächt.

Zur selben Zeit wurde das Königtum in Frankreich immer mächtiger. König Ludwig XIV. (1638–1715, Reg. 1643–1715) festigte Frankreichs Stellung als vorherrschende Großmacht und war der wichtigste Vertreter des Absolutismus in Europa. Sein Schloss in Versailles wurde zum Vorbild für Höfe in anderen europäischen Staaten.

In dieser Zeit, gegen Ende des 17. Jahrhunderts, entstand in Frankreich eine geistige Bewegung, die die Vernunft (Rationalität) des Menschen und ihren richtigen Gebrauch zum Maßstab allen Handelns machen wollte, die „Aufklärung". Ihr schlossen sich vor allem Philosophen und Naturwissenschaftler an, die den alten kirchlichen Lehrsätzen misstrauten und nichts mehr ungeprüft lassen wollten.

Am Ende des Kapitels kannst du folgende Fragen beantworten:

- Wie gelang es dem König, seine Alleinherrschaft durchzusetzen?
- Wer stützte seine Macht?
- Wie lebten der König und der Adel im Schloss Versailles?
- Welche neuen Denkweisen entwickelten sich in Frankreich, die bis heute weltweit wirksam sind?
- Außerdem lernt ihr, wie ihr aus Herrscherbildern wichtige Informationen über die damalige Zeit erschließen könnt.

1643–1715	1661	1715–1774	1774–1792
König Ludwig XIV.	Baubeginn von Versailles	Ludwig XV.	Ludwig XVI.

Opa, sag mal …

Stella: Hallo Opa, schön, dich mal wiederzusehen.

Opa: Ja, meine Maus. Das ist ja schon eine Weile her, dass du bei uns warst. Was gibt es denn Neues bei dir?

Stella: Ich bin immer noch geschafft vom letzten Wochenende, aber auch total glücklich.

Opa: Das sehe ich dir an, denn du strahlst ja richtig. Erzähl mal, warum!

Stella: Ach Opa, letzten Samstag war ich doch beim Heimspiel vom FC Carl Zeiss Jena. Du kannst dir nicht vorstellen, was da für eine Stimmung war! Das war einfach absolut!

Opa: Was meinst du denn mit absolut?

Stella: Ach Mensch, Opa. Das war einfach nur absolut fantastisch: das Spiel, die Stimmung, der Sieg, die Fans!

Opa: Ach, so meinst du das. Wenn ich dich richtig verstehe, dann wart ihr eine eingeschworene Gemeinschaft, die gemeinsam nur ein Ziel im Auge hatte: den Sieg des FC Carl Zeiss.

Stella: Wusste ich doch, dass du weißt, was ich meine.

Opa: Naja, mit dem Begriff absolut meinst du heute etwas ganz anderes, als ich gedacht habe. Denn ursprünglich bedeutet absolut uneingeschränkt, schrankenlos, herrschsüchtig, unkontrolliert. Es gibt sogar eine geschichtliche Epoche, die den Namen Absolutismus trägt.

Stella: Da waren doch nicht etwa Fußballer an der Macht?

Opa: Nicht, dass ich wüsste. Es ist ca. 350 Jahre her, als es Herrscher gab, die die alleinige Macht in ihren Händen hielten. Nur sie bestimmten, was in ihrem Land passieren sollte, ob jemand reich oder arm wurde, ob jemand verurteilt wurde oder nicht.

Stella: Das klingt aber ungerecht, wenn nur ein Einzelner über alles bestimmt. Für den Bestimmer ist es toll, aber alle anderen müssen sich ihm unterwerfen. Total gemein!

Opa: Deshalb setzte sich diese Regierungsform des Absolutismus auch nicht lange durch. Zunehmend erkannten die anderen die Ungerechtigkeit, weswegen es nach kurzer Zeit keine absolutistischen Herrscher mehr gab.

Stella: Na, genau wie die Fußballer vom FC Carl Zeiss Jena. Beim nächsten Heimspiel nehme ich dich einfach mal mit, Opilein! Dann erfährst du auch live, was heute absolut ist!

❶ 🔲 Lest den Text mit verteilten Rollen.

❷ 🔲 In der Geschichte kommt es zu einem Verständigungsproblem zwischen Opa und Stella, weil sie „verschiedene Sprachen" benutzen. Stellas Opa hat in seiner Jugend die Oma als *heißen Feger* bezeichnet oder auch als *steilen Zahn*. Recherchiert, welche Begriffe Opa in seiner Jugend noch benutzt hat, um Bewunderung und Missachtung auszudrücken oder mit jemandem zu flirten. Fertigt eine Tabelle an und stellt die heutige Jugendsprache gegenüber.

Begriff	Opas Jugendsprache	heutige Jugendsprache
hübsche Frau	heißer Feger, steiler Zahn	Match, Süßmo, Smash
Bewunderung		
Missachtung		
flirten		

Absolutismus in Frankreich

Was verstand Ludwig XIV. unter absoluter Herrschaft?

1 – Französische Medaille aus dem Jahre 1692. Die Umschrift lautet: NEC PLURIBUS IMPAR (= auch einer Mehrzahl überlegen). Die andere Seite zeigt ein Profil Ludwigs XIV.

2 – Ludwig XIV. als zehnjähriger König im Krönungsmantel mit Kreuz des Ordre de Saint-Esprit, Zepter des Hugo Capet und Lilienzepter. Gemälde von Justus van Egmont, 1651/54.

✱ **Absolutismus**
Der Begriff leitet sich ab von dem Wort „absolut". Es bedeutet losgelöst bzw. nicht mehr gebunden an die Gesetze eines Staates.

✱ **Kardinal**
Nach dem Papst das höchste Amt in der katholischen Kirche.

Ein König mit neuem Profil

Im Deutschen Reich hatten nach dem Dreißigjährigen Krieg die Fürsten ihre Macht gegenüber dem Kaiser stärken können. Ganz anders war die Entwicklung in Frankreich. Hier wurde 1638 Ludwig XIV. geboren, der schon bald die Geschicke seines Landes ganz allein lenken sollte. Er bestieg den Thron bereits mit vier Jahren, nachdem sein Vater Ludwig XIII. 1643 gestorben war. Deshalb übernahm ✱Kardinal Mazarin (s. S. 147) bis zu Ludwigs 22. Lebensjahr vorerst die Regierung. Unter anderem führte er beim Westfälischen Frieden für Frankreich erfolgreiche Verhandlungen, indem er seinem Land erhebliche Gebietsgewinne verschaffte. Als Mazarin im März 1661 starb, veränderte sich alles.

Ein König, ein Glaube, ein Gesetz – „Un roi, une foi, une loi"

„Es ist an der Zeit, dass ich meine Angelegenheiten selbst in die Hand nehme", soll Ludwig XIV. zu seinen Ministern am Tag nach Mazarins Tod gesagt haben. Er allein wollte in Zukunft die Befehle erteilen – Minister und Beamte durften diese lediglich ausführen. Damit beanspruchte Ludwig XIV. die absolute, uneingeschränkte Macht, ohne selbst an Gesetze gebunden zu sein. Grundlage für diesen ✱absoluten Herrschaftsanspruch war nach Ludwigs Auffassung, dass er seine Macht direkt von Gott erhalten habe und sich deshalb nur Gott gegenüber verantworten müsse (Gottesgnadentum). Der König verstand sich auch als oberster Vertreter des Glaubens. Darum sollte es in Frankreich nur noch einen Glauben geben – den katholischen.

„Der Staat bin ich!" – „L'état c'est moi!"

Dieser berühmte Ausspruch Ludwigs XIV. ist zwar nicht belegt, beschreibt aber die Einstellung des absolutistischen Herrschers. Ausdruck fand diese Auffassung in dem von ihm gewählten Symbol der Sonne. So wie die Planeten um die Sonne kreisen, sollte sich das gesamte Leben im Staat um den König drehen. Den Staat sah er als seinen Besitz an, über den er uneingeschränkt verfügen konnte.

Q1 Im Jahre 1671 schrieb Ludwig XIV. über sich selbst:
... Ich entschloss mich, keinen „Ersten Minister" mehr in meinen Dienst zu nehmen. Denn nichts ist unwürdiger, als wenn man auf der einen Seite alle Funktionen,

3 – Ludwig XIV. empfängt den Kurfürsten Friedrich August von Sachsen, den späteren August II., König von Polen, im Jahre 1714. Gemälde von Louis de Silvestre aus dem 18. Jahrhundert.

auf der anderen Seite nur den leeren Titel eines Königs bemerkt.

Ich wollte die oberste Heeresleitung ganz allein in meiner Hand zusammenfassen. ... Ich bin über alles unterrichtet, höre auch meine geringsten Untertanen an, weiß jederzeit über Stärke und Ausbildungszustand meiner Truppen und über den Zustand meiner Festungen Bescheid. Ich gebe unverzüglich meine Befehle zu ihrer Versorgung, verhandle mit fremden Gesandten, empfange und lese die Nachrichten und entwerfe teilweise die Antworten, während ich für die übrigen meinen Sekretären das Wesentliche angebe. Ich regle Einnahmen und Ausgaben des Staates und lasse mir von denen, die ich mit wichtigen Ämtern betraue, persönlich Rechenschaft geben ...

Q2 ✳**Bischof Jacques Bossuet (1627–1704) schrieb für Ludwig XIV. 1682:**
... Die Fürsten handeln als Gottes Diener und ✳Statthalter auf Erden. Durch sie übt er [Gott] seine Herrschaft aus. ... Deshalb ist ... der königliche Thron nicht der Thron eines Menschen, sondern Gottes selbst. ... Aus alledem ergibt sich, dass die Person des

Königs geheiligt ist ... Der König muss über seine Befehle niemandem Rechenschaft geben ...

Q3 **Jacques Bossuet schrieb weiterhin über die Stellung des Königs:**
... Gott setzt die Könige als seine Minister ein und regiert durch sie die Völker. Sie handeln als seine Diener und Stellvertreter auf Erden ... Nur Gott kann über seine Maßnahmen urteilen ...

✳ **Bischof Jacques Bossuet**
Er war der Hofprediger und Erzieher Ludwigs XIV. Von ihm stammt auch der Ausspruch: „Die größte aller Schwächen ist zu befürchten, schwach zu erscheinen.“

✳ **Statthalter**
In diesem Zusammenhang: Vertreter Gottes auf Erden.

❶ ▪ Sammle Adjektive, die du mit dem Symbol der Sonne verbindest. Schlussfolgere, warum sich Ludwig XIV. mit der Sonne verglich.
▶ *Adjektive: strahlend ...*
❷ ▪ Beschreibe die Medaille (Bild 1). Erläutere, inwiefern sie symbolisch für Ludwig XIV. und seine Herrschaft steht.
❸ ▪ Erkläre mithilfe von Q1, welche Aufgaben ein absolutistischer Herrscher nach Meinung Ludwigs XIV. haben sollte.
❹ ▪ Erläutere mithilfe von Q2 und Q3, was unter Gottesgnadentum zu verstehen ist.
❺ ▪ Betrachte Bild 3. Deute die Körperhaltung Augusts III. gegenüber Ludwig XIV. Beziehe auch das Zitat Bossuets ein (siehe Randspalte).
❻ ▪ Gibt es auch heute noch Herrscher wie Ludwig XIV.? Diskutiert darüber, ob ihr euch einen solchen Herrscher heute vorstellen könnt.

Methode

Ein Herrscherbild untersuchen

Sicherlich habt ihr schon einmal ein Herrscherbild in einem Schloss oder einem Museum gesehen. Das sind oftmals sehr großformatige Malereien, auf denen ein König, Landesfürst oder Befehlshaber zu sehen ist. Mit diesen Herrscherbildern sollten die Künstler im Auftrag des jeweiligen Kaisers, Königs oder Fürsten den Untertanen und der Nachwelt ein bestimmtes Bild von dem Machthaber vermitteln. Daher sind Abbildungen dieser Art für uns wichtige historische Quellen. Sie geben Auskunft über das Selbstbild der Herrscher und über ihre Vorstellungen vom Regieren.

Diese drei Schritte helfen dir, ein Herrscherbild zu untersuchen:

Schritt 1
Das Bild beschreiben

- Welchen spontanen Eindruck ruft das Bild bei dir hervor?
- Wer ist auf dem Herrscherbild zu sehen?
- Wie wird die Person dargestellt (Körperhaltung, Gestik, Mimik, Blickrichtung, Kleidung, ...)?
- Welche Perspektive hat der Maler gewählt (von oben, seitlich, unten, ...)?
- Wie ist das Bild aufgebaut (Mittelpunkt, Hintergrund, Farbgebung)?
- Mit welchen künstlerischen Mitteln hat der Maler gearbeitet (Farbgestaltung, Licht, Größe, ...)?
- Welche Bildelemente bestimmen das Bild?

Schritt 2
Einzelheiten und Symbole entschlüsseln

- Welche Herrschaftszeichen sind auf dem Bild zu finden?
- Was bedeuten diese Herrschaftszeichen (Symbole)?
- Welche weiteren Details sind im Vorder- und Hintergrund zu sehen? Was bedeuten sie?

Schritt 3
Die Aussage des Bildes erschließen

- Welchen Eindruck will der Maler oder sein Auftraggeber mit der Darstellung beim Betrachter wecken?
- Welche Herrscherrolle wird deutlich?
- Welches Selbstverständnis des Herrschers kommt zum Ausdruck?
- Was sagt uns das Bild über die damalige Zeit insgesamt?

❶ ▪ Betrachte das Bild auf S. 143 und notiere, welche Gedanken du dabei hast.

❷ ▪ Lies dir die Musterlösung auf S. 143 durch und überprüfe damit deine notierten Eindrücke.

▶ *Mir fällt noch auf, dass im oberen Hintergrund ein rot-goldener Vorhang drapiert ist. Dieser soll ...*

❸ ▪ Untersuche mithilfe der Lösungsschritte 1 bis 3 das Herrscherbild auf S. 117 (Karl V.).

1 – Ludwig XIV., Gemälde von Hyacinthe Rigaud, 1701.
Es ist 2,80 m hoch und 1,90 m breit.

① blauer Farbgrund des Mantels mit den Bourbonen-Lilien des Herrschergeschlechts: Verweis auf den Himmel, Gottesgnadentum
② weiße Farbe des Hermelins der Mantelinnenseite: absolute Reinheit
③ Schwert Karls des Großen mit Edelsteinen und Krone auf dem Kissen:
Zeichen des französischen Königtums
④ Ordenskette vom Heiligen Geist (= bedeutendster Ritterorden Frankreichs;
der König war oberster Ritter)
⑤ Zepter der Gerechtigkeit auf dem Pult: höchste richterliche Gewalt
⑥ Kriegszepter: militärische Macht Ludwigs XIV.
⑦ weibliche Gestalt mit Schwert und Waage auf der Marmorsäule im
Hintergrund
⑧ Schuhe mit rotem Absatz (durfte nur der König tragen)
⑨ erhöhter Standort

Lösungsbeispiel zu Bild 1

Zum Schritt 1:

Der erste Eindruck: Es handelt sich um einen mächtigen und selbstbewussten Mann. Dargestellt ist Ludwig XIV.; er steht im Mittelpunkt des Bildes. Weiß, Gold und Blau bestimmen die Farbgebung. Der König steht in aufrechter Pose und schaut den Betrachter direkt an.

Zum Schritt 2:

Herrschaftszeichen: zwei Zepter, Krone, Königsmantel, Orden, Schuhe mit rotem Absatz (durfte nur der König tragen), Schwert mit Edelsteinen. Mit seiner rechten Hand stützt er sich auf eines der goldenen Zepter. Sein Königsmantel wirkt sehr vornehm: Blau, als königliche Farbe, und goldene Lilien auf der einen Seite, weißes Fell auf der Innenseite. Die Perspektive des Bildes bewirkt, dass der Betrachter das Gefühl hat, zu Ludwig XIV. aufzuschauen. Der Hintergrund ist sehr dunkel gehalten, damit der König alles überstrahlt. Die Marmorsäule steht für Stärke und Beständigkeit und zeigt eine weibliche Gestalt mit Schwert und Waage als Symbol für die Gerechtigkeit.

Zum Schritt 3:

Die prachtvolle Darstellung Ludwigs XIV. mit den zahlreichen Herrschaftszeichen zeigt ihn als einen unantastbaren Herrscher, der seine Machtfülle als von Gott gegeben betrachtet (verdeutlicht durch die Bourbonen-Lilien des Herrschergeschlechts auf dem blauen Mantel). Er allein füllt das Bild.
Die damaligen Betrachter sollten voller Respekt dieses Herrscherbild ansehen.
Für uns wird das Selbstbild eines absoluten Herrschers der damaligen Zeit deutlich, der gleichzeitig jedoch den Blickkontakt zum Betrachter aufnimmt.

 Video

Wie wurde der königliche Lebensstil finanziert?

1 – Gesamtansicht der Schlossanlage von Versailles aus der Vogelperspektive. Gemälde von Pierre Patel, 1668.

Jean Baptiste Colbert
(1619–1683)

* **Residenz**
Wohn- und Amtssitz eines weltlichen oder geistlichen Herrschers.

* **Page**
Junger Adliger im Dienst eines Fürsten.

* **stehendes Heer**
Ein dauernd unter Waffen stehendes und damit jederzeit einsatzbereites Heer.

* **Merkantilismus**
Dies ist die gelenkte Wirtschaftsform des Absolutismus, bei der viel exportiert und wenig importiert wurde.

* **Manufaktur**
So nennt man einen Betrieb, in dem Waren von Handwerkern per Hand und nicht maschinell hergestellt werden.

Ein Schloss der Superlative

Das kleine Dörfchen Versailles liegt etwa 15 km von Paris entfernt und befand sich um 1600 mitten in einer öden, sumpfigen Landschaft, „wo Nattern, Kröten und Frösche hausten". Ludwig XIV. ließ ab 1661 das ehemalige Jagdschloss seines Vaters in Versailles zur glanzvollen *Residenz ausbauen. Fast 30 Jahre lang (bis 1689) bauten bis zu 36 000 Arbeiter und Handwerker an der Schlossanlage, die alles bis dahin Gekannte übertraf. Im dazugehörigen Park gab es, neben einem See von 700 m Länge, 1400 Brunnen und Fontänen. Die Gartenfront des Schlosses besaß eine Länge von 580 m und hatte allein 375 Fenster. Es gab im Schloss mehr als 2000 Räume, dazu riesige Säle.

Diese gewaltige Schlossanlage war mehr als nur eine prächtige königliche Residenz, sie war der Mittelpunkt des Staates. Hier liefen alle Fäden der Macht in der Hand des Königs zusammen, hier mussten all jene erscheinen, die am Glanz und an der Herrschaft des Königs teilhaben wollten: der Hofadel, die Offiziere, die Staatsbeamten und die ausländischen Gesandten.

Zum Hofstaat gehörte aber nicht nur der Adel. Mehrere Tausend Diener, 338 Köche, 125 Sänger, 80 *Pagen, 74 Geistliche, 48 Ärzte und viele andere Berufe – zusammen rund 20 000 Menschen – standen dem König zu Diensten.

Wer soll das bezahlen?

Mit dem Regierungsantritt Ludwigs XIV. stieg die Verschuldung des Staates zusehends. Unmengen flossen in den Schlossbau, in eine aufwendige und pompöse Hofhaltung, in den Aufbau eines riesigen Beamtenapparates und in ein neues *stehendes Heer, das in Kriegs- und Friedenszeiten ausgerüstet und verpflegt werden musste. Einen vorerst rettenden Ausweg aus dieser finanziellen Krise fand Ludwigs Finanzminister Jean Baptiste Colbert. Dieser hatte schon Kardinal Mazarin in Finanzangelegenheiten beraten. Er entwickelte ein neues Wirtschaftssystem, den *Merkantilismus, der mitunter auch als Colbertismus bezeichnet wird.

M1 Die Finanzlage des Königreichs Frankreich:

Der französische Staatshaushalt 1678
Einnahmen: 99,5 Mio. Livres
Ausgaben: 98,0 Mio. Livres für das Heer
            29,0 Mio. Livres für den Hof
            2,5 Mio. Livres für Sonstiges

Jahr	Einnahmen	Ausgaben	Defizit
1670	70 483 834	77 307 798	6 823 964
1690	106 642 985	149 319 381	42 676 396
1710	36 432 745	225 847 281	189 414 536

Strenge Regeln garantieren Erfolg

Die Idee war die staatliche Lenkung der Staatseinnahmen. Das war zwar nichts Neues, wurde aber von Colbert konsequent umgesetzt: Frankreich kaufte fortan nur billige Rohstoffe aus anderen Ländern ein bzw. bezog sie günstig aus den eigenen Kolonien, verarbeitete diese im Land zu teuren Fertigwaren und verkaufte sie dann wieder gewinnbringend ins Ausland. Zur schnelleren und effektiveren Herstellung der Waren wurden sogenannte *Manufakturen gegründet, in denen viele Arbeiter unter einem Dach arbeiteten und jeder einzelne auf seinen Arbeitsgang spezialisiert war. Ähnlich der späteren Fließbandarbeit gingen so die Arbeiten schnell von Hand zu Hand. Es gab sowohl Manufakturen für Luxusgüter (Porzellan, Wandteppiche, seidene Spitze) als auch für Gebrauchsgegenstände (Waffen oder Werkzeuge). Gleichzeitig wurden Maße, Gewichte und das Münzwesen in Frankreich vereinheitlicht, um den Handel im eigenen Land zu vereinfachen. In diesem Zusammenhang wurden auch Straßen, Brücken und Kanäle schrittweise ausgebaut. Außerdem riet Colbert dem König, den Geschäftssinn der Bürger zu unterstützen. So erhielten Handwerker, die eine Manufaktur eröffnen wollten, eine großzügige Förderung durch den Staat.

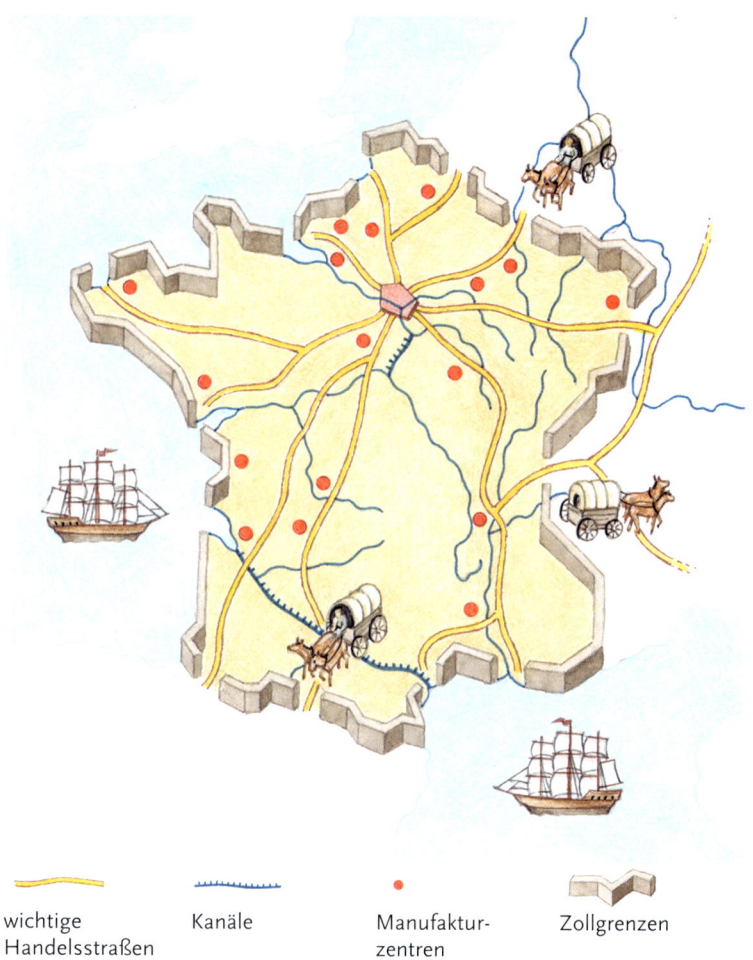

wichtige Handelsstraßen   Kanäle   Manufakturzentren   Zollgrenzen

2 – Die Wirtschaftsform des Merkantilismus. Schaubild.

❶ ▣ Zeichne maßstabsgerecht die Länge der Gartenfront des Schlosses von Versailles in deinen Geschichtshefter (1 cm = 30 m). Trage darin die Länge deiner Schule ein und vergleiche.

❷ ▣ Stell dir vor, du bist Gast im Schloss Versailles. Schreibe einen Brief nach Hause, in dem du deine Eindrücke vom Schloss und von dessen Park schilderst.

▶ *Liebe Mutter, heute war ich zu Gast in einem ganz und gar außergewöhnlichen Schloss. Ich bin noch immer geblendet von …*

❸ ▣ Erläutere anhand des Textes und des Schaubildes, wie Colberts Merkantilismus funktionierte. Gehe dabei auf die Regeln ein.

❹ ▣ Bewerte mithilfe von M1, wie erfolgreich die neue Wirtschaftspolitik Colberts war.

❺ ▣ Beziehe Stellung, ob die Gründung von Manufakturen als moderne Entwicklung der Zeit bezeichnet werden kann. Begründe deine Meinung.

❻ ▣ Erarbeitet in Partnerarbeit ein Interview zwischen einem Reporter und dem Finanzminister Colbert, bei dem Colbert zum Merkantilismus befragt wird.

▶ *Willkommen in unserer Talkshow WIRTSCHAFT HEUTE …*

Wie festigte Ludwig XIV. seine Macht?

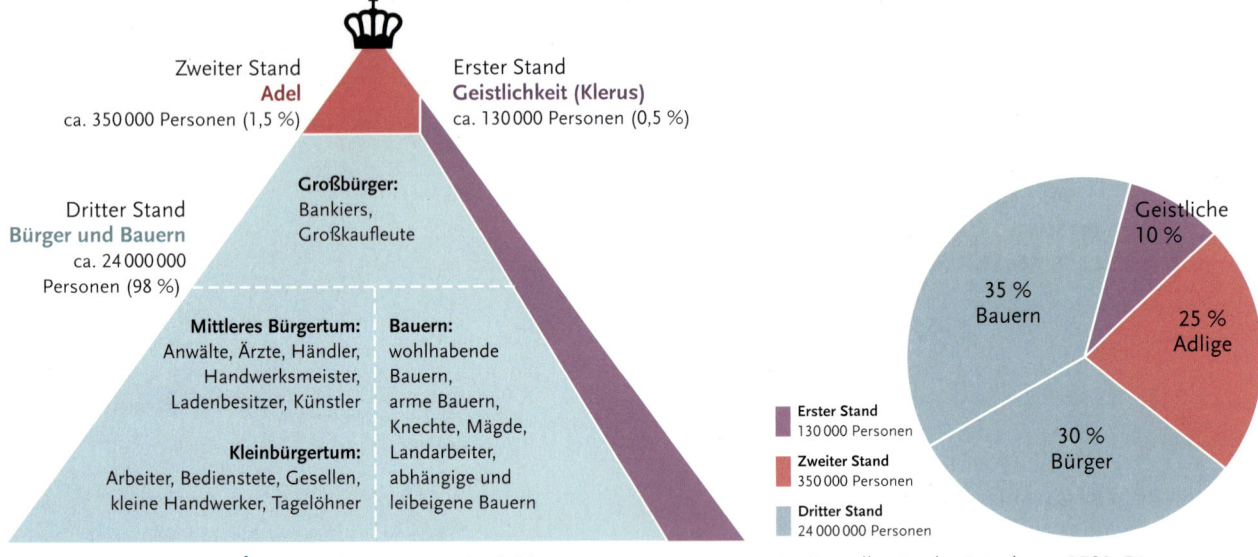

Zweiter Stand
Adel
ca. 350 000 Personen (1,5 %)

Erster Stand
Geistlichkeit (Klerus)
ca. 130 000 Personen (0,5 %)

Großbürger:
Bankiers,
Großkaufleute

Dritter Stand
Bürger und Bauern
ca. 24 000 000
Personen (98 %)

Mittleres Bürgertum:
Anwälte, Ärzte, Händler,
Handwerksmeister,
Ladenbesitzer, Künstler

Bauern:
wohlhabende
Bauern,
arme Bauern,
Knechte, Mägde,
Landarbeiter,
abhängige und
leibeigene Bauern

Kleinbürgertum:
Arbeiter, Bedienstete, Gesellen,
kleine Handwerker, Tagelöhner

1 – Ständegesellschaft in *Frankreich vor 1789. Schaubild.

Geistliche
10 %

35 %
Bauern

25 %
Adlige

30 %
Bürger

■ **Erster Stand**
130 000 Personen

■ **Zweiter Stand**
350 000 Personen

■ **Dritter Stand**
24 000 000 Personen

2 – Grundbesitz der Stände vor 1789. Diagramm.

---

* heutige Einwohnerzahl
Frankreichs:
ca. 67 Mio. Einwohner

* Spitzel
Damit ist jemand gemeint,
der im Auftrag einer Person
heimlich Informationen
sammelt.

Die Ständegesellschaft in Frankreich

Die französische Gesellschaft gliederte sich
seit dem Mittelalter in drei gesellschaftliche
Gruppen, die man auch als Stände bezeichnet. Die beiden obersten Stände, Klerus
und Adel, genossen dabei alle Vorrechte.
Sie mussten kaum Steuern bezahlen (zusammen ca. 2 %) und wurden bei der Vergabe hoher Ämter bevorzugt. Der größte
Teil der Adligen lebte in den luxuriösen
Verhältnissen am Hof des Königs in Versailles. Der Dritte Stand hingegen musste
die Hauptlast der Steuern zahlen (ca. 98 %)
und wurde mit weiteren Abgaben wie
Zöllen belastet.

Die Macht der königlichen Beamten

Um seinen Willen im ganzen Land durch-
zusetzen, verpflichtete der König in allen
Provinzen königliche Beamte, sogenannte
Intendanten. Diese wiederum setzen weitere ihnen unterstellte Beamte ein, die alle
Bereiche des Staates kontrollierten. Sie
trieben die Steuern ein, kontrollierten die
Rechtsprechung, übernahmen polizeiliche
Aufgaben oder legten wahllos Zölle fest.
Wie *Spitzel sammelten sie überall Informationen und waren dem König treu ergeben. Wer diesen kritisierte, wurde hart
bestraft. Im Gegenzug erhielten sie vom
König eine lebenslange Anstellung und
einen festen Lohn.

Eine Staatsreligion

Der Anspruch des Staates, alle Bereiche
des Lebens zu regeln, machte auch vor dem
Glauben des/der Einzelnen nicht halt. Zur
Zeit Ludwigs XIV. war jeder zehnte Fran-
zose ein Hugenotte, also ein Protestant.
Die Hugenotten durften seit 1598 ihre
Religion frei ausüben (Edikt von Nantes).
Aber Ludwig XIV. verbot 1685 diesen
Glauben.
Viele Hugenotten traten aus Angst zum
katholischen Glauben über oder flohen
ins Ausland. Königliche Beamte übernahmen jetzt die Aufsicht über die katholische
Kirche. Die katholischen Geistlichen mussten in den Gottesdiensten die Anordnungen
des Königs verkünden. Die Bischöfe ernannte Ludwig XIV. selbst. Damit wurde
die katholische Kirche zur Staatskirche.

VIP

„Er (der junge Ludwig XIV.) wird ein großer König werden;
er sagt kein Wort von dem, was er denkt."

Name: Jules Mazarin, eigentlich Giulio Mazzarino

Lebensdaten: 14. Juli 1602 – 9. März 1661

Familie: Mazarin stammte aus einer Handwerkerfamilie aus dem sizilianischen
Palermo. Sein Vater Pietro Mazzarino war als Hutmacher tätig und ging nach
Rom, nachdem er Konkurs gemacht hatte.

Jugend/Schule/Ausbildung:
– Mazarin besuchte von 1609 bis 1619 das Jesuitenkolleg in Rom.
– Mit 17 begann er ein Studium der Rechtswissenschaften an der Universität Salamanca.
– 1622 wurde er in Rom zum Doktor promoviert.

Werdegang:
– 1624 trat er in die Dienste Papst Urbans VIII. ein und war als päpstlicher Botschafter in verschiedenen
  Ländern tätig.
– 1634–1636 war er als diplomatischer Vertreter des Papstes in Paris tätig.
– 1640 trat er in die Dienste Kardinal Richelieus ein und wurde im Jahr darauf selbst zum Kardinal ernannt.
– Am 4. Dezember 1642 verstarb Kardinal Richelieu; Mazarin wurde sein Nachfolger als regierender Minister.
– Am 14. Mai 1643 starb der französische König Ludwig XIII. und hinterließ seinen unmündigen Sohn, den
  vierjährigen Ludwig XIV. (1638–1715).
– Mazarin vertrat Ludwig XIV. zusammen mit der Königin Anna von Österreich bis 1661.
– Innenpolitisch führte er die von Kardinal Richelieu begonnene Politik des Absolutismus fort. Mazarin war eine
  wichtige Stütze des Königs und des Hochadels und konnte die Machtposition der französischen Krone stärken.
– Außenpolitisch erreichte Mazarin im Westfälischen Frieden 1648 und im Pyrenäenfrieden 1659 erhebliche
  Landgewinne für Frankreich.

Besonderheit: Unter Mazarin stieg Frankreich zur führenden Macht in Europa auf.

Was bleibt: An Mazarin wird die enge Verbindung von Absolutismus und katholischer Kirche besonders deutlich.

3 – Ludwig XIV. unterzeichnet 1685 die Widerrufung
des Edikts von Nantes. Kupferstich, 1826.

❶ ▪ Fertige unter Berücksichtigung dieser und der vorangegangenen
Seiten eine Zeitleiste zum Leben Ludwigs XIV. an. Arbeite maßstabsgerecht.

❷ ▪ Zeichne ein Säulendiagramm, das zeigt, wie die Steuerbelastun-
gen auf die Stände aufgeteilt waren. Nutze Prozentangaben zur
Erstellung und verwende die Farben aus Schaubild 1.

❸ ▪ Erkläre, warum die katholische Kirche, die Beamten und das stehende Heer zu den Säulen der absolutistischen Macht gehörten.

❹ ▪ Begründe, warum dies in Bezug auf die katholische Kirche an der
Person Mazarins deutlich wird.

❺ ▪ Zeichne ein drittes Diagramm als Säulendiagramm, das die
drei Stände zeigt.

❻ ▪ Beurteile anhand der dargestellten Diagramme die Lage des
Dritten Standes.

❼ ▪ Recherchiere, was das Edikt von Nantes und seine Aufhebung
bedeuteten (Bild 3). Bewerte die Folgen dieser Maßnahmen.

 Video

Aufklärung

Die Aufklärung als Gegenmodell zum Absolutismus?

1 – Gabrielle Emilie du Chatelet (1706–1749). Mathematikerin, Physikerin und Schriftstellerin in der Zeit der Aufklärung. Gemälde, o. J.

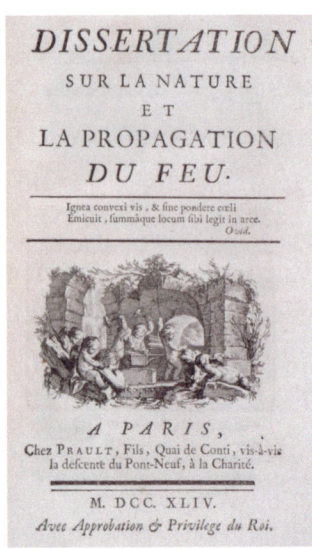

2 – Dissertation von Emilie du Chatelet

* Salon

Als Salon bezeichnete man vom 17. bis zum 19. Jahrhundert Gesellschafts- bzw. Empfangszimmer, in denen sich Bürgerinnen und Bürger, Gelehrte und Künstler regelmäßig trafen und über politische und kulturelle Themen sowie die Ideen der Aufklärung diskutierten.

Charles de Montesquieu (1669–1755)

Denis Diderot (1713–1751)

Wer findet Antworten auf die Fragen der Zeit?

Schon in der Zeit des Humanismus und der Renaissance gab es Denker und Forscher, die durch ihren Verstand die Welt begreifen wollten. Diese gehörten allerdings einer kleinen Gruppe an. Der Großteil der Menschen hörte weiterhin darauf, was Lehnsherren, Obrigkeit oder die Kirche sagten. Im Laufe des 18. Jahrhunderts änderte sich dies. Immer mehr gelehrte Männer und Frauen fragten sich, wie man sich aus der Bevormundung durch die Obrigkeit befreien könnte. Gerade in Frankreich, der Geburtsstätte des Absolutismus, gab es eine große Anzahl von Dichtern, Philosophen und Schriftstellern, die darüber in *Salons diskutierten. Wir nennen sie heute Aufklärer, weil sie den Bürgerinnen und Bürgern ihre Bevormundung und Unfreiheit bewusst machen wollten. So forderte der Philosoph Charles de Montesquieu eine dritte Gewalt neben Regierung und Parlament, die beide kontrollieren sollte. Denis Diderot philosophierte über die Freiheit eines jeden Menschen und sein Freund Rousseau war überzeugt, dass man nur durch eine gute Bildung seinen Verstand vernünftig einsetzen könnte. Diese Ideen verbreiteten sich in Europa und kamen auch nach Deutschland, wo der Philosoph Immanuel Kant den Leitspruch der Aufklärung verfasste: „Sapere aude! – Habe den Mut, dich deines eigenen Verstandes zu bedienen!" Die Freiheit des Denkens und die Toleranz gegenüber Andersdenkenden waren die Prinzipien der Aufklärung.

Das aufgeklärte Weltbild

Die Epoche der Aufklärung dauert bis heute an. Ihre Ideale wie Fortschrittsglaube, Gleichheit, Toleranz und Bildung sind die Grundlagen der westlichen Gesellschaft. Aus der Vernunft heraus entstand der Leitgedanke, dass jeder Mensch frei geboren wird und sich frei entscheiden kann, wie er leben will.

In ganz Europa entstand ab dem 17. Jahrhundert eine Bewegung unter den Gelehrten. Sie wollten die Menschen dazu bringen, selbst nachzudenken und die Dinge zu hinterfragen und kritisch zu betrachten. Diese Gedanken scheinen aus heutiger Sicht selbstverständlich. Zur damaligen Zeit waren sie jedoch gesellschaftlicher Sprengstoff, denn alles, was die Menschen bisher als gegeben hingenommen hatten, mussten sie prüfen und neue Ideen zulassen. Die alte Gesellschaftsordnung mit ihren Regeln wurde infrage gestellt. Viele Menschen waren nicht nur äußerlich unfrei und wurden unterdrückt. Sie dachten und han-

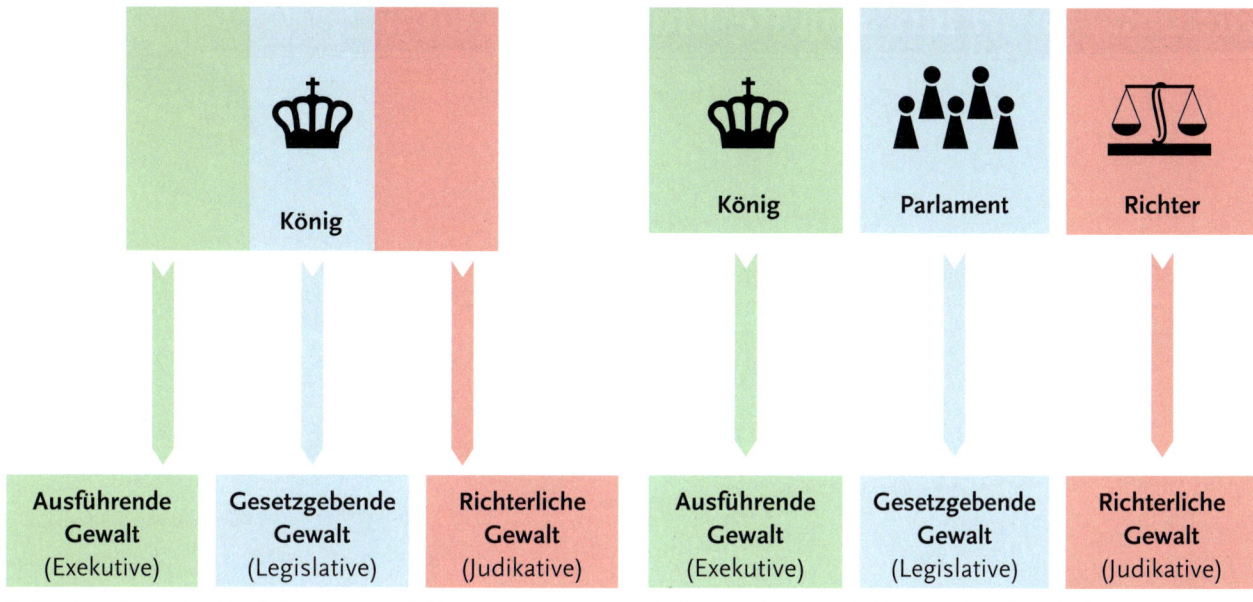

3 – Staatsordnung des Absolutismus. Schaubild.

4 – Staatsordnung nach Montesquieu. Schaubild.

delten auch nicht frei, sondern waren unmündig. Die Forderung nach (geistiger) Freiheit, Gleichheit und Toleranz mündete schließlich in Europa in der Französischen Revolution von 1789.

Zuvor hatten sich schon die Bürgerinnen und Bürger der 13 britischen Kolonien in Amerika mit den Grundsätzen der Aufklärung erfolgreich gegen den britischen König durchsetzen können und gründeten am 4. Juli 1776 die unabhängigen und demokratisch organisierten Vereinigten Staaten von Amerika.

Q1 Der Philosoph Denis Diderot schrieb 1751:

... Kein Mensch hat von der Natur das Recht erhalten, über andere zu herrschen. Die Freiheit ist ein Geschenk des Himmels und jedes Mitglied des Menschengeschlechtes hat das Recht, sie zu genießen, sobald es Vernunft besitzt ...

Q2 Der Philosoph Charles de Montesquieu schrieb 1748 in seinem Buch „Vom Geist der Gesetze":

... In jedem Staat gibt es drei Arten von Gewalten: die gesetzgebende, die ausführende und die richterliche Gewalt ...

Wenn die gesetzgebende Gewalt mit der ausführenden Gewalt in einer Person vereinigt ist, dann gibt es keine Freiheit. Es gibt keine Freiheit, wenn die richterliche Gewalt nicht von der gesetzgebenden und von der ausführenden Gewalt getrennt ist ...

Q3 Der deutsche Philosoph Immanuel Kant beschrieb die Aufklärung 1784 folgendermaßen:

... Aufklärung ist der Ausgang des Menschen aus seiner selbst verschuldeten Unmündigkeit. Selbst verschuldet ist diese Unmündigkeit, wenn die Ursache derselben nicht am Mangel des Verstandes, sondern der Entschließung des Mutes liegt ... Habe den Mut, dich deines Verstandes zu bedienen! ist also der Wahlspruch der Aufklärung ...

Jean-Jacques Rousseau (1712–1778)

Immanuel Kant (1724–1804)

❶ ▪ Entscheide dich für eines der aufgeführten Zitate (Q1–Q3). Formuliere die Forderungen in eigenen Worten.

▶ *Der Philosoph Denis Diderot ist der Meinung, dass alle Menschen ... Er fordert, dass ...*

❷ ▪ Erkläre mithilfe der Schaubilder 2 und 3, wie die Macht jeweils verteilt ist.

❸ ▪ Recherchiere, welche Einrichtungen in unserem Staat die gesetzgebende, die ausführende und die richterliche Gewalt ausüben.

❹ ▪ Recherchiere zum Leben von Emilie du Chatelet (Bild 1 und 2). Trage deine Ergebnisse der Klasse vor.

❺ ▪ Bewerte die Rolle der Frauen für die Aufklärung.

Die erste Fahrt mit dem Heißluftballon

Schauplatz Geschichte

Die Zeit der Aufklärung brachte auch den wissenschaftlichen Forschungen weiteren Auftrieb. Ein Beispiel hierfür ist das Experiment der Papierfabrikanten Montgolfier. Sie starteten am 21. November 1783 unter großer Anteilnahme der Pariser Bevölkerung die erste bemannte Fahrt ihres Heißluftballons. Sie wollten damit eine ungesicherte Annahme durch ein Experiment überprüfen. Die Brüder Montgolfier meinten, dass der Rauch, verpackt in einen leichten Behälter, den Ballon nach oben ziehe. Heute wissen wir, dass nicht der Rauch, sondern die erwärmte Luft das Aufsteigen des Ballons ermöglichte, da Luft beim Erwärmen leichter wird.

❶ ▸ Beschreibt das Bild und seine Einzelheiten. Achtet dabei besonders auf die Zuschauer und ihre Kleidung.

❷ ▸ Stellt euch vor, ihr würdet zur Besatzung (drei Mann) der ersten Fahrt gehören. Schildert eure Gefühle und Erwartungen.

1 – Aufstieg eines Heißluftballons am 21.11.1783 in Paris. Zeitgenössische kolorierte Radierung, nach einer Zeichnung von Claude Louis Desrais.

Aufgeklärter Absolutismus

Wie wirkte sich die Aufklärung in Preußen aus?

1 – „Der König überall". Friedrich der Große, Friedrich II. als junger Prinz auf dem Ackerbau bei Küstrin. Digitale Reproduktion einer Originalvorlage aus dem 19. Jahrhundert.

„Der erste Diener des Staates"

War diese Auffassung von der Rolle eines Königs wirklich richtig? Mit dieser Frage setzten sich Anfang des 18. Jahrhunderts vor allem französische Dichter, Schriftsteller und Philosophen auseinanderzusetzen. Das Zeitalter der Aufklärung begann.

Q1 Noch vor seiner Krönung 1740 schrieb Friedrich II. (1712–1786):

... Der Fürst von echter Art ist nicht da zum Genießen, sondern zum Arbeiten. ... Ich frage mich, was einen Menschen dazu bringt, sich größer zu machen, und aus welchem Grunde er den Plan fasst, seine Macht über dem Unglück und der Vernichtung anderer Menschen zu verrichten. ... Die Gerechtigkeit muss die Hauptsorge eines Fürsten sein, das Wohl seines Volkes muss jedem anderen Interesse vorangehen. Der Herrscher, weit entfernt, der uneingeschränkte Herr seines Volkes zu sein, ist selbst nichts anderes als sein erster Diener. ...

„Ohne Ansehen der Person"

Eine der ersten Maßnahmen Friedrichs II. bestand darin, die Folter abzuschaffen. Noch wichtiger aber war ihm eine unabhängige Rechtsprechung.

Q2 In seinem 1752 verfassten Testament schrieb er:

... Ich habe mich entschlossen, niemals in den Lauf des gerichtlichen Verfahrens einzugreifen, denn in den Gerichtshöfen sollen die Gesetze sprechen und der Herrscher schweigen. ...

Nur ein einziges Mal verstieß der König gegen diesen Entschluss. Anlass war der „Fall Müller Arnold". Der Landrat von Gerstorf hatte 1779 dem Müller Arnold das Wasser abgegraben, durch das die Mühle angetrieben wurde. Der Müller weigerte sich daraufhin, noch länger eine Pacht zu zahlen. Ein Gericht verurteilte ihn deshalb zu einer Gefängnisstrafe, die Mühle sollte zwangsversteigert werden. Der Müller wandte sich an den König, der die Richter absetzen und ins Gefängnis werfen ließ.

Q3 In der Zeitung vom 14.12.1779 ließ Friedrich II. folgenden Text veröffentlichen:
... Sie (die Richter) müssen nur wissen, dass der geringste Bauer, ja was noch mehr ist, der Bettler, ebenso wohl ein Mensch ist wie seine Majestät. ... Vor der Justiz sind alle Leute gleich, es mag sein ein Prinz, der gegen einen Bauern klagt, oder umgekehrt. ... Bei solchen Gelegenheiten muss nach Gerechtigkeit verfahren werden, ohne Ansehen der Person. ...

Der Text verbreitete sich in ganz Europa wie ein Lauffeuer. In Berlin zogen Tausende von Bauern vor das Schloss mit Bittbriefen in den Händen und dem Ruf: „Es lebe der König, der dem armen Bauern hilft.“

„Alle Religionen müssen toleriert werden“
Der preußische König war Protestant und protestantisch war auch der größte Teil der Bevölkerung.

Q4 Auf die Anfrage, ob auch ein Katholik das Bürgerrecht erwerben könne, schrieb der König 1740:
... Alle Religionen sind gleich und gut, wenn nur die Leute, die sie bekennen, ehrliche Leute sind. Und wenn Türken und Heiden kämen und wollten sich in diesem Land niederlassen, so wollen wir ihnen Moscheen und Kirchen bauen. Ein jeder kann bei mir glauben, was er will, wenn er nur ehrlich ist. ...

Preußen erhielt zu dieser Zeit durch die anderen deutschen Staaten sowie das europäische Ausland viel Aufmerksamkeit, denn Friedrich II. lud immer wieder Gelehrte und Wissenschaftler ein, um mit ihnen offen über die Probleme der Zeit zu diskutieren.

2 – Der Alte Fritz und die Potsdamer Schuljugend. Lithografie von Richard Knoetel aus der Regierungszeit Friedrichs II.

3 – In seinem Hut bietet ein Offizier dem König Wasser zum Trinken. Digitale Reproduktion einer Originalvorlage aus dem 19. Jahrhundert.

❶ Notiere anhand von Q1, worin sich die Auffassungen Friedrichs II. von jenen Ludwigs XIV. (siehe S. 140/141) unterscheiden.
❷ Ergänze deine Notizen mithilfe der Bilder 1–3. Wie wird Friedrich II. hier als Herrscher dargestellt? Wie ließ sich Ludwig XIV. malen?
❸ Erkläre, inwiefern die in Q3 geäußerten Meinungen des Königs den Forderungen der Aufklärer entsprechen.
❹ Erkläre folgende Aussage: „Die Sonne der Aufklärung ging nicht mehr in Paris, sondern in Berlin auf.“
❺ Lies den Text (Q4) zu Hause und im Bekanntenkreis vor. Notiere, welche Meinungen es dazu gibt, und trage sie in der Klasse vor.

Aufgeklärter Absolutismus in Thüringen

1 – Blick in den Rokokosaal der Herzogin Anna-Amalia-Bibliothek in Weimar. Foto, 2022.

Anna Amalia – Herzogin von Sachsen-Weimar und Eisenach

Nicht nur in Preußen, auch an vielen anderen Fürstenhöfen setzten sich die Ideen der Aufklärung durch. Anklang fanden sie auch bei der Fürstin Anna Amalia, der Herzogin von Sachsen-Weimar und Eisenach. Im Alter von 17 Jahren hatte sie 1756 den erst 19-jährigen Herzog Ernst August II. geheiratet. Nur zwei Jahre später starb der Herzog. Jetzt übernahm die junge Herzogin selber die Regierungsgeschäfte.

M1 Die Wissenschaftlerin Uta Kühn-Stillmark schrieb 1992 über die Herzogin:

... Anna Amalia schaffte es, in ihrem Land die größte Not abzuwenden und mit Umsicht den völlig Mittellosen mit Nahrung und Medikamenten zu helfen ...
Auf die Verbesserung des Unterrichts in den Schulen legte sie großen Wert ... Auf die Ernennung namhafter Wissenschaftler nahm sie ebenfalls Einfluss.

Schon damals hatte sie die Vorstellung von einem Hebammeninstitut, für dessen Einrichtung sie sich viele Jahre engagierte. ...

Weimar – Zentrum von Kunst und Kultur

Die Herzogin baute in ihrer Regierungszeit Weimar auch zu einem kulturellen Zentrum aus. Bekannte Schriftsteller, Musiker, Künstler und Wissenschaftler kamen nach Weimar. Im Tafelrundenzimmer der Herzogin trafen sich berühmte Gelehrte wie Goethe, Herder und Schiller mit Mitgliedern der Hofgesellschaft, um gemeinsam über Probleme ihrer Zeit zu diskutieren.
Die Aufklärer hatten gefordert, das Leben der Menschen durch Bildung und Wissenschaft zu fördern. Deshalb förderte die Herzogin großzügig den Ausbau der fürstlichen Bibliothek in dem „Grünen Schlösschen" bei Wilhelmsburg. Die Bibliothek umfasste schließlich fast 80 000 Bände und stand auch der Bevölkerung zur Verfügung. Diese Politik Anna Amalias setzte ihr Sohn Großherzog Carl August (1757–1828) fort,

der nach den Grundsätzen des aufgeklärten Absolutismus regierte. So erhielt Sachsen-Weimar-Eisenach 1816 als erstes deutsches Land eine Art Verfassung, in der wichtige Grundrechte wie die Pressefreiheit und das Recht der freien Meinungsäußerung verankert waren. Vor allem aber förderte er die Bildung seiner Untertanen und die Künstler in seinem Herzogtum. Von Bedeutung war auch seine Freundschaft zu Goethe, den er nach Kräften förderte.

Die „Weimarer Klassik"

In Deutschland gab es zu dieser Zeit eine Gruppe von Künstlern und Schriftstellern, die sich an der Aufklärung orientierten. Dabei handelte es sich um eine Haltung, die die griechische und römische Antike mit ihrer weltoffenen, diesseitigen Sichtweise bewunderte. Die antiken Prinzipien waren das Vorbild der Kunstschaffenden und galten als Idealbild der Zeit. Da sich dieses literarische und künstlerische Geschehen in der Stadt Weimar konzentrierte, wird es auch als „Weimarer Klassik" bezeichnet. Herausragend war hier das so genannte Viergestirn Christoph Martin Wieland, Johann Wolfgang von Goethe, Johann Gottfried Herder und Friedrich Schiller. Die Epoche der Weimarer Klassik begann 1786 mit Goethes Italienreise und endete 1832 mit Goethes Tod.

2 – Goethe-Schiller-Denkmal in Weimar, eingeweiht 1857. Foto, 2022.

schinenmäßig glaubte, es könne nicht anders sein; man fragt sich deshalb, warum man sie ertragen müsse. Und man findet, es sei kein Grund zu einer solchen Notwendigkeit vorhanden. Man sieht sich um, ob es nicht möglich sei, sich davon zu befreien.

Q1 Der Dichter Christoph Martin Wieland (1733–1813) schrieb im Jahr 1793:
Die Menschheit lässt sich nicht mehr mit Märchen und Wiegenliedern einschläfern; sie respektiert keine angeerbten Vorurteile mehr; kein Wort des Meisters gilt mehr, weil es das Wort des Meisters ist. ... Sie können nicht mehr alles glauben, was ihre Großväter glaubten, und wollen nicht mehr alles dulden, was ihre Väter duldeten. Missbräuche, Kränkungen und Bedrückungen, die man ehemals zwar seufzend und murrend ertrug, aber doch ertrug, weil man ma-

❶ 🔲 Stelle mithilfe von M1 fest, wodurch sich die Regierungsweise der Herzogin von jener Ludwigs XIV. unterscheidet.

❷ 🔲 Erläutere, warum es sich bei Wielands Text um Gedanken der Aufklärung handelt (Q1).

❸ 🔲 Versuche zu erklären, warum sich die Vertreter der Weimarer Klassik an der Antike orientierten (Text und zusätzliche Recherche).

❹ 🔲 Interpretiere die Aussage des Goethe-Schiller-Denkmals (Bild 2). Was sollte hier ausgedrückt werden?

❺ 🔲 Verfasse mithilfe des Internets einen kurzen Text über Künstler, Dichter und Wissenschaftler, die in dieser Zeit in Weimar lebten.

Über den Tellerrand geschaut

Wie sah das Hofleben von Frauen aus?

1 – Elisabeth Charlotte, Prinzessin von der Pfalz (1652–1722), umgangssprachlich Liselotte von der Pfalz genannt, war die älteste Tochter von Kurfürst Karl I. Ludwig von der Pfalz und Charlotte von Hessen-Kassel. Durch ihre Ehe mit Philippe I. de Bourbon, Herzog von Orléans, wurde sie Titular-Herzogin von Orléans und Schwägerin des französischen Königs Ludwig XIV.

Flüsterbriefe aus Schloss Versailles

„Schreiben ist meine große occupation" (Beschäftigung). Dieser Satz stammt von Herzogin Elisabeth Charlotte von Orleans – besser bekannt als Liselotte von der Pfalz. Sie wurde 1671, im Alter von 19 Jahren, mit dem Bruder des französischen Königs Ludwig XIV. verheiratet und lebte ca. 51 Jahre im berühmten Schloss Versailles. Während dieser Zeit soll Liselotte ca. 60 000 Schriftstücke verfasst haben – mindestens zwei Briefe pro Tag. Für die heutige Nachwelt sind diese schriftlichen Quellen von unschätzbarem Wert – geben sie doch Einblick in das königliche Leben hinter den dicken Schlossmauern und verraten kleine und große Geheimnisse. Adressiert waren die Briefe zumeist an ihre Tante Sophie von Hannover, andere Familienangehörige oder auch an den Gelehrten Leibniz. „Ich schreibe, wie ich rede" war der Stil ihrer Briefe. So verrät sie sehr direkt und unverblümt Vorlieben und Abneigungen bei Tisch, ihre ganz eigene Meinung zum Thema Mode, zur Hygiene, aber auch zur Liebe und zur Ehe. Gerade bei letzterem Thema scheint sie nicht ganz glücklich gewesen zu sein. So beschwert sie sich

in vielen Briefen über die Manieren und homosexuellen Neigungen ihres Mannes Philippe, den sie immer Monsieur nannte: „… will bey Monsieur ahnfangen: der hat nichts in der welt im kopff alß seine junge kerls, und da gantze nächte zu freßen, zu saufen, undt gibt ihnen unerhörte summen gelts, nichts kost ihm noch zu thewer vor die bursch …" Auch das Leben am Hofe muss sie eher als Qual empfunden haben, denn sie schrieb dazu: „Ich vor mein theil wolte lieber ein reicher regierender reichsgraff sein mitt seiner freyheitt, alß ein enfant (Königskind Frankreichs), denn wir seindt in der that nichts anderst als gecronte sclaven; ich were erstickt, wenn ich dießes nicht gesagt hette." In vielen Briefen moniert sie sich über die Mätressen ihres Schwagers, König Ludwig XIV. Besonders zerstritten war sie dabei mit Madame Maintenon, die sie mit Schimpfworten wie „altes Weib", „alte Hexe", „alte Vettel", „alte Zott", „Hutzel" oder „aucals" (= Mausdreck) bedachte. Kein Wunder, so muss Ludwigs Geliebte auch nicht gerade fein mit ihr umgegangen sein. „Alle tag tut sie (die Maintenon) mir brusquieren, leßt mir an Königs tafel die schüsseln, wovon ich essen will, vor der nas wegnehmen, … lacht mich aus mit ihren damen, … so führt ich ein enlend leben hier, aber meine partie ist gefaßt, ich lass alles gehen wie es gehet und amusiere mich so gut ich kann, denke: die alte ist nicht unsterblich und alles endert in der Welt; sie werden mich hier nicht wegkriegen als durch den tod." Als Liselotte von der Pfalz am Morgen des 8. Dezembers 1722 starb, beschrieb der französische Schriftsteller Saint Simon sie in seiner Trauerrede folgendermaßen: „… kräftig, mutig, durch und durch deutsch, offen und geradezu, gut und wohltätig, nobel und groß in ihrem ganzen Gehabe, aber ungeheuer kleinlich, was die ihr gebührende Achtung betraf."

---

❶ Stelle Liselotte von der Pfalz in einem kurzen Steckbrief (VIP) vor. Fertige hierzu auch einen Stammbaum an, um ihre Familienverhältnisse sichtbar zu machen.

❷ Übersetze ihre Aussagen in deine heutige Sprache.

❸ Fasse in einer Mindmap zusammen, was du durch sie über das Leben am französischen Hofe erfahren hast. Suche nach weiteren Briefen und ergänze deine Mindmap.

❹ Schreibe Liselotte einen fiktiven Brief zurück und berichte ihr über die heutige Art, Gedanken und Gefühle zu übermitteln.

Das kann ich …

Absolutismus und Aufklärung

Wichtige Begriffe
Absolutismus
Ludwig XIV.
Merkantilismus
Versailles
Manufaktur
Staatsverschuldung
Ständegesellschaft
Aufklärung
Aufgeklärter Absolutismus
Gewaltenteilung
Toleranz

Wissen und erklären
❶🖬 Erklärt euch gegenseitig die wichtigen Begriffe und
schreibt ihre Bedeutung in euren Hefter.
❷🖬 Erkläre die Bedeutung des Sonnensymbols am
Eingangstor zu Schloss Versailles (Bild 1).
❸🖬 Beschreibe die französische Ständegesellschaft
unter Ludwig XIV.
❹🖬 Erläutere, warum die Aufklärung das Denken
der Menschen verändert hat.

2 – Daniel Chodowiecki, „Toleranz". Radierung, 1791.

Anwenden
❺🖬 Wer ist der Staat? Finde Argumente gegen den
angeblichen Ausspruch Ludwigs XIV. „Der Staat bin
ich".
❻🖬 Beschreibe Bild 2 und erkläre, warum dieses Bild
die Aufklärung symbolisiert.
❼🖬 Erläutere, warum Montesquieu für Gewaltenteilung
eintrat.

Beurteilen und handeln
❽🖬 Diskutiere mit deinem Banknachbarn folgende
Meinung Ludwigs XIV.: „Kriege sind wie ein weites
Feld, aus dem große Gelegenheiten hervorwachsen
konnten, mich auszudehnen."
❾🖬 Beurteile, ob Politiker noch heute solche Auffassungen vertreten.
❿🖬 Nimm Stellung zur Frage, ob sich der Pfarrer in Q1
der Aufklärung verpflichtet fühlte.

1 – Eingangstor von Schloss Versailles mit dem Abbild
Ludwigs XIV.

**Q1 Aus dem „Noth- und Hilfsbüchlein" eines
Pfarrers für die Landbevölkerung, 1788:**
Aus den in demselben enthaltenen Geschichten sollen
sie [die Leute]:
1) die schöne Lehre recht lernen, dass man mit Verstand, Geschicklichkeit und Fleiß alles in der Welt verbessern und selbst immer besser und dadurch glückli-
cher werden kann, wenn man will, 2) sollen sie dadurch
gereizt werden, ihre Geschäfte im Felde und zu Hause
nicht ohne Verstand nach der alten Leyer immer überein zu verrichten, sondern dabei fleißig nachzudenken
und zu überlegen, wie dieses oder jenes besser eingerichtet werden könne …

▶ Teste dich 🖳

Hier spielt die Geschichte …

Der schlaue Merkator

Einführung

Um die meist leere Staatskasse des französischen Königs Ludwig XIV. zu füllen, führte dessen kluger Finanzminister Colbert im 17 Jahrhundert eine neue Wirtschaftspolitik ein, die ganz Europa beeinflussen sollte – so auch den Hof von Dessau. Ziel dieser Politik war es, möglichst viele billige Rohstoffe aus anderen Ländern einzuführen, diese in Manufakturen zu verarbeiten und schließlich teuer wieder im Ausland zu verkaufen. All das funktionierte jedoch nur mit strengen Regeln und gegebenenfalls Strafen.

Ihr begebt euch in diesem Spiel auf eine Reise durch Frankreich mit dessen vielen neuen wirtschaftlichen Maßnahmen. Hoffentlich erkennt ihr die fortschrittlichen Ideen – und entgeht den harten Strafen.

Spielanleitung

1. Gespielt wird mit maximal vier Personen. Benötigt werden Spielsteine und ein Würfel.
2. Wer die höchste Zahl würfelt, beginnt – im Uhrzeigersinn geht es weiter. Alle dürfen 1 x würfeln und ziehen um die gewürfelte Zahl vor.
3. Betritt man ein Ereignisfeld, muss man die Aufgabe lösen und entsprechend handeln.
4. Gewonnen hat, wer als Erstes am Ziel ist. Er oder sie ist der schlaue Merkator (Kaufmann/Kauffrau).

1 – Du bist in einer Manufaktur: **Nenne Vorteile dieser Handarbeitsstätte und rücke pro genanntem Vorteil ein Feld vor.**

2 – Viele neue Straßen erleichtern den Händlern das Vorankommen: **Würfle noch einmal.**

3 – Ein Schiff führt gewebte Stoffe aus England ein: **Begründe das Verbot oder setze aus.**

4 – Arbeiter aus England wollen in Frankreich arbeiten. Sie bringen gute Kenntnisse für die neue Textilmanufaktur bei Versailles mit: **Begründe ihr passendes Fachwissen und rücke 4 Felder vor.**

5 – Ein Schiff kommt aus den französischen Kolonien und führt Baumwolle und Zuckerrohr ein: **Erkläre, ob diese Einfuhr erlaubt ist. Rücke bei richtiger Antwort 3 Felder vor – sonst 3 zurück.**

6 – Der Händler möchte Rohstoffe nach Spanien ausführen. Das ist verboten: **Setze zweimal aus.**

7 – Dieser Händler aus Spanien hat von den neuen Manufakturen in Frankreich gehört und möchte schnell eine Arbeitsstelle: **Wirb ihn geschickt an und würfle gleich noch einmal.**

8 – Geschäfte wittert ein anderer Spanier und will seine Fertigwaren verkaufen. Die Einfuhr von Fertigwaren ist streng verboten: **Acht Felder zurück.**

9 – Der Canal Royal wurde 1666 von Ludwig XIV. in Auftrag gegeben: **Zähle Vorteile dieser künstlichen Wasserstraße auf und rücke pro Vorteil 1 Feld vor.**

10 – Ein Schiff vom Mittelmeer muss kontrolliert werden. Zähle auf, wonach die Zöllner suchen müssen. Das dauert: **Setze einmal aus.**

11 – Der Kutscher möchte Frankreich mit seinem voll beladenen Fuhrwerk in Richtung Schweiz verlassen. Betrugsverdacht! **Beginne von vorn.**

12 – Der deutsche Händler will kostbare Stoffe in Frankreich zu Höchstpreisen verkaufen. Das ist strengstens verboten: **Zurück auf Feld 7 und wirb dafür einen neuen Arbeiter an.**

13 – Diese Straße nach Paris ist vom Handelsverkehr schwer beschädigt und muss repariert werden. Das dauert leider: **Einmal aussetzen.**

14 – Dir begegnet kurz vor dem Ziel ein Fuhrwerk, dessen Besitzer Fertigwaren in andere Länder verkaufen will. Du denkst für dich: „Wieder ein satter Gewinn für die Staatskasse des Königs.": **Für diese bösen Gedanken gegenüber deinem König setze einmal aus.**

„Der schlaue Merkator"

England

Spanische Niederlande

Deutschland

Atlantischer Ozean

Paris

Versailles   START

Schweiz

Italien

Canal Royal

Spanien

Mittelmeer

Mauer rings um Frankreich

0   100   200 km

Anwerbung von Fachkräften   Ausfuhr von Fertigwaren   Manufakturen
Einfuhr von Rohstoffen   Einfuhrverbot von Fertigwaren
Ausfuhrverbot von Rohstoffen

5 Die Französische Revolution

Am 14. Juli 1789 zogen rund 20 000 bewaffnete Männer und Frauen durch Paris. Sie forderten „Freiheit, Gleichheit, Brüderlichkeit" und stürmten schließlich das verhasste Staatsgefängnis, die Bastille. Dies war der Anfang vom Ende der tausendjährigen Königsherrschaft. Bis heute wird der 14. Juli in Frankreich als Geburtsstunde der Demokratie und der Menschen- und Bürgerrechte gefeiert.

Doch folgten diesem Ereignis auch chaotische und gewalttätige Jahre, die schließlich ein starker Mann aus Korsika beendete – Napoleon Bonaparte. Er riss die Macht an sich, krönte sich zum Kaiser der Franzosen und beherrschte bald ganz Europa …

5 Die Französische Revolution

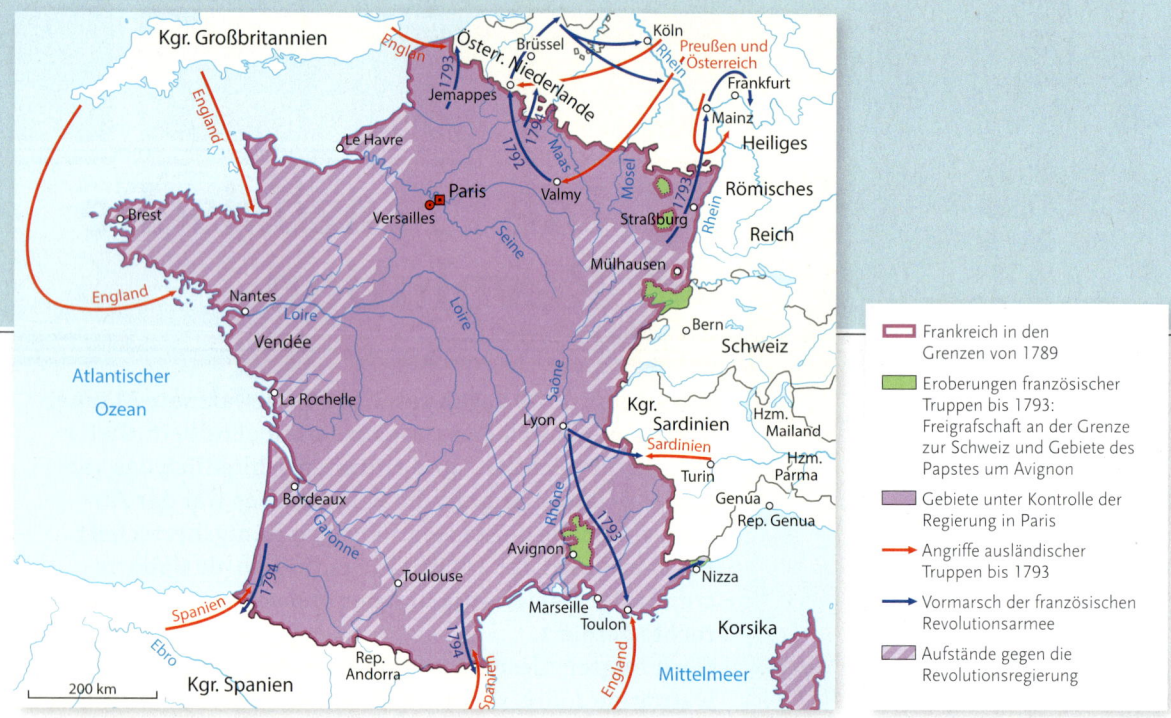

1 – Frankreich 1789 bis 1794

Fast uneingeschränkt herrschten die französischen Könige über das Land. Doch 1789 begann die einfache Bevölkerung, sich gegen die Herrschenden aufzulehnen. In ganz Frankreich kam es zu Aufständen gegen den König. Es entstand eine Revolution, die die absolutistische Herrschaft und die Vorrechte von Adel und Kirche beseitigte und an deren Stelle die Gleichheit aller Bürger herstellte. Die Französische Revolution erhielt Impulse aus dem amerikanischen Unabhängigkeitskampf und hatte Auswirkungen auf ganz Europa. Kaum ein anderes Ereignis hat die neuere europäische Geschichte so geprägt.

Am Ende des Kapitels kannst du folgende Fragen beantworten:

- Wie kam es zur Französischen Revolution?
- Was forderten die Menschen in Frankreich?
- Wie konnten sich die Revolutionäre gegen die Gegner der Revolution durchsetzen?
- Wie wurde Frankreich nach der Revolution regiert?
- Welche Bevölkerungsgruppen wurden auch von den Revolutionären benachteiligt?
- Wodurch wurde die Revolution bedroht?
- Welche Folgen hatte die Französische Revolution in Europa?
- Warum ist der 14. Juli noch heute französischer Nationalfeiertag?

1791	1793	1804	1806	1815
1. Verfassung	König Ludwig XVI. wird hingerichtet, 2. Verfassung	Kaiserkrönung Napoleons	Ende des Heiligen Römischen Reiches Deutscher Nation	Schlacht bei Waterloo

Opa, sag mal …

Opa: Hallo, Stella. Freust du dich schon auf die Ferien?

Stella: Klar, Opa, wir fahren doch alle nach Frankreich!

Opa: Stimmt, deine Mutti hat schon fleißig Französischvokabeln geübt!

Stella: Oui, moi aussi!

Opa: Ach, du also auch. Dann seid ihr ja bestens vorbereitet.

Stella: Ich bin auch aufgeregt, weil meine Freundin Smilla erzählt hat, dass sie im letzten Jahr ein wahnsinnig tolles Volksfest miterlebt hat. Hoffentlich findet das auch in diesem Jahr statt, wenn wir da sind.

Opa: Ich könnte mir vorstellen, dass Smilla die Feierlichkeiten zum Nationalfeiertag Frankreichs, dem 14. Juli, miterlebt hat. Das muss wirklich ein außergewöhnliches Erlebnis sein, denn es soll mit Militärparaden, Fliegerstaffeln und Feuerwerk gefeiert werden.

Stella: Warum feiern wir in Deutschland nicht auch mal so ausgelassen unseren 3. Oktober?

Opa: Vielleicht liegt es daran, dass der 3. Oktober erst seit 1990 offiziell unser Nationalfeiertag ist. An dem Tag wird an den Fall der Berliner Mauer und die Wiedervereinigung beider deutscher Staaten erinnert.

Stella: An was erinnern sich denn die Franzosen zu ihrem Nationalfeiertag?

Opa: In Frankreich wird der 14. Juli auch als Tag der Versöhnung bezeichnet. Doch eigentlich fand ein sehr blutiges Geschehen am 14. Juli 1789 statt: der Sturm auf die Bastille.

Stella: Klingt ja spannend, Opa. Erzähl mir mehr!

Opa: Die Bastille war das Staatsgefängnis in Paris. Dies wurde an dem besagten Tag vom Pariser Volk besetzt, weil man sich gegen den verschwenderischen und herrschsüchtigen König zur Wehr setzen wollte. Dieser Tag gilt als Beginn der Französischen Revolution, die im weiteren Verlauf die Geschichte der ganzen Welt spürbar beeinflussen sollte.

Stella: Na, das klingt schon so, als ob man dieses wichtige Ereignis richtig ausgelassen feiern müsste.

Opa: Man darf aber nicht vergessen, dass die Französische Revolution auch ihre Schattenseiten hatte. Diese vergisst man dann schnell und erinnert sich nur an die schönen Sachen.

Stella: Genau, Opa. Ich verdränge auch immer die vielen Klassenarbeiten am Ende des Schuljahres, weil ich mich so auf die Ferien freue.

Opa: Dann lass uns doch mal schauen, wobei ich dir helfen kann, und vielleicht zaubert uns die Oma als Belohnung eine Mousse au Chocolat!

---

❶ Lest den Text mit verteilten Rollen.

❷ Recherchiere, wie in anderen Ländern der Nationalfeiertag begangen wird. Vielleicht fragst du auch deine Großeltern, Freundinnen und Freunde. Erstelle eine Übersicht mit Hintergründen zu dem Feiertag sowie zu seinen Traditionen.

❸ Diskutiert, warum es in Deutschland nicht so verbreitet ist, den Nationalfeiertag ausgiebig zu feiern wie zum Beispiel in Frankreich oder den USA.

Die Französische Revolution

Warum geriet der Absolutismus in die Krise?

1 – „Ludwig XVI. wird nie satt!" Der König ist als Riese Gargantua aus einem damals sehr bekannten Roman dargestellt, wie er mit seiner Familie ein Festessen verzehrt. Karikatur, 1791.

✳ **Staatsbankrott**
Ein Staat ist bankrott, wenn er seine Schulden nicht mehr bezahlen kann, weil die Schuldenhöhe so hoch ist, dass die Einkünfte nicht mehr reichen, um Kredite zurückzuzahlen.

✳ **Livre**
Hierbei handelt es sich um die damalige französische Währung. Man geht davon aus, dass 1 Livre der Revolutionszeit heute ungefähr 15–20 Euro entspricht.

König Ludwig XVI. – einfach unersättlich

1774 bestieg Ludwig XVI. den französischen Thron. Doch am Ende des 18. Jahrhunderts stand Frankreich kurz vor dem ✳Staatsbankrott. Viele Franzosen hofften deshalb, dass der neue König das verschwenderische Leben am Hofe beenden und die erdrückenden Steuern senken würde. Doch Ludwig XVI. gab, ähnlich wie sein Vater und Großvater, das Geld mit vollen Händen aus. Überhaupt zeigte er wenig Interesse an den Staatsgeschäften, sondern ging lieber auf die Jagd oder in seine Schlosserwerkstatt.

Vorrechte von Geistlichkeit und Adel

Nach wie vor zahlte um 1775 lediglich der Dritte Stand hohe Steuern und Sonderabgaben, mit denen die teure Hofhaltung des Königs, das stehende Heer oder die zahlreichen Kriege finanziert wurden. So verschlang die Unterhaltung des Heeres allein in Friedenszeiten ein Drittel der Staatseinnahmen – im Krieg sogar das Doppelte. Das Ergebnis war ein völlig verschuldeter Staat. Die Einnahmen reichten dafür schon lange

nicht mehr aus. Als der König 1776 nun auch Steuern vom Ersten und Zweiten Stand erheben wollte, lehnten diese das ab. Der Unmut unter den einfachen Bürgerinnen und Bürgern wurde daraufhin immer größer, was sich im Erscheinen zahlreicher Flugblätter und Flugschriften gegen die bestehenden Ungerechtigkeiten widerspiegelte.

Der Staat ist pleite

Bis 1788 hatte sich die Situation in Frankreich weiter zugespitzt. Die Schuldenlast hatte sich während der Regierung Ludwigs XVI. verdreifacht und betrug nun fünf Milliarden ✳Livres. In seiner Not versuchte der König daraufhin, beim Ersten und Zweiten Stand neue Steuern einzutreiben. Aber sowohl der Klerus als auch der Adel bestanden auf ihrem Vorrecht der Steuerbefreiung und so scheiterte er erneut an ihrem Widerstand.

Die Lage verschlechterte sich weiter, als Missernten im Jahr 1788 zu einer drastischen Verteuerung von Lebensmitteln (vor allem von Brot) im Folgejahr führten.

Hungersnöte und Unruhen im ganzen Land waren die Folge. Überall auf öffentlichen Plätzen oder in Cafés wurde über die Politik des Landes und die Unfähigkeit des Königs diskutiert. Die Ideen der Aufklärung wirkten und das Beispiel der amerikanischen Unabhängigkeit heizte die Forderungen der Bürgerinnen und Bürger nach mehr politischer Mitbestimmung an. Vom einfachen Handwerksgesellen über den Arzt und Rechtsanwalt bis hin zum Gutsbesitzer fanden die Ideen der Aufklärung ihre Anhänger. Sie alle forderten politische Beteiligung und lehnten es ab, den Luxus und die Verschwendungssucht am Hofe weiter zu bezahlen.

2 – Der Dritte Stand trägt die Lasten. Auf dem Stein steht: Steuern und Fronarbeit. Zeitgenössische Darstellung, 1789.

Q1 Vertreter des Ersten und Zweiten Standes nahmen zu den geplanten Steuern von 1776 Stellung:

… Die Garantie der persönlichen Steuerfreiheit und die Auszeichnung, die der Adel zu allen Zeiten genossen hat, sind Eigenschaften, die den Adel besonders hervorheben; sie können nur dann angegriffen werden, wenn die Auflösung der allgemeinen Ordnung erstrebt wird. Diese Ordnung hat ihren Ursprung in *göttlichen Institutionen: Die unendliche und unabänderliche Weisheit hat Macht und Gaben ungleichmäßig verteilt. Die französische Monarchie besteht deshalb aus verschiedenen und getrennten Ständen …

Q2 In einer Flugschrift aus Paris aus dem Jahre 1788 hieß es:

… Steht auf gegen den Klerus und den Adel. Duldet nicht, dass ungefähr 600 000 Menschen vierundzwanzig Millionen das Gesetz aufzwingen! Völker, denkt an die Lasten, die ihr tragt! Schaut euch um nach den Palästen, den Schlössern, die gebaut sind mit eurem Schweiß und euren Tränen! Vergleicht eure Lage mit der dieser *Prälaten und Großen. Sie nennen euch Gesindel! Lasst sie erkennen, dass Gesindel diejenigen sind, die auf eure Kosten leben und sich mästen an eurer Arbeit …

Q3 In einer anderen Flugschrift des Jahres 1788 stand:

Eigentlich gibt es in Frankreich nur zwei Stände, den Adel und das Volk. Ich für meinen Teil … behaupte, dass der Adel ein Nichts ist. Auf den Adel kann der König verzichten, nicht aber auf das Volk. … Vom Volk empfängt der Staat Unterhalt und Wohlstand, im Volk bestehen seine Kraft und sein Ruhm …

* göttliche Institutionen
Zumeist staatliche oder religiöse Einrichtungen, die angeblich von Gott eingesetzt seien.

* Prälat
(lat. praelatus = der Vorsteher, der Bevorzugte) Inhaber eines hohen Kirchenamtes innerhalb der christlichen Kirche.

❶ ▫ Beschreibe die Karikatur 1. Wie bringt der Karikaturist die Maßlosigkeit des Königs zum Ausdruck?

❷ ▪ Erläutere mithilfe von Q1, wie der Adel seinen Anspruch auf Privilegien rechtfertigte.

❸ ▪ Erkläre, wogegen der Zeichner der Karikatur 2 protestiert.
▶ *Auf dem Bild sieht man drei Personen. Eng beieinander stehen ein Adliger und ein Geistlicher. Sie stehen auf …*

❹ ▪ Erläutere, was in Q2 und Q3 kritisiert wird. Führe Unterschiede zur Sichtweise des Adels in Q1 an.

❺ ▪ Entwirf ein Flugblatt, auf dem du aus der Sicht eines einfachen Bauern oder eines vermögenden Handwerksmeisters Forderungen an den französischen König stellst.

❻ ▪ Verfasst in Partnerarbeit ein Streitgespräch zwischen einer Adligen / einem Adligen und einer Stadtbürgerin / einem Stadtbürger zum Thema „Steuern für alle". Präsentiert es der Klasse.
▶ *Adliger: Was bildet ihr euch ein? Wir Adligen waren seit jeher von den Steuern befreit. …*
Bürger: Deshalb ist es auch an der Zeit, …

Was führte zur *Revolution?

1 – Die Eröffnung der Ständeversammlung am 5. Mai 1789. Oben links: Ludwig XVI. und seine Gemahlin Marie Antoinette; die Vertreter des Dritten Standes (Rechtsanwälte, Gelehrte, Kaufleute und Unternehmer) fallen durch ihre einfache Kleidung auf – unter ihnen Prominente wie La Fayette, der am Unabhängigkeitskampf in den USA teilgenommen hatte. Gemälde von Auguste Couder, Paris um 1840.

* Revolution
(lat.: revolutio = das Zurückwälzen) Dies ist ein aus der Astronomie entlehntes Fremdwort, das den Umlauf der Himmelskörper beschreibt. Es meinte im 17. Jh. eine Wiederherstellung eines politisch-gesellschaftlichen Zustands. Ab dem 18. Jh. hat das Wort die Bedeutung des politischen, zumeist gewaltsamen Umsturzes.

* Generalstände
Seit 1302 unter König Philipp IV. einberufene Versammlung der drei Stände.

* Nation
Das Wort Nation bezog sich früher lediglich auf die Herkunft einer Person. Mit der Selbsternennung zur Nationalversammlung wird Nation zu einem politischen Begriff, der sich auf ein bestimmtes Volk bezieht. In der Folgezeit wird „die Nation" für alle Europäer zu einer Idee, die die geschichtliche Entwicklung stark beeinflusst.

* Jeu de Paume
Ballspiel, das als Vorläufer des Tennis gilt.

Der König beruft die *Generalstände ein

1789 war in Frankreich der größte Teil der Bevölkerung verarmt, der Staat völlig verschuldet und wegen der Missernten und Lebensmittelverteuerungen kam es überall im Land zu Unruhen und Aufständen. In dieser verzweifelten Situation beschloss Ludwig XVI., die Vertreter der drei Stände – die sogenannten Generalstände – nach Versailles einzuberufen. Diese Ständeversammlung war zuletzt 1614, unter dem minderjährigen Ludwig XIII., zusammengekommen, denn sie passte so gar nicht in das Herrscherbild des Absolutismus. Damals durfte jeder Stand 300 Abgeordnete stellen.

1789 entschied sich Ludwig XVI., als Geste des Entgegenkommens, dem Dritten Stand 600 Abgeordnete zuzugestehen. So kamen am 5. Mai 1789 schließlich nach Versailles:

– 300 Vertreter des Ersten Standes (für 120 000 Geistliche)
– 300 Vertreter des Zweiten Standes (für 350 000 Adlige) und
– 600 Vertreter des Dritten Standes (für 24 Millionen Bürger und Bauern).

Gemeinsam sollten sie neue Steuern beschließen. In ihrem Gepäck führten die Abgeordneten des Dritten Standes 60 000 Beschwerdehefte mit. Alle enthielten die gleichen Klagen: zu hohe Abgaben, Ausbeutung durch die Grundherren, Verarmung der Bevölkerung usw.

Auch die Adligen führten Briefe mit sich. Darin betonten sie, niemals einer Besteuerung zuzustimmen.

Der erste Schritt zur Revolution

Voller Spannung warteten die Vertreter des Dritten Standes auf die Stellungnahme des Königs. Doch dieser ging mit keinem Wort auf die Nöte des Volkes ein, stattdessen sprach er ausschließlich über neue Steuern. Die Vertreter der einzelnen Stände sollten getrennt darüber beraten und abstimmen. Jeder Stand sollte eine Stimme haben.

Die Vertreter des Dritten Standes verlangten eine gemeinsame Beratung aller drei Stände und eine Abstimmung nach Köpfen. Doch das lehnten der König und die beiden anderen Stände ab. Daraufhin erklärten sich die Vertreter des Dritten Standes am 17. Juni zur *Nationalversammlung. Immerhin vertraten sie 98 % der Nation, also des Volkes. Einige Vertreter des Ersten und Zweiten Standes schlossen sich ihnen an.

Der Ballhausschwur

Der König war empört über das Vorgehen des Dritten Standes und ließ den Sitzungssaal sperren. Die Abgeordneten versammel-

① Schwurhand im Zentrum des Bildes

② Wind und wehender Vorhang

③ Geistliche verschiedener Konfessionen

④ Lichteinfall

⑤ Maler (Jacques Louis David) und seine Kinder

2 – Der Schwur im Ballhaus am 20. Juni 1790. Gemälde von ＊Jacques Louis David, um 1790.

ten sich nun in einer Sporthalle (Salle du ＊Jeu de Paume), dem sogenannten „Ballhaus". Dort leisteten sie einen Schwur: Sie schworen am 20. Juni 1789 feierlich, nicht eher auseinanderzugehen, bis Frankreich eine Verfassung besäße. Als ein hoher Beamter auf Befehl Ludwigs XVI. den Versammlungssaal räumen lassen wollte, erklärten die Abgeordneten: „Die versammelte Nation empfängt keine Befehle." Von der Entschlossenheit des Dritten Standes beeindruckt, gab der König nach. Er forderte die beiden anderen Stände auf, sich der Nationalversammlung anzuschließen. Das war das Ende der Generalstände.

Q1 Die Bauern des Dorfes Guyancourt forderten in ihrer Beschwerde 1789 vom König:

1. … dass alle Steuern von den drei Ständen ohne irgendwelche Ausnahmen gezahlt werden, von jedem Stand gemäß seinen Kräften;
2. … das gleiche Gesetz und Recht im ganzen Königreich …;
5. … die völlige Beseitigung jeglicher Art von Zehnten in ＊Naturalien …;
8. … dass die Eigentumsrechte heilig und unverletzlich seien;
9. … dass rascher und mit weniger Parteilichkeit Recht gesprochen werde;
10. … dass alle Frondienste, welcher Art sie auch sein mögen, beseitigt werden.

Q2 Der Priester Emmanuel Joseph Graf Sieyès gehörte eigentlich zum Ersten Stand. Er schlug sich aber auf die Seite des Dritten Standes und erklärte am 17. Juni 1789:

Wir sind die Vertreter von 24 Millionen Franzosen. Wir sind die einzigen und wahren Vertreter des französischen Volkes. Deshalb geben wir unserer Versammlung den Namen „Nationalversammlung". Wir werden Frankreich eine Verfassung geben, die allen Franzosen die gleichen Rechte garantiert.

＊ Jacques Louis David
Er war zunächst Hofmaler des französischen Königshauses, schloss sich aber ab 1789 mit großer Begeisterung der Revolution an. Später stimmte er als Abgeordneter des Konvents für die Hinrichtung des Königs.

＊ Naturalien
Dies sind Abgaben von landwirtschaftlichen Gütern, wie z. B. Getreide oder Vieh.

❶ Vergleiche die Bilder 1 und 2 miteinander.

❷ Ordne den Zahlen in Bild 2 die passenden Symbolbedeutungen zu und schreibe die Zuordnungen in dein Heft:
   a) Symbol für die Aufklärung (Erleuchtung)
   b) Symbol für Erneuerung
   c) Symbol für Eintracht
   d) Symbol für die Bedeutung des Schwurs

❸ Analysiere Bild 2 und arbeite die Absichten des Malers heraus.
▶ *Nimm hierzu die Methode „Bilder untersuchen" auf S. 297 und deine Ergebnisse aus Aufgabe 2 zu Hilfe.*

❹ Ziehe Schlussfolgerungen, was die Forderungen der Bauern in Q1 und die Aussagen in Q2 für die Stände bedeuteten.

❺ Erkläre, warum das Verhalten des Dritten Standes und der Ballhausschwur als „erste revolutionäre Schritte" bezeichnet werden können.

❻ Ein Hofbeamter berichtet dem König von den Geschehnissen im Ballhaus. Verfasse diesen Bericht.
▶ *„Majestät, etwas Ungeheuerliches hat sich heute zugetragen …"*

▶ Video

Wie kam es zum Ausbruch der Revolution?

1 – Der Sturm auf die Bastille am 14. Juli 1789.

* Barrikade
(ital.: barricare =
versperren)
Straßensperre, häufig aus
Hausrat oder Ähnlichem
errichtet.

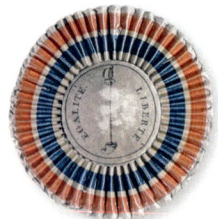

Eine blau-weiß-rote
Kokarde: das Abzeichen
der Revolutionäre.

Die Trikolore, die Staats-
fahne Frankreichs, trägt
noch heute die Farben der
Revolution – von links nach
rechts angeordnet: Blau,
Weiß und Rot.

Die Festung des Königs fällt

Über Paris lag am 14. Juli 1789 Unruhe. Das Brot war knapp und kostete doppelt so viel wie sonst. Voller Ungeduld verfolgte die Pariser Bevölkerung die Ereignisse im nahen Versailles. Als die Bürgerinnen und Bürger erfuhren, dass der König heimlich Truppen nach Paris verlegt hatte, um gegen die Aufstände vorzugehen, wurde dieser zum Feind der entstandenen Bewegung. Der Ruf „Zu den Waffen, Bürger!" erklang in der ganzen Stadt. Kleinere Waffenlager wurden geplündert. Die Glocken der Stadt läuteten Sturm. Mit Tischen, Stühlen, Fässern und Pflastersteinen wurden *Barrikaden errichtet. Tausende Menschen versammelten sich und zogen zur Bastille, dem Staatsgefängnis mitten in der Stadt und Herrschaftssymbol des Königs. Gegen Mittag stieß die Menge bis an die geschlossene Zugbrücke der Bastille vor. Der Kommandant geriet vermutlich in Panik und gab Feuerbefehl. Mehr als einhundert Menschen wurden getötet, was die Wut der Menge nur noch steigerte. Kanonen wurden herangeschleppt und die Bastille so in kurzer Zeit erobert. Die sieben Häftlinge – vier Urkundenfälscher, zwei Geisteskranke und ein Graf – wurden befreit. Der Kommandant wurde sofort hingerichtet. Seinen Kopf spießte man auf eine Stange und trug ihn im Triumphzug durch die Stadt. Damit begann eine Zeit, die Europa von Grund auf verändern sollte.

„Nein, Sire, es ist eine Revolution"

Ludwig XVI. hatte von den Ereignissen in Paris zunächst nichts mitbekommen, da er sich wieder auf einer Jagd befand. Als er schließlich am Abend von einem Höfling unterrichtet wurde, fragte er: „Also, es ist eine Revolte?" und bekam zur Antwort: „Nein, Sire, es ist eine Revolution." Ludwig XVI. zog daraufhin seine Truppen vollständig ab und begab sich am 17. Juli schließlich selbst nach Paris. Im Rathaus heftete er sich das Abzeichen der Revolutionäre an, die blau-weiß-rote Kokarde. Blau und Rot waren die Farben der Stadt Paris und Weiß die Farbe des Königshauses. Dies wurde als Zeichen gesehen.

Die Revolution ergreift das Land

Bewaffnet mit Sensen, Dreschflegeln, Mistgabeln und Jagdgewehren drangen Bauern gewaltsam in die Schlösser ihrer Grundherren ein, die nicht selten in Flammen aufgingen.

2 – Das Erwachen des Dritten Standes. Karikatur, Radierung, 18. Jahrhundert.

3 – Bauern verbrennen Grund- und Adelsbriefe. Holzstich, 1885, nach einer Zeichnung von Émile Bayard (1837–1891).

Um diese zu beruhigen, beschloss die Nationalversammlung gegen den Willen des Adels in einer Nachtsitzung vom 4. auf den 5. August 1789 folgende Neuerungen:
- Die Leibeigenschaft und die Frondienste sollen abgeschafft werden.
- Die Grundherren sollen nicht mehr richten können.
- Der Zehnt kann in eine Geldzahlung umgewandelt werden.
- Alle Bürger werden zu allen Ämtern in Staat und Heer zugelassen.
- Alle Bürger sind gleich steuerpflichtig.

Q1 1789 schrieb ein Graf an die Nationalversammlung:

Am 29. Juli 1789 tauchte ein Haufen fremder Straßenräuber zusammen mit den mir unterstellten Bauern in meinem Schloss auf. Es waren fast 200 Mann. Sie brachen die Schlösser der Schränke auf, in denen die Urkunden aufbewahrt wurden. Einen Großteil dieser Urkunden, in denen meine Rechte und ihre Pflichten verzeichnet sind, nahmen sie mit und verbrannten sie im Walde neben meinem Schloss. ... Ich rufe Ihre Klugheit an, damit von der Nationalversammlung irgendein Mittel ausfindig gemacht wird, mir meinen Verlust zu ersetzen. ...

Q2 Frauen des Dritten Standes verfassten 1789 eine Bittschrift an den König:

Die Frauen des [Dritten] Standes werden fast alle ohne Reichtümer geboren; ihre Erziehung wird vernachlässigt. Wir bitten Euch inständig, Sire, kostenlose Schulen einzurichten, damit wir unsere Sprache von Grund auf erlernen können, die Religion und die geistlichen und sittlichen Werte ... . Ebenso [ist] es nur gerecht, ... [die] Stimmen [der Frauen] zu zählen, da sie doch wie die Männer dazu verpflichtet sind, die königlichen Abgaben zu zahlen und den Verpflichtungen des Handels nachzukommen.

❶ ▶ Gestalte eine Zeitleiste für das Jahr 1789 und trage auf dieser die Geschehnisse in Frankreich ein. Nutze dazu auch die S. 162/163. Vergleiche deine Zeitleiste im Anschluss mit deinen Mitschülerinnen und Mitschülern. (Tipp: Nimm das Blatt quer.)

5. Mai

❷ Analysiere die Karikatur 2 und erkläre mithilfe des Textes, warum sich Adel und Klerus vor dem Erwachen des Dritten Standes fürchteten.

❸ Gib die Forderungen der Frauen in Q2 in eigenen Worten wieder und nimm zu ihnen Stellung.

❹ Versetze dich in die Rolle einer Person auf Bild 1 und berichte am Abend deiner Familie genau von den Geschehnissen des Tages.

❺ Entwirf einen Brief: Ein Abgeordneter der Nationalversammlung antwortet dem Grafen auf seinen Brief (Q1 sowie Bild 3).

🔊)) Audio   ▶ Video

Was bedeutet „Liberté – Egalité – Fraternité"?

1 – Am 5. Oktober 1789: Tausende Frauen ziehen vom Rathaus in Paris nach Versailles. Zeichnung eines unbekannten Künstlers, 19. Jahrhundert.

2 – Die Königsfamilie wird von Versailles nach Paris gebracht. Illustration aus einem Buch zur Geschichte Frankreichs, 1933.

---

* **Nationalgarde**
Die Garde Nationale wurde schon am 13. Juli 1789 in Paris vom Marquis de La Fayette aufgestellt, um als eine Art Polizei die öffentliche Sicherheit in der Hauptstadt zu gewährleisten.

* **„der Bäcker"**
Das Volk von Paris gab dem König den Spitznamen „der Bäcker", der Königin Marie Antoinette den Spitznamen „die Bäckerin", weil diese auf den Hinweis, dass es in Paris kein Brot zum Essen mehr gebe, gesagt haben sollen: „Dann sollen die Leute doch Kuchen essen."

Freiheit – Gleichheit – Brüderlichkeit

So lautete die Parole der Französischen Revolution und diese Forderung sollte möglichst bald für alle Menschen gelten. Die Verwirklichung dieses Leitgedankens war besonders für den Grafen La Fayette (1757–1834) ein großes Anliegen. Er war ein begeisterter Anhänger der Aufklärung. Im Jahr 1777 war er zusammen mit einer Truppe von Freiwilligen nach Amerika aufgebrochen, um dort für seine Ideale Freiheit und Gleichheit zu kämpfen. Als Abgeordneter der Nationalversammlung Frankreichs brachte er einen Antrag für die Erklärung der Menschen- und Bürgerrechte ein, die am 26. August 1789 beschlossen wurden. Die Nationalversammlung forderte den König auf, die Erklärung der Menschenrechte mit seiner Unterschrift zu bestätigen. Ludwig weigerte sich mit der Bemerkung: „Nie werde ich einwilligen, meine Geistlichen und meinen Adel zu berauben." Die Menschen in Paris waren enttäuscht und wütend. Schließlich hatte sich der König erst wenige Wochen zuvor die blau-weiß-rote Kokarde als Zeichen seiner Verbundenheit mit dem Volk angeheftet.

„Versailles schlemmt, Paris hungert"

Mit diesem Ruf zogen am 5. Oktober 1789 ca. 7000 Frauen (zumeist einfache Marktfrauen) Richtung Versailles. Sie hatten sich am Morgen bereits vor dem Rathaus versammelt und Brot verlangt. Bewaffnet mit Spießen und Mistgabeln zogen sie schließlich zum 15 km entfernten Schloss des Königs. Auf dem Weg dorthin erhielten sie militärische Unterstützung von der *Nationalgarde unter dem Marquis de La Fayette, der zusätzlich Kanonen stellte. Ludwig empfing die Frauen beim Schloss und versprach nicht nur Lebensmittel, sondern auch die Forderungen der Nationalversammlung zur Abschaffung der Vorrechte des Adels zu unterschreiben. Doch noch eine Forderung wurde laut: „Der König nach Paris!" Auch dieser gab der König nach und zog am 6. Oktober mit seiner Familie ins alte Königsschloss (Tuilerien) nach Paris um. Als abends die Massen unter lautem Jubel in der Stadt eintrafen, riefen die Frauen: „Wir bringen den *Bäcker, die Bäckerin und den kleinen Bäckerjungen!" Hier in Paris unterschrieb Ludwig XVI. auch die Erklärung der Bürger- und Menschenrechte. Damit erkannte der König, wenn auch gezwungenermaßen, offiziell die neue Ordnung in Frankreich an.

Die Erklärung der Menschen- und Bürgerrechte setzte die Ideen der Aufklärung um. Großen Anteil an der Ausarbeitung hatte der Adlige La Fayette, der Ideen der amerikanischen Unabhängigkeitserklärung von 1776 im Text einfließen ließ. Diese Artikel wurden die Grundlage aller modernen demokratischen Verfassungen in Europa.

Q1 Aus der Erklärung der Menschen- und Bürgerrechte vom 26. August 1789:
Die Vertreter des französischen Volkes ... haben unter der Berücksichtigung, dass die Unkenntnis, die Achtlosigkeit oder die Verachtung der Menschenrechte die einzigen Ursachen der öffentlichen Missstände und der Verderbtheit der Regierungen sind, beschlossen, die natürlichen, unveräußerlichen und heiligen Rechte der Menschen in einer feierlichen Erklärung darzulegen. ...
1. Die Menschen werden frei und gleich an Rechten geboren und bleiben es ...
2. Der Zweck jeder politischen Vereinigung ist die Erhaltung der natürlichen und unantastbaren Menschenrechte. Diese sind das Recht auf Freiheit, das Recht auf Eigentum, das Recht auf Sicherheit und das Recht auf Widerstand gegen Unterdrückung.
3. Der Ursprung jeder Souveränität liegt ihrem Wesen nach beim Volk.
4. Die Freiheit besteht darin, alles tun zu dürfen, was einem anderen nicht schadet ...
5. ... Da alle Bürger vor ihm [dem Gesetz] gleich sind, sind sie alle ... zu allen öffentlichen Würden, Ämtern und Stellungen zugelassen.
6. Alle Bürger haben das Recht, an der Gestaltung der Gesetze persönlich oder durch ihre Vertreter mitzuwirken.
7. Niemand darf außer in den durch das Gesetz bestimmten Fällen angeklagt, verhaftet oder gefangen gehalten werden.
10. Niemand soll wegen seiner Anschauungen, selbst religiöser Art, belangt werden ... solange deren Äußerung nicht die durch das Gesetz begründete Ordnung stört.
11. Die freie Äußerung von Meinungen ist eines der kostbarsten Menschenrechte ...

3 – Die Erklärung der Menschen- und Bürgerrechte – am 26. August 1789 von der Nationalversammlung verkündet. Die Erklärung beinhaltet viele Gedanken der Aufklärer, v. a. Montesquieus und Rousseaus. Diese Artikel wurden die Grundlage der französischen Verfassung. Ölgemälde von Jean Jacques Le Barbier, 1790.

❶ Beschreibe Bild 2 und erläutere, welchen Eindruck der Künstler von den Ereignissen am 6. Oktober 1789 erwecken wollte.
▶ *Der Künstler zeigt durch die Anwesenheit der Marktfrauen zum einen, dass ...*
❷ Untersuche die Symbole im Gemälde zu den Menschen- und Bürgerrechten (Bild 3) und erläutere die Bildaussage.
▶ *Oben links kniet Marianne, die Nationalfigur der Franzosen, sie ... Die Pike und die rote Mütze in der Mitte ...*
❸ Erklärt, welche Hoffnungen die Menge mit dem Ruf „Wir bringen den Bäcker und die Bäckerin" verband.
❹ Die Königin sieht den Zug der Frauen vor dem Schloss in Versailles als Erste. Sie eilt zum König und berichtet ihm, was sich draußen abspielt. Sie sagt ...
▶ *Berücksichtige die Gedanken und Gefühle der Königin.*
❺ Der Historiker Jules Michelet schrieb später über die Geschehnisse des Jahres 1789: „Die Männer waren die Helden des 14. Juli, die Frauen die des 6. Oktobers. Die Männer haben die königliche Bastille eingenommen, die Frauen haben das Königtum selbst überwunden." Nimm Stellung zu diesem Zitat. Berücksichtige Bild 1.

Die Entwicklung der Menschenrechte

1 – Die Entwicklung der Menschenrechte von 1776 bis heute.

2 – Eine Aktivistin ballt die Faust. Unter dem Motto „Gold für Menschenrechte" protestierten die Menschenrechtsaktivisten von Amnesty International gegen die Olympischen Spiele, die 2008 in Peking ausgetragen wurden.

Menschenrechte heute

M1 Michael Krennerich, Vorsitzender des Nürnberger Menschenrechtszentrums, erklärte 2010 die Entwicklung der Menschenrechte so:

… Gemeinhin werden drei „Generationen" von Menschenrechten unterschieden. Rechte der ersten „Generation" bezeichnen die klassischen bürgerlichen und politischen Freiheits- und Beteiligungsrechte. Dazu gehören das Recht auf Leben, die Verbote der Folter, der Sklaverei und der Zwangsarbeit, sodann u. a. die Rechte auf persönliche Freiheit und Sicherheit, Gedanken-, Religions-, Meinungs-, Versammlungs-, Vereinigungsfreiheit sowie justizbezogene Rechte (Gleichheit vor dem Gesetz, Unschuldsvermutung, faires Verfahren usw.). …
Rechte der zweiten „Generation" umfassen die lange Zeit vernachlässigten wirtschaftlichen, sozialen und kulturellen Menschenrechte, wie die Rechte auf und in Arbeit, auf soziale Sicherheit, Ernährung, Wohnen, Wasser, Gesundheit und Bildung. …
Rechte der dritten „Generation" sind jüngeren Datums und bezeichnen allgemeine, noch kaum in Vertragswerken konkretisierte Rechte, wie etwa die Rechte auf Entwicklung, Frieden oder saubere Umwelt. …

Menschenrechtsverletzungen 2010

M2 Auf einer Pressekonferenz zur Vorstellung des Berichts von Amnesty International zur Lage der Menschenrechte im Jahr 2010 sagte Wolfgang Grenz, stellvertretender Generalsekretär von Amnesty International in Deutschland:

… Eine massive Einschränkung der Meinungsfreiheit verzeichnet Amnesty in 89 Staaten. Das Recht auf freie Meinungsäußerung ist ein grundlegendes Menschenrecht, für das sich Amnesty International seit seiner Gründung 1961 einsetzt. …
In China werden Menschenrechtsanwälte, Umweltaktivisten, Schriftsteller, aber auch gewöhnliche Bürger daran gehindert, politisch brisante Themen an die Öffentlichkeit zu bringen. …
In Syrien werden Webseiten mit Beiträgen zu Menschenrechten, Regierungskritik oder zur Lage der kurdischen Minderheiten blockiert, Blogger und junge Menschenrechtsaktivisten zu drakonischen Haftstrafen verurteilt.
In Ägypten hat sich mit Blick auf das Streikrecht auch nach dem Sturz von Hosni Mubarak nicht viel verändert: Mitte April trat ein Gesetz in Kraft, das friedliche Proteste und Streiks kriminalisiert. …

 **ent**tdecken

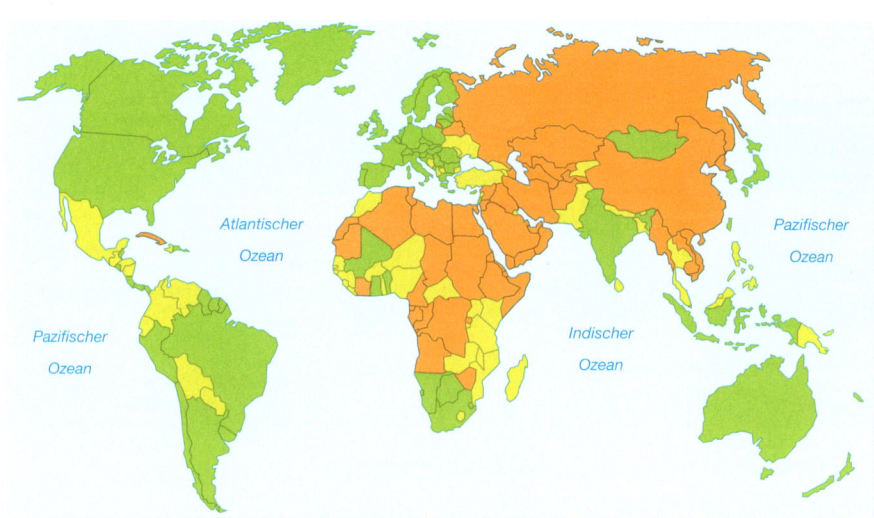

Menschenrechte:

■ geschützt
■ teilweise geschützt
■ nicht geschützt

Quelle: Freedom House, Washington

3 – Menschenrechte weltweit 2011.

Kinderrechte

M3 **1989 erweiterten die Vereinten Nationen die Erklärung der Menschenrechte um weltweit geltende Kinderrechte.**

KINDER HABEN **RECHTE**

Jedes Kind hat das Recht auf

1. einen Namen
2. Gesundheit und eine saubere Umwelt
3. Bildung
4. Spiel und Freizeit
5. Information und Beteiligung
6. Schutz vor Gewalt und Privatsphäre
7. Eltern
8. Schutz vor Ausbeutung
9. Schutz im Krieg und auf der Flucht – und es hat
10. besondere Rechte bei Behinderung

www.unicef.de

4 – Plakat des Kinderhilfswerks der Vereinten Nationen (UNICEF) zur Verbreitung der Inhalte der Kinderrechtserklärung von 1989.

Teilt euch in Gruppen auf und bearbeitet jeweils eines der drei Themen mithilfe der Fragen:

Menschenrechte heute

❶▣ Beschreibt mit M1 die drei Gruppen von Menschenrechten, die es heute gibt, und erläutert sie.

Menschenrechtsverletzungen 2010

❷▣ Lest M2 und sagt mit euren Worten, welche Menschenrechtsverletzungen Amnesty International benennt.

❸▧ Besorgt euch den Jahresbericht von Amnesty International aus einer Bibliothek oder lest die Länderberichte im Internet nach. Berichtet der Klasse über die Situation der Menschenrechte in einem von euch ausgewählten Land.

❹▣ Listet mithilfe der Karte 3 Staaten auf, in denen die Menschenrechte auch heute bedroht sind. Zieht einen Atlas hinzu.

❺▣ Kinderrechte

Erklärt mit M3 die Kinderrechte. Prüft mithilfe des Internets, ob die aufgeführten Kinderrechte inzwischen umgesetzt worden sind.

Frankreich wird Republik

Wie wurde Frankreich zur Republik?

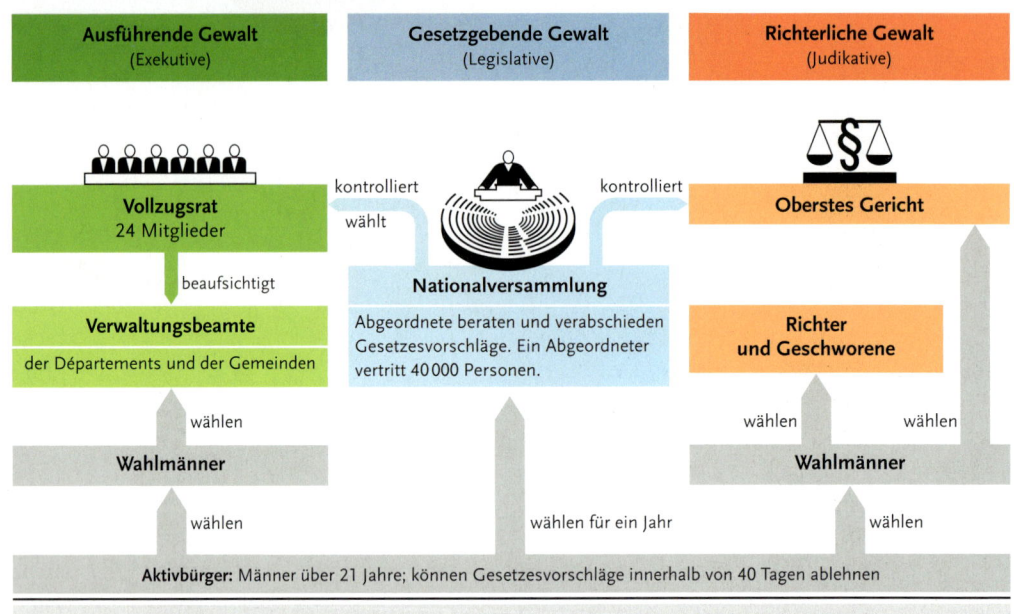

1 – Die französische Verfassung vom 24. Juni 1793

Abschied von der alten Ordnung

Die alte Form der absoluten Monarchie – das Ancien Régime – hatte ausgedient. Nach dem Ballhausschwur arbeitete die neue Nationalversammlung zwei Jahre an einer Verfassung für Frankreich. Diese trat am 3. September 1791 in Kraft. Ihr wurden die Menschen- und Bürgerrechte vorangestellt. Der König war nun an die Verfassung und Gesetze gebunden. Er war fortan „Durch Gottes Gnade und die Verfassungsgesetze König der Franzosen". Die Nationalversammlung als Vertretung des Volkes schränkte damit die königlichen Rechte ein. Ludwig war so dem Gesetz und dem Volk unterstellt. Man nennt dies eine ❋konstitutionelle Monarchie. Während nur die Nationalversammlung allein Gesetze beschließen konnte, durfte der König die Gesetze lediglich ausführen. Recht sollte nun von völlig unabhängigen Richtern gesprochen werden. Ganz im Sinne der Aufklärung war damit in Frankreich ein Staat mit einer ❋Gewaltenteilung geschaffen worden.

Was heißt Gleichheit?

„Freiheit" und „Gleichheit" sind die Schlagworte der Französischen Revolution.

Die Verfassung garantierte allen Bürgern Freiheit und Gleichheit vor dem Gesetz und weitere Grundrechte. Die Macht ging vom Volk aus, aber nur von den sogenannten Aktivbürgern. Das waren diejenigen Franzosen, die Steuern in einer bestimmten Höhe bezahlten. Diese waren berechtigt zu wählen. Frauen und Passivbürger besaßen dieses Recht nicht. Diese Bevölkerungsgruppe umfasste aber etwa 40 % der Franzosen. Tatsächlichen politischen Einfluss hatten nur die Wahlmänner. Sie waren es, die von den Aktivbürgern gewählt wurden. Voraussetzung, ein Wahlmann zu werden, war Reichtum (Zensuswahlrecht).

Die französische Schriftstellerin Marie Gouze, die sich schon früh den Ideen der Aufklärer zugewandt hatte, wurde zur eifrigen Verfechterin der Frauenrechte. Unter dem Künstlernamen Olympe de Gouges verfasste sie 1791 die „Erklärung der Rechte der Frau und Bürgerin". Doch auch den radikalsten Revolutionären gingen diese Forderungen zu weit. Am 3. November 1793 wurde sie unter dem Fallbeil hingerichtet, weil sie für eine Monarchistin gehalten wurde.

Q1 In der Pariser Zeitung hieß es 1791:
Aber was meint ihr eigentlich mit dem so oft gebrauchten Wort „Aktivbürger"? Die aktiven Bürger, das sind die Eroberer der Bastille, das sind die, welche den Acker bestellen, während die Nichtstuer im Klerus und bei Hofe trotz ihrer Riesenbesitzungen nichts weiter sind als kümmerliche Pflanzen.

Q2 Wenige Tage nach der Verkündung der neuen Verfassung erschien in Paris eine Schrift mit dem Titel: „Die Rechte der Frau – an die Königin", verfasst von der Schriftstellerin Olympe de Gouges (1748–1793):
Mann, bist du fähig, gerecht zu sein? Eine Frau stellt dir diese Frage. ... Sag mir, wer hat dir die selbstherrliche Macht verliehen, mein Geschlecht zu unterdrücken?

Q3 Kernstück der umfangreichen Schrift von Olympe de Gouges (Q2) ist die Erklärung der Rechte der Frau und Bürgerin:
Die Mütter, Töchter, Schwestern, Repräsentantinnen der Nation, verlangen, als Nationalversammlung eingesetzt zu werden ...
Art. 1: Die Frau wird frei geboren und bleibt dem Mann an Rechten gleich ...
Art. 3: Der Ursprung jeder Souveränität liegt seinem Wesen nach in der Nation, die nichts anderes als die Vereinigung von Frau und Mann ist: Keine Körperschaft, kein Individuum kann eine Macht ausüben, die nicht ausdrücklich daraus hervorgeht ...
Art. 6: Das Gesetz muss Ausdruck des Gemeinwillens sein; alle Bürgerinnen und Bürger müssen persönlich oder durch ihre Repräsentanten an der Gesetzgebung mitwirken ... Alle Bürgerinnen und alle Bürger ... müssen gleichermaßen entsprechend ihren Fähigkeiten ... zu allen Würden, Stellen und öffentlichen Ämtern zugelassen sein ...
Art. 16: ... [D]ie Verfassung ist nichtig, wenn die Mehrheit der Individuen, die die Nation ausmachen, an seiner Erstellung nicht mitgewirkt hat.

2 – Olympe de Gouges, 1748 in Montauban, Südfrankreich, geboren, war eine französische Menschenrechtsphilosophin, Autorin von Theaterstücken, Romanen und politischen Schriften, die für die Gleichstellung der Frauen mit den Männern eintrat.

Art. 17: Eigentum gehört allen Geschlechtern gemeinsam oder einzeln; es ist für jeden ein unverletzbares und heiliges Recht ...

❶ ▪ Führe die Zeitleiste von S. 169 fort, indem du die Jahre 1790–1793 ergänzt. Trage zentrale Ereignisse der Französischen Revolution ein und vergleiche schließlich deine Ergebnisse mit deiner Nachbarin oder deinem Nachbarn.

▶ ——————————————————————————————
   1790   *1791*   *1792*   *1793*

❷ ▪ Die Forderung nach einer Teilung der Gewalten im Staat wurde mit der Verfassung von 1791 erfüllt. Überprüfe diese Behauptung mithilfe von Q2 auf S. 149.

❸ ▪ Erläutere mithilfe des Textes den Begriff Zensuswahlrecht.

❹ ▪ Untersuche das Schema in Bild 1. Arbeite die Unterschiede zum Schema auf S. 177 heraus. Begründe, warum es sich beim Schema auf S. 174 um eine republikanische Verfassung handelt.

❺ ▪ Erarbeite anhand von Q3 die Rechte, die Frauen 1791 nicht hatten.

❻ ▪ Beziehe mithilfe von Q1 Stellung, ob das Zensuswahlrecht Gleichheit bedeutet und Gerechtigkeit hergestellt wird.

❼ ▪ Bewerte mithilfe von Q1 und Q2 den Anspruch auf „Gleichheit" aller Franzosen, den Olympe de Gouges in den Mittelpunkt ihrer Bestrebungen gestellt hatte. Vergleiche dabei die Quellen mit dem Verfassungsschema von S. 177.

❽ ▪ Recherchiere zum Leben und Wirken von Olympe de Gouges (Bild 2). Schätze ihre Bedeutung für den Kampf für Frauenrechte ein.

❾ ▪ Nenne den Grund, warum de Gouges zum Tode verurteilt und hingerichtet wurde, und bewerte dies.

Methode

Ein Verfassungsschema lesen und verstehen

Was ist ein Verfassungsschema?
Eine Verfassung regelt die Machtverteilung in einem Staat. Sie ist das grundlegende Gesetz. Anhand eines Verfassungsschemas kann man erkennen, wie ein Land regiert wird.

Es zeigt den Aufbau des Staates und seine wichtigsten Ämter und Einrichtungen (z. B. Präsident/Präsidentin, Parlament). Außerdem lässt es erkennen, wer wählen darf oder von Wahlen ausgeschlossen ist und wer die Gesetze beschließt.

Folgende vier Schritte helfen euch, ein Verfassungsschema zu lesen und zu verstehen:

Schritt 1 **Den Aufbau untersuchen**	■ Wie kann man das Schema lesen? Die Pfeile helfen euch. – Von unten nach oben bzw. oben nach unten? – Von links nach rechts bzw. rechts nach links? ■ Was sind wichtige Bestandteile des Schaubildes? ■ Welche Ämter und Einrichtungen gibt es?
Schritt 2 **Aussagen erschließen**	■ Wer darf wählen? ■ Wie kommen Gesetze zustande? ■ Welche Aufgaben haben die Ämter und Einrichtungen?
Schritt 3 **Zusammenhänge herstellen**	■ Wie ist die Macht verteilt? Welches Amt hat besonders viel Macht? ■ Wer kontrolliert wen? Wessen Macht geht auf Wahlen zurück? ■ Wo wird die Einflussmöglichkeit des Volkes erkennbar? ■ Welche Gruppen sind von politischer Mitbestimmung ausgeschlossen?
Schritt 4 **Die Verfassung beurteilen**	■ Fasst noch einmal zusammen, ob und wie die Gewalten geteilt sind. ■ Beurteilt, ob es sich um eine demokratische Verfassung handelt. ■ Beurteilt, ob das Wahlrecht aus heutiger Sicht als demokratisch bezeichnet werden kann.

❶ ▶ In der Erklärung der Menschen- und Bürgerrechte heißt es in Artikel 1: „Die Menschen werden frei und gleich an Rechten geboren und bleiben es …" Untersucht mithilfe von Schaubild 1, ob die Verfassung von 1791 diese Forderung erfüllte.

❷ ◆ Erklärt, an welchen Punkten diese Verfassung korrigiert werden müsste, damit sie nach unserem heutigen Verständnis als „demokratisch" bezeichnet werden könnte.

❸ ◆ Erläutere, an welcher der beiden Verfassungen sich die französische National-flagge (Trikolore) orientiert (Bild 2).

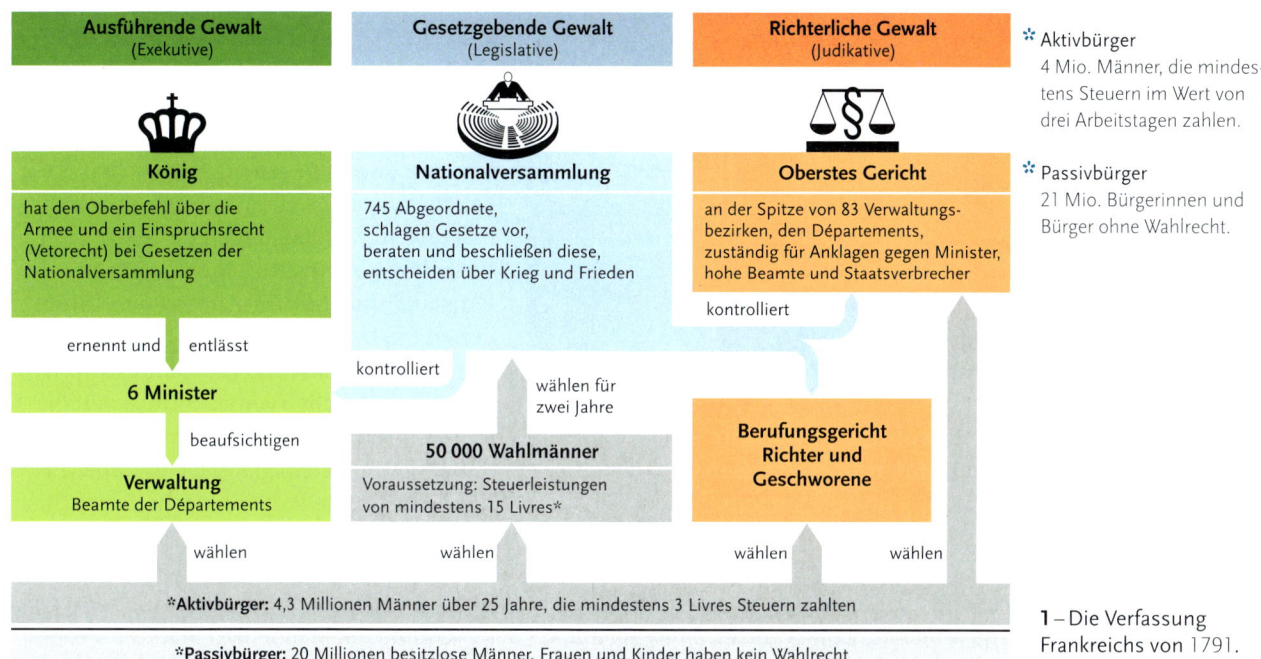

Ausführende Gewalt (Exekutive)	Gesetzgebende Gewalt (Legislative)	Richterliche Gewalt (Judikative)
König hat den Oberbefehl über die Armee und ein Einspruchsrecht (Vetorecht) bei Gesetzen der Nationalversammlung	**Nationalversammlung** 745 Abgeordnete, schlagen Gesetze vor, beraten und beschließen diese, entscheiden über Krieg und Frieden	**Oberstes Gericht** an der Spitze von 83 Verwaltungsbezirken, den Départements, zuständig für Anklagen gegen Minister, hohe Beamte und Staatsverbrecher

ernennt und entlässt

kontrolliert

kontrolliert

wählen für zwei Jahre

6 Minister

beaufsichtigen

50 000 Wahlmänner Voraussetzung: Steuerleistungen von mindestens 15 Livres*

Berufungsgericht Richter und Geschworene

Verwaltung Beamte der Départements

wählen   wählen   wählen   wählen

*Aktivbürger: 4,3 Millionen Männer über 25 Jahre, die mindestens 3 Livres Steuern zahlten

*Passivbürger: 20 Millionen besitzlose Männer, Frauen und Kinder haben kein Wahlrecht

✳ Aktivbürger
4 Mio. Männer, die mindestens Steuern im Wert von drei Arbeitstagen zahlen.

✳ Passivbürger
21 Mio. Bürgerinnen und Bürger ohne Wahlrecht.

1 – Die Verfassung Frankreichs von 1791. Schaubild.

2 – Nationalfeiertag 14. Juli. Am Himmel Kondensstreifen in den Farben der französischen Nationalflagge: Rot und Blau sind die Farben der Hauptstadt Paris, Weiß war die Farbe der königlichen Fahne. Die Anordnung der Farben bedeutete, dass der König umgeben von seinem Volk ist und beide Hand in Hand gehen.

Lösungsbeispiel:

Zum Schritt 1:
Wichtiger Bestandteil ist der graue Kasten unten: Wahlberechtigt sind nur die 4 Mio. Aktivbürger, 21 Mio. Bürgerinnen und Bürger sind von der Wahl ausgeschlossen. Von links nach rechts gelesen, sind drei wichtige Einrichtungen zu sehen: Exekutive (König), Legislative (Nationalversammlung) und Judikative (Richter). ...

Zum Schritt 2:
Der graue Kasten unten zeigt, dass 1791 nur Männer, die Steuern zahlen, wahlberechtigt sind (Zensuswahlrecht). Es wird deutlich, wie der Wille der Wahlberechtigten Einfluss auf die Regierung nimmt. Die Nationalversammlung beschließt die Gesetze. Der König muss ihnen zustimmen, damit sie in Kraft treten.

Zum Schritt 3:
Die Macht ist zwischen dem König und der Nationalversammlung geteilt. Es gibt ein unabhängiges, von der Nationalversammlung gewähltes, oberstes Gericht. Von politischer Mitsprache ausgeschlossen sind die Mehrzahl der Menschen: arme Männer, alle Frauen und Kinder.

Zum Schritt 4:
Die Teilung der Gewalten in Exekutive, Legislative und Judikative spricht für eine demokratische Verfassung. Da das Wahlrecht aber damals nur Männer ausüben durften, die über ein bestimmtes Vermögen verfügten, ist diese Verfassung aus heutiger Sicht nicht demokratisch.

La Terreur – Inwiefern fraß die Revolution ihre Kinder?

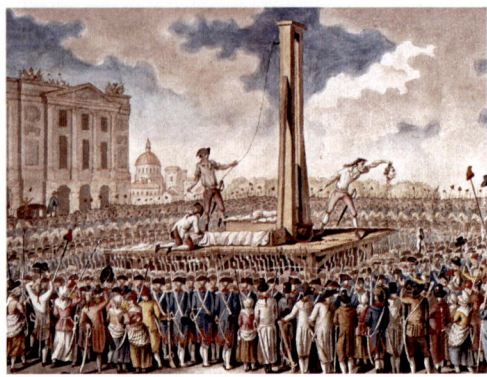

1 – Hinrichtung König Ludwigs XVI. am 21. Januar 1793 auf dem Platz der Revolution in Paris.

* **Guillotine**
Dies ist ein nach dem französischen Arzt Joseph-Ignace Guillotin benanntes Fallbeil, das während der Schreckensherrschaft zur schnelleren und angeblich humaneren Hinrichtung durch Enthauptung eingesetzt wurde.

* **Jakobiner**
Hierbei handelt es sich um einen politischen Klub zur Zeit der Französischen Revolution, der sich nach seinem Treffpunkt in dem ehemaligen Pariser Kloster St. Jacob benannte. Im Laufe der Revolution wurden nur noch die radikalen Republikaner so genannt.

* **Sansculotten**
(frz. = „ohne Kniebundhose") Bezeichnung für Pariser Revolutionäre, die aus einfachen Verhältnissen stammten, weil nur reichere Schichten Kniebundhosen trugen.

Die Revolution in Gefahr – von innen und von außen

Der König und die katholische Kirche hatten ihre Macht eingebüßt. Sie wurden erstmals an Gesetze gebunden, die sie nicht selbst geschaffen hatten. Dagegen gab es vor allem von Adel und Landbevölkerung Widerstand und es kam zu Unruhen. Beunruhigt durch die Ereignisse in Frankreich verbündeten sich Preußen und Österreich 1791 zu einer Koalition, um die alte Ordnung in Frankreich wiederherzustellen. Später schlossen sich noch andere europäische Mächte wie Großbritannien und Russland diesem Bündnis an. Ludwig XVI. hoffte, durch seine Flucht Richtung Metz am 20. Juni 1791 bald wieder zur alten Macht zurückkehren zu können. Vor ihm waren schon mehr als 40 000 Adlige aus Frankreich geflohen. Er wurde jedoch erkannt und man brachte ihn nach Paris zurück und stellte ihn unter Hausarrest.

Bewährungsproben für die junge Republik

Das revolutionäre Frankreich erklärte als Reaktion auf die Kriegspläne der Koalition aus Preußen, Österreich und anderen Staaten im April 1792 diesen Ländern den Krieg. Ludwig XVI. galt nun als Landesverräter und als Feind der Revolution. Er floh in die Nationalversammlung und wurde dort verhaftet. Am 22. September 1792 wurde die Monarchie offiziell abgeschafft und Frankreich zur Republik erklärt. Die Nationalversammlung hieß jetzt Nationalkonvent. Dieser fällte im Dezember 1792 mit knapper Mehrheit das Todesurteil über Ludwig XVI., der im Januar 1793 durch das Fallbeil (*Guillotine) hingerichtet wurde. Um den Kampf gegen die feindlichen Nachbarstaaten zu bestehen, wurden vom Nationalkonvent 300 000 junge Franzosen zum Wehrdienst zwangsverpflichtet. Dieser Umstand und die Hinrichtung des Königs ließen die Unruhen auf dem Land in einen Bürgerkrieg umschlagen, in dem Bauern, Priester und Adlige gemeinsam gegen die Republik kämpften. In dieser schwierigen Situation ergriff eine radikale Gruppe von Konventsmitgliedern die Macht. Diese *Jakobiner, angeführt von den Rechtsanwälten Georges Danton und Maximilien de Robespierre, stützten sich vor allem auf die sozialen Unterschichten in den Städten, die *Sansculotten, die trotz Revolution keine gleichberechtigten Bürger waren.

Das Ende der Terrorherrschaft

Zum Mittel der Politik des von den Jakobinern eingerichteten Wohlfahrtsausschusses wurde der Terror. Von nun an war jeder schuldig, der auch nur im Verdacht stand, sich nicht genügend für Revolution und Republik einzusetzen. Wer deshalb vor eines der vielen Revolutionsgerichte kam, wurde schnell zum Tod durch die Guillotine verurteilt und hingerichtet. Dieser Schreckensherrschaft sollen etwa 40 000 Franzosen zum Opfer gefallen sein. Auch der Bürgerkrieg auf dem Land forderte viele Opfer. Umso siegreicher waren aber die französischen Truppen gegen die Koalition an der französischen Ostgrenze. Nun gab es auch keinen Grund mehr für die Politik des Terrors. Am 21. Juli 1794 wurden Robespierre und die 21 Mitglieder des Wohlfahrtsausschusses festgenommen. Sie starben am Tag darauf ohne Gerichtsverhandlung unter dem Fallbeil. Der Nationalkonvent beschloss eine neue Verfassung und führte die Gewaltenteilung wieder ein. Die Regierungsgeschäfte übernahm nun ein großbürgerliches, fünfköpfiges Direktorium.

VIP

„Oh Freiheit, welche Verbrechen begeht man in deinem Namen!"

Name: **Jeanne-Marie Roland de La Platière,**
besser bekannt als „Madame Roland"

Lebensdaten: 17. März 1754 – 8. November 1793

Familie: Jeanne-Marie stammte aus einer Handwerkerfamilie, aus der Familie des Pariser Graveurs Gratien Philipon.

Jugend/Schule/Ausbildung:
– Jeanne-Marie erhielt eine ausgezeichnete Erziehung. Sie konnte früh lesen, war intelligent und wissbegierig.
– Sie interessierte sich bald für geschichtliche, philosophische und religiöse Themen und fühlte sich besonders zu den Lehren von Voltaire und Rousseau hingezogen.
– Sie lebte von Mai 1765 bis Frühjahr 1766 in einem Pariser Kloster.

Werdegang:
– Jeanne-Marie heiratet 1780 den über 20 Jahre älteren Jean-Marie Roland de la Platière, einen mit der Aufklärung sympathisierenden Wirtschaftsfachmann und Forschungsreisenden.
– Jeanne-Marie lebte zu Beginn der Revolution in Lyon und begeisterte sich sofort für die Revolution.
– Anfang 1791 zogen sie und ihr Mann nach Paris. Dort nahm sie regelmäßig an den Sitzungen der Nationalversammlung teil.
– Sie richtete einen Salon ein, der zum Treffpunkt der jakobinischen Abgeordneten wurde, darunter auch Robespierre.
– Im April 1792 wurde ihr Mann zum Innenminister berufen, sie selbst schloss sich den Girondisten an. Bei diesen handelte sich um Mitglieder einer Gruppe von Abgeordneten in der Nationalversammlung, die gemäßigte Ziele hatten. Die Girondisten bezeichneten sich nach dem Departement Gironde mit der Hauptstadt Bordeaux, aus dem viele der Abgeordneten stammten.
– Ab April 1793 bekämpften die radikalen Jakobiner die gemäßigten Girondisten, vor allem weil diese die Hinrichtung Ludwig XVI. ablehnten. Robespierre beschuldigte die Girondisten des Verrats an der Revolution. Jeanne-Maries Mann floh aus Paris; sie selbst blieb.
– Am 1. Juni 1793 wurde sie verhaftet und am 8. November 1793 mit der Guillotine hingerichtet.

Besonderheit:
Im Unterschied zu den radikalen Jakobinern waren Madame Rolands politische Ansichten gemäßigt. Sie missbilligte die Radikalen und ihre Vertreter wie Robespierre, Danton oder Marat. Dies brachte ihr auch das Todesurteil ein.

Was bleibt:
Jeanne-Marie de la Platière war eine selbstständige und emanzipierte Frau, die Einfluss auf die Revolution hatte und für Frauenrechte eintrat.

---

❶ ▫ Beschreibe die in Bild 1 dargestellte Situation aus der Sicht einer der abgebildeten Personen.
▶ *Frau am linken Bildrand, Henker, Soldat ...*

❷ ▫ Trage auf einer Zeitleiste die Ereignisse der Französischen Revolution von 1791 bis 1795 in zeitlicher Reihenfolge ein.

❸ ▫ Informiere dich über die Girondisten.

❹ ▫ Beschreibe die Ziele Jeanne-Marie Roland de la Platières und ihre Bedeutung für die Revolution. Berücksichtige dabei, dass sie eine Frau war.

❺ ▫ Schätze die Politik der Jakobiner ein. Betrachte sie aus damaliger und heutiger Sicht. Bewerte vor allem die Hinrichtung Jeanne-Maries.

❻ ▫ Erläutere das ganz oben stehende Zitat im Kasten.

Die Umgestaltung Europas

Wie wurde Napoleon Kaiser?

1 – „Napoleons Stufenjahre" – nach dem Lebewohl aus Deutschland winken Galgen und Hölle. Aufstieg, Fall und Bestrafung Napoleons. Radierung, 1814.

Napoleon als junger korsischer Offizier, 1792.

✳ Korsika
Ist eine zu Frankreich gehörende Insel im Mittelmeer. Hier wurde Napoleon 1769 geboren.

✳ Ägyptenfeldzug
Der Feldzug war militärisch ein Misserfolg, dafür auf wissenschaftlichem Gebiet ein Durchbruch. Ein Offizier hatte den Stein von Rosette gefunden, der später die Übersetzung der ägyptischen Hieroglyphen ermöglichte.

✳ korrupt
bestechlich, käuflich

✳ Putsch
Ein Putsch ist ein Staatsstreich, also eine gewaltsame Absetzung einer bestehenden Regierung durch eine kleinere Gruppe von Militärs und Politikern.

Napoleons Aufstieg

Der Aufstieg des ✳korsischen Offiziers Napoleon beginnt mit seinem Eintritt bei den Revolutionstruppen. Hier wird er schnell vom Leutnant zum General befördert. Dabei machte sich Napoleon einen Namen als vorbildlicher, aber auch rücksichtsloser Anführer, der an der Spitze seiner Männer kämpft. Dies sicherte ihm schnell die Zuneigung und Treue seiner Truppen und Anhänger. Nach der Terrorherrschaft der Jakobiner wurde er vom Direktorium zunächst als Befehlshaber gegen Aufstände in Frankreich eingesetzt. Danach erhielt er den Befehl über eine ganze Armee in Norditalien gegen die österreichischen Truppen. Nach seinem Sieg dort begab er sich 1797 auf einen ✳Ägyptenfeldzug. Die ✳korrupten Mitglieder des Direktoriums schafften es nicht, die Versorgung der Bevölkerung zu sichern. Vor allem aber waren sie nur auf ihren eigenen Vorteil bedacht. Die unruhige Stimmung im Volk nutzend, kehrte Napoleon zurück und ✳putschte mit anderen Verschwörern am 9. November 1799 gegen das Direktorium. Er wurde zum ersten Konsul der Republik ernannt und somit im Alter von 30 Jahren faktisch zum mächtigsten Mann in Frankreich.

Auf dem Höhepunkt der Macht

Als erster Konsul verkündete Napoleon nun das Ende der Revolution und erklärte: „Ich bin die Revolution." Das Volk wünschte sich nach Jahren des Aufstands und der Gewalt nun Ordnung, Ruhe und Stabilität. Das erreichte Napoleon mit seinen Truppen, einer neuen Verfassung (allerdings ohne Bürger- und Menschenrechte) und einer Reihe von Reformen:

– der Einführung des Code civil – eines einheitlichen, modernen, bürgerlichen Gesetzbuches, das bis heute die Grundlage für die französische Rechtsprechung ist und die Gleichheit der Bürger vor dem Gesetz endlich sicherte;

– der Gründung staatlicher Gymnasien und Universitäten, um den Nachwuchs für die Verwaltung des Landes und für das Militär auszubilden;

– der Vereinheitlichung der Maße und Gewichte;

– der Einführung einer stabilen Währung – des Franc;

2 – Napoleon krönt sich selbst und seine Frau Josephine am 2. Dezember 1804 in der Kathedrale Notre-Dame. Auf der Loge: Napoleons Mutter, die allerdings bei der Zeremonie gar nicht anwesend war. Gemälde von Jacques Louis David, 1806/07.

Napoleon als König von Rom.

– dem Bau von Straßen und Brücken, der viele Arbeitsplätze schaffte und hohe Gewinne für Unternehmer brachte;
– der Zentralisierung der Wirtschaft;
– der Ernennung von Verwaltungsbeamten, die an der Spitze der Departements (Regierungsbezirke) dafür sorgten, dass Gesetze und Anordnungen schnell ausgeführt wurden.

Daneben führte Napoleon weiterhin sehr erfolgreich Krieg.

Um seine Macht weiter auszubauen, ließ er sein Konsulat durch eine Volksabstimmung 1802 auf Lebenszeit verlängern. Nun war es nur noch ein Schritt zur absoluten Alleinherrschaft. Am 2. Dezember 1804 krönte sich Napoleon in der Kathedrale von Notre-Dame selbst zum Kaiser der Franzosen.

Q1 Napoleon schätzt das französische Volk 1797 folgendermaßen ein:

... Glauben Sie vielleicht, dass ich eine Republik gründen will? Welcher Gedanke! Das ist eine Wahnvorstellung, in die die Franzosen vernarrt sind, die aber auch wie so manches andere vergehen wird. Was die Franzosen brauchen, das ist Ruhm, die Befriedigung ihrer Eitelkeiten; aber von Freiheit, davon verstehen sie nichts. Das Volk braucht einen Führer, einen durch Ruhm und Siege verherrlichten Führer, und keine Theorien übers Regieren. ...

❶ ▣ Fertige mithilfe des Textes und von Bild 1 eine Zeitleiste zum Werdegang Napoleons an. Führe sie in der nächsten Stunde fort.
❷ ▸ Beschreibe Napoleons Maßnahmen als erster Konsul.
❸ ▪ Analysiere Gemälde 2.
▶ *Nimm hierzu die Methode „Ein Herrscherbild analysieren", S. 142, zu Hilfe.*
❹ ▪ Verfasse mithilfe von Bild 2 einen erdachten Tagebucheintrag zu Napoleons Selbstkrönung am 2. Dezember 1804 aus Sicht
   a) des Papstes,
   b) Napoleons Mutter,
   c) Josephines oder
   d) Napoleons selbst.
▶ *Jetzt sitze ich, der Papst und Stellvertreter Gottes auf Erden, hier und muss erdulden ...*
❺ ▪ Nimm Stellung zur Aussage Napoleons aus Q1: „Das Volk braucht einen Führer." Was sagt diese über seinen Charakter aus?
❻ ▪ Verfasse eine Antwort auf Q1:
▶ *Lieber Monsieur Bonaparte, Ihre Aussage hat mich doch stark berührt ...*

▶ Video

Wie veränderte Napoleon Europa?

Legende:

- Frankreich 1804
- Erwerbungen Napoleons bis 1812
- von Napoleon abhängige Staaten
- mit Napoleon 1812 verbündete Staaten

 ✗ bedeutende Schlacht

 ⌇⌇⌇ Kontinentalsperre gegen britischen Handel

1 – Europa unter der Herrschaft Napoleons 1804–1812.

Die Nelson-Säule auf dem Trafalgar Square in London ist ca. 51,5 m hoch, genauso hoch wie Nelsons Flaggschiff, die HMS Victory, vom Kiel bis zur Mastspitze.

＊ **Säkularisierung**
(spätlat.: saecularis = weltlich)
Der Begriff bezeichnet die Überführung von Kirchengütern in weltlichen Besitz. Säkularisationen fanden z. B. während der Reformation, der Französischen Revolution und unter Napoleon statt.

＊ **Kontinentalsperre**
Diese wurde von Napoleon 1806 verhängt. Damit wurde jeglicher Handel mit England verboten. Alle Waren und Gegenstände, die aus England oder den britischen Kolonien stammten, wurden beschlagnahmt.

Napoleon und England

Napoleon wollte seine Macht in Europa ausdehnen und drang erfolgreich vor. Die französischen Truppen eroberten Land für Land.

Nur England war nicht zu besiegen. Es brachte 1805 dem Kaiser eine erste große Niederlage bei. Der englische Admiral Horatio Nelson vernichtete vor der Küste Südspaniens mit seinen Schiffen bei Trafalgar die gesamte französische Flotte. Er fiel zwar selbst dabei, machte damit aber Großbritannien für mehr als 100 Jahre zur unangefochtenen Seemacht. Damit waren die Pläne eines Angriffs auf England über den Ärmelkanal zerschlagen worden. Darauf reagierte Napoleon mit einer ＊Kontinentalsperre. Er verbot den europäischen Ländern jeglichen Handel mit England, um ihm wirtschaftlich zu schaden. Doch die Briten erweiterten unbeeindruckt ihr Kolonialreich und suchten sich schnell neue Handelspartner in Süd- und Nordamerika. Darüber hinaus blühte der Schmuggel mit Europa. Zu einem berühmten Warenumschlagplatz wurde z. B. die kleine Insel Helgoland, die die Engländer 1807 den Dänen abgenommen hatten.

Neue Grenzen in Europa

In Europa begann die völlige Umgestaltung insbesondere des Alten Deutschen Reiches. Schon im Jahre 1801 mussten sich die deutschen Fürsten einverstanden erklären, auf die von Frankreich eroberten Gebiete links des Rheins auf Dauer zu verzichten. Für diejenigen, die hierdurch Gebietsverluste erlitten hatten, wurden Entschädigungen vereinbart. Dazu wurden alle geistlichen Landesherren enteignet und ihre Gebiete an weltliche Fürsten verteilt. Dieser Vorgang wurde ＊Säkularisierung genannt. Fast alle Reichsstädte und zahllose Kleinstaaten gingen in den Besitz mächtigerer Territorialherren über. Etwa 300 kleine Herrschaftsgebiete verschwanden so von der Landkarte. Drei Millionen Menschen bekamen neue Herren. Zu den Gewinnern

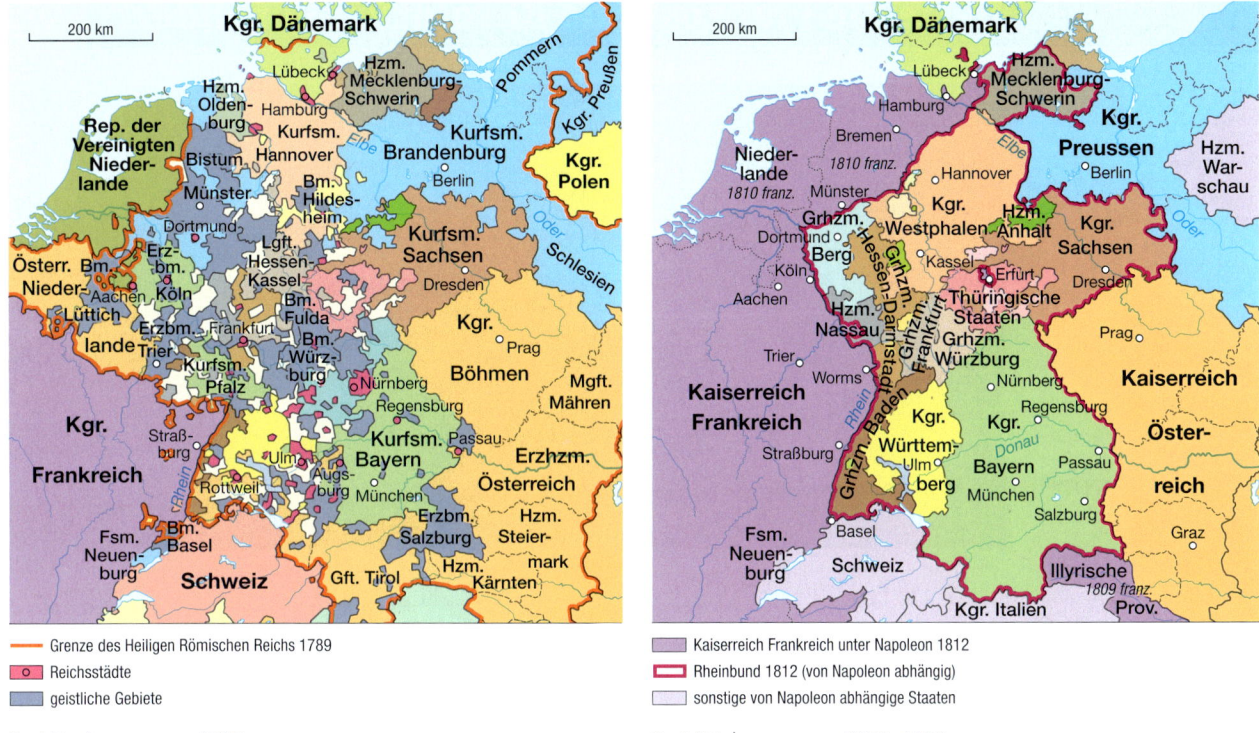

2 – Mitteleuropa vor 1789.

3 – Mitteleuropa von 1806–1812.

Legende Karte 2:
— Grenze des Heiligen Römischen Reichs 1789
☐ Reichsstädte
☐ geistliche Gebiete

Legende Karte 3:
☐ Kaiserreich Frankreich unter Napoleon 1812
☐ Rheinbund 1812 (von Napoleon abhängig)
☐ sonstige von Napoleon abhängige Staaten

---

zählten die Fürstentümer Bayern, Sachsen und Württemberg, denn sie wurden durch Napoleon zu Königreichen erhoben. 1806 schlossen zudem 16 west- und süddeutsche Staaten mit Frankreich einen Bündnisvertrag und bildeten den sogenannten Rheinbund.

Damit wurde das Heilige Römische Reich Deutscher Nation faktisch aufgelöst. Kaiser Franz II. gründete das Kaiserreich Österreich und regierte dort als Franz I.

Q1 Die Hamburgerin Marianne Prell schilderte die Verhältnisse während der Kontinentalsperre folgendermaßen:

... Da schürzten sich die Weiber, um Kaffeebohnen in ihre Strümpfe zu schütten und kleine Beutelchen mit dieser Ware überall unter den Kleidern zu befestigen; da füllte ein Knabe die löcherigen Hosen mit Pfeffer, andere gossen Sirup in ihre Stiefel, ja man will Weiber in ihr schwarzes Zottelhaar, unter der Mütze, Puderzucker haben verbergen sehen ... Es sind auf diese Weise ungeheure [Mengen] hineingeschafft worden ...

Q2 Napoleon äußerte sich 1804 über seine Herrschaftspläne:

... Europa wird nicht zur Ruhe kommen, bevor es nicht unter einem einzigen Oberhaupte steht, unter einem Kaiser, der Könige als seine Beamte hat und der seinen Generälen Königreiche gibt.

Wir brauchen ein europäisches Gesetz, einen europäischen Gerichtshof, eine einheitliche Münze, die gleichen Gewichte und Maße. Wir brauchen dieselben Gesetze für ganz Europa ... Aus allen Völkern Europas muss ich ein Volk machen und aus Paris die Hauptstadt der Welt ...

❶ ▶ Führe mithilfe des Textes und der Karten 2 und 3 deine Zeitleiste aus Aufgabe 1, S. 169, fort.

❷ ▶ Beschreibe die Situation der Gebiete im Deutschen Reich mithilfe der Karten.

❸ ▶ Erkläre die Begriffe Kontinentalsperre, Säkularisierung und Rheinbund. Tausche dich mit einer Partnerin / einem Partner aus und ergänze, wenn nötig.

❹ ▶ Erstelle mithilfe des Textes und von Q1 eine Mindmap zum Thema Kontinentalsperre. Gehe dabei auf Ursachen, Verlauf und Auswirkungen der Kontinentalsperre sowie die besondere Rolle Helgolands ein.

❺ ▶ Verfasse eine Rede zum Thema „Vereintes Europa: gestern und heute". Berücksichtige in diesem Zusammenhang Q2.

Über den Tellerrand geschaut

Hatte die Französische Revolution Vorbilder?

1 – Übergabe der amerikanischen Unabhängigkeitserklärung 1776. Gemälde von John Trumbull, 1824.

Frankreich schenkte den USA 1886 die Freiheitsstatue, die sich im Hafen vor New York befindet.

Von der Kolonie zum unabhängigen Staat
Großbritannien war bis 1660 Republik. Danach regierte mit König Jacob II. wieder ein absoluter Herrscher das Land. Nach seinem Tod 1685 wurde mit der „Bill of Rights" ein Gesetz erlassen, das bis heute den englischen König an Gesetz und Parlament bindet, womit die erste konstitutionelle Monarchie in Europa geschaffen wurde.
Zu diesem Zeitpunkt besaß Großbritannien 13 Kolonien in Nordamerika. Deren Einwohner hatten Europa zumeist aus wirtschaftlicher Not, aber auch wegen politischer und religiöser Verfolgung verlassen. Ihr gemeinsamer Kampf ums Überleben schweißte diese Menschen zusammen. Sie fühlten sich als ein Volk, eine Nation. Mitte des 17. Jahrhunderts waren erste Städte wie Boston, Philadelphia und New York entstanden. Bis 1770 lebten hier bereits 2,5 Millionen Ausgewanderte aus ganz Europa. England sah in den Kolonien aber lediglich eine Einnahmequelle. Je erfolgreicher die Kolonisten in Amerika waren, desto höher waren die Gewinne, aber umso selbstbewusster wurden auch die Amerikaner. Als 1773 die Steuern auf Tee wieder einmal erhöht werden sollten, stürmten Kolonisten, die als Mitglieder der indigenen Bevölkerung verkleidet waren, in Boston drei Schiffe und vernichteten die Ladung.
Mit dieser „Boston Tea Party" begann der bewaffnete Aufstand gegen das Mutterland. England schickte Tausende Soldaten – z. T. gegen Geld in Hessen angeworben – nach Amerika. Im Gegenzug wurde auf einem Kongress der Kolonisten in Philadelphia 1775 die Loslösung von Großbritannien und die Schaffung einer eigenen Verfassung beschlossen. Nachdem die 13 Vereinigten Staaten von Amerika am 4. Juli 1776 ihre Unabhängigkeit von Großbritannien erklärt hatten, brach ein offener Krieg aus, der über acht Jahre andauern sollte. Unter dem General George Washington (1732–1799) dienten auch viele Freiwillige aus Europa, wie z. B. der Herzog La Fayette oder der Preuße Friedrich von Steuben. Letztendlich musste England im Frieden von Paris 1783 die Unabhängigkeit (Independence) anerkennen. Mit diesen Ereignissen begann die Geschichte einer Weltmacht und der ersten modernen Demokratie der Welt.

❶ Recherchiere zur Geschichte der amerikanischen Flagge und finde heraus, wofür Sterne und Streifen symbolisch stehen.
❷ Beschreibe Bild 1 und ordne es in die Entstehungsgeschichte der USA ein.
▶ *Nimm hierzu die Methode „Bilder untersuchen", S. 297, zu Hilfe.*
❸ Diskutiert den Zusammenhang der Ereignisse in den USA und in Frankreich.

Das kann ich …

Die Französische Revolution

Wichtige Begriffe

Revolution	Republik
Generalstände	konstitutionelle Monarchie
Terreur	Nationalversammlung
Sansculotten	Ballhausschwur
Jakobiner	Menschen- und Bürgerrechte
Verfassung	

Wissen und erklären

❶ Erklärt euch gegenseitig die wichtigen Begriffe und schreibt ihre Bedeutung in eure Mappe.
❷ Nenne die Ursachen der Französischen Revolution.
❸ Erkläre die Unterschiede zwischen konstitutioneller Monarchie und Republik.

Anwenden

❹ Erläutere, warum die Losung „Liberté, Egalité, Fraternité" revolutionär war.
❺ Verfasse mithilfe von Q1 eine Flugschrift, die nach der Verabschiedung der Menschen- und Bürgerrechte im August 1789 in Umlauf gebracht wird.
❻ Erkläre anhand von Bild 2, warum der Zustand des Staatshaushalts einer der Gründe für die Revolution war.
❼ Wende heutige Vorstellungen zur Frauenemanzipation auf die Französische Revolution an. Zu welchem Ergebnis kommst du?

Beurteilen und handeln

❽ Stelle die Einschätzungen des Künstlers in Bild 1 zur Jakobinerherrschaft dar.
❾ Beurteile, wie ein Jakobiner auf diese Karikatur reagieren würde. Bewerte diese Reaktion.
❿ Bewerte die Einschätzung des Künstlers aus heutiger Sicht.

Q1 **Im Januar 1789 verfasste der Geistliche Emmanuel Joseph Graf Sieyès (1748–1836) die Flugschrift „Was ist der Dritte Stand?".**
Darin heißt es:

1. Was ist der Dritte Stand? – ALLES.
2. Was ist er bis jetzt in der staatlichen Ordnung gewesen? – NICHTS.
3. Was verlangt er? – ETWAS ZU WERDEN.

Was ist nötig, damit eine Nation bestehen kann und gedeiht? Arbeiten im Privatinteresse und öffentliche Dienste … Das sind Arbeiten, die die Gesellschaft erhalten. Wer verrichtet sie? Der Dritte Stand.
… Wer konnte also die Behauptung wagen, der Dritte Stand umfasse nicht alles, was zur Bildung einer vollständigen Nation nötig ist? Er ist der starke und kraftvolle Mann, der an einem Arm noch angekettet ist … Was also ist der Dritte Stand? Alles, aber ein gefesseltes und unterdrücktes Alles. Was wäre er ohne den privilegierten Stand? Alles, aber ein freies und blühendes ALLES. Nichts kann ohne ihn gehen; alles ginge unendlich besser ohne die anderen.

1 – Robespierre köpft den Henker, den vorletzten Franzosen. Karikatur, Frankreich 1794. Auf dem Grabstein steht: „Hier ruht ganz Frankreich." Am Boden liegen die Verfassungen von 1791 und 1793.

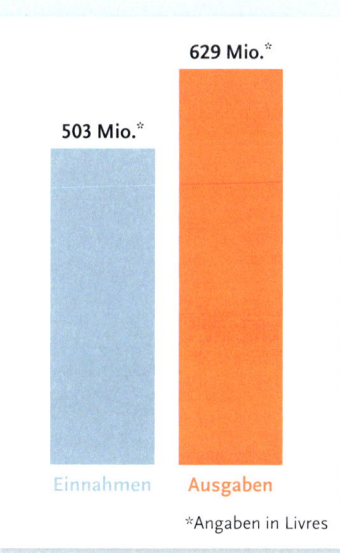

629 Mio.*

503 Mio.*

Einnahmen   Ausgaben

*Angaben in Livres

2 – Der Staatshaushalt im Jahr 1788.

▶ Teste dich

Hier spielt die Geschichte …

Vive le rebus – es lebe das Bilderrätsel!

Einführung

Sicher kennt ihr Bilderrätsel aus eurer Kindheit, in denen Wortbestandteile durch Bilder ersetzt werden. In der Grundschule habt ihr bestimmt an dem ein oder anderen auch länger geknobelt. Diese Bilderrätsel werden als Rebus bezeichnet.

Dabei gelten folgende zwei Bedingungen: Buchstaben werden gestrichen oder einzeln hingeschrieben und Buchstaben werden ersetzt durch Skizzen oder kleinen Zeichnungen. Dabei muss kein Zusammenhang zwischen dem zu erratenden Begriff und der Zeichnung bestehen.

Beispiel: „Ballhausschwur"
= **Ball – Haus – Sch~~uh~~ – W – U~~hr~~**

Übrigens entwickelte sich diese intellektuelle Spielerei bereits im 15. Jahrhundert in Frankreich und kam im 18. Jahrhundert nach Deutschland. Der Begriff Rebus stammt aus dem Lateinischen und bedeutet so viel wie „durch Dinge dargestellt".

Spielablauf

1. Bildet Paare und zieht jeweils einen Begriff, den ihr bildhaft für eure Klasse darzustellen versucht.

2. Klärt zuerst die Bedeutung des Wortes, damit ihr wisst, um was es geht. Nutzt dazu euer Lehrbuch, S. 160–185.

3. Schaut euch nun das Wort selbst genauer an und zerlegt es in einzelne Bestandteile. Sucht ähnliche Begriffe zu den einzelnen Bestandteilen, die man gut skizzieren kann.

4. Zeichnet nun gut erkennbar auf einem A3-Blatt euer Rebus auf. Ergänzt die noch fehlenden Buchstaben unter dem Bild und die – durchgestrichenen – Buchstaben.

5. Hängt alle Rebusbilder in der Klasse auf. Ratet gemeinsam, welcher Begriff jeweils dargestellt wird.

6. Ihr wollt das Raten als Wettbewerb gestalten? Das geht natürlich auch: Notiert, wer einen Begriff erraten hat. Gewonnen hat, wer die meisten Begriffe errätselt hat. Er oder sie ist Rebusmeister oder -meisterin der Klasse – genannt Rebusmaître.

Im letzten Kapitel habt ihr sehr viele spezielle Ausdrücke zum Thema „Französische Revolution" kennengelernt. Diese wiederholt ihr jetzt mit dem Rebusprinzip spielerisch.

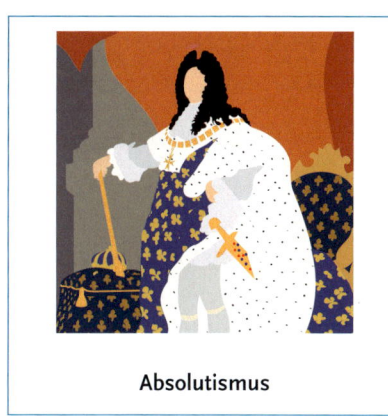

Absolutismus

Bastille

Brüderlichkeit

Dritter Stand

Freiheit

Gleichheit

Jakobiner

Nationalversammlung

Menschenrechte

Revolution

Napoleon

Guillotine

6 Die deutschen Staaten und Europa im 19. Jahrhundert

Schwarz-rot-goldene Flaggen und Girlanden zieren die Wände der Frankfurter Paulskirche, die 1848 zum Tagungsort der ersten deutschen Nationalversammlung wurde. Sie sollte eine Verfassung erarbeiten und damit die Schaffung eines einheitlichen deutschen Staates ermöglichen. Bereits etwa 30 Jahre zuvor hatte sich eine Nationalbewegung in den deutschen Teilstaaten entwickelt, die sich an den Idealen der Französischen Revolution von Nation, Bürgerrechten und Freiheit orientierte. Doch was stand am Anfang dieser Entwicklung und wohin führte sie?

6 Die deutschen Staaten und Europa im 19. Jahrhundert

1804

Kaiserkrönung Napoleons

1813

Völkerschlacht bei Leipzig, Niederlage Napoleons

1 – Staatsformen und Revolutionen 1848/49.

Der Beginn des 19. Jahrhunderts ist eng mit dem Namen Napoleon Bonaparte verbunden. Sechzehn Jahre lang prägte er Frankreich und Europa einerseits durch Kriege, andererseits aber auch mithilfe umfangreicher Reformen. Er zog Grenzen neu, schuf und zerstörte Staaten. Napoleon hinterließ tiefe Spuren und bereitete den Boden des jungen 19. Jahrhunderts für tiefgreifende Veränderungen. Die Ideen und Forderungen der Französischen Revolution trafen auch in Deutschland auf Menschen, die sich nach nationaler Einheit und Freiheit sehnten: Erst wenige Studenten – dann Tausende aus allen Bevölkerungsschichten.
Doch es war nicht die Revolution von unten, sondern eine Bewegung von oben, die schließlich zur Gründung eines deutschen Nationalstaats führte.

Am Ende des Kapitels kannst du folgende Fragen beantworten:

- Wer war Napoleon und was wurde unter ihm aus den Idealen der Französischen Revolution?
- Wie und von wem wurde Europa 1815 neu geordnet?
- Welche Forderungen erhoben die deutschen Bürger 1817 und 1832 gegen die Obrigkeit?
- Wie verlief die deutsche Revolution von 1848/49?
- Wie kam es zur Gründung des deutschen Kaiserreiches und welche Rolle spielte Otto von Bismarck dabei?
- Wozu dienen Denkmäler und wie kann ich sie genauer untersuchen?
- Wie werden politische Lieder und Karikaturen ausgewertet?

1815	1817	1832	1848/49	1864–1871	1871
Wiener Kongress, Gründung Deutscher Bund	Wartburgfest	Hambacher Fest	Bürgerliche Revolution in Deutschland	Reichs-einigungs-kriege	Gründung deutsches Kaiserreich

Opa, sag mal …

Stella: Hallo, Opa! Lass mich schnell rein. Das Fußballländerspiel gegen Spanien geht doch gleich los.

Opa: Dann komm, es werden schon die Nationalhymnen gespielt.

Stella: Cool. Aber warum werden denn bei Sportveranstaltungen eigentlich Nationalhymnen gespielt?

Opa: Eine Hymne ist eigentlich ein feierliches Gedicht. Jeder Staat hat eine Hymne als Erkennungszeichen, genau wie eine Flagge. Und zu besonderen Anlässen, wie sportlichen Ereignissen oder auch beim Besuch von Staatsmännern, wird diese Hymne gespielt, um sich zu identifizieren.

Stella: Stimmt es, dass unsere Nationalhymne teilweise verboten ist?

Opa: Nein. Das „Lied der Deutschen" ist ein Gedicht aus dem Jahre 1841. Es wurde von August Heinrich Hoffmann von Fallersleben geschrieben. In den drei Strophen kommt der Wunsch vieler Deutscher nach einem einheitlichen Staat zum Ausdruck, denn Deutschland war damals in viele kleine Staaten aufgeteilt.

Stella: Ist es doch jetzt auch: in 16 Bundesländer.

Opa: Das stimmt, aber die Situation war damals noch eine ganz andere. Das werdet ihr im Geschichtsunterricht sicherlich noch besprechen. Auf jeden Fall erklärte Reichspräsident Ebert 1922 das gesamte Lied zur Nationalhymne. Unter den Nationalsozialisten wurde dann nur die erste Strophe gesungen, in der die alten Grenzen des Deutschen Reiches beschrieben werden.

Stella: Verstehe: Da wir ja heute andere Grenzen haben, ist das sicherlich komisch, wenn davon gesungen wird.

Opa: Genau und auch andere Aussagen werden heute nicht mehr als positiv angesehen. Jedenfalls ist unsere heutige Nationalhymne nur die dritte Strophe des Liedes. Die Melodie stammt übrigens von dem österreichischen Komponisten Joseph Haydn.

Stella: Schade eigentlich, dass unsere Nationalhymne nicht so wie die der Spanier ist.

Opa: Wieso das denn?

Stella: Na, die ist ohne Text und manchmal wäre es ganz gut, die Sportler nicht beim Singen zu hören.

Opa (lacht): Deshalb sind es auch Sportler und keine Sänger geworden! Aber Hauptsache ist doch, dass sie sich so mit ihrem Land verbunden zeigen. Kannst du eigentlich mitsingen?!

2 – Joseph Haydn, der Komponist des Deuschlandliedes. Briefmarke von 1969.

❶ ▸ Lest die Geschichte mit verteilten Rollen.

❷ ▸ Beantwortet innerhalb der Klasse die letzte Frage des Opas.

❸ ▸ Nenne mithilfe von Karte 1 Länder, in denen es 1848/49 in Europa zu Aufständen und Revolutionen kam.

❹ ▸ Führe ein Brainstorming zum Begriff „Nation" durch und verfasst danach eine Begriffserklärung dazu.

❺ ▸ Manche Nationalspieler singen die Hymne immer mit, einige wehren sich dagegen. Welche Meinung vertrittst du dazu?

Restauration und Vormärz

Was geschah nach dem Sieg über Napoleon?

Legende:

— Grenze des Deutschen Bundes 1815

▨ neu- oder wiedererworbene Gebiete in hellerer Farbstufe

● 1815 neugeschaffene oder wiederhergestellte Staaten

1 Kgr. der Vereinigten Niederlande
2 Kgr. Hannover
3 Grhzm. Luxemburg
4 Grhzm. Hessen
5 Kgr. Württemberg
6 Grhzm. Baden

1 – Europa nach dem Wiener Kongress 1815.

Klemens Wenzel Lothar von Metternich (1773–1859) Österreichischer Diplomat, Politiker und Staatsmann, zunächst als Botschafter in Dresden, Berlin und Paris tätig – ab 1809 österreichischer Außenminister und Staatskanzler.

✳ Restauration
Von lateinisch „restauratio" für „wiederherstellen" oder „erneuern".

„Der Kongress tanzt"

Nach dem Sturz Napoleons sollte in Europa wieder die alte Ordnung hergestellt werden. Neben den großen Gewinnern wie Österreich, Russland, England und Preußen hatten sich die europäischen Fürsten oder ihre Gesandten aus über 200 Staaten vom September 1814 bis Juni 1815 in Wien eingefunden. Dieser Kongress wurde vom österreichischen Außenminister Klemens Wenzel von Metternich geleitet. Der gesamteuropäische Adel wollte hier seine Macht- und Gebietsansprüche klären und feierte nebenbei viele Feste und Bälle. Die Wiederherstellung und Neuordnung der Machtverhältnisse waren die zentralen Anliegen der Kongressteilnehmer. Der französische Gesandte Charles-Louis de Talleyrand konnte nicht verhindern, dass Frankreich wieder seine Grenzen von 1792 bekam. Aber er konnte durchsetzen, dass Frankreich unter Führung König Ludwigs XVIII. nicht mehr als Kriegsverlierer behandelt wurde. Damit

kehrte es zurück in die Reihe der fünf europäischen Großmächte – neben Preußen, Österreich, Großbritannien und Russland.

Die Ergebnisse des Wiener Kongresses

Ein zentrales Ziel des Wiener Kongresses bestand darin, die Errungenschaften der Französischen Revolution und die bürgerlichen Forderungen nach politischer Mitbestimmung im Keim zu ersticken. Oberhand sollten wie einst die absolutistischen Monarchien erhalten. Damit begann die Zeit der ✳Restauration.

Ein weiteres Ziel der Kongressteilnehmer war Frieden in Europa. Dafür sollten zum einen die fünf Großmächte sorgen, zum anderen die Solidarität der europäischen Fürsten untereinander gegen jede weitere revolutionäre Bewegung. Diesem Zweck diente auch die Gründung der Heiligen Allianz zwischen Preußen, Österreich und Russland.

Weitere Ergebnisse des Kongresses sahen drastische Gebietsveränderungen vor:

2 – „Der Kuchen der Könige." Zeitgenössische Karikatur, 1815.

– Großbritannien erhielt die Insel Malta, Ceylon, Trinidad und Tobago, die Seychellen, Mauritius und Helgoland sowie die südafrikanische Kap-Kolonie.
– Russland bekam fast das gesamte polnische Staatsgebiet sowie den Königstitel und Finnland zugesprochen.
– Österreich gewann Tirol, Gebiete in Oberitalien, Galizien und Dalmatien (heute Kroatien).
– Preußen wurde mit der Hälfte von Sachsen, Westfalen und der Hälfte der späteren Rheinprovinz entschädigt.

Die Fürsten schoben während der Verhandlungen „Seelen", d. h. Länder, Provinzen, Städte und Grenzstreifen, zwischen sich hin und her. Dabei betrachtete man die betroffene Bevölkerung nur als Verhandlungsmasse, nicht als Menschen.

Q1 Fürst de Ligne (1735–1814), ein österreichischer Feldmarschall, begrüßte einen französischen Grafen bei dessen Ankunft in Wien 1814 mit den Worten: Sie kommen zur rechten Zeit, um große Dinge zu sehen. Europa ist in Wien. Das Gewebe der Politik ist ganz mit Festlich-keiten durchsponnen. Denn der Kongress schreitet nicht vor, sondern er tanzt. Es ist ein königlicher Wirrwarr. Von allen Seiten schreit man: Friede, Gerechtigkeit, Gleichgewicht, Entschädigung, Legitimität – ein Wort, um das Fürst von Talleyrand die Diplomatie bereichert hat. Die Eintracht hat endlich die Völker verbunden, die so lange feindlich waren; ihre berühmtesten Vertreter gaben das erste Beispiel dazu. Eine seltsame Sache, die man hier zum ersten Male sieht: Das Vergnügen erringt den Frieden.

❶ ▣ Fasse die Folgen des Wiener Kongresses zusammen.
❷ ▣ Suche in der Karte 1 und mithilfe eines Atlasses die im Text genannten Gebiete, die die verschiedenen Länder hinzugewonnen hatten. Fasse deine Ergebnisse in einer Tabelle zusammen.
❸ ▣ Verfasse eine offizielle Erklärung über die Folgen des Wiener Kongresses für Sachsen mithilfe der Karte und des Textes.
▶ *Hiermit erklärt der Wiener Kongress, dass Sachsen ab heute …*
❹ ▣ Untersuche die Karikatur in Bild 2 und beziehe dabei die Aussagen der einzelnen Herrscher mit ein.
❺ ▣ Charakterisiere die auf dem Wiener Kongress herrschende Atmosphäre anhand der Aussage „Der Kongress tanzt" (Q1). Erstellt dazu ein Standbild. Diskutiert anschließend die Bedeutung der Politik zur damaligen Zeit für den einfachen Mann.

Welche Auswirkungen hatte der Wiener Kongress auf Europa?

1 – „Die Heilige Allianz" – von links: Zar Alexander I. von Russland, Kaiser Franz I. von Österreich und König Friedrich Wilhelm III. von Preußen. Gemälde eines unbekannten Malers, 1815.

2 – „Deutschlands Hoffnung" oder „Der Bundestag in Frankfurt". Radierung, 1816.

Heilige Allianz – erstes überstaatliches Bündnis Europas

Obwohl der russische Zar, der österreichische Kaiser und der preußische König Anhänger unterschiedlicher Konfessionen waren, gründeten sie im Zuge des Wiener Kongresses am 26. September 1815 die „Heilige Allianz". Kerngedanke dieses Bündnisses war die Sicherung eines „Ewigen Friedens" in Europa. Die beteiligten Herrscher verpflichten sich zur gegenseitigen Hilfe und überall da gemeinsam einzugreifen, wo die Monarchien bedroht schienen. Die Grundsätze des Christentums (z. B. Nächstenliebe) sollten darüber hinaus als höchste Instanz des Völkerzusammenlebens gelten. Dem Bündnis traten bald alle europäischen Staaten, außer dem Vatikanstaat und Großbritannien, bei. Unter der Führung Metternichs wurde die Heilige Allianz zum Werkzeug gegen alle demokratischen Bewegungen.

Der Deutsche Bund – ein Bund der Deutschen?

Viele Deutsche hofften, dass durch den Wiener Kongress anstelle der vielen kleinen Staaten ein einheitlicher deutscher Nationalstaat nach französischem Vorbild entstehen würde. Diese Hoffnungen wurden jedoch enttäuscht. Sowohl die Großmächte Europas als auch die einzelnen deutschen Fürsten wollten kein einheitliches Land mit einem starken deutschen Kaiser. Dies hätte einen Machtverlust bedeutet. Deshalb wurde statt eines National- oder Bundesstaates lediglich ein loser Staatenbund aus 35 Fürstentümern und den vier freien Reichsstädten Hamburg, Frankfurt, Bremen und Lübeck gegründet. Diese schlossen sich am 8. Juni 1815 zum Deutschen Bund zusammen.

Wer hat das Sagen im Deutschen Bund?

Das bedeutendste gemeinsame Ziel war die Einhaltung des äußeren und inneren Friedens in Deutschland sowie die Unabhängigkeit und Unverletzlichkeit der 39 einzelnen deutschen Staaten. Das bedeutete aber auch, dass jeder Staat seine eigenen Gesetze machte, seine eigene Währung behielt, eigene Zölle erhob und eine eigene Armee unterhielt. Als einzige gesamtdeutsche Einrichtung wurde der Bundestag in Frankfurt/M. geschaffen. Ein ständig tagender Kongress der Gesandten der Einzelstaaten, in dem Österreich mit Staatskanzler Metternich den Vorsitz hatte. Dieser sollte in der Folgezeit die gesamteuropäische Politik maßgeblich beeinflussen.

100 km

Grenze des Deutschen Bundes 1815

1   Hzm. Lauenburg
2   Grhzm. Mecklenbg.-Strelitz
3   Fsm. Schaumburg-Lippe
4   Fsm. Lippe
5   Hzm. Braunschweig
6   Hzm. Anhalt
7   Jülich-Kleve-Berg
8   Fsm. Waldeck
9   Lgft. Hessen-Homburg
10 Fsm. Hohenzollern
11 Fsm. Liechtenstein
12 Vorarlberg

Fsm.   Fürstentum
Grhzm. Großherzogtum
Hzm.   Herzogtum
Kgr.   Königreich
Lgft.   Landgrafschaft
Mgft.   Markgrafschaft
Prov.   Provinz
Rep.   Republik

3 – Der Deutsche Bund 1815.

Thüringen nach dem Wiener Kongress

Nach 1815 gingen weite Gebiete Thüringens an Preußen, das diese annektiert hatte. Darüber hinaus bildeten sich nach dem Wiener Kongress im Raum zwischen dem Harz und dem Thüringer Wald und den Flüssen Werra und Pleiße zwölf Kleinstaaten des sächsischen Herrschergeschlechts der Ernestiner: Sachsen-Weimar-Eisenach, Sachsen-Gotha-Altenburg, Sachsen-Meiningen, Sachsen-Hildburghausen, Sachsen-Coburg-Saalfeld, Schwarzburg-Rudolstadt, Schwarzburg-Sondershausen, Reuß ältere Linie, Reuß jüngere Linie mit den Fürstentümern Gera, Ebersdorf, Schleiz und Lobenstein. Trotz mancher Versuche scheiterte die Bildung eines thüringischen Staates an den kleinstaatlichen Interessen der herrschenden Dynastien. Eine Vorstufe zur Einigung war der 1833 gegründete „Thüringische Zoll- und Handelsverein", der am Tag seiner Gründung dem Deutschen Zollverein beitrat. Darüber hinaus gab es keine weiteren Zusammenschlüsse. Die nach 1815 gebildeten souveränen thüringischen Staaten traten unter dem Sammelnamen „Thüringische Staaten" dem Deutschen Bund bei und bestanden in dieser Form mit kleinen Ergänzungen bzw. Änderungen bis 1918.

M1 „Thüringer Kleinstaatenjammer"

Im Verlauf des 19. und frühen 20. Jahrhunderts hatte es Bestrebungen gegeben, den „Thüringer Kleinstaatenjammer", der sich nach Meinung nicht weniger Zeitgenossen insbesondere in wirtschaftlicher und finanzieller Hinsicht nachteilig auswirkte, zu überwinden. Alle Bemühungen scheiterten jedoch am Widerstand vor allem der herrschenden Monarchen. Mit ihrem Sturz im Gefolge der revolutionären Ereignisse des November 1918 … ergaben sich günstige Voraussetzungen für die Bildung eines einheitlichen Landes und die Überwindung der seit dem Mittelalter bestehenden staatlichen Zersplitterung Thüringens.

❶ ◼ Nenne mindestens 10 der 39 Länder des Deutschen Bundes. (Karte 3)
❷ ◼ Vergleiche die Zusammensetzung des Deutschen Bundes mit der heutigen Bundesrepublik Deutschland.
❸ ◼ Erläutere anhand des Textes, Bild 2 und der Karte 3 die Entstehung des Deutschen Bundes.
❹ ◼ Erläutere die Nachteile der „Thüringer Kleinstaaterei".
❺ ◼ Recherchiere und kläre, warum einige thüringische Staaten die Bezeichnung Sachsen im Namen tragen.

Wie reagierte die Bevölkerung auf die Ergebnisse aus Wien?

1 – „Mein Nest ist das Best." Zeichnung von Ludwig Richter, 1869.

2 – „Zwei Männer in Betrachtung des Mondes". Die Personen sind gekleidet in „altdeutsche" Tracht. Gemälde von Caspar David Friedrich, 1819/1820.

---

* Romantik
Eine von Deutschland ausgehende Bewegung (1790–1830), die in der Literatur begann und auf Musik und bildende Kunst übergriff. Sie ist geprägt durch die Flucht aus der Wirklichkeit in die Welt der Fantasie, der Natur und in die Vergangenheit. Die gute alte Zeit (des Mittelalters) wurde „romantisiert", also als besonders positiv angesehen.

* Autorität
Begriff für eine Persönlichkeit mit hohem Ansehen.

* Idylle
Meint umgangssprachlich ein als harmonisch angesehenes Leben, zumeist auf dem Land, das nicht zwangsläufig den reellen Gegebenheiten entspricht.

Das Bürgertum ist wie eine Romanfigur

Nach dem Sieg über Napoleon hatten die Bürger aufgeatmet und auf einen Neubeginn gehofft. Die Französische Revolution und ihre Ideale waren nicht vergessen, jedoch enttäuschten die Ergebnisse des Wiener Kongresses. Demokratische Bewegungen wurden zunehmend mit aller Macht von der Obrigkeit unterdrückt. Frustriert von diesen Entwicklungen zogen sich viele Bürgerinnen und Bürger ins Privatleben zurück. Sie konzentrierten sich nun vorrangig auf Familie, Bildung, Musik und Kunst statt auf die Teilnahme am politischen Geschehen. Beispielhaft für den sich daraus entwickelnden Menschentyp war die von den Autoren Eichroth und Kußmaul geschaffene Romanfigur des spießigen und kleingeistigen Dorflehrers Gottlieb Biedermeier. Diese Figur wurde letztlich namensgebend für die Zeit zwischen 1815 und 1848 in Kunst, Einrichtungsstil und Politik in Deutschland – die Biedermeierzeit.

Die (spieß)bürgerliche Familie

In den bürgerlichen Familien waren die Rollen klar verteilt: Der Vater war das Oberhaupt. Er hatte die uneingeschränkte *Autorität. Die Mutter kümmerte sich um den Haushalt und die Erziehung der meist

zahlreichen Kinder. Seine gute Stube war für den „Biedermann" der Rückzugsraum in seine kleine, heile Welt, weit weg von den Wirren der Zeiten. Deshalb wurden die „Spießbürger" und „Biedermänner" oft spöttisch mit Nachtmütze, Schlafrock und Pantoffeln auf Bildern dargestellt. Man sehnte sich zurück in eine vermeintlich bessere Zeit des Mittelalters mit seinen Rittern, Burgen und einem deutschen Kaiser. Aus dieser Zeit stammende Geschichten griffen die Gebrüder Grimm, Gustav Schwab oder Wilhelm Hauff auf und schufen bis heute gelesene Märchensammlungen. Die Deutschen begannen, sich als eine Kulturnation zu verstehen.

Was ist *romantisch?

Zu den Ergebnissen des Zurückziehens ins Private gehörten auch einzigartige Werke in Kunst und Musik. Große Komponisten wie Beethoven, Mendelssohn-Bartholdy oder der in Zwickau geborene Robert Schumann machten Deutschland zur Musiknation. Carl Maria von Weber komponierte in Dresden 1821 mit seinem „Freischütz" die erste deutsche Nationaloper. Diese Oper besitzt Elemente wie Natur und Wald sowie eine märchenhafte Handlung. Diese gelten als typisch für die Kultur dieser Epoche – die

3 – „Die gute alte Zeit." Das Innere einer Bürgerwohnung im Biedermeierstil. Gemälde, um 1835.

Romantik. Auch berühmte Maler wie Caspar David Friedrich und Ludwig Richter nahmen diese Elemente in ihren Gemälden auf. Sie waren in Dresden tätig, das mit seinen Kunstschätzen und seiner landschaftlich schönen Umgebung zu einem kulturellen Zentrum der Romantik wurde. In den Bildern Richters kommen seine Liebe zum Kleinen und Nahen, der Hang zur *Idylle und seine Volksverbundenheit zum Ausdruck. Caspar David Friedrichs Werke hingegen zeigen ein tiefes Empfinden für die Natur und sind geprägt von einer starken Gefühlswelt.

„Epoche der Gefühle"

Die Romantiker hatten Angst vor dem Verlust von Geborgenheit. Sie wandten sich fantastischen Welten zu und zogen sich aus dem gesellschaftlichen Leben zurück. Die Romantik wird deshalb auch als „Epoche der großen Gefühle" bezeichnet. Sie steht für das Mystische, das Geheimnisvolle und die Hinwendung zur Natur. Insgesamt wird die Romantik als eine Bewegung gesehen, die nicht den Verstand, sondern Gefühle in den Vordergrund stellte. Im politischen und kulturgeschichtlichen Sinn wird sie deshalb als Gegenströmung zu Aufklärung und Rationalismus angesehen.

Die Zeit der Romantik in Sachsen-Anhalt ist vor allem mit den Schriftstellern Johann Ludwig Wilhelm Müller, Novalis (Georg

Philipp Friedrich Freiherr von Hardenberg) und dem Maler Georg Carl Adolph Hasenpflug verbunden.

Q1 **Der Philosoph Friedrich Schleiermacher (1768–1834) schrieb 1804 in einem Brief über die Funktion der Familie:**

... Und so denke ich mir auch jede Familie als ein niedliches, trauliches Kabinett in dem großen Palast Gottes, als ein liebes, sinniges Ruheplätzchen in seinem Garten, von wo aus man das Ganze übersehen, aber doch auch sich recht vertiefen kann in das Enge, Beschränkte, Trauliche ...

❶ Definiert die Begriffe Biedermeierzeit und Romantik mithilfe einer Redekette. Nutzt dazu die Bilder 1 und 2.
▶ *Beispiel für die Biedermeierzeit: Darstellung einer Familie → mit vielen Kindern → alle haben sich lieb → auch viele Tiere sind dargestellt → man umarmt sich*

❷ Untersuche Q1. Inwiefern kann die Aussage als Zeugnis der Biedermeierzeit gesehen werden?

❸ Analysiere das Bild 3. Beachte dabei besonders die Stellung von Mann und Frau.
▶ *Das Gemälde verdeutlicht die Rollenverteilung in der Zeit des Biedermeier.*

❹ Erstelle jeweils eine Wandzeitung zu den Stilrichtungen Biedermeier und Romantik. Gehe dabei auf wichtige Vertreter der Kunst, Musik und Literatur ein. Bitte, bei Bedarf, deine Kunst-, Musik- oder Deutschlehrkräfte um Hilfe.

❺ Der gute Ruf eines Bürgers hing im 19. Jahrhundert mehr von der intakten Familie als von beruflichen Erfolgen ab. Positioniere dich zu dieser Feststellung. Führt in der Klasse ein Streitgespräch und vergleicht mit heute.

Wie wurde die deutsche Nationalidee zur Bewegung?

1 – Wartburgfest 1817. Die Studenten tragen die altdeutsche Tracht.

2 – Der Zug auf das Hambacher Schloss am 27.05.1832. Radierung, 1832.

※ **Studentenverbindung/ Burschenschaft**
Hierbei handelt es sich um einen Verband von Studenten und Absolventen (Alumni) einer Universität, der Bräuche und gewachsene Traditionen pflegt (eigene Regeln, Farben und z. T. Fechtübungen und -kämpfe bei schlagenden Verbindungen). Im Zuge der Einheitsbewegung wurde kurzzeitig das Ziel verfolgt, auch alle Studentenverbindungen zu vereinigen.

※ **Karlsbader Beschlüsse**
Die Karlsbader Beschlüsse wurden am 20. September 1819 vom deutschen Bundestag in Frankfurt verabschiedet. Sie umfassten vier Gesetze – das Universitätsgesetz, das Pressegesetz, das Untersuchungsgesetz und die Exekutionsordnung. Damit wurden die Burschenschaften verboten, die Meinungsfreiheit eingeschränkt, die Presse zensiert, die Universitäten überwacht und Berufsverbote für liberal und national gesinnte Professoren ausgesprochen.

Protest in Schwarz-Rot-Gold
Vor allem die Jugend rebellierte gegen Restauration und Kleinstaaterei. Es waren Studenten und fortschrittliche Professoren, die ihren Traum von Freiheit und Einheit nicht aufgeben wollten. Am 12. Juni 1815 hatten aufgebrachte Studenten in Jena die Deutsche ※Burschenschaft (Urburschenschaft) gegründet, die sich als Verbindung aller Studenten an allen deutschen Universitäten verstand. Ihr Ziel war die Einheit Deutschlands und ihr Motto „Freiheit, Ehre, Vaterland". Sie organisierte Protestaktionen und trug erstmals Schwarz-Rot-Gold als deutsche Farben.

Was ist des Deutschen Vaterland?
Am 31. Oktober 1817 versammelten sich ca. 450 Studenten auf dem Eisenacher Marktplatz, um gemeinsam zur Wartburg zu ziehen. Hier sollte eigentlich neben dem 300-jährigen Jubiläum der Reformation auch der vierte Jahrestag der Völkerschlacht bei Leipzig gefeiert werden. Doch stattdessen wurden Forderungen nach Freiheit und deutscher Einheit erhoben. Abends trafen sich die Teilnehmer zum großen Fackelzug. Dabei warfen Studenten unter großem Beifall die Zeichen der alten Fürstenherrschaft ins Feuer: Bücher, die die Herrschaft der Fürsten verherrlichten, alte Soldatenzöpfe, Uniformteile.

Die Reaktion der Obrigkeit
Die Landesherren reagierten mit Empörung auf diese Aktion und verlangten, die Jenaer Universität zu schließen. Auch der preußische König Friedrich Wilhelm III. stellte Überlegungen an, alle studentischen Verbindungen zu verbieten. Im März 1819 wurde der Schriftsteller und Generalkonsul August von Kotzebue, der als Fürsprecher der Fürsten galt, von dem Burschenschafter Karl Ludwig Sand ermordet. Der Attentäter wurde hingerichtet. Alle „gemeingefährlichen" Burschenschaften wurden durch die ※Karlsbader Beschlüsse verboten, die Pressezensur verschärft und die Versammlungsfreiheit eingeschränkt.

Von Eisenach nach Hambach
Die fortschrittlichen demokratischen Kräfte ließen sich jedoch nicht entmutigen. So trafen sich 15 Jahre nach dem Wartburgfest über 30 000 Menschen auf dem Hambacher Schloss, um ihre Forderungen nach politischer Freiheit und nationaler Einheit zu bekräftigen. Wieder folgten Verhaftungen und Verurteilungen, eine weitere Verschärfung der Pressezensur, die Abschaffung der Rede- und Versammlungsfreiheit und weitere Unterdrückungen. Enttäuscht flohen Tausende ins Ausland, vor allem nach Amerika.

VIP

„Nur durch das freie Wort wird die Teilnahme des Volkes an den öffentlichen Angelegenheiten erweckt."

Name: Johann Georg August Wirth

Lebensdaten: 20. November 1798 – 26. Juli 1848

Familie: Wirth stammte aus einer bürgerlichen Familie. Sein Vater Johann Adam Gottlieb Wirth war kaiserlicher Reichspost-Stallmeister in Hof/Saale, seine Mutter war die Pfarrerstochter Wilhelmina Augusta Wirth, geb. Gelbricht.

Jugend/Schule/Ausbildung:
– 1806–1810 Besuch des Gymnasiums in Hof
– 1810 Wechsel ins Gymnasium nach Bayreuth
– 1813 Besuch des Gymnasiums in Plauen/Vogtland
– ab 1814 Besuch des Gymnasiums in Nürnberg
– ab 1816 Studium der Rechtswissenschaften an der Universität Erlangen

Werdegang:
– 1817 Eintritt in die Landsmannschaft Frankonia und Mitbegründer der Erlanger Burschenschaft
– 1819 Rechtspraktikant in Schwarzenbach/Saale
– 1820 Promotion zum Dr. jur.
– 1823 Praktizierender Jurist in Bayreuth; er vertritt ärmere Leute gegen die Finanzbehörden.
– 1831 Wirth gründet die unabhängige Zeitung „Deutsche Tribüne".
– 1832 Mai: Mitorganisator des Hambacher Festes; danach Untersuchungshaft bis Ende Juli 1833
– 1836 Gefängnishaft in Passau
– 1840 Herausgabe der Zeitschrift „Deutsche Volkshalle"
– 1848 Revolution in Paris, Märzerhebungen in Deutschland, Wirth wird Abgeordneter der Nationalversammlung in der Frankfurter Paulskirche. Er stirbt in Frankfurt/Main am 26. Juli.

Besonderheit: Wirth kämpfte sein Leben lang für Pressefreiheit und Demokratie. Er trat ferner ein für die Öffentlichkeit der Gerichte, für die Trennung von Verwaltung und Justiz, für eine gemeinsame Volksvertretung, für ein vom Volk gewähltes Staatsoberhaupt und für ein vereintes Deutschland.

Was bleibt: Wirth war eine der bedeutendsten Persönlichkeiten der deutschen Demokratiegeschichte.

3 – Die schwarz-rot-goldene Fahne wurde schon 1815 von der Jenaer Burschenschaft benutzt. Sie wurde in den folgenden Jahren zum Symbol der nationalen und demokratischen Bewegung in Deutschland.

❶ ▶ Beschreibe die Stimmung auf den Bildern 1 und 2.

❷ ⬛ Versetze dich in verschiedene Personen, die auf dem Wartburgfest oder dem Hambacher Fest dabei waren (Bilder 1 und 2) und formuliere Sprechblasentexte für sie.

❸ ⬛ Vergleiche mittels einer Tabelle das Wartburg- und das Hambacher Fest. Überlege dir selbstständig Vergleichsmerkmale.

❹ ⬛ Recherchiere im Internet zu Symbolik und Geschichte der Farben Schwarz-Rot-Gold und erläutere, warum sie noch heute die deutschen Nationalfarben sind.

❺ ▶ Nenne die politischen Ziele Johann Georg August Wirths.

❻ ⬛ Erkläre, welchen Zusammenhang Wirth in dem Zitat im Kasten herstellt und nimm Stellung dazu.

❼ ⬛ Beschreibe den Lebenslauf Johann Georg August Wirths. Begründe, warum er mehrfach eingesperrt wurde.

Methode

Ein historisches Lied untersuchen

Lieder sind wichtige Quellen

Das Lied bzw. das Singen von Liedern ist bis zum heutigen multimedialen Zeitalter ein wichtiger Bestandteil des alltäglichen Lebens. In Liedern werden Stimmungen, Empfindungen und Haltungen der jeweiligen Zeit deutlich. Historische Lieder entstanden schon seit Jahrhunderten, um Einfluss auf Politik und Gesellschaft zu nehmen. Entweder dienten diese Lieder dem Zweck, politische Verhältnisse zu stützen oder bestehende Zustände zu kritisieren und eine Veränderung herbeizuführen. Daher muss dem Textinhalt besondere Beachtung geschenkt werden.

Folgende Hinweise helfen dir bei der Untersuchung von historischen Liedern:

Schritt 1 **Ersten Eindruck festhalten**	■ Welche Wirkung hat das Lied auf dich?
Schritt 2 **Wichtige Informationen sammeln**	■ Um welche Liedart handelt es sich (z. B. Volkslied, Liebeslied, politisches Lied)? ■ Wie lautet der Titel des Liedes? ■ Wer ist der Textdichter bzw. der Komponist? ■ Wann und wo wurde das Lied verfasst? ■ Welche Informationen, Grundeinstellungen und Anspielungen enthält der Liedtext in den einzelnen Strophen?
Schritt 3 **Zusätzliche Informationen heranziehen**	■ Was kannst du über die Hintergründe der Entstehung des Liedes in Erfahrung bringen? ■ Wie verbreitet/bekannt war das Lied? ■ Welchen Bezug zu historischen Ereignissen enthält es? Welches Ereignis/Problem steht im Zentrum des Textes?
Schritt 4 **Die Aussagekraft des Liedes**	■ Mit welcher Absicht wurde dieses Lied gesungen? ■ Kannst du den Inhalt des Liedes in einen historischen Zusammenhang bringen? ■ Welche Wirkung erzielte das Lied in seiner Zeit tatsächlich? ■ Welche Gesamtaussage lässt sich formulieren?

❶ ▣ Vollziehe nach, wie man mit den Methodenschritten arbeiten kann, indem du dir das Lösungsbeispiel durchliest.

❷ ▣ Untersuche mithilfe der Schritte 1 bis 4 das Lied Q2 „Bienenlos".

❸ ▣ Recherchiere, wo das Lied Q1 bis heute Verwendung findet.

Q1 „**Die Gedanken sind frei**" ist ein deutsches Volkslied, das etwa 1780 entstanden ist und vor allem in der Zeit der Nationalbewegung in Deutschland gerne gesungen wurde:

1. Die Gedanken sind frei!
Wer kann sie erraten?
Sie fliehen vorbei
Wie nächtliche Schatten.
Kein Mensch kann sie wissen,
Kein Jäger erschießen,
mit Pulver und Blei.
Die Gedanken sind frei.
...
3. Und sperrt man mich ein
Im finsteren Kerker,
Das alles sind rein
Vergebliche Werke;
Denn meine Gedanken
Zerreißen die Schranken
Und Mauern entzwei:
Die Gedanken sind frei.
...
5. Ich liebe den Wein,
Mein Mädchen vor allen,
Die tut mir allein
Am besten gefallen.
Ich sitz nicht alleine
Bei meinem Glas Weine,
Mein Mädchen dabei:
Die Gedanken sind frei.

Q2 „**Bienenlos**" (1840) ist ein Lied von Hoffmann von Fallersleben:

Wir geben und der König nimmt,
wir sind zum Geben nur bestimmt,
Wir sind nichts weiter als die Bienen,
arbeiten müssen wir und dienen.

Und statt des Stachels gab Natur
uns eine stumpfe Zunge nur,
die dürfen wir nie unseretwegen
und nur im Dienst des Königs regen.

1 – August Heinrich Hoffmann von Fallersleben. Radierung von C. Hoffmeister, ohne Datum.

Das Lied „Die Gedanken sind frei" wurde 1842 im Buch „Schlesische Volkslieder" erstmals veröffentlicht. Der Text des Liedes ist aber bereits 1780 auf Flugblättern abgedruckt worden, der eigentliche Autor ist unbekannt. Die Melodie dazu entstand erst zwischen 1810 und 1820.
Populär wurde das Lied erneut, als Sophie Scholl, eine Widerstandskämpferin während des Nationalsozialismus, es 1942 ihrem verhafteten Vater vor dem Gefängnis auf ihrer Flöte vorspielte. Da auch in der heutigen Zeit die Einschränkung der Meinungsfreiheit immer wieder ein Thema ist, haben viele Künstlerinnen und Künstler, wie Nena, Leonard Cohen oder Maybebop, das Lied immer wieder neu interpretiert.

Lösungsbeispiel zu Q 1

Zum Schritt 1:
Schon in den ersten Textzeilen spürt man die Sehnsucht nach Unabhängigkeit, nicht nur der Gedanken, sondern auch im Handeln. Unterdrückung und Unzufriedenheit waren meist ursächlich für diesen Wunsch.

Schritt 2:
Es handelt sich um ein Volkslied, da der Autor des Textes und der Komponist unbekannt sind. Es trägt den Titel „Die Gedanken sind frei". Es wurde erstmals 1842 im Buch „Schlesische Volkslieder" veröffentlicht. In den einzelnen Strophen kann man erkennen, dass sich der Sänger das Denken nicht verbieten lässt, auch wenn mit Gewalt und Brutalität gegen ihn vorgegangen wird.

Schritt 3:
Um 1780 wurde der Text wohl erstmals auf Flugblättern verbreitet, erst zu Beginn des 19. Jahrhunderts wurde er vertont. Das Lied weist auf die Zeit der Unterdrückung durch absolutistische Herrscher hin, von denen es innerhalb des Deutschen Bundes viele gab. Nach den Karlsbader Beschlüssen 1819 wurde es zum Lied der freiheitlichen Bewegungen. Nach dem Hambacher Fest 1832 wurde es in ganz Deutschland populär.

Schritt 4:
Lieder der Nationalbewegung wurden im 19. Jahrhundert vor allem für politische Zwecke gesungen. Jedoch begegnen einem diese Texte bis heute häufig, oft auch in anderem Zusammenhang. Aber die Botschaft, sich im Denken niemals einschränken zu lassen, ist bis heute aktuell.

Die Revolution von 1848/49

Warum ging das Volk auf die Barrikaden?

Legende:

━━ Grenze des Deutschen Bundes 1848/49

━━ Staatsgrenzen von Preußen und Österreich

Staatsformen im Deutschen Bund vor 1848:

▢ Absolute Monarchie
▢ Konstitutionelle Monarchie
▢ Republik

🔥 revolutionäre Aufstände 1848/49

1 Hzm. Lauenburg
2 Grhzm. Mecklenbg.-Strelitz
3 Fsm. Schaumburg-Lippe
4 Fsm. Lippe
5 Hzm. Braunschweig
6 Hzm. Anhalt
7 Fsm. Waldeck
8 Lgft. Hessen-Homburg
9 Fsm. Hohenzollern
10 Fsm. Liechtenstein
11 Vorarlberg

1 – Revolutionen und Aufstände im Deutschen Bund 1848/49.

König Louis Philippe (1773–1850)

Julirevolution 1830
In Frankreich war es vom 27. bis 29. Juli 1830 zum gewaltsamen Sturz des französischen Königs Karl X. gekommen. Sein Nachfolger wurde Louis Philippe. Gleichzeitig wurden die Bürgerrechte wieder in Kraft gesetzt. In ganz Europa kam es daraufhin zu Aufständen.

„Bürgerkönig"
Damit ist gemeint, dass sich der König zu den Prinzipien und Idealen der französischen Revolution bekannte und auch seine Regierungsgeschäfte in diesem Sinne führte.

Frankreich gibt das Startsignal

Als es im Februar 1848 in Paris zu Massendemonstrationen gegen den sogenannten *Bürgerkönig Louis Philippe und seine Regierung kam, entwickelte sich erneut eine Revolution. Die Menschen forderten ein neues Wahlrecht. Bisher durften in Frankreich nur ca. 250 000 Bürger wählen – Männer, die ein besonders hohes Einkommen hatten. Eine Verbesserung des Wahlrechts wurde vom König strikt abgelehnt. Darum erhoben sich die Bürgerinnen und Bürger gegen den König, den sie während der *Julirevolution 1830 an die Macht gebracht hatten. Die Kämpfe weiteten sich aus und führten schließlich zur sogenannten Februarrevolution von 1848. König Louis Philippe musste abdanken und floh nach England. In Frankreich wurde zum zweiten Mal eine Republik ausgerufen.

Eine Revolutionswelle beginnt

Wie schon im Juli 1830 breiteten sich die Ereignisse von Paris wie ein Lauffeuer über ganz Europa aus. Überall gingen Menschen auf die Straßen und demonstrierten für politische Freiheit, Einheit und eine Verfassung. Besonders angespannt war die Lage in den deutschen Kleinstaaten nahe der französischen Grenze. Den Ernst der Lage erkennend, gaben hier die Fürsten dem Druck des Volkes nach – ohne Gewalt und Blutvergießen. Doch entscheidend war das Verhalten der Herrscher Preußens und Österreichs.

Revolutionen in Wien und Berlin

In der österreichischen Hauptstadt kam es am 13. März 1848 zu blutigen Straßenschlachten zwischen Demonstranten und Regierungstruppen. Nach den ersten Toten lenkte Kaiser Ferdinand I. bereits am 15. März ein und versprach Pressefreiheit und eine neue Verfassung. Auch der verhasste Staatskanzler Metternich wurde entlassen.
Ermutigt durch die Ereignisse in Wien kam es auch in Berlin am 16. März zu Protesten. Die Demonstranten forderten Maßnahmen gegen die Arbeitslosigkeit, für

Presse-, Rede- und Versammlungsfreiheit, eine freiheitliche Verfassung und eine allgemeine deutsche Volksvertretung. Alarmiert durch die Ereignisse in den Nachbarstaaten gab König Friedrich Wilhelm IV. nach kurzem Zögern nach und versprach dem Volk ebenfalls die geforderte Pressefreiheit sowie eine Verfassung.

Die Revolution beginnt

Die Märzrevolution begann am 18. März 1848. Zunächst versammelten sich etwa 10 000 Berliner vor dem Stadtschloss, um ihrem König für die Zugeständnisse zu danken. Doch plötzlich fielen Schüsse – wahrscheinlich aus Versehen. Panik brach aus. Hatte der König seine Bürgerinnen und Bürger betrogen? In aller Eile riss man Pflastersteine aus den Straßen und errichtete *Barrikaden, auf denen schwarz-rot-goldene Fahnen wehten. Bei blutigen Straßenkämpfen zwischen Bürgern und der Armee starben über 230 Menschen. Um einen Bürgerkrieg in ganz Preußen zu vermeiden, zog der König schließlich seine Truppen ab. Am folgenden Tag trugen die Berliner die Leichen von 150 Barrikadenkämpfern vor das königliche Schloss und forderten den König auf zu erscheinen. Unter den lauten Rufen „Mütze ab" musste er sich schließlich demütig vor den Gefallenen verbeugen. Bereits am 21. März 1848 ritt der König unter der schwarz-rot-goldenen Fahne durch Berlin.

Durch sein einlenkendes Handeln hatte sich die Lage nicht nur in Preußen, sondern auch im Deutschen Bund zunächst beruhigt. Das Volk hatte sich augenscheinlich durchgesetzt und erwartete nun weitere Zugeständnisse und Reformen wie eine Verfassung und die Gewährung von Freiheiten.

Q1 **Friedrich Wilhelm IV. erklärte noch am 21. März 1848 in seinem Aufruf „An mein Volk und an die Deutsche Nation":**
... Rettung ... kann nur aus der innigsten Vereinigung der deutschen Fürsten und

2 – Kampf zwischen Bürgern und Soldaten in Berlin am 18. und 19. März 1848. Zeitgenössische Darstellung aus dem Neuruppiner Bilderbogen.

Völker unter einer Leitung hervorgehen. Ich übernehme heute diese Leitung ... und Deutschland wird sich Mir mit Vertrauen anschließen. Ich habe heute die alten deutschen Farben angenommen und Mich und Mein Volk unter das ehrwürdige Banner des deutschen Reiches gestellt. Preußen geht fortan in Deutschland auf.
Ich beabsichtige, ... den Fürsten und Ständen Deutschlands die Gelegenheit zu eröffnen ... zu einer gemeinschaftlichen Versammlung zusammenzutreten ...

König Friedrich Wilhelm IV. (1795–1861)

* Barrikade
(ital.: barricare = versperren)
Dies ist eine Straßensperre, die häufig aus Hausrat o. Ä. errichtet wird.

❶▸ Schildere die Situation des Jahres 1848 im Deutschen Bund und insbesondere in Preußen.

❷▸ Beschreibe das Verhalten des preußischen Königs während der Märzereignisse. Berücksichtige hierbei auch Q1.

❸▸ Beziehe Stellung zum Verhalten Friedrich Wilhelms IV. und bewerte es. Was wollte er mit seinem Aufruf „An mein Volk" ausdrücken?

❹▸ Die Neuruppiner Bilderbögen erlangten im 18./19. Jahrhundert große Beliebtheit. Recherchiere im Internet nach ihnen und stelle ihre Bedeutung in einer Wandzeitung vor.

❺▸ Schreibe unter der Überschrift „Ein heißer März" eine packende Reportage über die Ereignisse in Wien und Berlin.

▸ *Überlege dir im Vorfeld, welchen Blickwinkel du dabei einnehmen möchtest.*

Welche Aufgaben hatte die erste Nationalversammlung?

1 – Unter dem Symbolbild der Germania diskutierten die Abgeordneten in der Frankfurter Paulskirche. Gemälde von Philipp Veit, 1848.

2 – Blick in die Nationalversammlung der Frankfurter Paulskirche. Lithografie 1848.
Unten die Abgeordneten, oben und hinter den Säulen die Ränge für das einfache Volk.

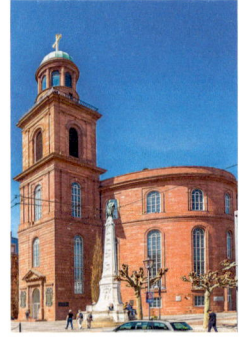

Paulskirche in Frankfurt/M.
Hier war seit 1816 Sitz des gesamtdeutschen Bundestags. Für die 600 Abgeordneten bot sie Platz, da sie den größten und modernsten Saal der Stadt hatte.

* Liberalismus
(lat.: liberalis = die Freiheit betreffend)
Politische Bewegung, die eine freiheitliche wirtschaftliche und soziale Ordnung zum Ziel hat.

Die Revolution in geordneten Bahnen

Im Unterschied zu der Situation in Paris hatten die Revolutionen in Wien und Berlin vor den Monarchen haltgemacht.

Dabei waren die Anfänge doch vielversprechend gewesen: Im Frühjahr 1848 waren überall im Deutschen Bund die alten Regierungen zum Rücktritt gezwungen worden, so am 13. März auch in Sachsen. Erstmalig fanden in ganz Deutschland allgemeine und gleiche Wahlen zu einer verfassunggebenden Versammlung statt. Allerdings waren Frauen nicht stimmberechtigt und nicht wählbar. Am 18. Mai 1848 kamen schließlich ca. 600 Abgeordnete zusammen, um über eine freiheitliche Verfassung und über die Bildung eines demokratischen deutschen Nationalstaats zu beraten. Zwei Drittel von ihnen waren Professoren, Juristen, Ärzte oder Beamte. Frauen und einfache Arbeiter fehlten.

Das Parlament

Die Sitzverteilung orientierte sich an anderen europäischen Staaten. So saßen aus Sicht des Parlamentspräsidenten die fortschrittlichen Kräfte der Nationalversammlung in Frankreich links, die Vertreter, die das Alte bewahren wollten, rechts. In der Paulskirche saßen links die Abgeordneten, die für eine geeinigte Republik waren (Demokraten), die Mitte bildeten Vertreter, die eine konstitutionelle Monarchie befürworteten (*Liberale), und rechts saßen die Abgeordneten, die an den alten Zuständen festhielten (*Konservative).

Geburtsstunde der Demokratie

Die erste Aufgabe der Paulskirchenabgeordneten war die Ausarbeitung einer Verfassung. Dabei konzentrierten sie sich auf die Gewaltenteilung und auf die Festlegung von *Grundrechten. Dieser erarbeitete Grundrechtekatalog sollte als Vorbild für die späteren deutschen Verfassungen dienen, so auch für unser Grundgesetz. Eine zweite Aufgabe drehte sich um die deutsche Frage: Wie sollte ein einiges Deutschland zukünftig aussehen? Zur Diskussion standen drei Varianten:
1. die „kleindeutsche Lösung" – Vereinigung der deutschen Länder ohne Österreich
2. die „großdeutsche Lösung" – Vereinigung der deutschen Länder mit den zum Deutschen Bund gehörenden Gebieten Österreichs (Böhmen, Mähren, Trient und Triest)

3. die „großösterreichische Lösung" –
Vereinigung aller deutschen Länder
mit dem gesamten österreichischen
Kaiserreich (inklusive nichtdeutsch-
sprachigem Teil)

Eine dritte Aufgabe war die Einigung auf
eine Regierungsform für das vereinigte
Deutschland: Republik oder Monarchie?

Ergebnisse mit Weitsicht

Noch vor der Verabschiedung der fortschrittlichen Verfassung am 28. März 1849
wurden im Dezember 1848 bereits die
Grundrechte des deutschen Volkes in Kraft
gesetzt. Sie fanden mit vielen bahnbrechenden Artikeln Eingang in die Verfassung.
So sollten auch die jüdischen Mitbürger
gleichberechtigt werden und Zugang zu
allen Berufen und Ämtern erhalten.
Nach zähem Ringen hatten sich die Abgeordneten für die kleindeutsche Lösung
mit einer konstitutionellen Monarchie
unter dem preußischen König als neuem
Kaiser entschieden.
Am 3. April 1849 überbrachten 32 Abgeordnete schließlich dem preußischen König
feierlich die ausgearbeiteten Beschlüsse
der Frankfurter Nationalversammlung.

3 – Zeitgenössischen Karikatur zur Ablehnung der
Kaiserwürde: Friedrich Wilhelm IV. macht seine
Entscheidung vom Abzählen seiner Uniformknöpfe
abhängig. Er sagt: „Soll ich? – Soll ich nich? –
Soll ich?! – Knöppe, ihr wollt! Nu jerade nich!!"
Lithografie, um 1849.

✱ Konservatismus
(lat.: conservare = be-
wahren, aufbewahren)
Politische und soziale
Bewegungen, die zum Ziel
haben, die bestehenden
Verhältnisse beizubehalten
oder eine frühere Ordnung
wiederherzustellen.

✱ Grundrechte
Darunter versteht man
wichtige Menschen- und
Bürgerrechte, wie die
Freiheit der Person oder
die Gleichheit aller vor
dem Gesetz.

Q1 Auszug aus der Reichsverfassung von 1849:

§ 137 Vor dem Gesetz gilt kein Unterschied
der Stände. Der Adel als Stand ist
aufgehoben ... Die Deutschen sind
vor dem Gesetz gleich ...

§ 138 Die Freiheit der Person ist unverletzlich ...

§ 140 Die Wohnung ist unverletzlich. ...

§ 143 Jeder Deutsche hat das Recht, ... seine
Meinung frei zu äußern ...

§ 144 Jeder Deutsche hat volle Glaubens-
und Gewissensfreiheit ...

§ 161 Die Deutschen haben das Recht,
sich friedlich und ohne Waffen zu
versammeln.

❶ ▪ Lege eine Zeitleiste an, auf der du die zentralen Ereignisse der
Revolution von 1848/49 in Deutschland zusammenfasst. Beginne
mit dem 16.03.1848.

❷ ▪ Fasse mithilfe des Textes die drei wesentlichen Aufgaben der
Nationalversammlung zusammen und stelle in einer Tabelle die
erarbeiteten Beschlüsse gegenüber.

Aufgabe	Erarbeitete Beschlüsse
groß- oder kleindeutsche Lösung	kleindeutsch ohne Österreich

❸ ▪ Beschreibe Bild 2. Gehe dabei mithilfe des Textes auch auf
die Sitzverteilung ein. Suche im Internet die Sitzverteilung im
heutigen Bundestag und vergleiche.

❹ ▪ Analysiere die Karikatur 3.

❺ ▪ Beurteile, warum die Grundrechte in Q1 wichtig sind. Begründe
deine Meinung.

❻ ▪ Vergleiche die Bürger- und Menschenrechte von 1848 mit denen
aus der Französischen Revolution (siehe S. 170–171).

❼ ▪ Erläutere den Unterschied zwischen konstitutioneller Monarchie
und Republik. Welche Folgen hatte die Entscheidung der Nationalversammlung für die konstitutionelle Monarchie?

War die Revolution erfolgreich?

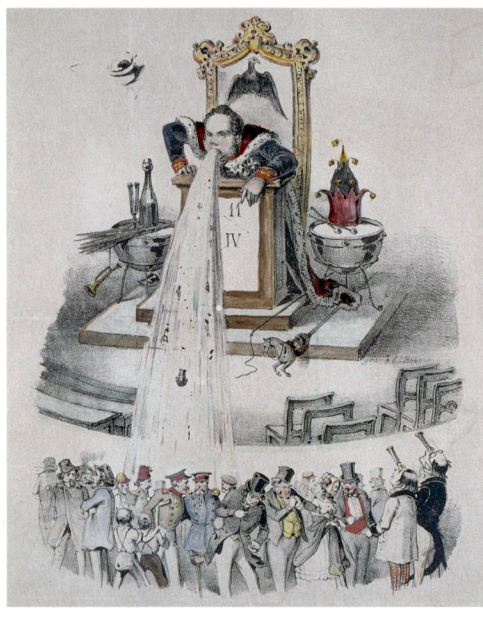

1 – „Das Volk ist mir zum Kotzen". Lithografie von C. Böhme, um 1848.

Robert Blum (1807–1848). Er lebte ab 1832 in Leipzig, als Vertreter der Stadt Zwickau übernahm er eine führende Rolle als Abgeordneter in der Paulskirche.

„Die Krone verunehrt mit dem Ludergeruch der Revolution"

Dies waren die Worte, mit denen Friedrich Wilhelm IV. am 28. April 1849 die Kaiserkrone ablehnte. Eine solche Reaktion des preußischen Königs hatten die Abgeordneten nicht erwartet. Sie hatten aber auch nicht die Macht, ihre Beschlüsse durchzusetzen. Deshalb traten die meisten Abgeordneten aus der Nationalversammlung aus. Nur etwa 100 blieben und bildeten Anfang Mai 1849 in Stuttgart ein sogenanntes „Rumpfparlament". Dieses wurde aber bereits im Juli von württembergischen Truppen aufgelöst. Die Nationalversammlung war somit gescheitert und mit ihr der Traum von einer fortschrittlichen Reichsverfassung und einem geeinten Deutschland.

„Gegen Demokraten helfen nur Soldaten"

Während der langen Beratungen der Frankfurter Nationalversammlung organisierten die Fürsten den Widerstand gegen die demokratische Bewegung. Eine erste entscheidende Niederlage mussten dabei die Revolutionäre in Wien hinnehmen. Hier kam es bereits im Oktober 1848 zu ersten Unruhen. Unterstützt wurden diese von

einer Delegation von Frankfurter Abgeordneten, darunter Robert Blum und Julius Fröbel. Schon bald erhielten sie darauf die bittere Antwort. Die kaiserlichen Truppen schlugen die Revolution blutig nieder. Am 9. November 1848 wurde Robert Blum hingerichtet. Blum stand als Abgeordneter der Nationalversammlung unter diplomatischer Immunität. Das Vorgehen der österreichischen Regierung zeigte, wie machtlos die Paulskirchenversammlung eigentlich war. Nur drei Tage danach wurde auch über Berlin der Ausnahmezustand verhängt. Mehrere Aufstandsversuche in ganz Deutschland wurden von preußischen Truppen niedergeschlagen. Im Juli 1849 kapitulierten die letzten Aufständischen auf der Festung Rastatt. Viele Revolutionäre wurden hingerichtet oder zu Zuchthausstrafen verurteilt. Tausende flüchteten ins Ausland, vor allem nach Amerika.

Alles auf Anfang

Die Fürsten stellten die alte Ordnung und den Obrigkeitsstaat schnell wieder her. In den meisten Staaten wurden alle Reformen von 1848 wieder zurückgenommen. 1850 stellten Preußen und Österreich den Deutschen Bund wieder her. Die demokratischen Grundrechte wurden 1851 durch den neu zusammengetretenen Frankfurter Bundestag aufgehoben. Johann Jacoby, einer der Revolutionäre, schrieb an einen Freund über diese Entwicklung, dass Revolutionen, die die alte Ordnung neben sich bestehen ließen, von vornherein verloren seien.

Q1 Friedrich Wilhelm IV. schrieb zur angebotenen Kaiserkrone in einem Brief an den Gesandten Bunsen am 13.12.1848:

Ich will weder der Fürsten Zustimmung zu der Wahl noch die Krone … Die Krone, die ein Hohenzoller nehmen dürfte, … ist keine, die eine … revolutionäre … Versammlung macht, … sondern eine, die den Stempel Gottes trägt, die den, dem sie aufgesetzt wird, nach der heiligen Ölung, „von Gottes

Gnaden" macht .... Die aber, die sie ... meinen, verunehrt ... mit ihrem Ludergeruch der Revolution von 1848, der albernsten, dümmsten, schlechtesten ... dieses Jahrhunderts.

Einen solchen imaginären Reif, aus Dreck und *Letten gebacken, soll ein legitimer König von Gottes Gnaden und nun gar der König Preußens sich geben lassen ...? Soll die tausendjährige Krone deutscher Nation ... wieder einmal vergeben werden, so bin ich es und meinesgleichen, die sie vergeben werden. ...

2 – Kapitulation der Festung Rastatt am 23. Juli 1849. Farblithografie, 1849.

Q2 Im Badischen Wiegenlied von Ludwig Pfau (1849) heißt es:

Schlaf', mein Kind, schlaf' leis,
Dort draußen geht der Preuß'!
Deinen Vater hat er umgebracht,
Deine Mutter hat er arm gemacht,
Und wer nicht schläft in guter Ruh',
Dem drückt der Preuß' die Augen zu.

Schlaf', mein Kind, schlaf' leis,
Dort draußen geht der Preuß'!
Der Preuß' hat eine blut'ge Hand,
Die streckt er über's bad'sche Land,
Und Alle müssen wir stille sein,
Als wie dein Vater unter'm Stein.
Schlaf', mein Kind, schlaf' leis,
Dort draußen geht der Preuß'!

Schlaf', mein Kind, schlaf' leis,
Dort draußen geht der Preuß'!
Gott aber weiß, wie lang' er geht,
Bis dass die Freiheit aufersteht,
Und wo dein Vater liegt, mein Schatz,
Da hat noch mancher Preuße Platz!
Schrei, mein Kindlein, schrei's:
Dort draußen liegt der Preuß'!

Q3 Die deutsche Schriftstellerin Malvida von Meysenburg (1816–1903) schrieb 1848:

... Als ich zuletzt den Weg mit der Eisenbahn zwischen Köln und dem Norden zurücklegte, da war es Frühling 1848. Von unserem Zug flatterten schwarz-rot-goldene Fahnen; eine lange Reihe Waggons, eingenommen von Freischaren junger entflammter Männer. ... Ich mischte mich unter sie und hörte, wie sie Hoffnungen und Wünsche austauschten. ... Und nun? Keine Fahnen flatterten, keine Jünglinge schwärmten von Kampf und Sieg; lautlos schoss der Zug dahin, aber im Herzen brannte die tausendfache Schmach des Vaterlandes, die getäuschten Erwartungen und die vielleicht auf lange hinausgeschobene Entwicklung des politischen und sozialen Lebens. ...

* Letten
Dies ist ein veralteter Ausdruck für ein tonartiges Gestein oder tonartigen Boden.

❶ ▪ Fasse die Ergebnisse der Revolution von 1848/49 mit eigenen Worten zusammen. Berücksichtige hierbei Q3.

❷ ▪ Analysiere die Karikatur 1. Bringe sie in Zusammenhang mit Karikatur 3, S. 205. Vergleiche sie, wenn möglich, mit deiner selbst gemalten.

❸ ▪ Bewerte die Einstellung Friedrich Wilhelms IV. mithilfe der Karikatur und des Textes.

❹ ▪ Vervollständige deine Zeitleiste von S. 205, indem du den Verlauf der Revolution ab dem 28.04.1849 ergänzt. Welches Ereignis hältst du für den Wendepunkt der Revolution? Begründe deine Meinung.

❺ ▪ Schildere mithilfe des Wiegenliedes (Q2) die Situation von 1849.

❻ ▪ Antworte Johann Jacoby auf seine Zeilen. Gehe dabei auch auf die verlorenen Grundrechte ein.

▶ *Sehr geehrter Herr Jacoby, aufmerksam habe ich Ihre letzten Zeilen gelesen und möchte Ihnen dazu ...*

Geschichte vor Ort

Die 1848er-Revolution in Thüringen

1 – Barrikade in der Burggasse zu Altenburg am 18. Juni 1848. Holzstich 1848.

Der Ruf nach Freiheit

Auch in Thüringen kam es an vielen Orten zu Aufständen. Die Menschen waren unzufrieden; vielen von ihnen ging es schlecht. Armut und Hunger waren weit verbreitet. Die Fürsten – so glaubten viele Bürger – waren an den Sorgen ihrer Untertanen nicht besonders interessiert. Die Unzufriedenheit nahm täglich zu und ebenso die Wut auf die Herrschenden.

In Erfurt, das seit 1802 zu Preußen gehörte, kam es im März 1848 zu Straßenkämpfen. Bei einer Schießerei wurden zwei Aufständische getötet. Um die Bevölkerung zu beruhigen, wurden Zugeständnisse gemacht.

Der Erfurter Novemberaufstand

Zwischen den Anhängern der Demokratie und ihren Gegnern kam es immer wieder zu Auseinandersetzungen. Am 28. November 1848 eskalierte die Situation dann. Die preußischen Soldaten erstürmten die von den Aufständischen errichteten Barrikaden: 13 Revolutionäre kamen bei den Kämpfen ums Leben, 250 wurden verhaftet, viele später zum Tode verurteilt.

Um jeglichen Widerstand zu brechen, wurde über die Stadt der Belagerungszustand verhängt, die politischen Vereine und die demokratischen Zeitungen verboten. Wie in Erfurt wurde auch in Altenburg, Jena, Weimar, Hildburghausen, Römhild und Saalfeld die Revolution gewaltsam beendet. Viele Revolutionäre flohen nach Amerika.

Q1 Am 26. April 1848 erschien in einem Jenaer Wochenblatt folgendes Gedicht:

... Auf lasset uns, ihr meine deutschen Brüder,
nicht stille stehen auf dem betretnen Pfad
Die Nacht versinkt, die Sonne kehret wieder,
Die Gottheit ist der deutschen Knechtschaft satt.
Wir Deutsche sollen freie Männer sein
Vom Strand der Ostsee bis zum fernen Rhein. ...

2 – Die preußische Kavallerie im Kampf gegen Erfurter Bürger am 23./24. November 1848. Zeitgenössische Lithografie, koloriert.

M1 Der Journalist Jan Liebold schrieb 1998 über die revolutionären Ereignisse in Erfurt in einem Forschungsaufsatz:
... Neben politischen Problemen wird Erfurt in den Jahren vor der Revolution auch von wirtschaftlichen Problemen heimgesucht ... Eine Missernte lässt viele Einwohner hungern. Rapide Preissteigerungen (das Brot verteuert sich um das Dreifache, Kartoffeln um das Fünffache) reduzieren die Bereitschaft, die Zustände weiter stillschweigend hinzunehmen ...
Die Stadtführung ist beunruhigt. Auch sie erkennt, dass durch die immer größeren Probleme die innere Sicherheit in Gefahr gerät. ...

Q2 Am 12. April 1848 erschien in der Thüringer Zeitung folgender Text:
... Freiheit, Freude, Frühling! ... Das ureigenste Recht unserer Väter ..., das Recht der freien Vereinigung, der Volksversammlung haben wir uns wieder erkämpft ...
Frei und offen werden wir zu unserem eigenen und ganz Deutschlands Schutz,

zum Schutz gegen Willkürherrschaft und Volksbedrückung gerüstet einhergehen, ... Auf Thüringer, lasst uns zu Tausenden das Frühjahrsfest von 1848 feiern, ... lasst uns feiern das Fest der endlichen Freiheit Deutschlands im Herzen unseres gemeinsamen Vaterlandes ... Nicht gewaltsamen Umsturz wollen wir dort beraten, nicht Zerstörung und Aufruhr predigen, nicht in blinder Raserei alle und jede Schranke niederreißen. Bestimmt, ernst und würdig, wie es Thüringens Männern geziemt, wollen wir Volksrat halten ...

❶ Lege mithilfe der Texte und Bilder dieser Doppelseite einen Zeitstrahl zu den Ereignissen in Thüringen 1848 an.

❷ Lies Q1 und erkläre den Inhalt der Zeilen.

❸ Erkläre den Satz: „Die wirtschaftlichen Probleme waren eine der Ursachen für die 1848er-Revolution in Thüringen."

❹ Fasse den Inhalt von Q2 mit eigenen Worten zusammen und nenne mögliche Gründe für das Erscheinen des Artikels.

❺ Suche im Internet, aber auch in Büchern zur Ortsgeschichte, ob es im Jahre 1848 auch in deiner Umgebung zu revolutionären Erhebungen kam und berichte darüber in der Klasse.

Entstehung des deutschen Kaiserreichs

Durch Kriege zum deutschen Nationalstaat

Legende:
- Kgr. Preußen 1864
- preußische Erwerbungen bis 1866
- x wichtige Schlacht
- Grenze des Deutschen Bundes 1864
- Südgrenze des Norddeutschen Bundes 1867–1871
- Grenze des Deutschen Reiches 1871

1 Grhzm. Mecklenbg.-Strelitz
2 Fsm. Schaumburg-Lippe
3 Fsm. Hohenzollern

1 – Deutscher Bund, Norddeutscher Bund und Deutsches Reich.

König, später Kaiser Wilhelm I. (1797–1888).

Siegessäule in Berlin, 1873 auf dem Königsplatz zur Erinnerung an die Siege 1864, 1866 und 1871 errichtet.

Zwei Wege zum Nationalstaat

Trotz der gescheiterten Revolution von 1848/49 blieb die Idee von einem einheitlichen deutschen Nationalstaat bestehen. Um dieses Ziel zu erreichen, kamen zwei Wege in Frage: eine Einigung von unten durch das Volk – diese war mit der Revolution gescheitert – oder eine Einigung von oben durch die Fürsten. 1849 zeichnete sich ab, dass dies unter preußischer Führung gelingen könnte. Preußen musste aber zunächst ein Gegengewicht zu Österreich schaffen und strebte das durch die Einverleibung der norddeutschen Länder an. Die Verwirklichung dieser Ziele Preußens war eng mit dem Namen Otto von Bismarck verbunden.

Mit Eisen und Blut zum Ziel

Nachdem Friedrich Wilhelm IV. mehrere Schlaganfälle erlitten hatte, übernahm 1858 sein Bruder Wilhelm die Regierung. Er krönte sich 1861 zum König von Preußen und ernannte 1862 Otto von Bismarck zu seinem Ministerpräsidenten. Dieser machte von Beginn an deutlich, dass militärisches Durchsetzungsvermögen für eine preußische Vormachtstellung notwendig wäre. So kämpfte Preußen 1864 noch erfolgreich mit Österreich an der Seite gegen Dänemark um Schleswig und Holstein. Danach musste die Machtfrage im Deutschen Bund endgültig geklärt werden. Durch immer neue Forderungen brachte Bismarck Österreich dazu, im Jahre 1866 Preußen den Krieg zu erklären. Schon nach drei Wochen wurden die österreichischen Truppen in der Schlacht bei Königgrätz vernichtend geschlagen. Österreich trat aus dem Deutschen Bund aus. Wilhelm I. und das Militär drängten auf eine vollständige Niederwerfung Österreichs. Dies lehnte Bismarck jedoch ab.

Deutscher Bund – Norddeutscher Bund

Nach dem Sieg gründete Preußen mit allen Staaten nördlich des Mains 1867 den Norddeutschen Bund. Er bestand aus 22 Teilstaaten. Bismarck wollte auch die süddeutschen Staaten Bayern, Baden, Württemberg, und Hessen in den Bund eingliedern. Dieser Absicht stand aber Frankreich kritisch gegenüber, denn es sah in einem

2 – „König Wilhelm frisst die deutschen Kleinstaaten". Französische Karikatur auf Preußens Annexionen und die Gründung des Norddeutschen Bundes, 1866.

3 – Otto von Bismarck (1815–1898), preußischer Ministerpräsident. Gemälde, um 1870.

großen deutschen Staat eine Gefahr. Bismarck entschied sich daher, mit den süddeutschen Staaten geheime Beistandsverträge für einen eventuellen Kriegsfall abzuschließen.

Die Thüringischen Staaten und der Norddeutsche Bund

Im Deutschen Krieg 1866 verhielten sich die Thüringischen Staaten unterschiedlich. Einige schlossen sich dem Königreich Preußen an, einige unterstützten das Kaisertum Österreich, wiederum andere verhielten sich neutral. Nach der Schlacht bei Königgrätz (3. Juli 1866), aus der Preußen als Sieger hervorging, schlossen sich dann bis 1867 alle thüringischen Kleinstaaten freiwillig oder auf massiven Druck und militärischer Besetzung durch Preußen dem Norddeutschen Bund an.

Q1 Im Preußischen Landtag sagte Bismarck 1862:

... Preußens Grenzen ... sind für ein gesundes Staatsleben nicht günstig. Nicht durch Reden und Mehrheitsbeschlüsse werden die großen Fragen der Zeit entschieden – das ist der große Fehler von 1848 und 1849 –, sondern durch Eisen und Blut. ...

Q2 Zum Friedensschluss mit Österreich schrieb Bismarck 1866:

... Österreich darf nicht gedemütigt werden. Man muss für die Zukunft seine Freundschaft gewinnen, sonst wird es der Bundesgenosse Frankreichs. ... Wir wollen nicht Richter über Österreich spielen ..., sondern die Anbahnung der deutschen Einheit unter dem König von Preußen ins Auge fassen. ...

❶ Beschreibe Bismarcks Einstellung zu Parlament und Revolution.

❷ Untersuche die Karte 1 und beschreibe die Gebietsveränderungen. Äußere dich dabei zur besonderen Bedeutung Preußens.

❸ Erkläre Bismarcks Aussage mit eigenen Worten (Q1). Was sagt sie über seinen Charakter aus?

❹ Erkläre anhand von Q2 Bismarcks Verhalten gegenüber Österreich nach Beendigung des Deutsch-Deutschen Kriegs.

❺ Recherchiere zu Otto von Bismarck und stelle ihn in einem Steckbrief vor. Orientiere dich dabei an den VIP-Seiten.

❻ Erläutere, wie der Beitritt der Thüringischen Staaten zum Norddeutschen Bund zustande kam.

❼ Entwerft ein Rollenspiel, in dem sich ein Österreicher und ein Preuße über Vor- und Nachteile eines Deutschen Reiches unter preußischer Führung unterhalten.

▶ *Preuße: Grüß dich, Sepp, lange nicht gesehen!*
Österreicher: Servus, Fritz! Kein Wunder in diesen Kriegszeiten ...
Wir können ja froh sein, dass wir uns so friedlich gegenübersitzen. Ich bin schon wütend, dass euer Ministerpräsident uns so überrumpelt hat.
Preuße: Ach, er meint es doch nur gut. Stell dir vor, einfach ...

Wie wurde das Deutsche Reich gegründet?

1 – Die Ausrufung des deutschen Kaiserreichs am 18. Januar 1871 im Spiegelsaal im Schloss Versailles. Zu sehen sind Wilhelm I. ①, links daneben Kronprinz Friedrich ② und rechts des Kaisers steht Großherzog Friedrich I. von Baden ③. Das Gemälde existierte in drei Versionen. Dies ist die letzte und kleinste Version, die Bismarck ④ zum 70. Geburtstag erhielt. In der ersten Version trug Bismarck ebenfalls eine blaue Uniform. Gemälde von Anton Werner, der selbst Augenzeuge war, 1885.

* Reparationen
Dies sind Kriegsentschädigungen, Wiedergutmachungen in Form von Geld oder Wirtschaftsgütern.

Die Thronfolge in Spanien wird zum Pulverfass

1868 wurde in Spanien Königin Isabella II. gestürzt. Der frei gewordene Thron wurde nun einem nahen Verwandten des Königs von Preußen angeboten. Dagegen protestierte Frankreich aufs Schärfste. Der Kandidat verzichtete daraufhin auf eine Kandidatur. Ein Telegramm aus dem Kurort Bad Ems (Emser Depesche), das Bismarck über ein Gespräch zu diesem Thema zwischen König Wilhelm und einem französischen Gesandten informierte, nutzte dieser für eine verfälschende Pressemitteilung. Er provozierte damit bewusst Frankreich, das daraufhin Preußen am 19. Juli 1870 den Krieg erklärte.

Der letzte Reichseinigungskrieg

Gemeinsam mit den süddeutschen Staaten bezwang Preußen das französische Heer am 1. September 1870 in der Schlacht bei Sedan. Kaiser Napoleon III. musste kapitulieren und geriet mit ca. 100 000 Soldaten in Kriegsgefangenschaft. Trotzdem zogen sich die Kämpfe noch bis Anfang 1871 hin. Erst am 28. Januar wurde schließlich der Waffenstillstand unterzeichnet. Dieser beinhaltete harte Bedingungen für Frankreich: die Abtretung des Elsass und Teilen Lothringens an Deutschland und die Zahlung von 5 Mrd. Francs als sogenannte *Reparationen. Vor allem die Gebietsabtretungen führten zu einer starken Verbitterung in der französischen Bevölkerung.

In Versailles wird deutsche Geschichte geschrieben

Bereits während der letzten Kämpfe hatte Bismarck mit den deutschen Fürsten über die Gründung eines deutschen Kaiserreiches im Schloss Versailles verhandelt. Es musste geklärt werden, welche Rechte der zukünftige deutsche Kaiser haben sollte und auf welche Rechte die Fürsten verzichten würden. Am 31. Januar wurde schließlich der preußische König Wilhelm I. im Spiegelsaal von Schloss Versailles zum deutschen Kaiser gekrönt. Die Gründung eines einheitlichen deutschen Nationalstaats von oben war damit vollzogen.

Eine Verfassung von Preußens Gnaden

Die Freude über die Reichsgründung war groß, aber die Verfassung verzichtete auf viele Grundrechte, die in der Verfassung

Ausführende Gewalt (Exekutive)	Gesetzgebende Gewalt (Legislative)	Richterliche Gewalt (Judikative)

Deutscher Kaiser
(König von Preußen)
Oberbefehlshaber von
Heer und Marine

ernennt | entlässt

**Reichskanzler
Reichsregierung**

Der Reichskanzler ist zugleich Ministerpräsident von Preußen, hat den Vorsitz im Bundesrat.

Bundesrat
25 ernannte
Vertreter
der
Landes-
regierungen

Reichstag
397
Abgeordnete

Reichsgericht
1879 eingeführt

Richter werden auf Vorschlag des Bundesrates vom Kaiser ernannt.

Gesetze kommen durch übereinstimmende Beschlüsse von Bundesrat und Reichstag zustande. Der Kaiser verkündet die Gesetze.

wählen alle drei Jahre

Wahlberechtigte Bürger:
Männer ab 25 Jahre, keine Bindung an Besitz

2 – Die Reichsverfassung von 1871. Schaubild.

Die Farben Schwarz, Weiß und Rot des Norddeutschen Bundes und des späteren Kaiserreiches setzen sich aus den preußischen Farben Schwarz-Weiß und dem Rot-Weiß der Hansestädte zusammen.

der Frankfurter Nationalversammlung enthalten gewesen waren. Die oberste Gewalt im Reich lag nun nicht mehr beim Volk, sondern beim Kaiser und den 25 Landesregierungen. Alle Gesetze, die die Parlamentsabgeordneten im Reichstag beschlossen, mussten vom Bundesrat bestätigt werden. Kein Gesetz konnte gegen die Stimmen von Preußen beschlossen werden. Der Kaiser war alleiniger Oberbefehlshaber des Heeres und konnte im Namen des Reiches den Krieg erklären. Er allein ernannte den Reichskanzler und konnte außerdem den Reichstag auflösen und wieder einberufen.

✳ **Pickelhaube**
Der Helm der preußischen und später aller deutschen Streitkräfte wurde bald zum Symbol für die Deutschen und wird bis heute immer wieder in Karikaturen verwendet.

3 – Kommt es unter einen Hut? Ich glaube, 's kommt eher unter eine ✳Pickelhaube." Karikatur aus dem österreichischen Satiremagazin „Kikeriki" vom 20. August 1870.

❶ Beschreibe die Entstehung des deutschen Kaiserreichs.

❷ Führe Gründe an, warum Frankreich so entschieden gegen einen deutschen Kandidaten bei der Besetzung des spanischen Throns protestierte.
▶ *Bedenke dabei auch die geografische Lage der Länder.*

❸ Analysiere Bild 1.
▶ *Nimm hierzu die Methode „Bilder untersuchen", S. 297, zu Hilfe.*

❹ Die Errichtung des Kaiserreichs wird als Schaffung eines Nationalstaats „von oben" gesehen. Erkläre die Formulierung und erläutere, was ein Nationalstaat „von unten" wäre.

❺ Erkläre mithilfe der Methode „Ein Verfassungsschema lesen und verstehen", S. 176, den Aufbau der Reichsverfassung. Achte darauf, wer den Reichskanzler ernennt und welche Rechte der Reichstag hat.
▶ *Das Schema kann von unten nach oben gelesen werden, dabei helfen dir die Pfeile.*

❻ Interpretiere die Karikatur 3.

 Audio    Video    Video

Deutschland über alles?

1 – Das Niederwalddenkmal bei Rüdesheim am Rhein erinnert an die Einigung Deutschlands und an den Sieg gegen Frankreich. Deshalb zeigt die Figur der Germania gen Westen, also Richtung Frankreich. Abgebildet ist hier das Hauptrelief am Sockel mit Kaiser Wilhelm I. im Mittelpunkt. Planung und Bau des Denkmals dauerten zwölf Jahre: von 1871 bis 1883.

Das Kaiser-Wilhelm-Denkmal am Deutschen Eck in Koblenz (Mündung der Mosel in den Rhein) wurde in den Jahren 1895 bis 1897 errichtet. Es ist eine Glorifizierung des ersten deutschen Kaisers Wilhelm I. und stellt diesen in Begleitung einer Viktoriafigur dar.

Kaiserkult und Nationalismus

Mit der Reichsgründung und der Ausrufung des preußischen Königs zum Kaiser war ein lang gehegter Wunsch vieler Deutscher in Erfüllung gegangen. Endlich gab es wieder ein einiges deutsches Reich, erkämpft durch einen Sieg über Frankreich. Alle Deutschen sollten sich mit diesem Reich identifizieren können. In der Schule, beim Militär und von den Kanzeln herab wurde der Bevölkerung verkündet, dass dieser Staat mit dem Kaiser an der Spitze für das Wohl aller seiner Untertanen sorge. In vielen Städten und Dörfern wurden Kriegerdenkmäler, Denkmäler von ruhmreichen Feldherren oder Majestäten errichtet, die sich um das Vaterland verdient gemacht hatten. Bei den jährlichen Feiern zum Kaisergeburtstag und zum Andenken an die Schlacht von Sedan ließen die Festredner das Deutschtum hochleben. Sie erinnerten an die Größe des Reiches, auf die man stolz zu sein hatte und die es zu verteidigen galt. Viele Menschen teilten diesen Stolz und als gute Patrioten betonten sie ihre Vaterlandsliebe. Auch in zahlreichen Arbeiterwohnungen hingen neben Porträts von Arbeiterführern auch Porträts des Kaisers oder Bismarcks.

Deutscher Anspruch auf Weltgeltung

Aus diesem Stolz auf das Deutsche Reich entwickelte sich mit der Zeit ein Überlegenheitsgefühl. Hatten nicht deutsche Truppen den Gegner vernichtend geschlagen? Hatte nicht Gott selber dem deutschen Volk geholfen (s. Bild 3)? War die deutsche Nation dadurch nicht hervorgehoben vor allen anderen Völkern? Mit diesem wachsenden Überlegenheitsgefühl verbunden war eine wachsende Feindschaft gegen alle, die man als Gegner dieses Staates ansah. Feinde waren alle „Nichtdeutschen", die im Reich lebten, wie Polen und Juden. Und Feinde

2 – Kaiser-Wilhelm-Denkmal in Magdeburg: Das Denkmal des Bildhauers Rudolf Siemering (1835–1905) zu Ehren Kaiser Wilhelms I. wurde 1897 eingeweiht. Bildpostkarte, um 1910.

Das Kaiser-Wilhelm-Denkmal in Barkhausen an der Porta Westfalica wurde 1892 bis 1896 errichtet. Das Standbild stellt den ersten deutschen Kaiser Wilhelm I. dar, die Linke auf das Schwert gestützt und die Rechte zum Gruß erhoben. Bei diesem Denkmal handelt es sich ebenfalls eine Glorifizierung des ersten deutschen Kaisers.

waren natürlich auch die „neidischen" Nachbarvölker, insbesondere Frankreich, das angeblich nur auf Rache sann. Germania, Sinnbild für das Deutsche Reich, wurde daher jetzt nur noch mit erhobenem Schwert dargestellt. In dieser Gesinnung sang man jetzt auch das Deutschlandlied und dessen erste Zeilen: „Deutschland, Deutschland über alles, über alles in der Welt." Das Lied war ursprünglich ein Bekenntnis zur deutschen Einheit. Jetzt aber wollten viele Deutsche damit zum Ausdruck bringen, dass dem Deutschen Reich die Weltherrschaft zustehe. Eine derartig übersteigerte nationale Gesinnung fand sich auch in anderen europäischen Staaten. Die Gefahr einer kriegerischen Auseinandersetzung trat daher immer offener zutage.

3 – Fahne mit dem Bild der Germania aus der Zeit der Reichsgründung. Der Text der Aufschrift lautet: „Gott war mit uns – ihm sei die Ehre."

❶ ▣ Erläre mithilfe der Abbildungen 1–3 die Begriffe Kaiserkult und Nationalismus.

❷ ▣ Informiere dich über alle Denkmäler dieser Doppelseite.
– Finde heraus, an welches Ereignis oder an welche Person hier erinnert wird.
– Stelle fest, warum diese Denkmäler errichtet wurden (zur Mahnung, als Aufforderung zur Nachahmung, zur Verherrlichung usw.).

❸ ▣ Ermittle mithilfe des Verfassertextes, welche inneren und äußeren Feinde sich das deutsche Kaiserreich durch sein übersteigertes Nationalgefühl machte.

Familie und Erziehung im Kaiserreich

1 – Bürgerliche Kleinfamilie, Foto, um 1900.

2 – Arbeiterfamilie, Foto, 1907.

Familie im Kaiserreich

Die Familie stellt die sozialen und persönlichen Beziehungen zwischen allen Mitgliedern her und liefert Geborgenheit für alle Mitglieder. Besonders Kinder sind auf die Familie angewiesen. Sie lernen hier grundlegende Fertigkeiten, Sprache und gesellschaftliche Normen. Sie entwickeln hier einen Teil ihrer Persönlichkeit, ihres Denkens, ihrer Charaktereigenschaften und Einstellungen.

Auch im Kaiserreich war dies nicht anders. Die Familie dieser Zeit zeichnete sich durch ein verheiratetes Paar mit seinen Kindern und durch die Trennung von Familien- und Erwerbsleben aus. Diese Familienform prägte die Gesellschaft in Deutschland im 19. Jahrhundert. Ihr lag die Vorstellung zugrunde, dass es natürliche Geschlechterunterschiede gebe, die zu einer geschlechtsspezifischen Aufteilung der Arbeit und damit auch der Lebensbereiche von Frauen und Männern führe. Der Mann war für das außerhäusliche Leben in Wirtschaft, Gesellschaft und Staat zuständig. Er musste sich im Beruf bewähren und den Lebensunterhalt verdienen. Die als gefühlsbetont und fürsorglich geltende Frau sollte sich dagegen als treu sorgende Gattin und Mutter im Haushalt und bei der Kindererziehung verwirklichen. Dieses bürgerliche Familienmodell war weit über das Bürgertum hinaus wirksam und wurde auch in Arbeiterkreisen angestrebt. Wie es verwirklicht werden konnte, hing jedoch sehr von den äußeren Umständen ab.

Erziehungsziele und -methoden

Erziehungsziel des wilhelminischen Staates war, Vaterlandsliebe hervorzubringen und sozialistischen Ideen entgegenzuwirken. Zudem hatte militärisches Denken große Bedeutung. Diesen Zielen, die auch für die Schulen galten, entsprachen die Erziehungsmethoden, die in den meisten Familien angewandt wurden – unabhängig davon, ob es sich um bürgerliche oder Arbeiterfamilien handelte. Zucht und Ordnung, Befehl und Gehorsam waren die Begriffe, die die Erziehung prägten. Nicht selten wurde auch Gewalt angewendet und in den Schulen war der Rohrstock ein viel gebrauchtes Instrument. Herauskommen sollten gottes- und obrigkeitsfürchtige Menschen, die nicht selbstständig denken, sondern gehorchen sollten. Rechtlich waren Frauen und Kinder Eigentum des Vaters oder des Ehemannes. Praktisch lag die Kindererziehung allerdings in den Händen der Frauen.

3 – Karikatur, 1898

4 – Kinder beim Kriegsspiel, Berlin. Foto, 1914.

M1 Der Historiker Gert Richter schrieb 1974 über die bürgerliche Familie im Kaiserreich:

… In der „guten alten Zeit" ist … der Vater noch fast überall im Mittelpunkt, die Frau in erster Linie Hausfrau und Mutter, die sich, wie die Kinder, diesem Mann unterordnet, wie sie es vor dem Traualtar geschworen hat, die ihn umsorgt, ihm alle Wünsche von den Augen abliest, „nur für ihn da ist". … Die Erziehung der Kinder war streng und autoritär. Den Anweisungen und Wünschen des Vaters müssen alle widerspruchslos Folge leisten. Zweifel an dieser Familienordnung gibt es kaum. Wie im Staat der Kaiser, so ist in der Familie der Vater das unbestrittene Oberhaupt. …

M2 Der Schriftsteller Erich Kästner schrieb 1957 über seine Schulzeit:

… In jener Zeit sahen alle Schulen düster aus, dunkelrot oder schwärzlich-grau, steif und unheimlich. Wahrscheinlich waren sie von denselben Baumeistern gebaut worden, die auch die Kasernen gebaut hatten. Die Schulen sahen aus wie Kinderkasernen. Warum den Baumeistern keine fröhlicheren Schulen eingefallen waren, weiß ich nicht. Vielleicht sollten uns die Fassaden, Treppen und Korridore denselben Respekt einflößen wie der Rohrstock auf dem Katheder. Man wollte wohl schon die Kinder durch Furcht zu folgsamen Staatsbürgern erziehen. Durch Furcht und Angst, und das war freilich ganz verkehrt. …

Q1 Aus einem Erlass Kaiser Wilhelms II, 1.5.1889:

Schon längere Zeit hat mich der Gedanke beschäftigt, die Schule in ihren einzelnen Abstufungen nutzbar zu machen, um der Ausbreitung sozialistischer und kommunistischer Ideen entgegenzuwirken. In erster Linie wird die Schule durch Pflege der Gottesfurcht und der Liebe zum Vaterlande die Grundlage für eine gesunde Auffassung auch der staatlichen und gesellschaftlichen Verhältnisse zu legen haben.

❶ Vergleiche die Bilder 1 und 2. Beschreibe die Beziehungen, die die einzelnen Familienmitglieder wohl untereinander hatten. Welche Rolle nahm der Vater ein? Nimm den Text und M1 zuhilfe.

❷ Erläutere die Erziehungsziele, die im Kaiserreich vorherrschten (Text und Q1).

❸ Erkläre, warum die Erziehungsmethoden diesen Zielen entsprachen (Text und M1).

❹ Bewerte die Rolle des Militärs in der Erziehung (M2, Bild 4).

❺ Interpretiere die Karikatur Bild 3. Ziehe Q1 hinzu.

❻ Vergleiche die Erziehung in Familie und Schule der Kaiserzeit mit der heutigen. Bewerte die Unterschiede

Über den Tellerrand geschaut

Wo wurde noch um die nationale Einheit gekämpft?

1 – „Garibaldi in Palermo". Garibaldi erobert mit Freiwilligen Palermo, 27. Mai 1860. Zeitgenössisches Gemälde von Giovanni Fattori.

* Savoyen
Landschaft im heutigen
Frankreich.

Die Flagge des König-
reichs Italien trägt das
Wappen des König-
reichs Sardinien-Pie-
mont in der Mitte.

König Viktor Emanuel II.
(1820–1878), König von
Piemont.

Giuseppe Garibaldi
(1807–1882)

Wunsch nach nationaler Einheit

Zwischen 1815 und 1870 kämpfte auch Itali-
en um seine nationale Einheit. Ähnlich wie
die deutschen Länder war auch Italien von
den Alpen bis Sizilien territorial zersplittert.
Doch anders als in Deutschland wurden
diese Teilstaaten von fremden Mächten beherrscht. Das waren nach dem Wiener Kongress: Österreich, Frankreich, Spanien, das
Fürstentum Savoyen und der Kirchenstaat.
Doch die Idee der Nation, die durch die
Französische Revolution in ganz Europa
verbreitet worden war, entfachte auch in
Italien eine nationale Volksbewegung –
das Risorgimento (Wiedererstehung).
Der erste Versuch einer Revolution 1820
wurde noch mit Gewalt niedergeschlagen.
Es bildeten sich in der Folge drei Bewegungen heraus. Die erste wollte eine demokratische Republik, die zweite ein geeintes,
katholisches Italien unter der Führung des
Papstes. Die dritte forderte eine konstitutionelle Monarchie unter einem König aus
dem Haus *Savoyen, das das Königreich
Sardinien-Piemont regierte. Diese dritte
Idee fand die meisten Anhänger. Zu Beginn
des Jahres 1848 kam es in ganz Italien zu
massiven Aufständen und zum ersten von
drei Unabhängigkeitskriegen.

Das Königreich Italien entsteht

Diese Bestrebungen scheiterten zunächst.
Aber die Bewegung erhielt mit König Viktor
Emanuel II. und Giuseppe Garibaldi zwei
Anführer, die bis 1860 die Einigung Italiens
vorantrieben. Garibaldi konnte die Unterschichten gut mobilisieren und führte 1860
einen siegreichen „Zug der Tausend" an,
um Sizilien zu erobern. Danach akzeptierte
er Viktor Emanuel II. als König von Italien,
nachdem sich die meisten Italiener für ein
Königreich ausgesprochen hatten. Als es
1866 zum Krieg zwischen Preußen und
Österreich kam (siehe S. 210), erklärte auch
Italien Österreich den Krieg und gewann
die Region Venetien, im Nordosten Italiens,
für sich. Vier Jahre später wurde der Kirchenstaat besiegt, sodass auch Rom Teil
des vereinigten Italiens wurde.

❶ ▣ Lies den Text und beantworte die Frage
aus der Überschrift.
❷ ▣ Recherchiere zu Garibaldi und den
„Rothemden". Stelle deine Ergebnisse
in Form eines kurzen Vortrags vor.
❸ ▣ Erkläre, was das Risorgimento wiederherstellen sollte.

Das kann ich …

Die deutschen Staaten und Europa im 19. Jahrhundert

Wichtige Begriffe

1815–1848
1848/49
Biedermeierzeit
Caspar David Friedrich
Deutscher Bund
Deutscher Michel
Friedrich Wilhelm IV.
Fürst Metternich

Karlsbader Beschlüsse
Nationalversammlung
Restauration
Robert Blum
Romantik
Wiener Kongress
Zensur

Wissen und erklären

❶ Erklärt euch gegenseitig die wichtigen Begriffe und ordnet Daten und Personen zu.

❷ Ermittle, aus welcher Quelle in diesem Kapitel der Satz: „Denn meine Gedanken zerreißen die Schranken" stammt. Gib die Fundstelle an und erkläre den historischen Zusammenhang.

Anwenden

❸ Untersuche das Bild 1.
▶ *Nutze für weitere Informationen zum Denkmal das Internet.*

❹ Interpretiere die Karikatur 2.

❺ Recherchiere, beispielweise im Internet oder dem örtlichen Archiv, ob es in eurem Heimatort noch Spuren des Kaiserreiches gibt. Denke an Denkmäler und Straßennamen.

Beurteilen und handeln

❻ Ein 1889 eingeweihtes Reiterstandbild zu Ehren Kaiser Wilhelms I. wurde im Zweiten Weltkrieg zerstört und 1993 wiedererrichtet. Der Schriftsteller Kurt Tucholsky schrieb 1930 dazu: „Wir gingen auf der breiten, baumbestandenen Allee … ich sah hoch … und … fiel beinah um. Da stand – Tsching-bumm! – ein riesiges Denkmal Kaiser Wilhelms des Ersten: ein Faustschlag aus Stein." Nimm Stellung zu diesem Zitat.

❼ Diskutiert in der Klasse die Frage, ob National-hymnen bei Sportveranstaltungen gesungen wer-den sollten. Erinnert euch in diesem Zusammen-hang auch an das Einführungsgespräch zwischen Stella und ihrem Großvater.

❽ Erläutere die Worte Heinemanns (Q1) und nimm zu ihnen Stellung.

Q1 **Der ehemalige Bundespräsident Heinemann sagte 1971 in einer Rede:**

… Als das Deutsche Reich vor 100 Jahren gegründet wurde, war keiner der 48er zugegen … Um den Kaiser standen in Versailles allein die Fürsten, die Generäle, die Hofbeamten, aber kein Volksvertreter … Was 1871 erreicht wurde, war eine äußere Einheit ohne volle innere Freiheit. Die Staatsgewalt ging nicht vom Volke aus, sie lag bei den Fürsten …

1 – Am Zusammenfluss von Rhein und Mosel, dem Deutschen Eck, wurde in Koblenz im Jahre 1897 eine Landzunge aufge-schüttet, auf der ein monumentales Reiterstandbild zu Ehren Wilhelms I. errichtet wurde. Foto, 2020.

2 – Michel und seine Kappe im Jahr 1948. Unter den Bildern steht: „Frühling", „Sommer", „Herbst". Karikatur aus dem Eulenspiegel, 24. März 1849.

▶ Teste dich

Hier spielt die Geschichte …

Eine Deutschlandreise zwischen Zensur und Kleinstaaterei

* **Hildesheimer Allgemeine Zeitung**
Sie wurde bereits 1705 gegründet und ist damit die älteste bestehende Zeitung Deutschlands.

* **Zensor**
Begutachter öffentlicher Schriften. Er verbietet bzw. streicht unangemessene Textteile.

Einführung

Stell dir vor, du bist Journalist für die *Hildesheimer Allgemeine Zeitung. Für diese warst du Beobachter beim Wiener Kongress 1815 und sollst nun mit deinen persönlichen Eindrücken nach Hamburg kommen, um einen Bericht zu schreiben. Für diesen hast du dir vier Zitate auf dem Kongress notiert, die du nun vollständig nach Hamburg bringen sollst. Auf dem Weg nach Hamburg kann es aber passieren, dass ein *Zensor deine Unterlagen einsieht, begutachtet und eventuell zensiert (verändert). „Wurde da etwa etwas gegen Staat und Fürsten geschrieben?" Wenn du auf ein Scherenfeld kommst, musst du fünf Worte aus deinen Zitaten streichen.

Folgende Zitate hast du dir beim Wiener Kongress notiert:

Wilhelm von Humboldt (Preußischer Reformer):

„Metternich nimmt nur Nebensächlichkeiten ernst und das ernste Geschäft behandelt er wie Nebensächlichkeiten."

Kaiserin Maria Ludovica (dritte Frau des österreichischen Kaisers Franz I.):

„Der Kongress kostet mich zehn Jahre meines Lebens!"

Zar Alexander I. (russischer Zar):

„Metternich ist der beste Zeremonienmeister der Welt, dafür aber ein umso schlechterer Minister."

Gebhard v. Blücher (siegreicher Feldherr gegen Napoleon):

„Es geht hier zu wie auf einem Jahrmarkt, wo jeder sein Vieh hintreibt."

Durchführung

Zu **Salzburg** – Auf deiner Rückreise über München musst du sehr lange an der Grenze bei Salzburg warten, weil die Stadt nach dem Wiener Kongress nicht mehr zu Bayern gehört, sondern nun zum österreichischen Kaiserreich. Die Grenzkontrollen sind deshalb auch besonders streng. **Du musst drei Felder zurück.**

Zu **München** – In Bayern wird unter der Führung von König Maximilian Joseph eine neue Verfassung erarbeitet. Als bekannter Journalist sollst du mitarbeiten und bleibst dort vorerst. **Setze einmal aus.**

Zu **Eisenach** – Als du endlich weiterreist, kommst du an der thüringischen Kleinstadt Eisenach vorbei. Hier sind schon die Vorbereitungen für die Feierlichkeiten zur 300-Jahr-Feier der Reformation (1517) in vollem Gange. Besonders viele junge Leute tragen die Farben Schwarz, Rot und Gold. Erkläre diese Farben. **Gehe drei Felder vor.**

Zu **Jena** – Viele Grenzen der thüringischen Staaten musst du auf dem Weg nach Jena durchqueren. Als Journalist hast du Angst vor der Zensur, weil man ein bis zu fünfjähriges „Versuchsverbot" erhalten kann, wenn man nicht angepasst und konform schreibt. **Durch deine Furcht bist du sehr aufmerksam. Du darfst fünf Felder vorrücken.**

Zu **Dresden** – In der alten Barockstadt Dresden triffst du einen der gefragtesten Maler der Zeit zu einem Interview: Caspar David Friedrich. Nenne die Kunstepoche, in die dieser Maler einzuordnen ist. **Du darfst noch einmal würfeln.**

Zu **Berlin** – Auf dem Weg nach Preußen lernst du den Komponisten Carl Maria von Weber kennen, der ebenfalls nach Berlin reist. Er berichtet dir von seinen Ideen für eine neue romantische Oper, die den Namen „Der Freischütz" erhalten soll, aber auch von seinen Schwierigkeiten als „politischer Musiker". Erneut beschleicht dich Angst. **Setze einmal mit Würfeln aus.**

Zur **Elbe** – In Berlin erhältst du eine Eilmeldung deines Chefs, dass du schleunigst in die Redaktion kommen sollst. Er empfiehlt dir, dafür ein Elbschiff zu nehmen, denn die Grenzen sind mit dem Schiff einfacher zu passieren. **Du darfst bis Hamburg vorrücken.**

Zu **Hamburg** – Geschafft! An deinem Ziel angelangt, schaust du dir deine Aufzeichnungen genau an.

Du musstest sicherlich viel streichen. **Verfasse nun mithilfe deiner fragmentarischen Aufzeichnungen einen Bericht über den Wiener Kongress.** Vergleicht anschließend eure Arbeiten.

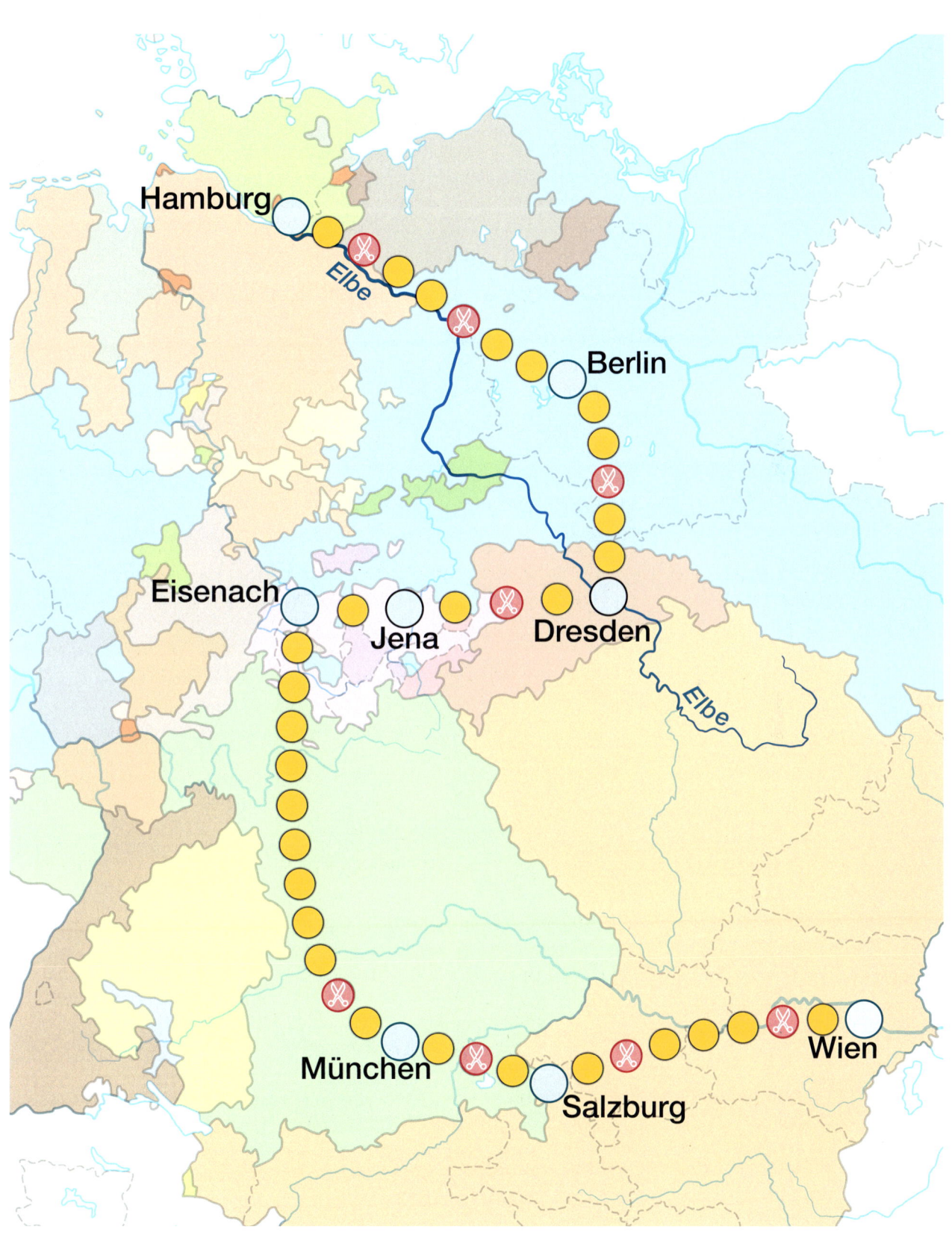

7 Industrialisierung und soziale Frage

Der Siegeszug neuer Techniken und Maschinen, der Fabrik-arbeit und der industriellen Massenproduktion veränderte im 19. Jahrhundert den Alltag, das Denken und Handeln der Menschen in Europa. Es entstanden neue soziale Gruppen und Probleme: Fabrikbesitzer, Angestellte und vor allem Arbeiter, die oft unter unmenschlichen Bedingungen in den Fabriken arbeiten und in den Städten leben mussten. Auf den folgenden Seiten könnt ihr erfahren, wie diese Umwälzungen in England begannen und schließlich Europa erfassten – mit all ihren positiven wie negativen Folgen für das Leben der Menschen.

 Video

7 Industrialisierung und soziale Frage

1769

Dampfmaschine von James Watt

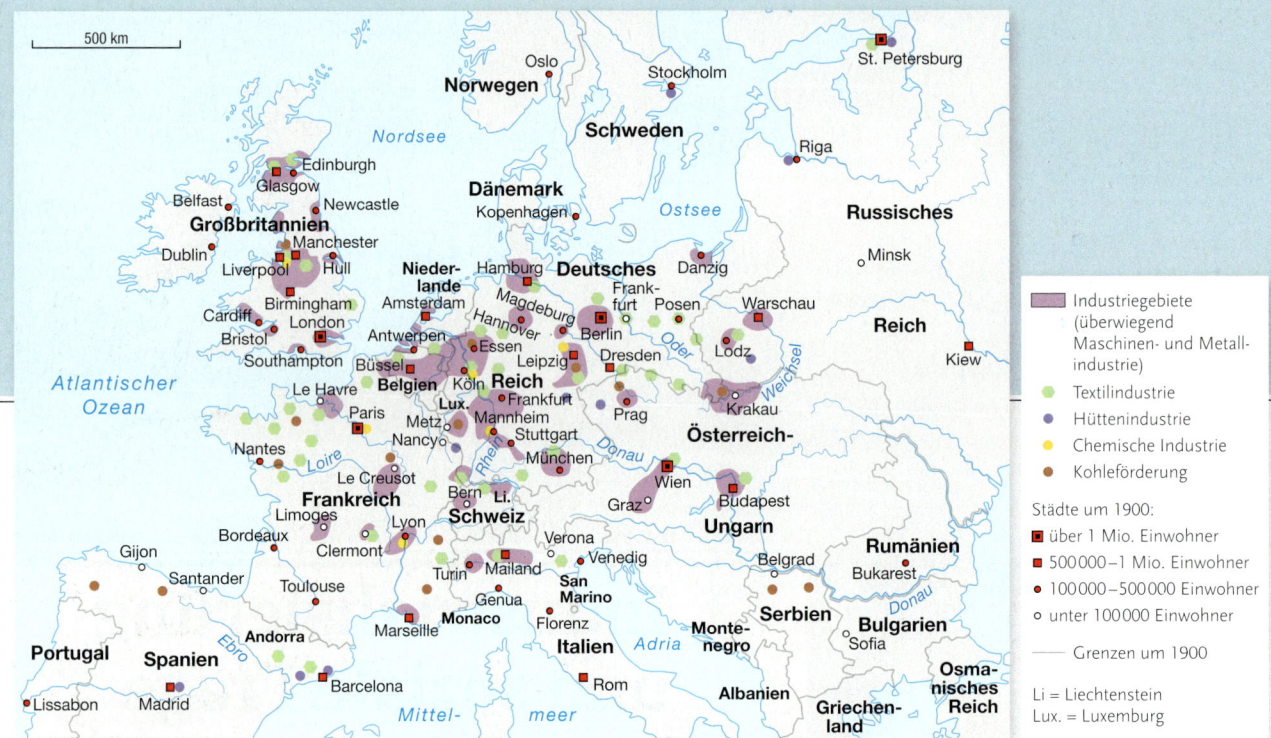

1 – Die Industrialisierung in Europa bis um 1900.

Über viele Jahrhunderte hatte sich das Leben der Menschen nur wenig verändert. Große Teile der Bevölkerung lebten als Bauern in kleinen Dörfern, als Handwerker und Händler in den Städten. Ab der zweiten Hälfte des 18. Jahrhunderts trat jedoch ein grundlegender Wandel dieser Situation ein. Ihren Ausgang nahm diese Entwicklung zunächst in England und dann ab 1800 auch langsam in Frankreich und Deutschland. Das Zeitalter der Industrialisierung hielt Einzug und wirkte so tiefgreifend, dass es das Leben heute noch prägt. Darum sprechen wir auch von der industriellen Revolution. Sie ist in ihrer Bedeutsamkeit für die Menschheit vergleichbar mit dem Übergang vom wandernden Jäger und Sammler der Altsteinzeit zum sesshaften Ackerbauern und Viehzüchter in der Jungsteinzeit.

Am Ende des Kapitels kannst du folgende Fragen beantworten:

- Welche grundlegenden Veränderungen brachte die Industrialisierung mit sich?
- Weshalb begann die Industrialisierung gerade in England?
- Wie begann die Industrialisierung in Deutschland?
- Welche technischen Fortschritte gab es im 18./19. Jahrhundert?
- Welche Rolle spielte das heutige Thüringen in der Zeit der Industrialisierung?
- Wie veränderte die Industrialisierung das Leben der Menschen?
- Warum und wie organisierten sich Arbeiter?
- Was war die soziale Frage und wie wurde sie beantwortet?
- Wie führe ich einen Besuch in einem Industriemuseum durch?

um 1700	1835	1848	1863	1875
Beginn der Industrialisierung in England	Erste deutsche Eisenbahnstrecke Nürnberg–Fürth	Erste Gewerkschaften	Gründung des Allgemeinen Deutschen Arbeitervereins	Gründung der SAP (seit 1890 SPD)

Opa, sag mal …

Opa: Hallo, Stella! Bald sind ja Sommerferien. Hast du eigentlich schon Pläne?

Stella: Ja, Opa. Ich werde meinen ersten Ferienjob annehmen. Ich arbeite in der Kantine bei Tante Sabine.

Opa: Na, das ist ja ein Ding. Da geht meine kleine Enkelin schon arbeiten!

Stella: Naja, arbeiten ist vielleicht übertrieben. Ich helfe Tante Sabine beim Kartoffel-, Eier- und Zwiebelschälen für zwei Stunden am Tag. Mein Kumpel Georg muss da schon mehr schuften. Er teilt jedes Wochenende Zeitungen in seinem Wohngebiet aus und die sind wohl ganz schön schwer. Reine Kinderarbeit!

Opa: Naja, er macht das ja sicherlich freiwillig, um sein Taschengeld aufzubessern, oder? Vor 150 Jahren gab es noch „wirkliche" Kinderarbeit, auch bei uns in Deutschland. Da mussten schon Zwölfjährige in Fabriken bis zu zwölf Stunden am Tag Maschinen bedienen oder im Bergbau in enge Schächte klettern.

Stella: Das klingt nicht nach einem Nebenjob, sondern nach richtig harter Arbeit.

Opa: Das war es auch. Manche Kinder verdienten den Lebensunterhalt für ihre Familie. Deshalb konnten sie nicht zur Schule gehen und blieben später auch einfache Hilfsarbeiter, weil sie keine schulische Ausbildung hatten.

Stella: Jetzt kommst du wieder mit dem Loblied auf die Schule, Opa! Ich weiß schon, wie froh ich sein kann, in die Schule gehen zu können. Aber Ferien sind eben auch was Schönes.

Opa: Na klar, mein Schatz. Und ich finde es gut, dass du in deiner Freizeit nebenher jobbst. Da kannst du schon mal in die Arbeit reinschnuppern und vor allem „eigenes" Geld verdienen. Auf was sparst du denn?

Stella: Ich möchte mir einen neuen Laptop kaufen, weil mein alter von Papa viel zu langsam ist. Besonders bei den Schulaufgaben kommt der an seine Grenzen.

Opa: Ich glaube zwar nicht, dass das der Hauptgrund ist, aber du hast ein Ziel vor Augen.

Stella: Genau und Hauptsache mir tränen dann nicht die Augen bei dem vielen Zwiebelschälen bei Tante Sabine!

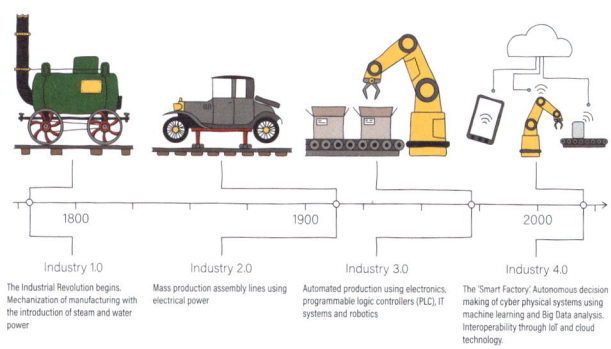

2 – Stufen der Industrialisierung. Schaubild.

1800 — Industry 1.0 — The Industrial Revolution begins. Mechanization of manufacturing with the introduction of steam and water power

1900 — Industry 2.0 — Mass production assembly lines using electrical power

Industry 3.0 — Automated production using electronics, programmable logic controllers (PLC), IT systems and robotics

2000 — Industry 4.0 — The 'Smart Factory'. Autonomous decision making of cyber physical systems using machine learning and Big Data analysis. Interoperability through IoT and cloud technology.

❶ ▪ Lest das Gespräch mit verteilten Rollen.

❷ ▪ Beschreibe mithilfe der Karte, wo sich in Europa hauptsächlich Zentren der Industrialisierung befanden.

❸ ▪ Führe eine Umfrage zum Thema „Ferienjob" in der Klasse durch. Wie viele bessern sich ihr Taschengeld nebenbei auf? Welche Arbeiten übernehmen sie dabei?

❹ ▪ Beschreibe und erkläre Bild 2.

❺ ▪ Recherchiere im örtlichen Museum, Stadtarchiv oder Internet, ob in deinem Heimatort Industriedenkmäler aus der damaligen Zeit existieren.

▶ *Beispiele für Industriedenkmäler können sein: Fabriken, Talsperren, Kraftwerke usw. aus der Zeit.*

Beginn der Industrialisierung

Warum begann die *Industrialisierung in England?

1 – Verarbeitung von Wolle zu Garn 1783. Die Fäden werden zunächst auf dem Spinnrad gesponnen und dann auf eine Garnwinde gewickelt. Illustration, vermutlich 19. Jahrhundert.

2 – Die „Spinning Jenny" von 1767. Drehte man das Rad, zogen und drehten die Spindeln die Wolle automatisch zu Fäden. Ein Mensch konnte daran so viel Garn spinnen wie acht Leute mit herkömmlichen Spinnrädern. Kolorierter Stich, 19. Jh.

---

* Industrialisierung
Darunter versteht man Veränderungen der Wirtschafts-, Arbeits- und Lebensweise seit Anfang des 19. Jahrhunderts aufgrund des Einsatzes von Maschinen.

* Flachs
Dies ist eine pflanzliche Faser, aus der Garn gesponnen wird.

* Spinning Jenny
„Jenny" war eine Verniedlichungsform für „engine", dem englischen Wort für Maschine.

Bevölkerungsentwicklung in England
1690 = 5,5 Mio.
1760 = 6 Mio.
1801 = 10,9 Mio.
1851 = 27,3 Mio.

Das Mutterland der Industrialisierung

Schon Mitte des 18. Jahrhunderts beherrschte England nicht nur die Weltmeere, sondern verfügte durch den Besitz zahlreicher Kolonien auch über große Rohstoffreserven. Eine um 1700 einsetzende Verbesserung der landwirtschaftlichen Anbau- und Viehzuchtmethoden sowie Erfindungen ab Mitte des 18. Jahrhunderts steigerten die Erträge und führten zu einer Bevölkerungsexplosion. Doch mehr Menschen benötigten auch mehr Kleidung. Die Herstellung von Textilien erfolgte jedoch immer noch in mühevoller Heimarbeit. Frauen verarbeiteten zunächst Rohwolle oder *Flachs am Spinnrad zu Garn, wickelten es anschließend auf Garnwinden (siehe Bild 1) und verarbeiteten es an Webstühlen zeitaufwendig zu Stoffen. Den wachsenden Bedarf an Stoffen konnten die kleinen Heimwerkstätten irgendwann nicht mehr decken. Die Herstellung des Garns dauerte einfach zu lange. Als dann der Webstuhl 1733 technisch verbessert wurde, sodass fortan mit doppelter Geschwindigkeit gewebt werden konnte, kam die Garnherstellung gar nicht mehr hinterher.

Ein einfacher Weber hat die Lösung

1761 wurden in einem Wettbewerb fünfzig Pfund Sterling für denjenigen ausgeschrieben, dem die Erfindung einer Maschine gelänge, „die sechs Fäden Wolle, Flachs, Hanf oder Baumwolle gleichzeitig spinnt, sodass nur eine Person zur Bedienung notwendig ist". Die Lösung des Problems fand 1764 schließlich der einfache Baumwollweber James Hargreaves. Seine Spinnmaschine „*Spinning Jenny" konnte acht Fäden spinnen. Die Spinner in den Heimwerkstätten sahen durch diese Erfindung ihren eigenen Lebensunterhalt bedroht. So entstand die Bewegung der „Maschinenstürmer", die ihre Wut gegen die neuen Maschinen richtete. Doch aufhalten konnten sie die Industrialisierung nicht mehr.

Unaufhaltsamer Wandel

Auf die Spinnmaschine von James Hargreaves folgten immer neue Erfindungen. 1769 entwickelte Richard Arkwright die „Waterframe" – eine Spinnmaschine, die mit Wasserkraft angetrieben wurde. Zehn Jahre später entwickelte Samuel Crompton seine „Spinning Mule" – eine Kombination der „Spinning Jenny" und der „Waterframe". Da es durch die Spinnmaschinen Garn im Überfluss gab, mussten auch die Webstühle immer leistungsfähiger werden. So stellte 1785 Edmond Cartwright einen mechanischen Webstuhl mit Dampfantrieb vor.

3 – Dampfpflug im Einsatz. Dieser wird durch Auf- und Abwickeln eines zwischen zwei Lokomobilen gespannten Drahtseils hin- und herbewegt. Kolorierter Holzstich, 1890.

Unter Volldampf

Die ersten Dampfmaschinen hatte bereits 1712 ein Mann namens Thomas Newcomen entwickelt. Sie hatten anfangs dazu gedient, das Grundwasser aus Bergwerken herauszupumpen. 1769 wurden diese Dampfmaschinen von James Watt, einem jungen Erfinder aus Glasgow, weiterentwickelt. Seine Erfindung war der Grundstein für eine neue Epoche. Bereits 1807 baute der amerikanische Ingenieur Robert Fulton das erste Dampfschiff.

Die ersten Dampfmaschinen waren zunächst so schwer, dass man sie nicht von der Stelle bewegen konnte. Doch 1814 gelang es dem englischen Konstrukteur George Stephenson, eine Dampfmaschine auf Räder zu setzen und sie in eine Zugmaschine zu verwandeln. Bald entstanden Bahnstrecken. Die erste ihrer Art wurde 1825 zwischen der Bergwerksstadt Darlington und der Hafenstadt Stockton eröffnet. Stephensons „Locomotion" mit ihren 34 Wagen brauchte für die etwa 15 km lange Strecke 65 Minuten. Diese Erstfahrt wurde noch im Mischbetrieb mit Fuhrwerken bewerkstelligt. Die erste reine Eisenbahnstrecke wurde 1828 zwischen Manchester und Liverpool eröffnet. Die Erfindung der Dampfmaschine veränderte die Welt ähnlich nachhaltig wie circa 300 Jahre zuvor der Buchdruck mit beweglichen Lettern.

M1 Erfinder und Entdecker

Benz, Colt, Daguerre, Daimler, Edison, Faraday, Fulton, Koch, Liebig, Morse, Otto, Pasteur, Reis/Bell, Siemens, Stephenson

Erfindungen und Entdeckungen

Glühlampe, Trommelrevolver, Bekämpfung der Cholera, Entdeckung der Bakterien, Telegraf, Automobil, Stromgenerator, Dynamo, Viertaktmotor, Kunstdünger, Telefon, Fotografie, Benzinmotor, Dampfschiff, Dampflokomotive

❶ Liste anhand des Textes in einer Tabelle wichtige industrielle Erfindungen des 18. und 19. Jahrhunderts auf.

Jahr	Erfindung	Erfinder
…	…	…

❷ Recherchiere im Internet zu den in M1 genannten Erfindern und Erfindungen bzw. Entdeckungen. Erstelle jeweils einen Steckbrief (entsprechend VIP) zu ihnen und ergänze ihre Erfindung in der Tabelle (Aufgabe 1).

❸ Erkläre mithilfe der Bilder 1–3 und des Textes, welche Veränderungen sich durch die Industrialisierung für den Menschen ergaben.

❹ Beantworte die Ausgangsfrage der Seite: Warum begann die industrielle Entwicklung gerade in England?

❺ Erkläre, warum man von einer „industriellen Revolution" sprechen kann.

Wie begann die Industrialisierung in Deutschland?

Industriegebiete:
- ▮ um 1830
- ▮ Ausweitung bis 1850
- ▮ Ausweitung bis 1914

— wichtige Eisenbahnlinien um 1914

Städte nach Einwohnerzahl um 1914:
- ▣ mehr als 1 Million
- ▣ 500 000 – 1 Million
- ◉ 100 000 – 500 000
- ○ weniger als 100 000

— Staatsgrenzen 1914
— Grenze des Deutschen Reiches seit 1871

1 – Entwicklung der Industrialisierung in Deutschland 1830–1914.

※ **Münzen**
Zunächst existierten zu Beginn des 19. Jahrhunderts noch 123 verschiedene Währungen mit mehr als tausend unterschiedlichen Münzen auf deutschem Gebiet. Mit der Dresdner Münzkonvention wurde 1838 der Vereinsdoppeltaler eingeführt. 1871 wurde auf dieser Grundlage dann die Mark (zu 100 Pfennigen) als Währung des Deutschen Reiches eingeführt.

※ **Deutscher Zollverein**
Der Deutsche Zollverein war ein Zusammenschluss von deutschen Staaten für den Bereich der Zoll- und Handelspolitik. Sein Ziel war die Schaffung eines einheitlichen Binnenmarkts und die Vereinheitlichung ökonomischer Rahmenbedingungen. Der Zollverein war kein Teil des Deutschen Bundes, sondern ein eigenständiger Zusammenschluss.

Mit Volldampf hinterher

Die industrielle Entwicklung setzte in Deutschland später ein. Der Deutsche Bund besaß keine Kolonien, aus denen er billig Rohstoffe beziehen konnte, und seine territoriale Zersplitterung in 39 Einzelstaaten erschwerte einen einheitlichen wirtschaftlichen Fortschritt. Als es 1819 in England bereits 5000 Dampfmaschinen gab, arbeiteten in Preußen zur selben Zeit nur 450 Stück. Mit der Gründung des ※Deutschen Zollvereins 1833/34 und der Einführung einheitlicher Maße, ※Münzen und Gewichte nahm die industrielle Entwicklung in den deutschen Staaten jedoch Fahrt auf.

Eisenbahnen als Motor der Industrie

Den Anfang machte 1835 die Bayerische Ludwigsbahn (benannt nach dem bayerischen König) auf einer sechs Kilometer langen Strecke zwischen Nürnberg und Fürth – eine Sensation für alle Beteiligten. Bereits vier Jahre später wurde die Eisenbahnfernlinie zwischen Dresden und Leipzig eröffnet. 6600 km Eisenbahnstrecken wurden allein zwischen 1840 bis 1849 in Deutschland verlegt. Mit dem Ausbau eines weitverzweigten Schienennetzes konnten binnen kurzer Zeit Kohle und Erz aus Oberschlesien, dem Ruhrgebiet und dem Saarland in die verschiedenen Industriestädte zur Weiterverarbeitung transportiert werden. Der Kohlebergbau sowie die Eisen- und Stahlindustrie wurden so zu Deutschlands wichtigsten Wirtschaftszweigen. Gleichzeitig schuf der Eisenbahnbau Tausende Arbeitsplätze. Lokomotiven und Wagen mussten gebaut, Gleise verlegt, Tunnel gegraben, Brücken und Bahnhöfe errichtet werden.

Städte wachsen

Zu Hunderttausenden zogen nun die Menschen in die Städte in der Hoffnung auf ein besseres Leben im Wohlstand. Neben den Fabriken entstanden schnell Mietshäuser, sogenannte Mietskasernen, die sich im Laufe der Zeit zu großen Arbeitervierteln wandelten. Da die Nachfrage nach Wohnraum groß war, waren diese Mietwohnungen völlig überteuert. Allein in Erfurt wuchs die Einwohnerzahl zwischen 1831 (ca. 27 000) und 1905 (ca. 100 000) auf das knapp Vierfache.

2 – Eröffnung der ersten Eisenbahnstrecke zwischen Nürnberg und Fürth am 7.12.1835. Diese Lokomotive mit dem Namen „Adler" stammte noch aus der Fabrik Robert Stephenson and Company aus Newcastle und wurde von einem englischen Lokomotivführer bedient. Mit ihren 12 PS benötigte sie für die 6 km lange Strecke lediglich sechs Minuten. Kolorierter Stich von Carl von Heideloff (1789–1865).

M1 Länge des deutschen Eisenbahnnetzes in km

Jahr	km	Jahr	km
1835	6	1870	18 560
1840	549	1880	33 865
1845	2 131	1890	41 818
1850	5 822	1990	49 878
1855	7 781	2020	33 400
1860	11 026		

M2 Fahrzeiten von Postkutschen und Eisenbahnen im Vergleich

von Berlin nach	mit Postkutsche um 1800	mit Eisenbahn um 1900
Dresden	23 Stunden	3 Stunden
Hamburg	36 Stunden	6 Stunden
Frankfurt/M.	64 Stunden	9 Stunden
Köln	82 Stunden	10 Stunden

Q1 Ärztliche Bedenken gegen die Eisenbahn in einem Gutachten von 1835:

... Ortsveränderungen mittels irgendeiner Art von Dampfmaschinen sollten im Interesse der öffentlichen Gesundheit verboten sein.
Die raschen Bewegungen können nicht verfehlen, bei den Passagieren die geistige Unruhe ... hervorzurufen. Selbst zugegeben, dass Reisende sich freiwillig der Gefahr aussetzen, muss der Staat wenigstens die Zuschauer schützen, denn der Anblick einer Lokomotive, die in voller Geschwindigkeit dahinrast, genügt, diese Krankheit zu erzeugen. ...

❶ Vergleiche die industrielle Entwicklung in England mit der in Deutschland. Nenne Gründe für den unterschiedlichen Entwicklungsstand Anfang des 19. Jahrhunderts.

❷ Analysiere die Karte 1. Gehe dabei auch auf die Bedeutung des Deutschen Zollvereins ein.

❸ Versetze dich in verschiedene Personen auf dem Bild 2. Formuliere Gedankenblasentexte, was sie gerade denken und empfinden könnten.

❹ Werte M1 aus und stelle die Entwicklung des Eisenbahnnetzes mittels eines Säulendiagramms dar.

❺ Werte M2 aus und stelle einen Zusammenhang zu M1 her. Recherchiere, wie lange heute die Züge für die verschiedenen Strecken (M2) benötigen.

❻ Schreibe aus heutiger Sicht eine Antwort auf das ärztliche Gutachten von 1835 (Q1):
▶ *Mit Interesse, aber auch einem Schmunzeln las ich ...*

Geschichte vor Ort

Industrialisierung in Thüringen

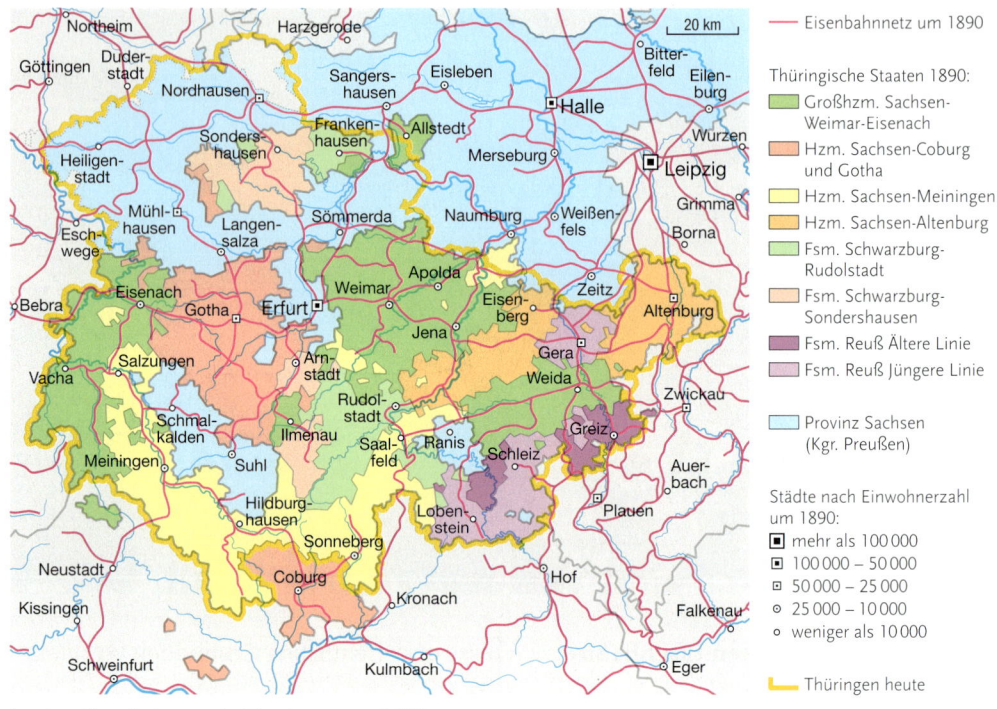

1 – Das Eisenbahnnetz in Thüringen um 1890.

Die Eisenbahn bringt den Fortschritt

In Thüringen gab es im 19. Jh. acht thüringische Kleinstaaten, von denen jeder seine eigenen Interessen verfolgte. Es gab entsprechend unterschiedliche Münzen, Maße und Gewichte. Immer dringender forderten deshalb die Händler den Beitritt zum Deutschen Zollverein (siehe S. 228), der 1834 in Kraft trat. Damit waren die Voraussetzungen für eine schnelle Industrialisierung Thüringens gegeben.

Wie in anderen Teilen Deutschlands sorgte auch in Thüringen der Ausbau des Eisenbahnnetzes für einen starken industriellen Aufschwung. Bestes Beispiel hierfür ist Altenburg, um 1840 eine Stadt mit ungefähr 13 000 Einwohnern. In der Stadt gab es bereits einige Leder- und Textilfabriken. Im Jahre 1842 erhielt Altenburg als erste Stadt in Thüringen einen Bahnanschluss. Jetzt konnten Personen und Waren mit dem Zug von hier nach Leipzig und von dort weiter nach Hof und Nürnberg beför-

dert werden. Mit diesem Anschluss kam eine rasante industrielle Entwicklung in Gang. Metall- und Chemiebetriebe und zahlreiche Nähmaschinenfabriken brauchten so viele Arbeitskräfte, dass die Bevölkerungszahl sich bis 1880 bereits verdoppelt hatte.

In den folgenden Jahren wurde das Schienennetz weiter zügig ausgebaut. Rohstoffe aus Westdeutschland und Sachsen konnten nun auf dem Schienenweg schnell und preiswert eingeführt werden. Die in Thüringen hergestellten Fertigprodukte erreichten in kürzester Zeit alle wichtigen Handelszentren. Es dauerte nicht lange, da war Thüringen genauso industrialisiert wie Westfalen oder Sachsen. Eine herausragende Rolle spielte dabei die Textilindustrie, wie z. B. in Gera und anderen Städten Ostthüringens, sowie der Fahrzeugbau in Eisenach und die optische Industrie in Jena.

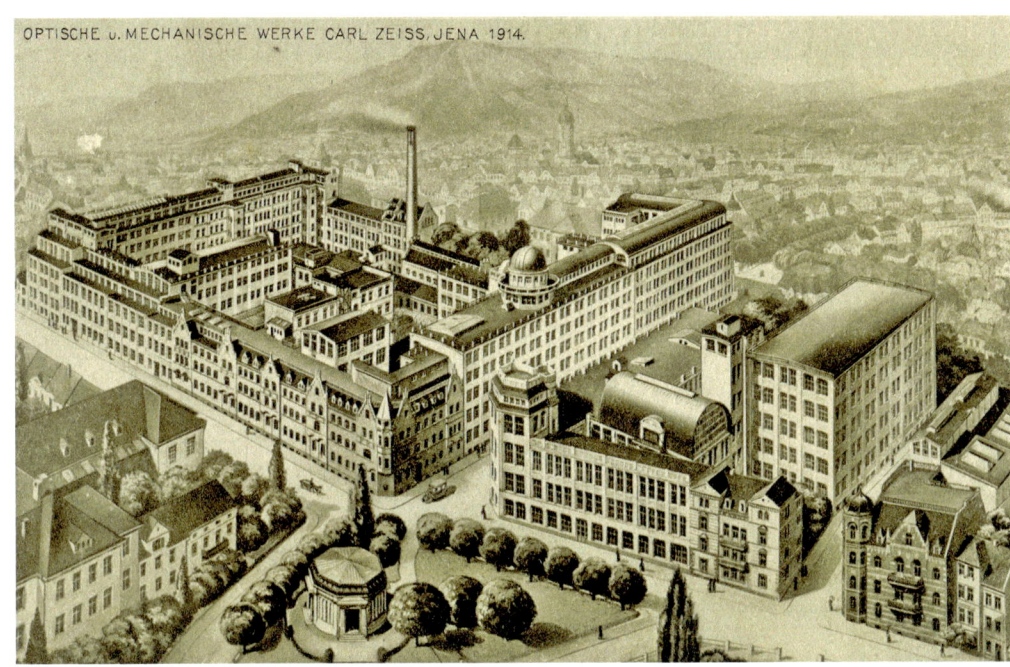

OPTISCHE u. MECHANISCHE WERKE CARL ZEISS, JENA 1914.

2 – Hauptwerk von Carl Zeiss in Jena. Postkarte, 1914.

Von der Werkstatt zum Weltkonzern: die Carl Zeiss AG in Jena

Q1 Robert Koch (1843–1910), Mediziner und Nobelpreisträger, sagte:
… Recht oft habe ich … mit Bewunderung und Dankbarkeit der Zeiß'schen optischen Werkstätten gedacht, verdanke ich doch einen großen Teil der Erfolge … ihren ausgezeichneten Mikroskopen. …

Eines der größten Unternehmen im Deutschen Reich waren die Zeiss-Werke in Jena. Carl Zeiss (1816–1888), ein technisch hochbegabter und außerdem zielstrebiger junger Mann, gründete 1846 eine kleine Werkstatt. Hier fertigte er optische Geräte an, wie Lupen, Brillen, Fernrohre oder auch Mikroskope. Schnell sprach sich herum, dass seine Geräte besonders sorgfältig hergestellt waren. Im nächsten Jahr konnte er schon seinen ersten Mitarbeiter einstellen, dem bald weitere folgen sollten.

M1 In einer Darstellung über Carl Zeiss als Arbeitgeber heißt es in der Firmenchronik des Unternehmens:
… Den Schwerpunkt seiner Fertigung legte Zeiss auf Mikroskope. Dabei setzte er in

seiner Werkstatt auf ein hohes Maß an Qualität und Präzision. Mikroskope seiner Mitarbeiter, die seinen hohen Anforderungen nicht gerecht wurden, zerschlug er eigenhändig auf dem Amboss. …
Noch heute gilt der Unternehmer gemeinsam mit Ernst Abbe als Vorreiter der Sozialversicherung, da 1875 die Zeiss-Krankenkasse gegründet wurde, um den Angestellten im Krankheitsfalle eine freie ärztliche Behandlung sowie kostenlose Medikamente zu garantieren. …

Von großem Vorteil für die weitere Entwicklung der Zeiss-Werke war die Mitarbeit von Ernst Abbe. Zeiss machte ihn 1876 zu seinem Teilhaber und verfügte, dass er auch sein Nachfolger werden sollte.

❶ Erläutere die Bedeutung der Eisenbahn für die industrielle Entwicklung Thüringens. Nimm dabei Bezug auf die Karte 1.
❷ Informiere dich in der Stadtbibliothek oder beim Geschichtsverein über die Industrialisierung in deinem Heimatort.
❸ Fasse die Aussage Kochs mit eigenen Worten zusammen.
❹ Suche mithilfe des Textes und M1 Gründe für den Erfolg der Zeiss-Werke.
❺ Fertige mithilfe des Internets ein Plakat an, auf dem du über das Leben von Zeiss oder Abbe informierst.

Methode

Ein Industriemuseum besuchen

Der Besuch eines Industriemuseums in eurer Umgebung bietet eine gute Möglichkeit, eure Kenntnisse über die Industrialisierung und ihre Auswirkungen vor Ort zu vertiefen. Ihr könnt dazu am besten verschiedene Arbeitsgruppen bilden.

Folgende Schritte helfen euch, den Besuch eines Industriemuseums durchzuführen:

Schritt 1 **Vorbereitung des Museumsbesuches**	Eine Arbeitsgruppe kümmert sich um die Organisation. ■ Schreibt an das Industriemuseum und bittet um Informationsmaterial oder ruft die Webseite des Industriemuseums auf. ■ Wie kommt ihr zu dem Industriemuseum? ■ Wann hat das Museum geöffnet? ■ Wie viel kostet der Eintritt für Schulklassen? ■ Gibt es einen Museumsplan? ■ Welche Themen werden im Museum behandelt? ■ Gibt es Führungen oder Vorführungen?
Schritt 2 **Themen auswählen**	Da ihr in einem großen Industriemuseum nicht alles besichtigen könnt, solltet ihr euch zunächst gemeinsam für bestimmte Themen entscheiden: Themen können sein: ■ Was wurde hergestellt und wie wurde produziert? ■ Welche Arbeitsbedingungen gab es im Betrieb (Belegschaft, Arbeitszeit, Löhne, Schutzvorrichtungen)? ■ Wie veränderte sich das Umfeld (Wohnbedingungen, Verkehr, Umwelt)?
Schritt 3 **Im Museum**	Zunächst verschafft ihr euch einen groben Überblick über das, was es zu sehen gibt. ■ Wo könnt ihr euch orientieren (Plan in der Eingangshalle, Infobereich)? ■ Wo befindet sich der Museumsteil zum vorher gewählten Themenbereich? ■ Besichtigung mit Erkundungsbogen oder eigenen Notizblättern, Fotoapparat (Fotografiererlaubnis erfragen).
Schritt 4 **Auswertung des Museumsbesuches**	Zurück in der Schule solltet ihr zunächst eure Ergebnisse zusammentragen: ■ Was hat euch im Industriemuseum überrascht? ■ Hat sich der Weg in das Industriemuseum eurer Meinung nach gelohnt? ■ War die Vorbereitung ausreichend? ■ Was würdet ihr beim nächsten Mal anders machen?

❶ Bereitet mithilfe der vier Schritte auf dieser Seite einen Besuch in einem Industriemuseum vor.

❷ Erkundigt euch während des Besuches, warum das Museum eingerichtet wurde.

❸ Sucht ein weiteres Industriemuseum in Thüringen und führt den Besuch nach den vier Schritten und nach dem Beispiel Heinrichshütte Wurzbach durch.

1 – Besuchergruppe beim Schaugießen in der Gießerei Heinrichshütte. Foto, 2015.

2 – Gießpfanne – Einguss beim Schaugießen. Foto, 2015.

Beispiel für den Besuch eines Industriemuseums:

Schritt 1:
Die Anfahrt zum Museum ist aus dem Internet zu ermitteln, ebenso die Öffnungszeiten und die Kosten. Die Website des Museums gibt euch auch Auskunft über den Museumsplan und über die Themen, die im Museum behandelt werden. Sinnvoll ist es, die Frage nach Führungen und Vorführungen vorher telefonisch zu ermitteln. Es sollte in der Klasse so viel wie möglich geklärt werden, bevor ihr zum Museum fahrt.

Schritt 2:
Die Heinrichshütte in Wurzbach geht auf das Jahr 1729 zurück und stellte ihren regelmäßigen Betrieb erst 1982 ein. Das umliegende Schiefergebirge war nicht nur reich an Schiefer, sondern auch an zahlreichen Bodenschätzen und Erzen. Diese wurden in der Hütte zu Gebrauchsgegenständen weiterverarbeitet, z. B. zu gusseisernen Öfen und Kaminplatten und später auch zu Heißluftmotoren. Verwendet wurde hierzu eine der größten und stärksten Dampfmaschinen Europas, die 15 000 PS hatte. Die Arbeit der Gießer war sehr schwer, weil sie sowohl mit dem schweren Eisen als auch mit dem glühenden Metall umgehen mussten.

Schritt 3:
Im Museum angekommen, könnt ihr euch auf eure Vorbereitung stützen. Die Orientierung im Museum und den Bezug zu den Themen, die ihr behandeln möchtet, könnt ihr leicht herstellen. Im Museum Heinrichshütte sind die Vorführungen, z. B. eines Gießvorgangs, besonders interessant und aufschlussreich. Hier könnt ihr nicht nur den Vorgang des Gießens beobachten, sondern auch, unter welchen Bedingungen der Gießer diese Arbeit verrichtete.

Schritt 4:
Wenn ihr die Besuchsergebnisse zusammentragt, sollte ihr besonders darauf achten, ob die Vorbereitung ausreichend war und was ihr beim nächsten Mal anders machen würdet.

Die Folgen der Industrialisierung

Wie veränderte sich die Gesellschaft?

1 – Dampfhammer „Fritz" bei Krupp, Essen. Foto, um 1900.

2 – Büroangestellte um 1900.

*Kapitalismus
(von ital. capitale =
Reichtum)
In dieser Wirtschafts- und
Gesellschaftsform ist das
Erzielen und das Vergrö-
ßern des Gewinns oberstes
Ziel. Der Kapitalist ist
der Unternehmer, Fabrik-
besitzer oder Großgrund-
besitzer. Er stellt seinen
Arbeitern die Mittel (z. B.
Maschinen und Rohstoffe)
zur Verfügung, mit denen
sie für ihn produzieren,
also seinen Reichtum
vermehren.

Die Arbeiter – Knechte der Maschinen?

Zu Hunderttausenden zogen arbeits-
suchende Landarbeiter und Bauern nun in
die Städte. Zumeist völlig unterschiedlich
ausgebildet, mussten sie schließlich alle die
gleichen Erfahrungen machen: Sie besaßen
zunächst nichts weiter als ihre Arbeitskraft,
die sie gegen Lohn dem Fabrikherrn zur
Verfügung stellten. Damit waren sie völlig
von ihm abhängig. Durch das gemeinsame
Los der Arbeit in Armut entwickelte sich
schnell ein Gefühl der Zusammengehörigkeit. Diese neue soziale Schicht nannte sich
Proletarier, wie schon im alten Rom die
unterste Plebejer-Schicht.

Die Angestellten – Stehkragenproletarier?

Um sich deutlich von den Arbeitern abzu-
grenzen, trugen die Angestellten in den
Büros stets einen Anzug und ein weißes
Hemd mit Stehkragen. Sie erledigten als
Buchhalter, Kassierer oder Zeichner die
Verwaltungs- und Planungsarbeit in den
Fabriken. Gegenüber den Arbeitern ge-
nossen die Angestellten Vergünstigungen,
z. B. kürzere Arbeitszeiten, ansteigende
Gehälter oder bezahlten Urlaub.

Fabrikbesitzer – der neue Industrieadel

Wieder bildete die Gesellschaft eine Pyra-
mide, deren Basis diesmal das Proletariat
war. An ihrer Spitze standen die Fabrikbesitzer. Anders als im Mittelalter war jetzt
aber nicht der Besitz an Land und Leuten
entscheidend, sondern der Besitz an Kapital
(Reichtum) und Produktionsmitteln (z. B.
Maschinen). Beides musste stetig vermehrt
werden, um erfolgreich zu bleiben. Dafür
sorgte wiederum die Produktion durch die
Arbeiter. Mit ihrer Lohnarbeit verdienten
sie ihren Lebensunterhalt und waren somit
vom Fabrikbesitzer abhängig wie zuvor
der Bauer vom Feudalherrn. Darum nannte man die neue Gesellschaftsspitze den
„Industrie- bzw. Geldadel" oder spricht von
„Industriefürsten". Die neue Gesellschafts-
und Wirtschaftsform hieß *Kapitalismus.

Die Lederfabrik in Hirschberg

Zu einem der größten Thüringer Betriebe
wurde die Lederfabrik in Hirschberg an
der Saale im Fürstentum Reuß-Lobenstein-
Ebersdorf. Gottlieb Heinrich Knoch
(1811–1897) übernahm 1864 von seinem
Vater eine kleine Gerberei mit einer Belegschaft von drei Gesellen und 14 Arbeitern.

3 – Lederfabrik Hirschberg/Saale von H. Knoch, gegründet 1864. Aufnahme o. J.

1873 ließ er die erste Dampfmaschine aufstellen. Die Zahl der Beschäftigten war bis dahin auf etwa 100 angestiegen. Im Jahr 1874 ging Knoch von der überlieferten saisonbedingten Arbeitsweise zur ganzjährigen Produktion über. Im Jahr 1885 richtete er ein werkseigenes Laboratorium zur Verbesserung der Lederqualität ein. Die Zahl der wöchentlich verarbeiteten Häute stieg von circa 180 (1866) auf 800 (1878) und auf 1200 im Jahr 1890. Im Jahr 1889 verarbeitete das Unternehmen 52 900 Häute und verkaufte 17 800 Zentner Leder im Wert von 2,2 Millionen Mark. Im Jahr 1893 wandelte Knoch den Betrieb in einer Aktiengesellschaft um mit dem Ergebnis, dass im Jahr 1897 rund 45 000 Zentner Leder im Wert von 5,1 Millionen Mark verkauft wurden. Die Lederfabrik in Hirschberg war im Umkreis von 20 Kilometern der größte Arbeitgeber. Knoch errichtete auch Wohnhäuser für Arbeiter und Angestellte und eine Badeanstalt mit medizinischen Behandlungsmöglichkeiten. Zudem entwickelte er umfangreiche betriebliche Sozialleistungen.

M1 Der Historiker Jürgen Kocka schrieb 1981 über die Angestellten:
… Obwohl die Angestellten keinen festen Anspruch darauf hatten, erstattete die Firma (Siemens & Halske) ihnen Krankheits- und Kurkosten, gewährte ihnen familienbedingte Unterstützung und Wohngelder sowie gegebenenfalls Vorschüsse und Prämien. Solche … Geschenke banden den Empfänger eng an das Unternehmen und seinen Chef.
Anders als Rechtsansprüche verlangten und stärkten solche freiwilligen Leistungen das Vertrauen aufseiten des Beamten [= kaufmännische, technische und sonstige Angestellte in der Industrie] und bewirkten so ein hohes Maß an persönlicher Abhängigkeit der Beamten gegenüber dem Unternehmer. …

❶ ▣ Trage in einer Tabelle ein, was du auf dieser Doppelseite über jede Gesellschaftsschicht erfahren hast.

▶

Proletarier	Angestellte	Fabrikbesitzer
besitzen nichts als ihre Arbeitskraft	...	...
...	...	...

❷ ▣ Erkläre mithilfe der Bilder 1 und 2 sowie M1, woran man die unterschiedliche Stellung von Arbeitern und Angestellten erkannte.

❸ ▣ Erläutere, warum die Angestellten auch als „Stehkragenproletarier" bezeichnet wurden, und begründe, warum sie sich nicht dem Proletariat zugehörig fühlten.

❹ ▣ „Die industrielle Revolution brachte eine Klassengesellschaft hervor, die von starken Gegensätzen geprägt war." Nimm Stellung zu dieser Aussage.

Wie veränderte sich die Situation der Familien?

1 – Küche in einer Mietskaserne in Berlin. Foto, 1908.

2 – „Schlafstelle zu vermieten". Eine Familie vermietet ihr Bett an einen Schlafburschen. Zeichnung von Heinrich Zille, um 1912.

* soziale Frage
Bezeichnung für die ungelösten Probleme der Arbeiter im 19. Jahrhundert, die durch die Industrialisierung entstanden waren: schlechte Arbeitsbedingungen, lange Arbeitszeiten, zu niedrige Löhne, hohe Arbeitslosigkeit, fehlende Versicherungen, schlechte Wohn- und Lebensverhältnisse.

Wachsende Städte

Viele Handwerker und Bauern waren im Laufe des 19. Jahrhunderts vom Land in die Städte gezogen, weil sie sich dort Arbeit und sozialen Aufstieg erhofften. Gerade die ärmeren Landarbeiter versprachen sich von den wachsenden Städten neue Perspektiven und verließen ihre verarmten Höfe. Dieses Phänomen wird „Landflucht" genannt. Durch die Industrialisierung hatten sich nämlich die Lebensumstände der Landbevölkerung schnell und tiefgreifend verändert. Handwerker fanden kaum Arbeit, weil schon vieles billiger und in größeren Mengen industriell gefertigt werden konnte.

Überforderte Städte

Die Städte allerdings waren auf den großen Ansturm an Menschen nicht vorbereitet. Zunächst bildeten sich Armenviertel aus notdürftig zusammengebauten Hütten. Dann wurden Mietshäuser auf engstem Raum errichtet, oft eine Aneinanderreihung von Hinterhöfen, in die kaum Sonnenlicht hineinstrahlte. Die Häuser waren dunkel, stickig und feucht. Es ging den Wohnungssuchenden nur um eine Unterkunft, egal ob im Keller oder auf dem Dachboden. Das Minimum für eine Arbeiterwohnung sah eine Stube und eine Wohnküche vor. Toiletten befanden sich, wenn überhaupt, im Treppenhaus und mussten mit den Nachbarn im Haus geteilt werden. Doch auch der enge Wohnraum wurde oft an „Schlafburschen" (Bild 2) vermietet, um sich etwas hinzuzuverdienen.

Entstehung der *sozialen Frage

Aggressive Spannungen, Gewalt und sexuelle Übergriffe waren aufgrund der schlechten Lebensbedingungen nicht selten. Die Kriminalitätsrate war besonders hoch. Oft befanden sich die Wohnungen in Stadtteilen, wohin die vorherrschenden Winde die Abgase der Fabriken wehten. Giftige Chemikalien gelangten ungeklärt in die Flüsse und so in das Trinkwasser der Menschen. In diesen Elendsvierteln lebten die oft kinderreichen Familien in Schmutz, Gestank und Armut. Ärztliche Versorgung war kaum vorhanden. All diese Gründe führten dazu, dass die Hälfte aller Kinder im 19. Jahrhundert bereits vor dem 5. Geburtstag starb. Die Lebenserwartung eines Erwachsenen lag bei 36 Jahren. Da Frauen ebenfalls in den Fabriken arbeiten mussten, blieben die Kinder oft sich selbst überlassen und verwahrlosten. Häufig arbeiteten aber auch sie, um den Lebensunterhalt ihrer Familien zu sichern. Diese Probleme wuchsen mit der Zeit und wurden zur sozialen Frage. Die Antwort darauf wurde zu einer der wichtigsten Aufgaben dieser Zeit.

VIP

„Im letzten halben Jahr haben wohl alle Berliner Institute, bei denen wir bisher noch gar keinen Fuß gefasst hatten, große Mikroskope hier bestellt."
Ernst Abbé über die Firma Carl Zeiss, 1878

Name: Carl Friedrich Zeiß (später Zeiss)

Lebensdaten: 11. September 1816 – 3. Dezember 1888

Familie: Carl Zeiss war der Sohn von Hofdrechselmeister Gottfried August Zeiss und dessen Frau Johanna Antoinette Friederike, geb. Schmith (1786–1856). Er war das fünfte von zwölf Kindern, von denen sechs früh starben. Kunde von August Zeiss war u. a. der herzogliche Hof mit seinem gesamten Hofstaat einschließlich der gesamten Beamtenschaft.

Jugend/Schule/Ausbildung:
- Besuch des Wilhelm-Ernst-Gymnasiums in Weimar bis zur vorletzten Klasse. Wegen seines großen Interesses an technischen Dingen durfte er dort eine besondere Abiturprüfung ablegen, die es ihm erlaubte, naturwissenschaftliche Fächer an einer Universität zu studieren.
- Ab 1834 Mechanikerlehre bei Dr. Körner, Universitätsmechanikus in Jena; nach der Lehrzeit ging er zur weiteren Ausbildung nach Stuttgart,

Werdegang:
- 1846 gründete Zeiss in Jena eine kleine Werkstatt für mechanische Arbeiten, in der er die Konstruktion und Reparatur aller für die Universitätsinstitute erforderlichen naturwissenschaftlichen Apparate betrieb.
- 1861 erhielt er auf der thüringischen Gewerbeausstellung eine Goldmedaille für seine Mikroskope.
- Bis 1875 stieg die Zahl der Mitarbeiter in seiner Werkstatt auf 60 Beschäftigte.
- 1876 nahm Zeiss den Physiker und Mathematiker Ernst Abbé als Teilhaber in die Firma auf. Abbé entwickelte neue Verfahren der Mikroskopherstellung.
- 1880 wurde Zeiss mit der Ehrendoktorwürde der Universität Jena ausgezeichnet.
- 1882 trat der Chemiker Otto Schott als Geschäftspartner hinzu.
- 1886 wurde bei Zeiss das 10 000. Zeiss-Mikroskop hergestellt.
- Im Frühjahr 1888 erweiterte das Unternehmen seine Produktpalette auf fotografische Geräte.
- Nach dem Tod von Carl Zeiss im Jahr 1888 wurde Ernst Abbé alleiniger Leiter. Er gründete 1889 die Carl-Zeiss-Stiftung und machte sie 1891 zum alleinigen Eigentümer der Werke in Jena.

Besonderheit: Carl Zeiss leitete sein Unternehmen im streng patriarchalischen Sinn. Andererseits gründete er 1875 eine eigene Betriebskrankenkasse. Bei Krankheit konnte sich jeder Werksangehörige kostenlos durch einen Kassenarzt behandeln lassen.

Was bleibt: Neben vielen anderen Verdiensten hat Carl Zeiss die Mikrofotografie revolutioniert. Vor allem der Bakteriologe Robert Koch, 1905 Nobelpreisträger für Medizin, hob hervor, dass ihm seine Erfolge ohne die Geräte von Zeiss nicht gelungen wären.

---

❶ ▣ Beschreibe die Situation der Arbeiterfamilien zur Zeit der industriellen Revolution.

❷ ▣ Zeiss schaffte es vom Handwerkersohn zu einem reichen Großindustriellen. Zähle weitere Personen auf, denen ein solcher Aufstieg gelungen ist.

❸ ▣ Sieh dir Bild 2 an. Beschreibe die dargestellte Szene. Bringe nun das Bild zum Sprechen, indem du allen

fünf Personen mithilfe von Sprechblasentexten „Wörter in den Mund legst".

❹ ▣ Beschreibe, wie sich durch ein Unternehmen wie dem von Carl Zeiss die Situation der Familien veränderte.

❺ ▣ Beschreibe die Wohnverhältnisse in Bild 1 und verfasse aus der Sicht der Mutter und des Kindes einen möglichen Tagesablauf beider Personen.

Wie sahen die Arbeitsbedingungen in den Fabriken aus?

1 – Arbeiterinnen und Arbeiter der AEG (Allgemeine Elektricitäts-Gesellschaft) in Berlin. Foto, um 1900.

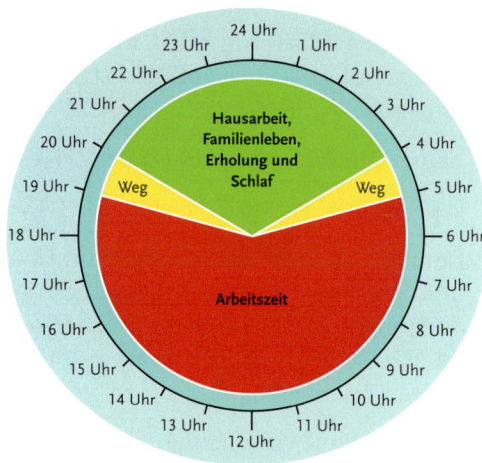

2 – Tagesablauf von Arbeiterinnen und Arbeitern in der Industrie um 1860.

Strenge Fabrikordnungen, Arbeitsbücher und ständige Kontrollen sollten die Arbeiterinnen und Arbeiter an die neuen Arbeitsbedingungen gewöhnen. Die Lohnauszahlung fand in den Großbetrieben am Freitagabend vor Arbeitsschluss statt. Aus dem Lohnbüro kam ein Angestellter und brachte das Geld. Der Meister oder Vorarbeiter bezahlte dann jedem Arbeiter die errechnete Lohnsumme aus.

✻ Gewerbeaufsicht
Behörde, die die Arbeitsbedingungen in Betrieben überwacht.

Hohe Anforderungen

Der Alltag der Industriearbeiter war vom Takt der Maschinen bestimmt. Um frühmorgens pünktlich an ihren Arbeitsplätzen zu stehen, mussten sie oft stundenlange Fußwege in Kauf nehmen.

Ihr oberstes Gesetz war die Fabrikordnung. Wurde diese nicht befolgt, widersetzte man sich den Weisungen des Meisters oder war man längere Zeit krank, erhielt man die sofortige Entlassung. Die Arbeitsplätze waren sehr begehrt, sodass alle Arbeiterinnen und Arbeiter schnell ersetzt werden konnten.

Unwürdige Arbeitsbedingungen

Die Arbeit an den Maschinen bestand meistens aus nur wenigen Handgriffen, die stundenlang immer und immer wieder ausgeführt werden mussten, und das möglichst schnell.

Zudem gab es kaum Arbeitsschutzmaßnahmen. Die Folge waren oft schwere Unfälle durch die offenen Getriebe und frei laufenden Treibriemen. Wer dadurch arbeitsunfähig wurde, verlor die Arbeit. Dazu kamen schlechte Luft- und Lichtverhältnisse in den engen, schmutzigen und vom Maschinenlärm erfüllten Fabrikhallen. Das beeinträchtigte die Gesundheit der Arbeiterinnen und Arbeiter noch zusätzlich.

Geringer Verdienst

Der Lohn der männlichen Arbeiter reichte meistens kaum aus, den Lebensunterhalt der Familie zu bezahlen. Um nicht zu verhungern, mussten meistens alle Familienmitglieder Geld verdienen und so zum Unterhalt beitragen. Frauen und Kinder wurden in den Fabriken gerne eingestellt, weil sie die gleiche Arbeit wie die Männer für kaum die Hälfte des Lohns leisteten. Daneben fanden Frauen auch Arbeit als Dienstmädchen oder Krankenpflegerinnen. Kinderarbeit war im Harzer Bergbau unter Tage bis 1838 schon ab zehn Jahren erlaubt. Dann wurde die Grenze auf 14 Jahre hochgesetzt. Die tägliche Arbeitszeit betrug zwölf Stunden, hinzu kam der weite Weg zur Arbeit. Darüber hinaus waren die Kinder vielen anderen Gefahren ausgesetzt: rheumatischen Erkrankungen oder Tuberkulose, die vor allem durch ungesunde Grubenluft, Arbeit mit Schießpulver und Schwermetallen und Mangel an Sonnenlicht hervorgerufen wurden. Für die Unternehmer waren sie somit billige Arbeitskräfte. Durch Kinderarbeit konnten die Produktionskosten niedrig gehalten werden und man blieb konkurrenzfähig. Umso größer war der Widerstand der Unternehmer, als 1839 erstmals in Europa Gesetze gegen Kinderarbeit verabschiedet wurden – zunächst in Preußen, später in ganz Deutschland: Neun- bis 16-Jährige sollten nicht länger als zehn Stunden arbeiten. Sonntags- und Nachtarbeit wurden ganz verboten.

3 – Plakat, Berlin, um 1910.

M1 Der Soziologe Jürgen Bönig schrieb 2012 über die Gründe für Kinderarbeit im 19. Jahrhundert:
Kinderarbeit erschien vielfach als notwendig, als angemessener Einsatz körperlich kleiner Arbeiter, weil die Flöze und Gänge niedrig waren, der Platz unter den Maschinen beschränkt, die Nische hinter den Wettertüren winzig. Aber die allmähliche Durchsetzung eines Verbots der Kinderarbeit in den Fabriken zeigt, dass nicht die technischen Bedingungen über den Einsatz der Kinder entschieden, sondern deren geringer Preis.

Q1 Bestimmungen der Fabrikordnung der Firma Krupp (Gussstahlherstellung) von 1838:
… Jeder Arbeiter muss treu und unbedingt folgsam sein, sich in und außerhalb der Fabrik anständig betragen, pünktlich die Arbeitsstunden halten und durch seinen Fleiß beweisen, dass er die Absicht hat, zum Nutzen der Fabrik zu arbeiten. Wer dies befolgt, hat zu erwarten, dass dem Wert der Arbeit nach auch sein Lohn erhöht wird. Wer aus Nachlässigkeit oder bösem Willen sich vergeht, wird bestraft. Branntweintrinken in der Fabrik wird nicht geduldet. Wer ein Stück Arbeit, ein Werkzeug und dergleichen verdirbt oder umkommen lässt, muss dasselbe vergüten. Wer fünf Minuten nach dem Läuten zur Arbeit kommt, verliert ¼ Tag, wer ¼ Tag eigenmächtig fortbleibt, verliert ½ Tag, für ½ Tag Fortbleiben wird ein ¾ Tag abgezogen. …

Q2 In einem Bericht der *Gewerbeaufsicht aus dem Jahr 1899 über den Tagesablauf einer verheirateten Fabrikarbeiterin:
… Je nach Entfernung der Wohnung von der Fabrik, nach dem Beginn der Fabrikarbeit und je nach dem Arbeitsbeginn des Mannes steht die Frau um 3.30, 4, 4.30 oder 5 Uhr auf … Dann wird das Frühstück zubereitet …, das abends schon vorbereitete und angekochte Essen aufs Feuer gebracht … und in Blechtöpfe gefüllt … Die Kinder werden dann angekleidet, zur Schule geschickt oder zur Hütefrau oder Kinderkrippe gebracht. Von da geht es zur Fabrik … Es gibt viele Arbeiterinnen, die täglich 10 bis 12 Kilometer zu Fuß zur Fabrik zurücklegen müssen. Ist die Entfernung zur Fabrik nicht so weit, eilt sie in der Mittagspause im Schnellschritt heim, macht Feuer, setzt die in Scheiben geschnittenen Kartoffeln auf, wärmt das vorher fertiggestellte Essen auf und isst mit den Angehörigen … Abends dasselbe, Abendessen, Schularbeiten der Kinder, Flicken und Waschen der Kleider und Wäsche. Vorbereitung des Essens für den anderen Tag. Vor 9 Uhr abends endet der Arbeitstag nie, vor 10 Uhr selten und oft erst nach 11 Uhr. …

❶ ▣ Beschreibe die Arbeitsbedingungen der Fabrikarbeiterinnen und -arbeiter und ihrer Familien.

❷ ▣ Fasse den Inhalt von M1 in einem Satz zusammen.

❸ ▨ Erkläre anhand von Bild 2, Q2 und des Textes, inwiefern die Arbeiterinnen doppelt belastet waren.

❹ ▨ Erkläre anhand des Textes, welche Bedeutung Kinderarbeit für die Unternehmer hatte.

❺ ▨ Erläutere anhand von Bild 3, warum sich ein Verein zum Schutz der Kinder gebildet hat.

❻ ▨ Spiele mit deiner Banknachbarin / deinem Banknachbarn eine Szene nach, in der ihr euch a) abends beim Abendbrot über euren schweren Arbeitstag unterhaltet oder b) mit eurem Fabrikherrn sprecht. Nutzt dazu auch M1, Schaubild 2, Q1 und Q2.

❼ ▨ Gestalte anhand von Q1 eine Betriebsordnung.

❽ ▨ Erkläre mithilfe von M1, warum die Kinderarbeit in Deutschland eingeschränkt worden ist. Beziehe Stellung hierzu.

❾ ▨ Schreibe für eine damalige Zeitung einen Artikel.

▶ *Mögliche Themenbereiche: Arbeitsbedingungen, Kinderarbeit, neue Verordnungen zur Einschränkung der Kinderarbeit usw.*

Methode

Fotos analysieren

Fotos sind aus unserem täglichen Leben nicht wegzudenken. Seit es Fotografien gibt (etwa seit 1840), gelten sie als wertvolle Quellen.
Fotos können nicht die objektive „Wahrheit" über Ereignisse oder Menschen wiedergeben, aber uns eine Momentaufnahme liefern. Wie durch ein „Guckloch" bekommen wir Einblicke in die Vergangenheit, die durch weitere Informationen ergänzt werden müssen.

Folgende Schritte helfen dir, Fotografien zu untersuchen:

Schritt 1 **Der erste Eindruck**	■ Wie ist dein erster Eindruck? ■ Was siehst du auf dem Foto? ■ Welche Gedanken, welche Gefühle hast du beim Betrachten des Fotos?
Schritt 2 **Bildbeschreibung**	■ Was ist alles zu sehen und zu entdecken? ■ Was genau wird dargestellt? ■ Wie ist die Darstellung: Welche Farben gibt es? Wie sind die Lichtverhältnisse? Gibt es eine auffällige Bildkomposition? Wie ist der Ausschnitt des Bildes gewählt (Nahaufnahme/Totale)? ■ Handelt es sich um eine Collage oder Montage (verschiedene Elemente werden kombiniert)? ■ Ist die Bildlegende informativ? Was verrät sie und was nicht?
Schritt 3 **Analyse**	■ Wofür steht das Foto? ■ Welche Absichten verfolgt die Fotografin / der Fotograf vermutlich? Wofür wurde das Foto gemacht (Nachricht, Werbung, privat)? ■ Ist das Foto gestellt oder handelt es sich um einen Schnappschuss? ■ Sehen wir das Foto heute mit anderen Augen als zur Zeit seiner Entstehung? ■ Wie kann man die Bildaussage zusammenfassen? ■ Hat das Foto eine Bedeutung über die konkrete Situation hinaus? Ist es typisch für ein bestimmtes Ereignis, ein Problem ...?
Schritt 4 **Erweiterung**	■ Wie kann man das Foto „erweitern"? ■ Was ereignete sich zeitlich vor und nach der Aufnahme? ■ Welche Fragen hast du? Welche Materialien benötigst du?

❶ Vervollständige die Musterlösung zu Foto 1.

❷ Bildet Arbeitsgruppen, um für Schritt 4 zu recherchieren.

❸ Bearbeitet in der Gruppe die Fotos 2 und 3 mithilfe der vier Schritte.

1 – Arbeiter der Lokomotivenfabrik in Esslingen (Baden-Württemberg) mit einer fabrikneuen Lokomotive. Foto, 1864.

Musterlösung zu Foto 1:

Zum Schritt 2:
Eine neue, saubere Lokomotive ... auf Schienen, sechs Räder ..., acht Arbeiter in sauberer Kleidung befinden sich ... alle lehnen an ihr oder berühren sie ... Körperhaltung zeigt Stolz an. ...

Zum Schritt 3:
Vermutlich ist das Foto zu Werbezwecken aufgenommen worden. ... Es steht für die Produktivität und Qualität der Produkte des Esslinger Werkes. ...

Zum Schritt 4:
Vermutlich wurde die Lokomotive extra für das Foto hier hingeschoben und die Arbeiter mit sauberer Kleidung für das Foto bestellt. ...

2 – Junger Bergarbeiter in den USA, Ausschnitt. Foto, 1908/11.

3 – Frauen beim Wickeln von Spulen für Elektromotoren. Maschinensaal der AEG in Berlin. Foto, um 1890.

Wie wurden die gesundheitlichen Gefahren bekämpft?

1 – „Death's Dispensary, open to the poor, gratis" (= Apotheke des Todes, geöffnet für die Armen, gratis). Karikatur, 1866.

2 – Florence Nightingale (1820–1910). Foto, 1855.

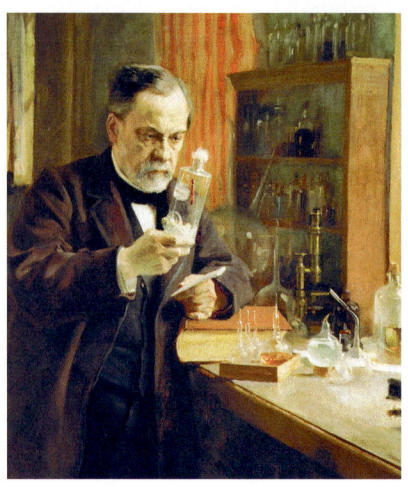

3 – Louis Pasteur (1822–1895). Französischer Chemiker.

---

* **Cholera**
Eine durch Bakterien verursachte schwere Durchfallerkrankung. Unbehandelt liegt die Sterblichkeitsrate zwischen 20 % und 70 %.

* **Epidemie**
Bezeichnet ein zeitlich und örtlich gehäuftes Auftreten von Krankheitsfällen beim Menschen, die die gleiche Ursache haben. Ein anderes Wort für Epidemie ist Seuche.

* **Pandemie**
Der Begriff umschreibt eine weltweit und zeitlich begrenzt auftretende neue Infektionskrankheit mit zumeist schwerem Krankheitsverlauf.

* **Milzbrand, Anthrax**
(von altgr.: anthrax = Kohle) Hierbei handelt es sich um eine durch Bakterien übertragene Krankheit, die schmerzhafte, schwarze Hautausschläge bildet. Unbehandelt führt die Krankheit zu einer Blutvergiftung und einer Sterblichkeitsrate von 5 bis 20 %.

Eine „Geißel der Menschheit"

Nach dem Auftreten von Corona im Jahr 2020 ist deutlich geworden, was die Begriffe *Epidemie und *Pandemie bedeuten. Im Laufe der Geschichte traten immer wieder Seuchen auf und verursachten viel Leid und forderten Millionen Todesopfer. Im 19. Jahrhundert wurde zum Beispiel die *Cholera zur „Geißel der Menschheit". Sie wird zumeist durch mit Bakterien verunreinigtes Trinkwasser hervorgerufen. Schon um 600 v. Chr. soll es im Tal des Ganges in Indien eine Choleraepidemie gegeben haben. Im Jahr 1831 brach die Krankheit erstmalig in Deutschland aus. Man schätzt, dass im 19. Jahrhundert über 300 000 Menschen allein in Preußen an der Cholera starben.

Aufgrund der eingeschränkten Hygiene trat die Seuche immer wieder in Kriegszeiten auf. So starben während des Preußisch-Österreichischen Kriegs 1866 allein in Erfurt 1000 Menschen daran. Die letzte große Cholerawelle in Deutschland fand 1873 statt. Aber selbst im 21. Jahrhundert kam es zum Ausbruch der Krankheit. So gab es zwischen 2016 und 2019 im Jemen (Arabische Halbinsel) die historisch schwerste Epidemie mit über 1,7 Mio. Erkrankten und mehr als 3400 Toten.

Im Kampf gegen die Seuche

Drei Persönlichkeiten trugen dazu bei, dass die Cholera seit Anfang des 20. Jahrhunderts wirksam bekämpft werden konnte. Die britische Krankenschwester **Florence Nightingale** (1820–1910) gilt als Begründerin der modernen Krankenpflege. Während des Krimkriegs (1851–1854) war sie als Sanitäterin vor Ort. Dabei beobachtete sie, dass viele Soldaten nicht auf dem Schlachtfeld, sondern an Seuchen wie der Cholera starben. Unermüdlich sorgte Florence Nightingale Tag und Nacht in den Lazaretten für mehr Sauberkeit und Hygiene, was vielen Verletzten das Leben rettete. 1858 stellte sie den Zusammenhang von Todesfällen und Hygienebedingungen öffentlich her. Der französische Chemiker **Louis Pasteur** (1822–1895) untersuchte den Vorgang der Gärung. Ihn interessierte, welche natürlichen Vorgänge dafür sorgten, dass Milch sauer und Butter ranzig wurde. Dabei entdeckte er Milchsäurebakterien, die man aber nur mithilfe eines Mikroskops erkennen konnte. Damit gilt er neben Robert Koch als Begründer der Mikrobiologie. Pasteur forschte und experimentierte weiter mit Bakterien. So entwickelte er zum Beispiel einen Impfstoff gegen Tollwut. Weiterhin gelang es ihm, Schutzimpfungen gegen Krankheiten wie *Milzbrand zu entwickeln. Das 1887 in Paris von ihm gegründete Institut Pasteur ist noch heute weltführend bei der Forschung auf den Gebieten der Biologie und Medizin. Interessiert und fasziniert verfolgte der deutsche Arzt **Robert Koch** (1843–1910) die Forschungen von Pasteur. Durch ein verbessertes Mikroskop konnte er unter anderem die Erreger der Tuberkulose, einer ansteckenden Lungenkrankheit, sowie das Kommabakterium nachweisen. Koch fand heraus, dass dieser Erreger der Cholera hauptsächlich in verunreinigtem Wasser lebt und so vom Menschen aufgenommen wird. Ausgehend von diesen Erkenntnissen schlug er vor, nur sauberes und abgekochtes Trinkwasser zu sich zu nehmen und strenge Hygienemaßnahmen wie Händewaschen einzuhalten. Somit konnten weitere Ausbrüche der Cholera verhindert werden. Für diese Leistung erhielt Koch 1905 den Nobelpreis für Medizin. Die deutsche Bundesbehörde für Infektionskrankheiten trägt seinen Namen – das Robert Koch-Institut.

4 – Robert Koch. Foto, undatiert. Noch vor der offiziellen Bekanntgabe der Epidemie schickte der preußische Gesundheitsminister den Bakteriologen Robert Koch nach Hamburg. Dort setzte er Seuchenbekämpfungsmaßnahmen durch, die von einem Bakterium als Ursache ausgingen.

Q1 Robert Koch äußerte sich 1892 gegenüber der Hamburger Freien Presse über die Wohnsituation der Menschen in den Hamburger Wohnquartieren:
… Ich habe noch nie solche ungesunden Wohnungen, Pesthöhlen und Brutstätten für jeden Ansteckungskeim angetroffen wie in den sogenannten Gängevierteln, die man mir gezeigt hat, am Hafen, an der Steinstraße, an der Spitalerstraße oder an der Niedernstraße … Ich vergesse, dass ich mich in Europa befinde. …

Q2 Die Stadt Hamburg verkündete am 24.08.1892 offiziell den Ausbruch der Cholera. Über die Auswirkungen auf die Stadt schrieb das Hamburger Fremdenblatt am 13.09.1892:
… Die sonst bis auf den letzten Platz besetzten Hotels erscheinen wie ausgestorben … Viele Gasthöfe haben geschlossen. Hamburg ist in Acht und Bann erklärt worden. Unsere Haupterwerbsquelle, die

Schifffahrt, ist lahmgelegt … Viele Firmen mussten, wenn auch mit schwerem Herzen, einen Teil ihres Personals entlassen. … Traurig sieht es mit dem Fischfang aus … Ganze Ladungen der herrlichsten Seefische sind in der letzten Zeit in den am St.-Pauli-Markt veranstalteten Auktionen unverkauft geblieben und aus diesem Grunde als Dünger abgefahren worden … Sehr schlimm betroffen sind die von den Vierlanden, der Schatzkammer unserer Vaterstadt, kommenden Frucht- und Gemüsegärtner. …

❶ ▸ Nenne weitere Seuchen, die du bisher kennengelernt hast.

❷ ▸ Beschreibe die Vorgehensweise der drei Persönlichkeiten aus Medizin und Wissenschaft im Kampf gegen die gesundheitlichen Gefahren der Zeit.

❸ ▸ Erkläre den Begriff Epidemie am Beispiel der Cholera.

❹ ▸ Erkläre die Metapher „Geißel der Menschheit".

❺ ▸ Interpretiere Karikatur 1.

❻ ▸ Florence Nightingale möchte von der britischen Regierung mehr Geld für die Ausbildung von Krankenschwestern. Verfasst ein Bittschreiben aus ihrer Sicht.

❼ ▸ Stell dir vor, Louis Pasteur wird von einer Tageszeitung zum Thema „Fortschritt in der Medizin" befragt. Verfasse zusammen mit einem Partner / einer Partnerin dieses Interview und präsentiert euer Ergebnis.

❽ ▸ Die Sozialdemokraten unterstützten 1892 Robert Koch bei der Bekämpfung der Cholera in Hamburg und verteilten Flugblätter mit Informationen zur Krankheit sowie Verhaltensregeln an alle Haushalte. Gestaltet beides in Partnerarbeit.

❾ ▸ Schildere mithilfe von Q2 die Auswirkungen der Cholera auf die Hamburger Wirtschaft und vergleicht sie mit denen der Coronakrise von 2020.

Die Lösung der sozialen Frage

Gruppenpuzzle: Antworten auf die soziale Frage

Mit der Ausweitung der Industrialisierung kam es zu einer Verelendung der untersten Gesellschaftsschichten, vor allem der Arbeiter, die immer mehr zunahm. Da soziale Probleme auch eine große Gefahr für die jeweils bestehende Ordnung bedeuteten, nahmen sich verschiedene Organisationen der Linderung und Lösung der sozialen Frage an.

Die Arbeit der Kirchen

Schon in der ersten Hälfte des 19. Jahrhunderts setzten sich evangelische und katholische Geistliche für die Belange der Arbeiterschaft ein. Kirchliche Organisationen kümmerten sich in den Arbeitervierteln der Städte um die dort lebenden Familien.

Das Raue Haus – Johann Hinrich Wichern (1808–1881) erfand nicht nur den Adventskranz, sondern gehörte zu den ersten Geistlichen, die sich um die Belange vor allem der Kinder in den Elendsvierteln seiner Heimatstadt Hamburg kümmerten. 1832 gründete er eine „Anstalt zur Rettung verwahrloster und schwer erziehbarer Kinder", in der zunächst Jungen und später auch Mädchen aufgenommen wurden. Sie wohnten als große Wohngemeinschaft im „Rauen Haus" in Hamburg und erhielten eine grundlegende Schulbildung. Die Betreuer wurden hier gezielt zu Volksschullehrern und Sozialarbeitern ausgebildet. Er war der Auffassung, dass jeder Christ zur Nächstenliebe verpflichtet sei und von sich aus das Elend zu bekämpfen habe.

Handwerker und Priester – Der katholische Priester Adolph Kolping (1813–1865) setzte sich als einer der ersten katholischen Geistlichen mit der sozialen Frage auseinander. Er stammte selbst aus ärmlichen Verhältnissen und konnte nach seiner Schuhmacherlehre nur durch fremde finanzielle Unterstützung studieren. Die elenden Lebensbedingungen der wandernden Handwerksgesellen veranlassten ihn, nach seiner Priesterweihe in ganz Deutschland Gesellenvereine zu gründen. Hier sollten Gesellen Unterkunft, Verpflegung und geistlichen Halt bekommen wie in einer Familie. Bei dieser Arbeit erhielt er Unterstützung von dem Mainzer Bischof Ketteler.

Kirchenmann und Politiker – Der Mainzer Bischof Emanuel Ketteler (1811–1877) wurde durch seinen Studienfreund Adolph Kolping auf die soziale Frage aufmerksam. Ketteler war Mitglied der Frankfurter Paulskirchenversammlung 1848/49. Auch in seiner späteren hohen geistlichen Position blieb er Politiker. Er setzte sich für die Verkürzung von Arbeitszeiten und das Verbot der Kinderarbeit ein. Außerdem ermutigte er die Arbeiter, sich in Vereinen und Genossenschaften zu organisieren, was ihm den Namen „Arbeiterbischof" einbrachte. Durch seine Arbeit begann die katholische Kirche sich der Arbeiterschaft zuzuwenden.

Der „Arbeiterpapst" – Leo XIII. (1810–1903) galt als sehr konservatives Oberhaupt der katholischen Kirche. Dennoch machte er die soziale Frage zu seinem Hauptthema. Er kritisierte die Verelendung der Arbeiterinnen und Arbeiter und ihre Ausbeutung infolge der Industrialisierung. Aufgabe der christlichen Kirchen sollte es sein, gegen diese Zustände anzukämpfen und die Not zu lindern. Er forderte 1891 eine wirtschaftliche Ordnung, in der der Staat soziale Verantwortung übernimmt, indem er für Arbeitsschutz und Arbeiterrechte sorgte. Die Arbeiterinnen und Arbeiter sollten sich organisieren dürfen. Er war weiterhin der Ansicht, dass das Eigentum der Fabrikbesitzer zugleich auch soziale Verpflichtung gegenüber den Arbeiterinnen und Arbeitern sei. Der Arbeitgeber habe für eine gerechte Entlohnung zu sorgen und diese mit Respekt zu behandeln.

Eigentum verpflichtet – Industrielle engagieren sich

Viele Unternehmer waren nicht nur an ihren Gewinnen interessiert. Auch ihnen blieb das Elend nicht verborgen. Sie sahen in der Lösung der sozialen Frage zumindest für ihre Arbeiterschaft eine moralische Verpflichtung. Zudem musste man feststellen, dass zufriedene Arbeiterinnen und Arbeiter auch besser arbeiteten.

Soziale Verantwortung made in Thüringen – Der Jenaer Unternehmer Ernst Carl Abbe (1840–1905) hatte zusammen mit Otto Schott und Carl Zeiss ein Weltmarktunternehmen für optische Geräte aufgebaut und war damit sehr erfolgreich. Er führte als einer der Ersten in Deutschland den Acht-Stunden-Tag für seine Arbeiter ein, gewährte ihnen Krankenversicherung und Altersversorgung. Abbe war der Überzeugung, dass die Arbeiter keine Halbsklaven seien, sondern Teil des Bürgertums sein sollten. Deswegen stiftete er der Stadt mit dem Volkshaus und einem Lesesaal Räume für Kultur und Bildung, die den mittleren und unteren Schichten zugutekommen sollten. Mit der Einrichtung der Carl-Zeiss-Stiftung 1889 sicherte er das für die Versorgung seiner Belegschaft nötige Kapital und schaffte so Frieden zwischen Arbeiterinnen und Arbeitern sowie Unternehmen und zudem die „Zeissianer-Identität".

Zufriedene Arbeiter leisten mehr – Werner von Siemens (1816–1892) gründete 1847 in Berlin ein schnell zum Weltmarktführer in Elektrotechnik aufsteigendes Unternehmen. Er stellte fest, dass sich der Betrieb nur positiv weiterentwickelte, wenn *„ein freudiges, selbsttätiges Zusammenwirken aller Mitarbeiter zur Förderung ihrer Interessen erwirkt werden könnte".* Um dieses Ziel zu erreichen, sollten die Mitarbeiterinnen und Mitarbeiter je nach ihrer Leistung am Gewinn beteiligt werden. Darum bekamen schon in den 1850er-Jahren die leitenden Mitarbeiter eine Gewinnbeteiligung. In den 1860er-Jahren erhielt die gesamte Belegschaft regelmäßig Prämien. Siemens gründete 1872 eine Pensions-, Witwen- und Waisenkasse und führte 1873 den Neun-Stunden-Tag ein. Damit konnte er eine motivierte Arbeiterschaft an das Unternehmen binden.

In den Fußstapfen des Vaters – Friedrich Alfred Krupp (1854–1902) übernahm von seinem Vater Alfred (1812–1887) ein Stahlunternehmen in Essen, das schon sehr erfolgreich am Weltmarkt war. Sein Vater hatte aus Angst vor Unruhen in der Belegschaft eine strenge Fabrikordnung erlassen. Wer sie einhielt, hatte Anspruch auf günstigen Wohnraum, Krankenversicherung und eine betriebliche Altersvorsorge. Friedrich Alfred Krupp ließ moderne Arbeitersiedlungen anlegen und vergab Hausbaudarlehen an die Angestellten. Außerdem sorgte er dafür, dass die Arbeiterschaft Teil des Bürgertums wurde, indem er Kultur und Bildung durch eine Lesehalle und die Gründung eines Bildungsvereins förderte. Dieser organisierte Ausstellungen, Fortbildungsveranstaltungen, Theater, Konzerte und Tanzabende und besaß eigene Orchester und Chöre. Damit band er die Belegschaft an das Unternehmen und schuf eine „Kruppianer-Identität".

❶ ▣ Teilt die Klasse in zwei Hälften. Eine Hälfte bearbeitet die kirchlichen Beispiele und die andere die Unternehmerbeispiele für den Umgang mit der sozialen Frage. Bildet innerhalb der Klassenhälften Paare, die sich jeweils einer Persönlichkeit widmen.

❷ ▣ Erstellt nun zusammen mit eurer Partnerin / eurem Partner einen Steckbrief mithilfe der Karteikarten.

Name	Lebensdaten	Beruf/Position	Maßnahmen

❸ ▣ Jeweils ein Paar stellt der Klasse eine Persönlichkeit vor.

❹ ▣ Diskutiert, welche Motivation diese Persönlichkeiten hatten, die soziale Frage zu lösen. Bewertet ihre Maßnahmen und begründet eure Standpunkte.

❺ ▣ Recherchiert im Internet oder in Zeitungen, welche sozialpolitischen Vorschläge es heute gibt. Erstellt eine Wandzeitung und vergleicht mit den Lösungsvorschlägen des 19. Jahrhunderts.

Wie und warum organisierten sich die Arbeiter?

Wir sollten den Fabrikbesitzern die Maschinen wegnehmen. Alles soll der gesamten Gesellschaft zugute kommen.

Alles ist Gemeineigentum und die Menschen nehmen sich, was sie zum Leben brauchen, wie in einer Kommune.

1 – Karl Marx und Friedrich Engels erklären dem Volk ihre Idee des ☀Sozialismus. Auszug aus dem Comic „Karl Marx. Die Idee der Macht", 2017.

☀ Sozialismus
(von lat. socius = Gefährte, Kampfgenosse) Diese Lehre von Marx und Engels hat die ideale Gesellschaft als Ziel. In ihr sollen alle Ungleichheiten und Ungerechtigkeiten der industriellen Gesellschaft überwunden sein. Der Sozialismus ist aber nur die Übergangsphase zum Kommunismus (von lat. commune = Gemeinschaft, Gemeingut). In dieser Gesellschaft gehört allen alles, die gemeinsame Produktion kommt jedem zugute.

Karl Marx (1818 –1883) War ein deutscher Philosoph, Journalist und Ökonom, der die Ideen des Sozialismus mitbegründete.

Friedrich Engels (1820–1895) War Historiker, Journalist und erfolgreicher Textilunternehmer, der mit Karl Marx für den Sozialismus kämpfte.

Streiks und Proteste

Die Maßnahmen von Kirchen und einzelnen Unternehmern reichten nicht aus, um die Notlage der Arbeiter entscheidend zu verbessern. Viele Unternehmer lehnten Bitten und Forderungen der Arbeiter um bessere Bedingungen auch ab. Deshalb begannen die Arbeiter, in einzelnen Betrieben zu protestieren und zu streiken. Die Unternehmer antworteten darauf mit Strafen, im schlimmsten Fall drohte die Entlassung. Die Arbeitnehmerinnen und Arbeitnehmer brauchten also eine Organisation, die alle Arbeiterinnen und Arbeiter vertrat und direkt mit den Fabrikanten verhandelte.

Gründung der Gewerkschaften

Die Unternehmer sahen in solchen Arbeiterorganisationen eine Bedrohung. Darum taten sie alles dafür, dass Arbeitervereine und Gewerkschaften gesetzlich verboten wurden.
Die ersten organisierten Arbeiterverbände entstanden bereits nach Beginn der Industrialisierung in Großbritannien Ende des 18. Jahrhunderts. In den deutschen Ländern schlossen sich die Proletarier im Zuge der 1848er-Revolution erstmals zu Gewerkschaften zusammen und verbreiteten sich sehr schnell im Land. Sie richteten sich dabei an den Ideen von Karl Marx und

Friedrich Engels aus. Sie forderten ein Ende der Ausbeutung der Arbeiter durch die Kapitalisten. Das Proletariat ermöglichte schließlich durch seine Arbeitskraft den Reichtum der Unternehmer und müsste daran beteiligt werden. Das sollte in einer sozialistischen Gesellschaft verwirklicht werden. Nach der Ansicht von Marx und Engels konnte diese nur mit einer (weltweiten) politischen Vereinigung aller Arbeiterinnen und Arbeiter erreicht werden. Um die Gesellschaft derartig zu verändern, mussten große Reformen durchgeführt oder eine gewaltsame Revolution herbeigeführt werden.
In den Gewerkschaftsversammlungen konnten die Arbeiterinnen und Arbeiter gemeinsame Aktionen vorbereiten. Sie forderten vor allem höhere Löhne, eine Beschränkung der Arbeitszeit auf täglich zehn Stunden und bei Schwerarbeit auf acht Stunden sowie Schutz und Unterstützung bei Krankheit, Unfällen oder Arbeitslosigkeit. Außerdem richteten die Gewerkschaften Streikkassen ein, aus denen Arbeiter und ihre Familien bei länger andauernden Streiks unterstützt wurden.

Politische Organisation

Die Gewerkschaften kämpften für bessere Arbeitsbedingungen. Das war dem Journa-

2 – Karl Marx erklärt seinem Verleger den Inhalt seines Werkes „Das Kapital". Auszug aus dem Comic „Karl Marx. Die Idee der Macht", 2017.

listen und sozialistischen Politiker Ferdinand Lassalle (1825–1864) zu wenig. Die Lage der Arbeiterinnen und Arbeiter würde sich nur grundlegend verändern, wenn sie ihre Interessen selbst im Parlament vertreten könnten. Er hoffte, dass die Arbeiterschaft als politische Partei mithilfe von Gesetzen die soziale Frage lösen würde. Um dieses Ziel zu erreichen, gründete Lassalle 1863 in Leipzig den „Allgemeinen Deutschen Arbeiterverein" (ADAV). Der Drechslermeister August Bebel (1840–1913) und der Zeitungsredakteur Wilhelm Liebknecht (1826–1900) gründeten 1869 in Eisenach eine zweite Arbeiterpartei. Beide Parteien schlossen sich 1875 in Gotha zur „Sozialistischen Arbeiterpartei Deutschlands" zusammen, die seit 1890 „Sozialdemokratische Partei Deutschlands" (SPD) heißt.

Q1 August Bebel (SPD) sprach 1900 über die Aufgaben der Gewerkschaften:

... Der einzelne Arbeiter ist dem Unternehmer gegenüber machtlos. ... Die einzige Möglichkeit, seine Arbeit und damit seine Lebensbedingungen auf einige Dauer zu verbessern, ist die Vereinigung mit seinesgleichen. ... Die Gewerkschaft erstrebt: Erhöhung des Lohnes ..., Verkürzung der Arbeitszeit, Herbeiführung menschenwürdiger Zustände im Betrieb, Rechtsschutz, Arbeitslosenunterstützung. ... Ferner stärkt sie das Solidaritätsgefühl, ohne das kein großes Ziel erreicht werden kann. ...

Q2 Aus dem Parteiprogramm der SPD von 1891:
– Festsetzung eines höchstens acht Stunden betragenden Normalarbeitstages,
– Verbot der Erwerbsarbeit für Kinder unter 14 Jahren,
– Verbot der Nachtarbeit ...,
– eine ununterbrochene Ruhepause von mindestens 36 Stunden in der Woche für jeden Arbeiter. ...

M1 Zahl der Arbeitskämpfe in Deutschland

1848	1869	1871	1872
49	152	158	352

1878 wurde das Gesetz wider die gemeingefährlichen Bestrebungen der Arbeiterklasse („Sozialistengesetz") erlassen.

1881	1884	1890
15	60	390

❶ Beschreibe mithilfe des Textes, warum es zu Streiks und Protesten durch die Arbeiterschaft kam.

❷ Vergleiche anhand des Textes und von Q2, inwiefern die SPD die Forderungen der Gewerkschaften in ihr Programm aufgenommen hat.

❸ Erläutere die Entwicklung der Arbeitskämpfe in Deutschland mithilfe der Tabelle M1, von Q1 und des Textes.

❹ Informiere dich, welche Gewerkschaften es heute gibt und wofür sie sich einsetzen.

❺ Bildet Gruppen und entwerft ein Rollenspiel. Lasst darin Vertreter der Gewerkschaft und Arbeiterinnen und Arbeiter aufeinandertreffen.

🔊 Audio

Ein Streik beginnt

Schauplatz Geschichte

Das Ölgemälde „Der Streik" von Robert Koehler aus München zeigt eine Szene, wie sich ein Streik anbahnt. Es wurde 1886 als bedeutendster Kulturbeitrag der Frühjahrsausstellung in New York ausgezeichnet. Im selben Jahr kam es zu landesweiten Streikwellen in den USA.

Bildet Gruppen und wählt eine der Aufgaben 1–3 aus. Stellt eure Ergebnisse anschließend den anderen vor.

❶ Sucht euch eine Person auf dem Gemälde aus und formuliert einen Sprechblasentext für sie. Verratet nicht, wem ihr die Worte „in den Mund" legt, denn eure Mitschülerinnen und Mitschüler sollen herausfinden, welche Person ihr euch ausgesucht habt.

❷ Der Anführer der Streikbewegung im roten Hemd schildert dem Fabrikherrn die Nöte und Sorgen seiner Kollegen.
▶ *Setzt die folgende Rede fort und stellt Forderungen an den Fabrikanten: „Sehen Sie nicht, wie Ihre Arbeiter, die zu Ihrem Reichtum beigetragen haben, im Elend leben? …"*

❸ Als Reporter der Tageszeitung „Leipziger Neueste Nachrichten" verfolgt ihr die auf dem Gemälde abgebildete Szene und verfasst einen Zeitungsartikel.
▶ *Achtet auf eine neutrale Darstellung und berücksichtigt sowohl die Argumente der Arbeiterinnen und Arbeiter als auch die des Fabrikanten.*

▶ Video

Warum schuf die Reichsregierung Sozialgesetze?

1 – Leistungen der deutschen Sozialversicherung. Plakat von 1913.

* Sozialversicherung
Dies sind unter Bismarck eingeführte Gesetze zur Verbesserung der Arbeits- und Lebensverhältnisse benachteiligter Schichten wie Arbeiter, Lehrlinge und ältere Menschen.

Anfänge staatlicher Sozialpolitik

Die Arbeiterinnen und Arbeiter hatten eine sehr hohe Arbeitsbelastung. Diese führte immer häufiger zu Unfällen in den Fabriken, zu Erkrankungen und zu früher Arbeitsunfähigkeit. Deshalb fühlten sich die Arbeiterinnen und Arbeiter vom Staat im Stich gelassen und große Teile der Arbeiterschaft sahen ihre Interessen von den Sozialdemokraten vertreten. Reichskanzler Otto von Bismarck befürchtete, dass sich mit dem Anwachsen der Arbeiterpartei eine Bedrohung der politischen Verhältnisse entwickeln könnte.

Gleichzeitig erkannte Bismarck, dass die Arbeiter nur hinter einem Staat stehen können, der sie in ihrer Notlage unterstützt. Deshalb baute er ab 1883 ein *Sozialversicherungssystem auf.

Ausbau der Sozialversicherung

Das im Juni 1883 verabschiedete Gesetz über die Krankenversicherung für Arbeiter sah vor, dass im Krankheitsfall eine staatliche Kasse die Kosten der ärztlichen Behandlung sowie der Medikamente trug. Das Krankengeld bewahrte nicht vor materieller Not, aber der Krankenversicherung war es zu verdanken, dass eine ärztliche Behandlung nun zumindest auch für versicherte Arbeiter die Regel werden konnte. Die Beiträge bezahlten die Arbeiter zu zwei Dritteln selbst, ein Drittel übernahm der Arbeitgeber.

Anders verhielt es sich beim Unfallversicherungsgesetz vom Juli 1884. Beitragspflichtig waren nun allein die Unternehmer. Bei einem Betriebsunfall wurde der Verunglückte unabhängig von der Schuldfrage ab der 14. Woche und damit nach Ab-

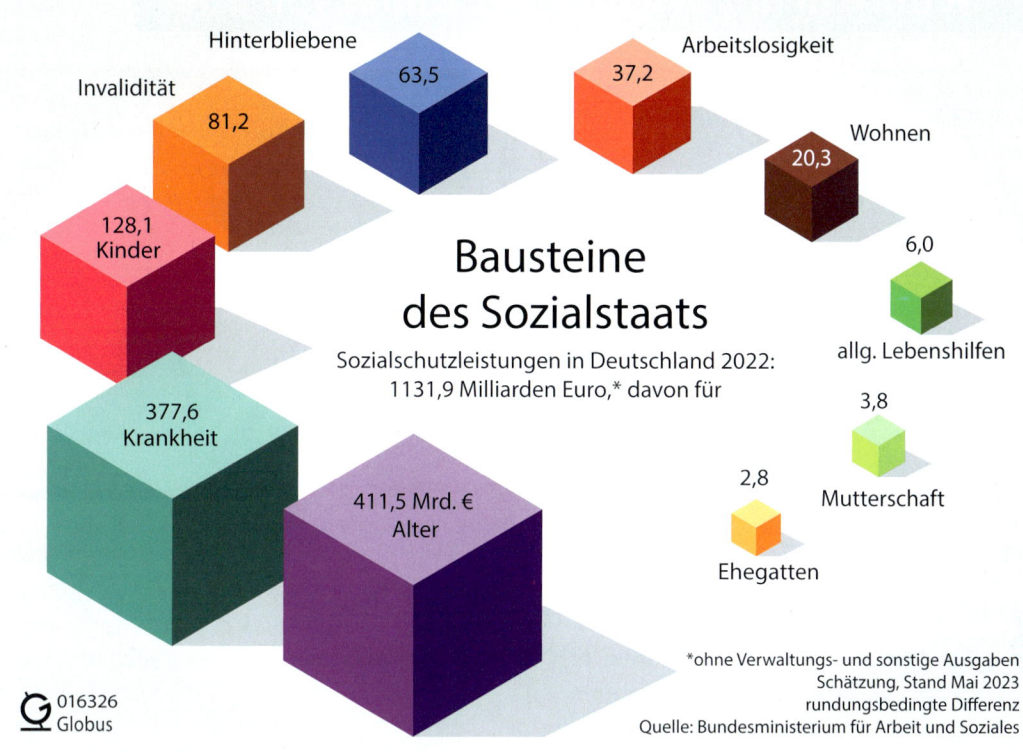

Bausteine
des Sozialstaats

Sozialschutzleistungen in Deutschland 2022:
1131,9 Milliarden Euro,* davon für

Hinterbliebene 63,5

Invalidität 81,2

Arbeitslosigkeit 37,2

Wohnen 20,3

128,1 Kinder

6,0
allg. Lebenshilfen

377,6 Krankheit

411,5 Mrd. € Alter

3,8
Mutterschaft

2,8
Ehegatten

*ohne Verwaltungs- und sonstige Ausgaben
Schätzung, Stand Mai 2023
rundungsbedingte Differenz
Quelle: Bundesministerium für Arbeit und Soziales

016326
Globus

2 – Bausteine des Sozialstaates. Grafik von 2023.

lauf der Krankenversicherung entschädigt. War der Betriebsunfall tödlich, kamen die Gelder den Hinterbliebenen zugute. Im Mai 1889 wurde schließlich das Gesetz über die Alters- und Invalidenversicherung verabschiedet, welches eine *Invalidenrente bei Erwerbsunfähigkeit und eine Altersrente vom 70. Lebensjahr an beinhaltete. Die Beiträge teilten sich Arbeitnehmer und Arbeitgeber. Diese von der Reichsregierung verabschiedeten Sozialgesetze sollten der Arbeiterbewegung den Nährboden entziehen und die Arbeiterschaft beruhigen.

Folgen der Sozialgesetzgebung

Aus der politischen Absicht heraus, der Arbeiterbewegung den Wind aus den Segeln zu nehmen, schuf Bismarck ein staatliches Sozialsystem. Die anderen Staaten Europas erkannten schnell, wie zukunftsweisend diese Politik war, und machten es dem Deutschen Reich bald nach. Dennoch stand das System in der Kritik. Seitens der Unternehmer wurde die finanzielle Belastung be-

klagt. Seitens der Arbeiterorganisationen – allen voran die Sozialdemokraten – wurde kritisiert, dass die Gesetze nicht weit genug gingen.

Dennoch war das der Beginn des bis heute bestehenden deutschen Sozialstaates, der erheblichen Anteil an der Bekämpfung der Armut der Arbeiterschaft hatte.

Invalidität
Starke Beeinträchtigung der Arbeitsfähigkeit infolge einer Krankheit oder Verletzung.

❶ ◾ Fasse anhand des Textes die Beweggründe Bismarcks zusammen, Versicherungen für die Arbeiter einzuführen.

❷ ◾ Nenne mithilfe des Textes und von Bild 1 die Versicherungen des ab 1883 eingeführten Sozialversicherungssystems.

❸ ◾ Erkundige dich bei deinen Eltern, Großeltern oder im Internet, ob es diese Versicherungen aus Bild 1 noch immer gibt.

❹ ◾ Vergleiche die Sozialleistungen in der Bundesrepublik (Bild 2) mit dem Sozialstaat zu Beginn des 20. Jahrhunderts.

▶ *Nimm deine Ergebnisse aus Aufgabe 2 zu Hilfe.*

❺ ◾ Beurteile, ob du, wie in Artikel 20 des Grundgesetzes festgehalten, in einem demokratischen und sozialen Bundesstaat lebst. Diskutiere dein Ergebnis mit deiner Partnerin, deinem Partner.

Über den Tellerrand geschaut

Schiffe in der Wüste – der Kanal von Sues

1 – Die Eröffnungsfeier des Sueskanals erfolgt im Beisein des preußischen Kronprinzen Friedrich Wilhelm am 17. November 1869. Gemälde von Wilhelm Pape, 1900.

2 – Satellitenaufnahme des Sueskanals als Verbindung zwischen dem Mittelmeer und dem Roten Meer. Foto, 2010.

Alois Negrelli
(1799–1858)

Ferdinand de Lesseps
(1805–1894)

Muhammed Said
Pascha von Ägypten
(1822–1863)

Der Traum vom neuen Handelsweg

Die Handelswege nach Asien führten seit den frühen Entdeckungsfahrten aus Europa immer um Afrika herum, weil ein Landstreifen von 162 km Breite die Verbindung zwischen dem Mittelmeer und dem Roten Meer verhinderte.

Mit Beginn der Industrialisierung im 19. Jahrhundert verstärkte sich auch das europäische Interesse an einer Kanalverbindung. Sie würde ermöglichen, die alten Handelsrouten um bis zu zwei Drittel zu verkürzen und Güter wie Gummi arabicum, Kaffee, Tee, Baumwolle, Reis, Indigo und Kupfer schneller und kostengünstiger zu transportieren. In den 1830er-Jahren wurden erste ernsthafte internationale Landvermessungen unternommen, um mögliche Strecken für einen Kanal zu erfassen. Die Berechnungen des österreichischen Ingenieurs Alois Negrelli ermöglichten es dann 1854, dass der französische Diplomat Ferdinand de Lesseps die Erlaubnis von Pascha Muhammed Said für den Bau erhielt. Am 25. April 1859 erfolgte der erste Spatenstich nahe der späteren Stadt Port Said, die nach dem Pascha benannt ist. Unter der Führung der französisch-britischen Sueskanal-Gesellschaft entstand in den nächsten zehn Jahren ein schleusenloser Kanal. Es wurden 75 Millionen Kubikmeter Sand auf 162 km Länge ausgehoben. Dies erledigten 1,5 Millionen Arbeiter – meist zwangsverpflichtete Ägypter. Baumaschinen und -material wurden aus Europa herangeschafft.

Der Kanal – ein politisches Großereignis

Zur Eröffnung des Kanals am 17. November 1869 wurden 30 000 Gäste aus Europa und den USA eingeladen, die aus den einflussreichsten Adelshäusern stammten. So kam der französischen Kaiserin Eugénie das Recht zu, als Erste den Kanal zu durchfahren, gefolgt von 80 Schiffen. Diese erreichten nach 16 Stunden die ägyptische Stadt Sues. Wegen der strategischen Bedeutung des Sueskanals wurde 1888 in Konstantinopel ein internationaler Vertrag ausgehandelt, der den Kanal zu neutralem Gebiet erklärte. So sollten alle Handels- und Kriegsschiffe ungehindert in Friedens- und Kriegszeiten den Kanal passieren können.

❶ Beschreibe Bild 1.

❷ Erläutere, warum der Bau des Sueskanals eine große wirtschaftliche und politische Bedeutung hatte. Ziehe deine Ergebnisse aus Aufgabe 1 hinzu.

❸ Recherchiere zur Geschichte des Sueskanals als Auslöser vieler Kriege und Konflikte zwischen verschiedenen Großmächten.

Das kann ich …

Industrialisierung und soziale Frage

Wichtige Begriffe

Dampfmaschine   soziale Frage
industrielle Revolution   Sozialgesetzgebung
Proletariat   Sueskanal
SPD

Wissen und erklären

❶ Notiere die wichtigen Begriffe jeweils auf eine Karteikarte und schreibe auf die Rückseite kurze Erklärungen. Ergänze weitere Begriffe und Erläuterungen zum Kapitel und nutze die Karten, um dich mit einer Partnerin / einem Partner gegenseitig abzufragen.

❷ Was gehört zusammen? Verbinde die Erfindungen/ Entdeckungen und die jeweiligen Erfinder/Entdecker miteinander. (M1)

❸ Nenne und erläutere die gesellschaftlichen Veränderungen, die die industrielle Revolution mit sich brachte.

Anwenden

❹ Deute die Karikatur 1 in Hinblick auf die Arbeitsbedingungen zur Zeit der industriellen Revolution.

❺ Erstelle eine Mindmap zur industriellen Revolution.

▶
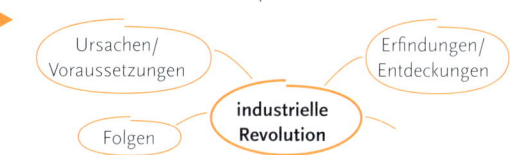

❻ Beschreibe Bild 2 und ordne es historisch ein.

❼ Untersuche Q1. Ziehe Rückschlüsse auf den Arbeiterschutz in Bezug auf Kinder und Jugendliche vor 1891.

▶ *Nimm hierzu die Methode „Textquellen untersuchen",
S. 297, zu Hilfe.*

Beurteilen und handeln

❽ Verfasse einen Text über die Veränderungen in der Arbeitswelt aus Sicht einer Arbeiterin / eines Arbeiters und beschreibe die Bedingungen während der industriellen Revolution.

❾ Diskutiert die verschiedenen Ansätze zur Lösung der sozialen Frage. Benennt die aus eurer Sicht beste Vorgehensweise.

❿ Bildet Gruppen und entwerft Dialoge zu den verschiedenen dargestellten Szenen im Bild 2.

1 – Französische Karikatur über die Industriearbeit, um 1910.

M1

Luftschiff	Daimler
Motorflugzeug	Stephenson
„Spinning Jenny"	Wright
„The Rocket"	Zeppelin
Dampfmaschine	Fulton
Mercedes	Hargreaves
Dampfschiff	Watt

Q1   Im sogenannten Arbeiterschutzgesetz des Jahres 1891 heißt es:

… §135 Kinder unter dreizehn Jahren dürfen in Fabriken nicht beschäftigt werden. Kinder über dreizehn Jahre dürfen in Fabriken nur beschäftigt werden, wenn sie nicht mehr zum Besuche der Volksschule verpflichtet sind. Die Beschäftigung von Kindern unter vierzehn Jahren darf die Dauer von sechs Stunden täglich nicht überschreiten. Junge Leute zwischen vierzehn und sechzehn Jahren dürfen in Fabriken nicht länger als zehn Stunden beschäftigt werden. …

2 – Unfall in einer Maschinenfabrik.

▶ Teste dich

Hier spielt die Geschichte …

Eisenbahnspiel

Einführung

Die neue Erfindung Eisenbahn fasziniert euch und ihr möchtet endlich Deutschland mit diesem neuen Verkehrsmittel erkunden. Dazu braucht ihr allerdings Geld, um möglichst viele Eisenbahnstrecken benutzen zu können. Um es zu verdienen, benötigt ihr einen Würfel.

Ablauf

1. Der Spieler oder die Spielerin, der/die heute am zeitigsten aufgestanden ist, darf anfangen.
2. Würfelt reihum jeweils 5-mal und notiert euch die Würfelergebnisse. Wenn ihr eine Eins würfelt, dann bekommt ihr 1 Mark gutgeschrieben, bei einer Zwei sind es 2 Mark usw. Wer fünfmal dieselbe Zahl würfelt, erhält 5 Mark extra.
3. Zum Erwerb von Bahntickets steht euch so viel Geld zur Verfügung, wie ihr insgesamt erwürfelt habt. Es geht wieder reihum. Vor jedem Kauf müssen alle einmal würfeln. Wer eine 1 würfelt, darf eine Strecke kaufen, wer eine 2 hat, darf zwei Strecken kaufen usw. Bei einer gewürfelten 6 kommt der Schaffner und verbietet euch, ein Ticket in dieser Runde zu kaufen. Die nächste Spielerin / Der nächste Spieler ist dran. Passt genau auf, denn jede Spielerin bzw. jeder Spieler darf jede Strecke maximal zur Hin- und Rückfahrt nutzen, also zweimal. Notiert euch die Reiserouten. Wenn der erste Spieler oder die erste Spielerin kein Geld mehr hat, endet das Kaufen von Bahntickets auch für alle anderen.
4. Stellt euch nun gegenseitig eure Reisewege vor und zeigt sie auf der Karte.
5. Abschließend zählt ihr die zurückgelegten Kilometer zusammen. Wer die längste Strecke mit der Eisenbahn „fahren" durfte, ist Sieger bzw. Siegerin!

Nürnberg – Fürth	1 Mark (1835 | 6 km)
Hannoversche Bahn	2 Mark (Hannover – Lehrte, 1843 | 16 km)
Braunschweigische Bahn	3 Mark (Braunschweig – Wolfenbüttel, 1844 | 18 km)
Pfälzische Ludwigsbahn	4 Mark (Ludwigshafen – Speyer, 1852 | 22 km)
Ostbayrische Bahn	5 Mark (München – Landshut, 1858 | 71 km)
Leipzig – Dresden	6 Mark (1839 | 116 km)

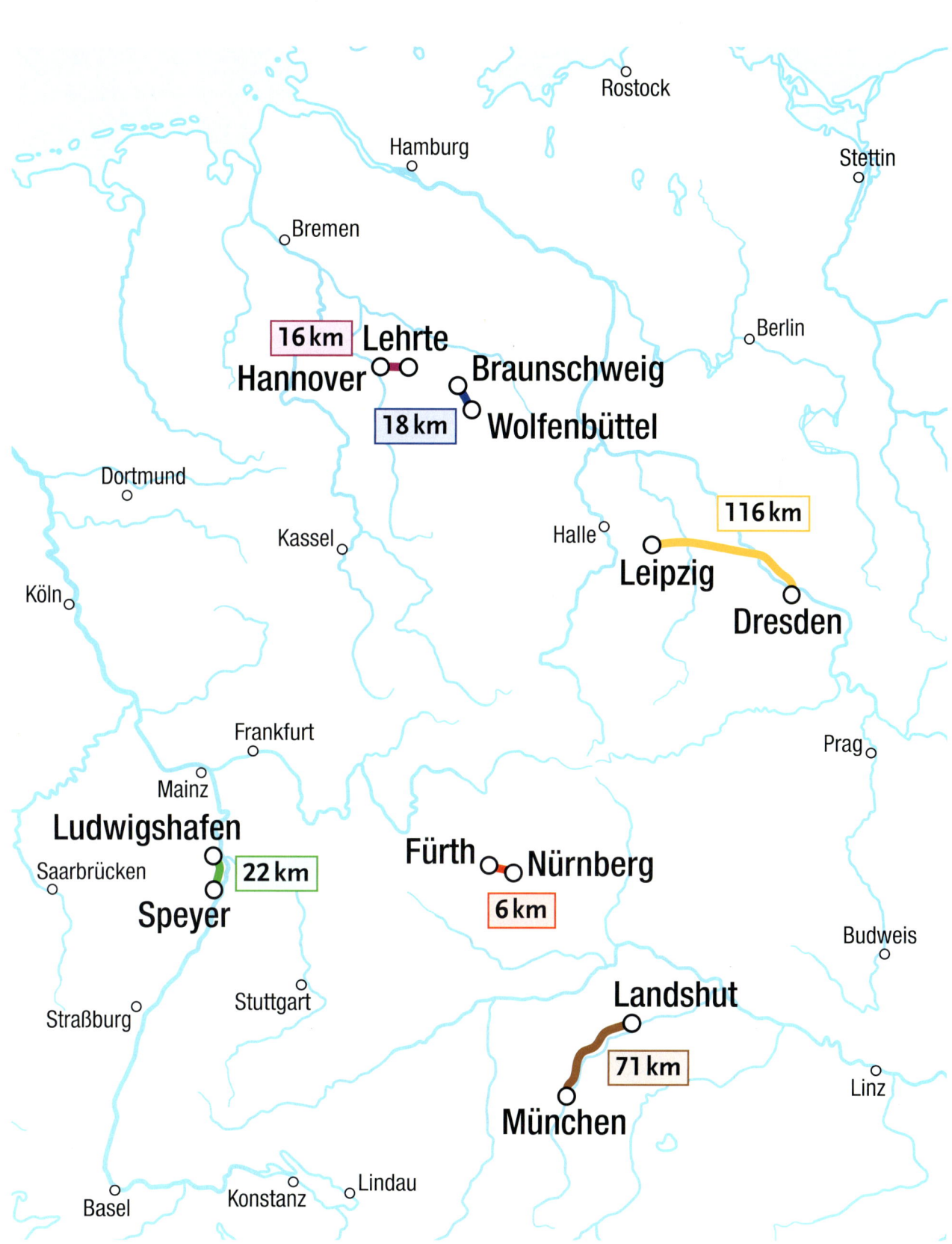

Rostock

Hamburg

Stettin

Bremen

Berlin

16 km **Lehrte**
Hannover **Braunschweig**
18 km **Wolfenbüttel**

Dortmund

Kassel

Halle **116 km**

Leipzig

Köln

Dresden

Frankfurt

Prag

Mainz

Ludwigshafen

Saarbrücken **22 km**

Speyer

Fürth **Nürnberg**

6 km

Budweis

Stuttgart

Straßburg

Landshut

71 km

Linz

München

Basel   Konstanz   Lindau

8 Imperialismus und Erster Weltkrieg

Ende des 19. Jahrhunderts begann zwischen einigen Nationen ein Wettlauf um die Aufteilung der Erde. Besonders der übertriebene Nationalstolz und die Konkurrenz zwischen dem Deutschen Reich, Frankreich, Russland und dem britischen Empire prägte diese Politik. Man wetteiferte vor allem um Gebiete in Afrika und Asien. Dies führte zu mehreren außenpolitischen Krisen, die schließlich im Ausbruch des Ersten Weltkriegs gipfelten.

Dieser erste mit modernen Kriegsmitteln geführte, weltumspannende Krieg forderte etwa 17 Millionen Tote sowie zahllose verletzte und traumatisierte Opfer.

Doch wie konnte es zu dieser Katastrophe kommen? Welche Rolle spielte Deutschland dabei?

8 Imperialismus und Erster Weltkrieg

1 – Der Erste Weltkrieg in Europa.

Im Laufe des 19. Jahrhunderts versuchten europäische Staaten zunehmend, von Afrika und Asien Besitz zu ergreifen. Dieses Machtstreben um kolonialen Besitz und ein übertriebener Nationalstolz, vor allem in Deutschland, können als Gründe für den Ersten Weltkrieg gewertet werden.

Im August 1914 zogen die Menschen vieler Länder Europas in den Krieg. Sie glaubten fest daran, für eine gute Sache zu kämpfen und ihrem Vaterland zu dienen. Diesen Weltkrieg bezeichnete der amerikanische Historiker George Kennan später als „Urkatastrophe des 20. Jahrhunderts". Er zerstörte die alte Ordnung des 19. Jahrhunderts und hinterließ bei Europas Völkern Tod, Leid, Zerstörung und traumatische Erinnerungen. Schließlich entwickelten sich durch die folgenden gesellschaftlichen, politischen und territorialen Veränderungen neue Probleme und bestehende Streitpunkte wurden verstärkt.

Am Ende des Kapitels kannst du folgende Fragen beantworten:

- Was sind Kennzeichen des Imperialismus?
- Wie verlief die Kolonialisierung Afrikas und welche Folgen hatte diese Politik für die Menschen dort?
- Welche Ursachen hatte der Erste Weltkrieg?
- Was unterschied die Kriegsführung im Ersten Weltkrieg von derjenigen bisheriger Kriege?
- Wie verlief der Erste Weltkrieg?
- Wie wirkte sich der Krieg auf den Alltag der Menschen in der Heimat aus?
- Wie wurde der Krieg beendet und welche Folgen hatte der Friedensschluss für die ehemaligen Kriegsparteien?
- Welche Rolle spielte Deutschland im Ersten Weltkrieg?
- Wie kann ich einen Spielfilm von einem Dokumentarfilm unterscheiden?
- Wie untersucht man eine Feldpostkarte?

1884	1888	1912/1913	1914	1917	1918
Beginn der deutschen Kolonialpolitik	Dreikaiserjahr: Wilhelm II. wird deutscher Kaiser	Krise auf dem Balkan	Beginn des Ersten Weltkriegs	Revolution in Russland, Kriegseintritt der USA	Ende des Ersten Weltkriegs

Opa, sag mal …

Opa: Hallo Stella. Was ist dir denn passiert? Das sieht ja gar nicht gut aus!

Stella: Ach, Paul hat beim Völkerball mal wieder vollkommen übertrieben und mir mit Absicht den Ball ans Auge geschmettert.

Opa: Wie kommst du denn darauf, dass er das mit Absicht getan hat?

Stella: Beim Völkerball kennt Paul keine Freunde.

Opa: Das ist natürlich nicht schön, passt aber zu dem Ursprungscharakter des Spiels, das übrigens schon richtig alt ist. Es sollte damals eine Schlacht nachgespielt werden, bei der sich zwei feindliche Völker gegenüberstanden. Armee gegen Armee. Der Ball war das Geschoss und wer getroffen wurde, galt als gefallen und war raus aus dem Spiel.

Stella: Also bei uns ist es schon ein wenig anders. Man kann sozusagen „wiederbelebt" werden, wenn man den Ball fängt und damit jemanden von der gegnerischen Mannschaft abwirft.

Opa: Das hat man in der heutigen Zeit geändert. Damals hatte das Spiel tatsächlich einen kriegerischen Hintergrund und man spielte es zur Wehrertüchtigung, also als eine Art Training für einen echten Krieg. Einen solchen gab es z. B. zu Beginn des letzten Jahrhunderts. Da haben viele Völker auf der

ganzen Welt verbissen gegeneinander bis zur Vernichtung gekämpft.

Stella: Ich glaube, davon habe ich schon gehört. War das nicht der Erste Weltkrieg?

Opa: Genau, diesen schrecklichen Krieg meine ich. Ein Krieg der Millionen Menschen das Leben kostete.

Stella: Na, dann bin ich ja noch mal mit einem blauen Auge davongekommen.

Opa: Und damit dein Auge nicht zu blau wird, behandeln wir es jetzt von außen mit einem Kühlpad und von innen mit einem leckeren Eis aus unserem Kühlschrank!

2 – Französische Maschinengewehrschützen. Foto.

❶ ▶ Lest das Gespräch zwischen Stella und ihrem Opa mit verteilten Rollen.

❷ ▶ Nenne anhand der Karte die Staaten, die im August 1914 gegeneinander Krieg führten.

❸ ▶ Betrachte das Foto und überlege, was diesen Krieg von bisherigen Kriegen unterschied.

❹ ▶ Gestaltet eine Pinnwand zum „Ersten Weltkrieg". Notiert darauf, was ihr bereits wisst und welche Fragen ihr zu dem Thema habt.

❺ ▶ Informiere dich über die Geschichte des Spiels und bewerte, ob es vor diesem Hintergrund noch im Sportunterricht eingesetzt werden sollte.

▶ Video

Lesarten des Kriegs

Warum gedenken wir des Ersten Weltkriegs?

1 – Gräberfeld von Verdun. Im Hintergrund befindet sich das Beinhaus, in dem die Gebeine von über 130 000 nicht identifizierten Gefallenen aufbewahrt werden. Foto, 1980.

2 – Die ehemalige deutsche Bundeskanzlerin Angela Merkel und der französische Präsident Emanuel Macron bei den Gedenkfeierlichkeiten 2018 in Compiègne. Foto, 2018.

Orte der Erinnerung

Grabfelder mit Tausenden von weißen Kreuzen erinnern an die „Urkatastrophe des 20. Jahrhunderts". Hier wurden zwischen 1914 und 1918 Hunderttausende Soldaten aufeinandergehetzt, um sich zu töten. Heute sollen uns diese Orte an eine Zeit erinnern, in der Europa brannte, ganze Landstriche von Tausenden Tonnen Stahl zerstört wurden und Millionen Menschen durch Kugeln, Granaten, Bajonette, Klappspaten oder Giftgas starben. Wer diese Hölle überlebte, war meistens seelisch und körperlich schwer verletzt.

Gedenken an die Gefallenen

Fast zehn Millionen Soldaten waren bis zum Ende des Ersten Weltkriegs auf den Schlachtfeldern getötet worden. Der Erste Weltkrieg bedeutete einen ungeheuren Schock für alle Beteiligten. Dies findet in der großen Zahl der Denkmäler seinen Ausdruck, die in allen Ländern nach Kriegsende errichtet wurden – allein in Frankreich 30 000. Neben großen Gedenk-stätten, wie z. B. in Verdun, wo eine der schrecklichsten Schlachten stattfand, wurden auch kleinere Erinnerungsstätten in Dörfern errichtet – meist auf Initiative der Gemeindevertretungen. Auch in Sachsen – wie in ganz Deutschland – gibt es Kriegerdenkmäler, die an die Opfer erinnern sollen und die darauf hinweisen, dass die Familien sehr unter dem Krieg litten.

Warum das Gedenken so wichtig ist

Die gemeinsame Erinnerung aller Völker, die diesen Albtraum durchlebt hatten, spielte gerade in den Jahren 2014 und 2018 eine wichtige Rolle. Der Beginn und das Ende des Ersten Weltkriegs lagen nun ein Jahrhundert zurück. Seit vielen Jahrzehnten herrschte in den meisten europäischen Staaten, die sich mittlerweile in einer gemeinsamen Union zusammengeschlossen hatten, Frieden. Konflikte konnten zum Teil mithilfe der *UNO beendet oder zumindest eingedämmt werden. Einstige Feinde waren nun Verbündete. Oder etwa doch nicht?

*UNO
Abkürzung für United Nations Organization (= Vereinte Nationen). Sie wurde 1945 gegründet und soll seitdem dazu beitragen, Konflikte zwischen Völkern friedlich zu lösen.

3 – Der Ring der Erinnerung auf dem Plateau Notre-Dame-de-Lorette in der französischen Gemeinde Ablain-Saint-Nazaire. Das 2014 eingeweihte internationale Mahnmal ist den Gefallenen auf den Schlachtfeldern Flanderns und Artois gewidmet. Auf 500 Metallstelen werden fast 580 000 Namen von gefallenen Soldaten aus 40 verschiedenen Nationen genannt, ohne nach Siegern und Besiegten zu unterscheiden. Foto, 2019.

„Die alten Dämonen tauchen wieder auf und sind bereit, ihr Werk aus Chaos und Tod zu vollenden." Mit diesen Worten warnte der französische Präsident Emanuel Macron bei den Feierlichkeiten zum 100. Jahrestag des Waffenstillstands 2018 vor den Gefahren für den Weltfrieden. Nationalismus und Machtgier hatten 1914 in den Krieg geführt. Aber auch 100 Jahre danach sind sie noch in der Welt zu spüren: Bündnisse werden beendet, Verträge gebrochen. Uneinigkeit zwischen den Nationen blockiert weltweit die Politik. Viele Situationen von heute ähneln denen damals.

M1 Jean-Claude Juncker (von 2014 bis 2019 Präsident der Europäischen Kommission) erklärte am Volkstrauertag 2008, was uns der Besuch eines Soldatenfriedhofs lehrt:

„Wer an Europa zweifelt, wer an Europa verzweifelt, der sollte Soldatenfriedhöfe besuchen!" Nirgendwo besser, nirgendwo eindringlicher, nirgendwo bewegender ist zu spüren, was das europäische Gegeneinander an Schlimmstem bewirken kann. Das Nicht-Zusammenleben-Wollen und das Nicht-Zusammenleben-Können haben im 20. Jahrhundert 80 Millionen Menschen das Leben gekostet.

Q1 Der bedeutende britische Staatsmann Winston Churchill erläuterte in einer Rede an die akademische Jugend in Zürich 1946, wie man mit den traumatischen Erfahrungen der Vergangenheit umgehen sollte:

Wir alle müssen den Schrecknissen der Vergangenheit den Rücken kehren. Wir müssen in die Zukunft schauen. Wir können es uns nicht leisten, den Hass und die Rachegefühle (...) durch die kommenden Jahre mitzuschleppen. Wenn Europa vor endlosem Elend und schließlich vor seinem Untergang bewahrt werden soll, dann muss es in der europäischen Völkerfamilie diesen Akt des Vertrauens und diesen Akt des Vergessens gegenüber den Verbrechen und Wahnsinnstaten der Vergangenheit geben. (...)

Wenn Sie es können, so werden auf allen Seiten die zugefügten Erniedrigungen und Beleidigungen durch das erlittene Elend ausgetilgt sein. Besteht irgendeine Notwendigkeit für weitere Qualen? Ist die Unbelehrbarkeit der Menschheit die einzige Lehre der Geschichte? Lasst Gerechtigkeit, Gnade und Freiheit herrschen!

---

❶ Erinnerungsorte an Gefallene finden sich auch in eurem Heimatort und der Umgebung. Recherchiert dazu im Internet unter der Adresse http://www.denkmalprojekt.org. Besucht diese Orte und fotografiert sie. Sammelt die Fotos auf einer Pinnwand.

❷ Erläutere mithilfe des Verfassertextes und M1, warum das Gedenken an die Opfer des Ersten Weltkriegs so wichtig ist.

❸ Schildere anhand von Q1, was Winston Churchill für den Umgang mit der traumatischen Vergangenheit empfiehlt, und nimm begründet Stellung dazu.

Imperialismus im 19. Jahrhundert

Warum teilten die Industriestaaten die Welt auf?

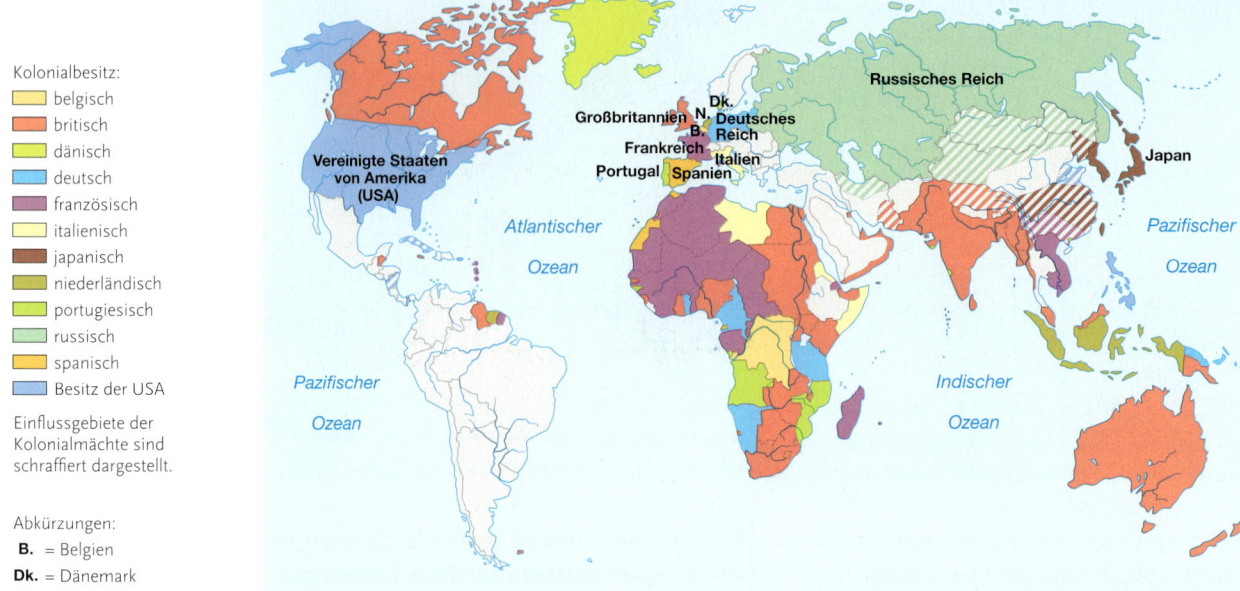

Kolonialbesitz:

- ◻ belgisch
- ◻ britisch
- ◻ dänisch
- ◻ deutsch
- ◻ französisch
- ◻ italienisch
- ◻ japanisch
- ◻ niederländisch
- ◻ portugiesisch
- ◻ russisch
- ◻ spanisch
- ◻ Besitz der USA

Einflussgebiete der
Kolonialmächte sind
schraffiert dargestellt.

Abkürzungen:
B. = Belgien
Dk. = Dänemark
N. = Niederlande

1 – Die koloniale Aufteilung der Welt.

---

* **Imperialismus**
Bezeichnung für eine
angestrebte Weltherrschaft,
abgeleitet von dem
lateinischen Wort
imperium = Weltreich.

* **Kolonie**
Überseeische Besitzung
europäischer Staaten.

* **Kapkolonie**
Das ist der Vorläuferstaat
des heutigen Südafrika.

Europäischer *Imperialismus

In allen europäischen Industriestaaten gab es Bestrebungen, das eigene Staatsgebiet auf überseeische Besitzungen auszudehnen und dort sogenannte *Kolonien zu errichten.

Die Europäer waren durch die industrielle Entwicklung stolz und selbstbewusst geworden. Sie waren der Überzeugung, dass das jeweils eigene Volk bedeutender sei als die Völker in den Kolonien. Diese Überheblichkeit führte zu der Ansicht, dass das eigene Land auch auf Kosten anderer Länder zu einer Weltmacht werden müsse. Daher nahmen viele europäische Staaten einfach Gebiete in Besitz, die ihnen als Rohstofflieferanten oder Absatzmärkte wichtig erschienen. Als Vorbild diente Großbritannien mit seinem riesigen Kolonialreich.

Auch Frankreich, Deutschland und Russland wollten nun Weltreiche bilden. Man bezeichnet dieses Vorgehen der europäischen Staaten als Imperialismus. Dieser Begriff kommt von der römischen Bezeichnung für ein Weltreich: imperium.

Koloniale Herrschaftsformen

Nach 1880 stritten sich die europäischen Mächte verstärkt um die angeblich noch „freien" Gebiete in der Welt. Dies betraf besonders Afrika. Viele europäische Staaten gründeten dort Kolonien. Oft wurden die entsprechenden Verträge mit der einheimischen Bevölkerung durch Gewalt erzwungen oder man besetzte einfach deren Gebiete militärisch.

Ihre Herrschaft übten die Europäer unterschiedlich aus:

– durch direkte Herrschaft, bei der das Militär der Europäer die gesamte Verwaltung einer Kolonie ausübte und die einheimische Bevölkerung zur Arbeit für die Kolonialverwaltung zwang,

– durch indirekte Herrschaft, bei der die einheimischen Fürsten oder Regierungen im Amt blieben. Diese wurden – notfalls mit Waffengewalt – gezwungen, den jeweiligen Kolonialmächten große Einflussmöglichkeiten auf die Politik und die Wirtschaft ihres Landes zu sichern.

Leitende Ideen des Imperialismus

Gerechtfertigt wurde die imperialistische Politik mit drei Theorien:

- dem **Rassismus**, der behauptete, dass es höhere und niedrigere menschliche Rassen gebe und dass die weißen Europäer und Amerikaner der höchsten Rasse angehörten,
- dem **Sozialdarwinismus**, der behauptete, dass auch im Zusammenleben der Menschen allein das Recht des Stärkeren gelte und dass die Europäer und Amerikaner als Angehörige der höchsten Rasse das Recht hätten, andere Völker zu unterwerfen,
- der **Missionsidee**, die beinhaltete, alle Nichtchristen notfalls mit Gewalt zum Christentum zu bekehren und die europäische Lebensweise in den eroberten Gebieten einzuführen.

Q1 Der britische Politiker Cecil Rhodes (1853–1902), der 1890 Premierminister der *Kapkolonie wurde, schrieb 1877, was viele Weiße, nicht nur in Großbritannien, zur Rechtfertigung des Imperialismus dachten:

Ich behaupte, dass wir die erste Rasse in der Welt sind und dass es für die Menschheit umso besser ist, je größere Teile der Welt wir bewohnen. Ich behaupte, dass jedes Stück Land, das unserem Gebiet hinzugefügt wird, die Geburt von mehr Angehörigen der englischen Rasse bedeutet, die sonst nicht ins Dasein gerufen worden wären. Darüber hinaus bedeutet es einfach das Ende aller Kriege, wenn der größere Teil der Welt in unserer Herrschaft aufgeht. (...) Da Gott sich die Englisch sprechende Rasse offensichtlich zu seinem auserwählten Werkzeug geformt hat, (...) muss es auch seinem Wunsch entsprechen, dass ich alles in meiner Macht Stehende tue, um jener Rasse so viel Spielraum und Macht wie möglich zu verschaffen.

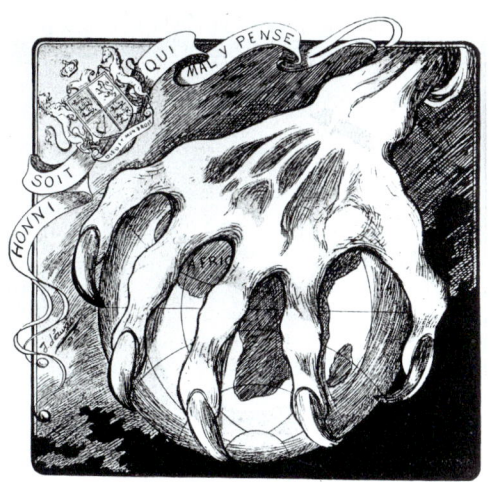

2 – Französische Karikatur aus dem Jahr 1899 zu englischen Kolonialansprüchen. Übersetzung des Schriftbandes: „Ein Schuft, der Böses dabei denkt."

Q2 Der SPD-Abgeordnete August Bebel sagte am 17. Februar 1894 in einer Debatte zur Kolonialpolitik im Deutschen Reichstag:

Meine Herren, (...) was bedeutet in Wahrheit diese ganze sogenannte christliche Zivilisation in Afrika? Äußerlich Christentum, innerlich und in Wahrheit Prügelstrafe, Weibermisshandlung, Schnapspest, Niedermetzelung mit Feuer und Schwert, mit Säbel und Flinte. Das ist ihre Kultur. Es handelt sich um ganz gemeine materielle Interessen, ums Geschäftemachen und um nichts weiter! (...) Das ist mit einem Worte gesagt, um was es sich handelt. (...) Es handelt sich einfach um Ausbeutung und Ausraubung der Negerbevölkerung zugunsten christlicher Kapitalisten. (Große Unruhe rechts und in der Mitte. Lebhafte Zustimmung bei den Sozialdemokraten.)

❶ ▶ Nenne mithilfe von Karte 1 Staaten, die besonders viele Kolonien in Afrika und Asien besaßen.

❷ ▶ Beschreibe mit eigenen Worten, was man unter „Imperialismus" versteht.

❸ ▶ Erkläre die Begriffe „direkte Herrschaft" und „indirekte Herrschaft".

❹ ▶ Erläutere anhand des Textes und von Q1, wie die europäischen Mächte ihre imperialistische Politik rechtfertigten.

❺ ▶ Untersuche Q2 und die Karikatur 2. Formuliere, was sie jeweils kritisieren.

▶ *Nimm die Methode „Textquellen untersuchen", S. 298, zu Hilfe.*

❻ ▶ Erarbeite zur Einstellung der Europäer ein Werturteil.

❼ ▶ Recherchiere in verschiedenen Medien zu ehemaligen deutschen Kolonien. Was erinnert heute noch in diesen Gebieten an die ehemalige Kolonialmacht Deutschland?

▶ Video

Wie kam es zum Völkermord in Deutsch-Südwest?

Deutsch-Südwest-afrika

Legende:

- Grenze von Deutsch-Südwestafrika
- extensive Rinder- und Schafweide (Dornstrauchsavanne)
- Cu Kupfervorkommen
- Pb Bleivorkommen
- Eisenbahn
- Salzpfanne, Salzsee
- Wasserloch der Herero
- Fluss
- Fluss, nur zeitweilig wasserführend

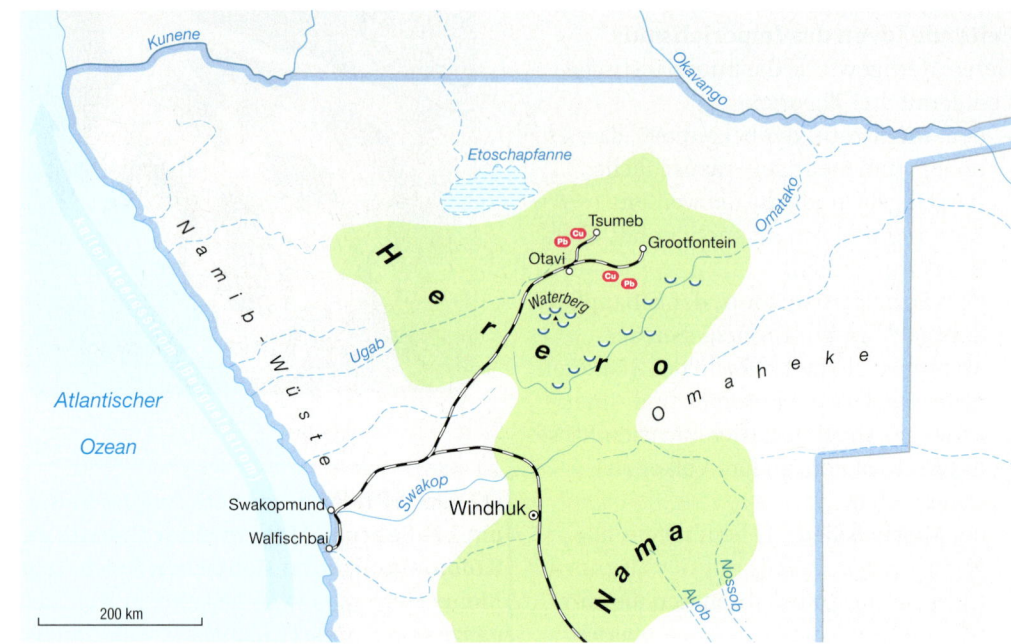

1 – Die Siedlungsgebiete der Herero und Nama.

Lothar von Trotha (1848–1920)

Samuel Maharero (1856–1923), Anführer der Herero

„Deutsch-Südwestafrika"

Der Bremer Tabak- und Waffenhändler Adolf Lüderitz erwarb 1883 Gebiete des späteren „Deutsch-Südwestafrika" durch betrügerische Verträge. Auf seinen Antrag übernahm das Deutsche Reich 1884 diese Kolonie. Hier gab es zwei größere Volksgruppen, die von der Viehzucht lebten: die Herero mit etwa 80 000 und die Nama mit ca. 20 000 Menschen.

Die deutsche Kolonialherrschaft veränderte ihre Lebensbedingungen stark:

- Händler betrogen sie um Land und Vieh.
- Für kleinste Vergehen gab es die Prügelstrafe mit der Peitsche.
- Wenn Soldaten der deutschen „Schutztruppen" Verbrechen an den Herero oder Nama begingen, wurden sie nur selten bestraft.
- Der Bau einer Bahnlinie, die den Hafen Swakopmund mit den Kupfererzminen im Norden verband, bedrohte die Existenz der Herero und Nama.
- Ihr Lebensraum wurde stark eingeschränkt, da es zu großflächigen Enteignungen kam.

Herero und Nama wehren sich

In dieser verzweifelten Lage erklärten die Herero und später auch die Nama den Deutschen im Jahr 1904 den Krieg.

Die deutsche Reichsregierung beauftragte daraufhin den preußischen General Lothar von Trotha, die Herero zu bekämpfen. Schon nach wenigen Monaten konnten die deutschen Truppen den Kampf siegreich beenden, denn sie erhielten aus dem Deutschen Reich umfassende Verstärkungen. In der Schlacht am Waterberg 1904 (s. Karte) wurden die Herero eingekesselt. Dort brachen sie aus und flohen in Richtung der angrenzenden Halbwüste Omaheke. Von Trotha ließ die Herero verfolgen und riegelte die Halbwüste ab. Die Brunnen in diesem Gebiet wurden besetzt, sodass die Herero keinen Zugang zu Wasser hatten. Tausende verhungerten und verdursteten hier.

Von den etwa 80 000 Herero lebten 1905 noch etwa 16 000. Die Überlebenden wurden in Reservate gebracht, wo sie unter erbärmlichen Bedingungen leben mussten. Der Krieg gegen die Herero war ein „Ver-

2 – Kampf zwischen den Herero und der deutschen Garnison von Windhuk. Holzstich, koloriert, aus der frz. Zeitschrift „Le Petit Journal", 1904.

3 – Gefangen genommene Herero. Foto, 1904.

nichtungskrieg", in dem die Gegner nicht mehr besiegt und gefangen, sondern getötet werden sollten.

Erster Völkermord des 20. Jahrhunderts

Erst 2016 hat der damalige deutsche Bundespräsident Joachim Gauck bei einem Besuch in Namibia den Krieg gegen die Herero als Völkermord bezeichnet.
2021 erkannte auch die Bundesregierung nach jahrelangen Verhandlungen die Gräueltaten an den Herero und Nama als Völkermord an. Ihre Nachkommen sowie das Land Namibia sollen in den nächsten Jahren mit 1,1 Milliarden Euro unterstützt werden.

Q1 Über die Kriegsführung berichtete 1906 der Herero Daniel Kariko:
Auf unseren geheimen Zusammenkünften beschlossen unsere Oberhäupter, das Leben aller deutschen Frauen und Kinder zu schonen. Auch die Missionare sollten geschont werden. (…) Nur deutsche Männer wurden als unsere Feinde betrachtet.

Q2 Über Kriegsführung Lothar von Trothas heißt es:
Ich war dabei, als die Herero bei Hamakiri, in der Nähe des Waterberges, in einer Schlacht besiegt wurden. Nach der Schlacht wurden alle Männer, Frauen und Kinder ohne Gnade getötet, die den Deutschen in die Hände fielen. Dann verfolgten die Deutschen die übrigen Herero und alle Nachzügler am Wegesrand und im Sandfeld wurden niedergeschossen oder mit dem Bajonett niedergemacht. Die große Masse der Hereromänner war unbewaffnet und konnte sich nicht wehren. Sie versuchten nur, mit ihrem Vieh davonzukommen.

❶ Beschreibe mithilfe von Karte 1, auf welche Weise die Eisenbahnlinien die Lebensgrundlage der Herero bedrohten.
❷ Die Kupfer- und Bleivorkommen waren von großem Interesse für das deutsche Kaiserreich. Nenne Möglichkeiten für ihren Einsatz.
❸ Beschreibe Bild 2. Gehe dabei auf die Erfolgsaussichten der Herero ein, den Krieg zu gewinnen.
❹ Erläutere mithilfe von Bild 3 und dem Verfassertext, was unter einem „Vernichtungskrieg" zu verstehen ist.
❺ Vergleiche die zwei Sichtweisen auf die Kriegsführung in Q1 und Q2.
❻ Nimm kritisch dazu Stellung, dass die Bundesregierung erst im Jahr 2021 den Krieg gegen die Herero und Nama als Völkermord anerkannt hat.

Methode

Einen Sachtext mit Unterstützung von KI verfassen

Seit November 2022 ist es möglich, Texte mit Unterstützung künstlicher Intelligenz (KI) zu verfassen. Die erste allgemein nutzbare Anwendung heißt ChatGPT – GPT ist die Abkürzung für „Generative Pre-trained Transformer Model". Weil für solche Anwendungen riesige Menge an Textdaten analysiert wurden, können sie Sprache auf menschenähnliche Weise verstehen und formulieren. Die Anwendungen werden kontinuierlich und in rasendem Tempo weiterentwickelt und verändern das Leben und den beruflichen Alltag von uns allen.

Anwendungen wie ChatGPT sind vergleichbar mit einem digitalen Assistenten, der durch Zugang zu einer enormen Menge an Informationen in der Lage ist, viele unterschiedliche Fragen zu beantworten. Auch beim Schreiben eines Sachtextes können dich KI-Anwendungen an mehreren Punkten unterstützen:
- Informationen zum Thema bereitstellen
- Gliederungsvorschläge machen
- Textentwürfe schreiben

Insgesamt bietet das viele Vorteile: Die Anwendung ist eine rund um die Uhr verfügbare Lern- oder Hausaufgabenhilfe, sie fördert das Verfassen und Verstehen von Texten und hilft bei der Entwicklung kreativer Projekte. Aber du solltest auch kritisch mit solchen Anwendungen umgehen, denn sie bergen einige Risiken:
- Nicht alle Antworten sind korrekt. Überprüfe sie immer.
- Eine übermäßige Nutzung könnte dich selbst das Lernen verlernen lassen sowie deine Fähigkeiten einschränken, kritisch zu hinterfragen und selbst kreativ zu sein.
- Von KI verfasste Texte werden nie so klingen, als hättest du sie selbst geschrieben. Nutze die Anwendungen als Unterstützung und Anregung, aber schreibe die Endversion deiner Texte immer selbst. Genau wie du schreibst nur du. Das kann auch die beste KI nicht.

Folgende Hinweise helfen dir dabei, mit Unterstützung durch ChatGPT Sachtexte zu erstellen:

Schritt 1 **Thema definieren und Hintergrundrecherche**	■ Lege dein Thema fest. ■ Recherchiere alle wichtigen Informationen für deinen Text. Nutze dafür auch – aber nicht nur – Anwendungen wie ChatGPT.
Schritt 2 **Gliederung des Sachtextes planen**	■ Fordere von der Anwendung Gliederungsvorschläge. ■ Lege die Einleitung, die Abschnitte des Hauptteils und einen Schluss fest. ■ Bringe die Abschnitte des Hauptteils in eine sinnvolle Reihenfolge.
Schritt 3 **Ersten Entwurf von ChatGPT schreiben lassen**	■ Fordere die Anwendung auf, einen Entwurf zu schreiben. ■ Liefere der KI dafür deine Gliederung mit und die Informationen, die unbedingt vorkommen sollen.
Schritt 4 **Überprüfung der Inhalte und Überarbeitung des Textes**	■ Überprüfe die Informationen im Textentwurf der Anwendung. ■ Überarbeite den Entwurf der Anwendung und schreibe daraus deinen eigenen Text.

❶ ▶ Lies M1 und die dazugehörigen Arbeitsschritte. Erstelle nach diesem Vorbild und dem Lösungsbeispiel einen Sachtext zum Thema: Welche Ursachen hatte der Erste Weltkrieg?

1 – ChatGPT kann dir beim Erstellen von Texten helfen. Auch dieses Bild wurde mit einer KI erstellt: DALL-E 3.

M1 Effektive Anfragen an die KI stellen

Um die besten Antworten von einer Anwendung wie ChatGPT zu bekommen, braucht die KI von dir gut strukturierte, präzise Prompts (engl.: prompt = Aufforderung, Anfrage).

Einige Grundregeln für effektive Prompts

– Du kannst mit ChatGPT problemlos in Deutsch schreiben. Die Anwendung antwortet dann auch in Deutsch.
– Frage einfache Stichwortlisten ab und vermeide unnötige Füllwörter – umso besser versteht dich die KI.
– Klare, genaue Aufforderungen ergeben bessere Ergebnisse als Fragen.
– Neuer Aufforderungsteil – neue Zeile bei der Eingabe.
– Zerlege umfangreiche Anfragen, für die die Anwendung mehrere Schritte gehen muss, in mehrere Teilanfragen, sonst vergisst die KI Wichtiges oder gibt unpräzise Antworten.
– Bleib im selben Chat, solange du zum selben Thema arbeitest – innerhalb eines Chats merkt sich die KI die Zusammenhänge aus deinen früheren Eingaben.

Elemente eines guten Prompts

1. Rolle zuweisen: Agiere als Experte für …
2. Präzise Anfrage: Gib mir …, Ich brauche (konkrete Zahl) … (detailliert, was du erstellen/wissen willst)
3. Zusammenhang: Biete der KI relevante Hintergrundinformationen oder Zusammenhänge, die du schon kennst.
4. Zielgruppe: Für welchen Adressatenkreis ist das Ergebnis der Anfrage bestimmt?
5. Schlüsselwörter oder -themenbereiche: Gehe besonders ein auf …
6. Einschränkungen oder Anforderungen: Definiere Einschränkungen wie Umfang oder spezifische Ausschlüsse, z. B. „Gehe nicht auf … ein".
7. Aktualität: Benötigst du aktuelle Informationen?
8. Quellenangaben: Fordere die KI auf, bei Zitaten die Quellen genau anzugeben.

Lösungsbeispiel zum Thema „Die Folgen der Kolonialisierung Afrikas für die Menschen dort"

Zum Schritt 1:

Lass dich, ergänzend zu deinen Recherchen in anderen Quellen, allgemein von KI inspirieren. Eingaben:
Agiere als Experte für Geschichte. Gib mir Informationen zum Thema: Die Folgen der Kolonialisierung Afrikas für die Menschen dort. Nenne Regionen, direkte Auswirkungen und Langzeitfolgen, Schlüsselpersonen und -ereignisse.

Zum Schritt 2:

Prompte im selben Chat, damit du Basisinformationen nicht erneut eingeben musst:
Gib mir einen Gliederungsvorschlag für einen Sachtext über das Thema. Grobstruktur: Einleitung, Hauptteil mit sechs Abschnitten, Schluss.

Zum Schritt 3:

Prompt – wieder im selben Chat:
Schreibe einen Sachtext zum Thema. Länge: 400–600 Wörter Zielgruppe: Jugendliche Stil: sachlich, informativ, aber auch spannend Duze die Leser.

Zum Schritt 4:

Überprüfe die Informationen des Textentwurfs auf historische Genauigkeit und Korrektheit im Internet oder in Büchern.
Wenn du auf inhaltliche Unstimmigkeiten stößt, kannst du auch ChatGPT – im selben Chat wie vorher – um Korrektur bitten.
Dann nimm den Textentwurf als Basis, um daraus deinen eigenen Text zu machen.
Achte darauf, dass der Text logisch aufgebaut ist und sich flüssig lesen lässt.
Wenn zwischendurch Fragen auftauchen oder dir Informationen fehlen, kannst du auch die einfach wieder bei ChatGPT einholen.

Der Weg in den Ersten Weltkrieg

Wie änderte sich die deutsche Außenpolitik?

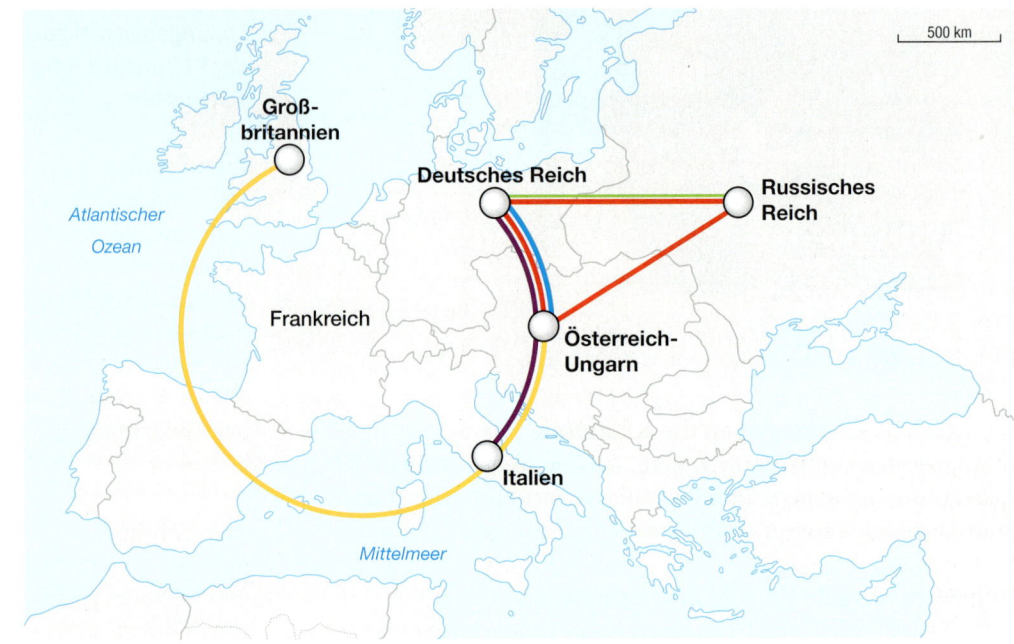

Legende:
- Dreikaiserbündnis 1872
- Zweibund 1879
- Dreibund 1882
- Mittelmeerabkommen 1887
- Rückversicherungsvertrag 1887
- Grenzen um 1887

1 – Das europäische Bündnissystem um 1887.

Kaiser Wilhelm II. aus dem Haus Hohenzollern war von 1888 bis 1918 letzter deutscher Kaiser und König von Preußen.

✴ **Rückversicherungsvertrag**
Geheimes Abkommen zwischen Russland und dem Deutschen Reich, in dem festgelegt wurde, dass beide Staaten sich nicht einmischen würden, wenn einer der beiden Staaten in einen Krieg verwickelt würde.

✴ **Landmacht**
starke Heeresmacht

Bismarcks Außenpolitik

Nach der Gründung des Deutschen Reiches 1871 erklärte Reichskanzler Otto von Bismarck, dass Deutschland nun keine weiteren Gebietsansprüche habe und eine Politik des Friedens in Europa verfolgen wolle. Die nationale Einigung Deutschlands sei mit dem Krieg gegen Frankreich von 1871 abgeschlossen.

Bismarck wollte den Frieden in Europa durch Bündnisverträge sichern und erhalten. Dazu sollten etwaige Bündnispartner Frankreichs an Deutschland gebunden werden. Er wollte mögliche Konflikte durch Verhandlungen lösen. Seine Politik hatte bis etwa 1890 Erfolg.

Eine neue Politik unter Wilhelm II.

Im März 1888 starb der 91-jährige Kaiser Wilhelm I. Ihm folgte zunächst sein Sohn als Friedrich III. auf den Thron. Allerdings starb dieser nach nur 99 Tagen im Amt, sodass plötzlich dessen 29-jähriger Sohn unter dem Namen Wilhelm II. deutscher Kaiser wurde. Bald wurde deutlich, dass sich seine Vorstellungen zur Innen- und Außenpolitik grundlegend von denen Bismarcks unterschieden. Deshalb entließ der Kaiser 1890 seinen Kanzler, um verstärkt selbst den politischen Kurs Deutschlands zu bestimmen. In provozierenden Reden forderte Wilhelm II. für Deutschland ein stärkeres Mitspracherecht in der Weltpolitik. Schließlich war das Deutsche Reich eine der führenden Industrienationen. So rief er bei einem Festessen aus, dass ohne Deutschland und ohne den deutschen Kaiser keine große Entscheidung mehr in der Welt fallen dürfe. Das Deutsche Reich sollte wie England und Frankreich Weltmachtpolitik betreiben.

Flottenbau und Aufrüstung

Seit dem Deutsch-Französischen Krieg 1870/71 war das Deutsche Reich bereits die stärkste ✴Landmacht in Europa. Jetzt sollte auch noch eine mächtige Kriegsflotte gebaut werden. Vor allem Großbritannien fühlte sich durch die Flottenpolitik des Deutschen Reiches bedroht, da es die Vormachtstellung zur See für sich beanspruchte. Deswegen begann ein kostspieliges Wettrüsten mit dem Deutschen Reich, indem immer größere Kriegsschiffe gebaut wurden.

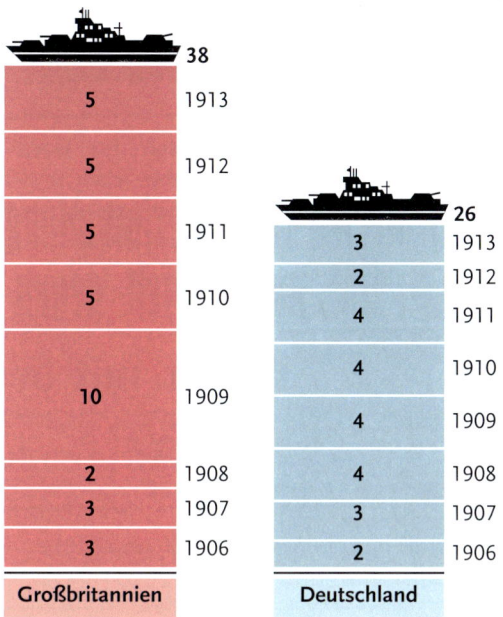

2 – „Der Lotse geht von Bord". Englische Karikatur von John Tenniel, veröffentlicht unter dem Titel „Dropping the pilot" in der Zeitschrift „The Punch" am 23. März 1890.

3 – Bau von Kampfschiffen durch Großbritannien und Deutschland 1906 bis 1913.

Großbritannien: 38

Jahr	Anzahl
1913	5
1912	5
1911	5
1910	5
1909	10
1908	2
1907	3
1906	3

Deutschland: 26

Jahr	Anzahl
1913	3
1912	2
1911	4
1910	4
1909	4
1908	4
1907	3
1906	2

Q1 Reichskanzler Bismarck sagte während eines Kuraufenthalts in Bad Kissingen 1877 („Kissinger Diktat"):
Wenn ich arbeitsfähig wäre, könnte ich das Bild vervollständigen und feiner ausarbeiten, welches mir vorschwebte: nicht das irgendeines Ländererwerbes, sondern das einer politischen Gesamtsituation, in welcher alle Mächte außer Frankreich unser bedürfen, und von Koalitionen gegen uns durch ihre Beziehungen zueinander nach Möglichkeit abgehalten werden.

Q2 In seiner Ansprache zum neuen Jahr 1900 sagte Kaiser Wilhelm II.:
Und wie mein Großvater für sein Landheer, so werde ich für meine Marine unbeirrt in gleicher Weise das Werk der Reorganisation (Neugestaltung) fort- und durchführen, damit auch sie gleichberechtigt an der Seite meiner Streitkräfte zu Lande stehen möge und durch sie das Deutsche Reich auch im Auslande in der Lage sei, den noch nicht erreichten Platz zu erringen.

Q3 Der Chef des Marineamtes, Admiral von Tirpitz, begründete den verstärkten Flottenbau im Jahre 1900:
Unter den gegebenen Umständen gibt es nur ein Mittel, um Deutschlands Handel und Kolonien zu schützen: Deutschland muss eine Flotte von solcher Stärke haben, dass selbst für die größte Flotte ein Krieg mit ihm ein solches Risiko in sich schließen würde, dass ihre eigene Überlegenheit gefährdet wäre.

❶ ▶ Beschreibe mithilfe von Karte 1, mit welchen Staaten Deutschland Bündnisverträge hatte. Stelle dazu eine Liste zusammen.

❷ Erkläre mithilfe von Q1, welche Politik Bismarck verfolgte.

❸ Untersuche die Karikatur 2 und erläutere, was der Zeichner damit zum Ausdruck bringen wollte.

▶ *Überlege dabei, welche Aufgabe ein Lotse hat und wie sich sein Verlassen auf das Schiff und die Besatzung auswirkt.*

❹ Erläutere die Motive der Politik von Kaiser Wilhelm II. und Admiral von Tirpitz (Q2, Q3). Nenne Unterschiede zu Bismarck.

❺ Werte die Grafik 3 aus und beschreibe die Flottenpolitik der Großmächte.

❻ Beurteile die beabsichtigten und unbeabsichtigten Folgen dieser Politik.

 Video

Wollten wirklich alle den Krieg?

1 – Bertha von Suttner (1843–1914). Foto, 1886.

Heute abend lautet die Parole für jeden klassenbewußten Arbeiter und jede Arbeiterin, sowie jeden wirklichen Friedensfreund:

Auf in die Volksversammlung im Gewerkschaftshaus!
Auf zum Protest gegen die Kriegstreiber!

Nieder mit dem Kriege!

„Wir glauben, es gibt bei diesen Empfindungen kaum eine Ausnahme, und wenn unsere Sozialdemokraten in den nächsten Tagen Kundgebungen gegen den Krieg veranstalten, so werden sie darin bis zu einem gewissen Grade die Zustimmung des deutschen Bürgertums finden. Denn bei uns will niemand den Krieg [...] zu einem Ausgleich kommt und wir wünschen bringend, daß das Balkanabenteuer keine europäischen Konflikte nach sich zieht.

Man braucht der deutschen Regierung wirklich kein Übermaß von Klugheit und Gewissensversicherung zuzutrauen, um ihr die aufrichtige Absicht zuzugestehen, daß sie ehrlich die Erhaltung des Friedens wünscht. Und man kann den Regierungen der anderen europäischen Staaten [...] Ereignisse erhalten hat. Daß das französische Proletariat nicht minder seine Schuldigkeit in der Vereitelung chauvinistischer Akte tun wird, wird kein Mensch bezweifeln. Da versteht es sich von selbst, daß auch die deutsche Sozialdemokratie in den schweren Kämpfen ihren Mann stehen wird!

Ihre Aufgabe ist ihr klar vorgezeichnet. Sie ruft die breiten Massen des Volkes auf, ihre

2 – Aufruf im „Lübecker Volksboten", 28.07.1914.

* Pazifismus
Weltanschauung, bei der jeder Krieg abgelehnt wird. Zu den Forderungen des Pazifismus gehört auch, auf Rüstung und militärische Ausbildung zu verzichten.

Bertha von Suttners Traum vom Frieden

„Jetzt erst sieht man die Massenhaftigkeit der umherliegenden Leichen: Auf den Straßen, zwischen den Feldern, in den Gräben, hinter Mauertrümmern; (...) Geplündert, mitunter nackt. Ebenso die Verwundeten. Diese (...) sehen fahl und zerstört aus, grün und gelb, mit stierem, stumpfsinnigem Blick (...)." Diese Zeilen stammen aus dem Roman „Die Waffen nieder". Er vermittelt dem Leser das wahre Gesicht des Kriegs fernab jedes Heldentums. Geschrieben wurde er von Bertha von Suttner, die selbst in mehreren Kriegen Angehörige verloren hatte. 1891 gründete sie in Wien die österreichische Friedensgesellschaft.

Als Vorsitzende dieser Initiative schrieb sie an den Unternehmer Alfred Nobel (S. 271), mit dem sie eine lebenslange Freundschaft verband: „Es wäre schön, wenn der Erfinder des Kriegssprengstoffes einer der Förderer der Friedensbewegung wäre." Nobel antwortete ihr: „Mit dem Verlangen nach Abrüstung macht man sich fast lächerlich, ohne jemandem zu nützen", und ferner: „Meine Fabriken werden vielleicht dem Krieg noch früher ein Ende machen als lhre Kongresse."

Bertha von Suttner ließ sich davon nicht entmutigen. Unermüdlich hielt sie Vorträge und schrieb an die Regierungen, um vor einem Krieg zu warnen.

Friedenshoffnung der Arbeiter

Es waren vor allem einfache Bürger und Arbeiter, die als Soldaten auf den Schlachtfeldern starben. Daher machte die sozialistische Arbeiterbewegung mit Friedenskundgebungen auf die Kriegsgefahr aufmerksam. Der *Pazifismus gehörte somit zu den wichtigsten Zielen von Gewerkschaften und Arbeiterparteien wie der SPD.

Q1 **So äußerte sich Bertha von Suttner 1909 zum Wettrüsten der Nationen:**

Welches sind die Faktoren, die die Rüstungsschraube in Bewegung setzen? Sind es die Völker, die danach verlangen? Mitnichten! Der Anstoß (...) kommt immer aus dem Kriegsministerium mit der bekannten Begründung, dass andere Kriegsministerien vorangegangen sind, und der zweiten Begründung, dass man von Gefahr und Feinden umgeben ist. Das schafft eine Atmosphäre von Angst (...). Und wer ist tätig, diese Angst zu verbreiten? Wieder die militärischen Kreise. Die haben immer einen „unvermeidlichen" Krieg auf Lager (...). Kriegsparteien gibt es in jedem Lande; was diese äußern, wird von den Kriegsparteien der anderen Länder als die Willensmeinung der ganzen betreffenden Nation ausgegeben. Und die gegenseitigen Furcht- und Hassgefühle treiben die gemeinsame Schraube.

VIP

„Ich möchte einen Stoff oder eine Maschine schaffen können von so fürchterlicher, massenhaft verheerender Wirkung, dass dadurch Kriege überhaupt unmöglich würden."

Name: Alfred Nobel

Lebensdaten: 21. Oktober 1833 – 10. Dezember 1896

Familie: Nobel stammte aus einer schwedischen Unternehmerfamilie.

Jugend/Schule/Ausbildung:
– 1837 ging die Firma des Vaters, ein Brücken- und Eisenbahn-konstrukteur, bankrott. Dieser versuchte dann, in Russland geschäftlich Fuß zu fassen.
– 1843 holte der Vater, der es als Rüstungsunternehmer zu großem Wohlstand gebracht hatte, seine Familie nach Sankt Petersburg. Hier erhielt Alfred Nobel Unterricht bei Privatlehrern. Sein großes Interesse galt der Chemie.
– 1850 unternahm er eine zweijährige Studienreise durch mehrere Länder. In Paris vertiefte er bei führenden Experten seine Kenntnisse in der Chemie, vor allem in der Sprengstofftechnik.

Werdegang:
– Ab 1852 forschte Alfred Nobel gemeinsam mit seinem Vater auf dem Gebiet der Sprengstoffchemie.
– 1867 Erfindung und massenhafte Herstellung von Dynamit; in den Folgejahren baute Alfred Nobel ein Wirtschaftsimperium auf. So brachte er es zu enormem Reichtum.

Besonderheiten:
1876 war die Friedenskämpferin Bertha von Suttner für zwei Wochen Privatsekretärin von Nobel. Sie inspirierte ihn zum späteren Friedensnobelpreis, der ihr aber erst 1905 zugesprochen wurde.

Was bleibt:
Fast sein gesamtes Vermögen vermachte Nobel einer Stiftung. Diese zeichnet seit 1901 jährlich Menschen aus, die im jeweils vergangenen Jahr der Menschheit den größten Nutzen erbracht haben. Die Verleihungen auf den Gebieten Physik, Chemie, Literatur, Medizin und Frieden finden immer am 10. Dezember statt.

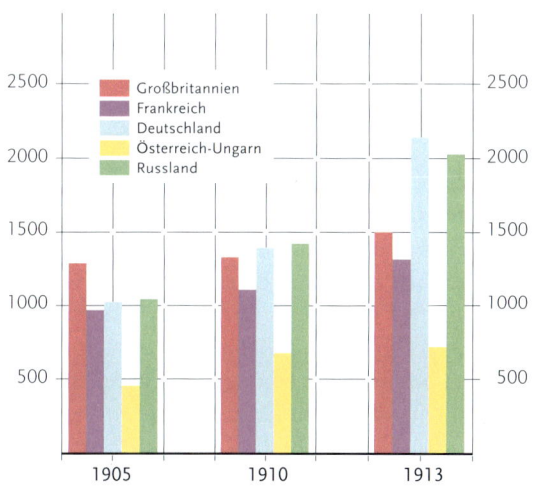

3 – Rüstungsausgaben (in Mio. Mark)

❶ ▪ Fasse mithilfe von Q1 zusammen, worin Bertha von Suttner die Ursachen für das Wettrüsten sah.
❷ ▪ Beschreibe anhand von Grafik 3, wie sich die Rüstungs-ausgaben der europäischen Großmächte entwickelten. Notiere für die angegebenen Jahre, welches Land am meisten ausgab.
❸ ▪ Stelle einen Zusammenhang zwischen Grafik 3 und Q1 her. Halte deine Ergebnisse schriftlich fest.
❹ ▪ Erläutere mithilfe des Verfassertextes und Bild 2, welche Bevölkerungsschichten und Parteien den Krieg ablehnten.
❺ ▪ Erkläre das Zitat von Alfred Nobel mit eigenen Worten.
❻ ▪ Diskutiere die Positionen von Alfred Nobel und Bertha von Suttner. Begründe deine eigene Meinung.

Wodurch wurde der Krieg ausgelöst?

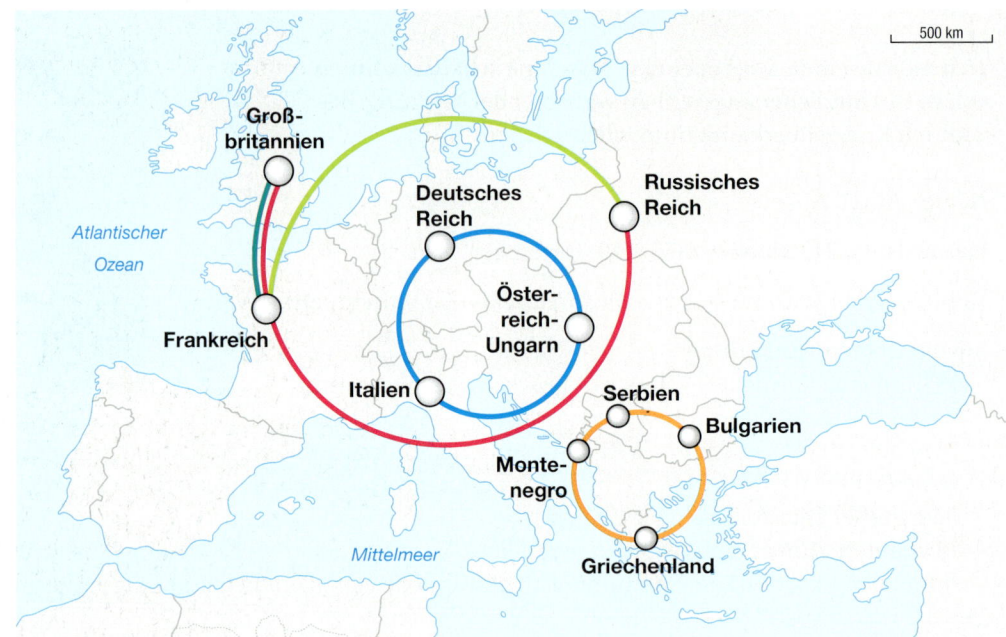

- Dreibund 1882, erneuert 1912
- Französisch-Russische Allianz 1892
- *Entente cordiale 1904
- *Triple Entente 1907
- Balkanbund 1912

— Grenzen von 1912

1 – Das europäische Bündnissystem um 1914. Der Dreibund zerbrach 1915 mit dem Kriegseintritt Italiens auf der Seite von Großbritannien, Russland und Frankreich.

Balkan
Halbinsel im Mittelmeer, die zur damaligen Zeit die Länder Serbien, Montenegro, Rumänien, Bulgarien, Albanien und Griechenland umfasste (siehe Karte).

Dardanellen
So bezeichnet man die Meerenge zwischen dem asiatischen und europäischen Teil der Türkei an der westlichen Seite des Marmarameeres zur Ägäis.

Entente cordiale
So nennt man den Vertrag zwischen Frankreich und Großbritannien, der im gegenseitigen Einverständnis die Einflussbereiche beider Länder in Afrika regelte.

Triple Entente
Darunter versteht man die Erweiterung der Entente cordiale mit Russland als Dreierbündnis gegen Deutschland.

Dauerkrise auf dem *Balkan

Im Laufe des 19. Jahrhunderts hatten sich die Völker des Balkans von der osmanischen Herrschaft befreit. Griechenland, Serbien und Bulgarien waren selbstständige Staaten geworden. Die staatliche Zuordnung von Albanien sowie Bosnien blieb umstritten.

Die Großmächte Österreich-Ungarn und Russland versuchten, ihren Einfluss auf dem Balkan zu vergrößern. Österreich-Ungarn nahm 1908 Bosnien, das zum Osmanischen Reich gehörte, in seinen Besitz. Dagegen protestierte das mit Russland verbündete Königreich Serbien. Das Interesse Russlands richtete sich darauf, mit der Unterstützung Serbiens einen Zugang zur strategisch wichtigen Meerenge, den *Dardanellen, zu bekommen.

In den Jahren 1912/1913 wurden zwei Kriege um die Frage der staatlichen Neuordnung auf dem Balkan geführt. Ihr Ergebnis war, dass Griechenland, Bulgarien und Serbien ihr Staatsgebiet vergrößerten. Albanien wurde ein selbstständiger Staat.

Deutschland und Großbritannien verhinderten durch Verhandlungen, dass sich Österreich-Ungarn und Russland direkt an den Balkankriegen beteiligten. So konnte 1912 der Ausbruch eines großen europäischen Kriegs noch vermieden werden.

Der Weg in den Krieg

Die Heeresleitung in Deutschland rechnete in der politisch angespannten Lage mit einem Zweifrontenkrieg gegen Frankreich und Russland. Sie erklärte bereits 1912: „Je eher, desto besser." Viele Menschen in Europa teilten diese Meinung und sahen in einem kommenden Krieg ein „reinigendes Gewitter".

Alle großen Staaten Europas waren im Frühjahr 1914 zum Krieg bereit. Der Nationalismus war in den einzelnen Ländern derart gefestigt, dass für jeden einzelnen ein Scheitern der eigenen Nation unmöglich und ein siegreiches Hervorgehen als unumgänglich erschien. Es fehlte nur noch ein Anlass. Dieser fand sich darin, dass ein serbischer Attentäter im Juni 1914 den

2 – ‚The Boiling Point'. Europäische Mächte sitzen auf dem Pulverfass Balkan. Karikatur aus „The Punch", 1912.

österreichischen Thronfolger Franz Ferdinand und seine Frau Sophie in Sarajevo ermordete.

Im Laufe eines Monats entwickelte sich der ursprünglich auf den Balkan beschränkte Konflikt zwischen Österreich und Serbien zu einem ganz Europa erfassenden Krieg, denn die einzelnen Bündnissysteme begannen nun, nacheinander ihre Wirkung zu entfalten. Serbien weigerte sich, österreichische Beamte an dem Ermittlungsverfahren gegen die Attentäter zu beteiligen. Darauf erklärte Österreich-Ungarn am 28. Juli 1914 Serbien den Krieg. Deutschland unterstützte seinen Bündnispartner Österreich-Ungarn bedingungslos („Blankoscheck"). Noch am selben Tag erfolgte in Russland die *Teilmobilmachung. Am 1. August 1914 erklärte Deutschland Russland und am 3. August Frankreich den Krieg. Als am 3. August deutsche Truppen die *Neutralität Belgiens missachteten und Richtung Frankreich durchmarschierten, war dies für England der Anlass, Deutschland den Krieg zu erklären.

M1 Der deutsche Historiker Fritz Fischer zog 1961 das folgende Fazit über die Verantwortung des Deutschen Reiches am Kriegsausbruch:
Da Deutschland den österreichisch-serbischen Krieg gewollt, gewünscht und gedeckt hat und, im Vertrauen auf die deutsche militärische Überlegenheit, es im Jahre 1914 bewusst auf einen Konflikt mit Russland und Frankreich ankommen ließ, trägt die deutsche Reichsführung einen erheblichen Teil der historischen Verantwortung für den Ausbruch eines allgemeinen Kriegs.

M2 Der australische Historiker Christopher Clark beantwortete 2013 die Frage, wer die Verantwortung für den Ausbruch des Ersten Weltkriegs trägt, so:
Der Kriegsausbruch von 1914 ist kein *Agatha-Christie-Thriller, an dessen Ende wir den Schuldigen (...) auf frischer Tat ertappen. In dieser Geschichte gibt es keine Tatwaffe als unwiderlegbaren Beweis oder genauer: Es gibt sie in der Hand jedes einzelnen wichtigen Akteurs. (...) (Das) heißt (...) keineswegs, dass wir die kriegerische und imperialistische *Paranoia der österreichischen und deutschen Politiker kleinreden sollten (...). Aber die Deutschen waren nicht die einzigen Imperialisten, geschweige denn die einzigen, die unter einer Paranoia litten. Die Krise, die im Jahre 1914 zum Krieg führte, war die Frucht einer gemeinsamen politischen Kultur (...)."

* Agatha Christie
bekannte englische Krimiautorin (1889–1980)

* Mobilmachung
Maßnahmen, durch die die Streitkräfte eines Landes für den Kriegseinsatz bereitgestellt werden, z. B. durch die Einberufung aller Wehrpflichtigen.

* Neutralität
Wörtlich: Nichtbeteiligtsein, hier Unabhängigkeit eines Staates.

* Paranoia
krankhaftes Misstrauen

❶ ▸ Erstelle mithilfe von Karte 1 eine Liste der Bündnisverträge mit den zugehörigen Bündnispartnern.

❷ ▸ Vergleiche Deutschlands Bündnisse vor dem Ersten Weltkrieg (Karte 1) mit den Bündnissen um 1887 auf S. 268, Karte 1. Deine Ergebnisse von Aufgabe 1 werden dir helfen.

❸ ▸ Erläutere die Situation auf dem Balkan mithilfe der Karikatur 2 und dem Verfassertext.

❹ ▸ Fasse mit eigenen Worten die Vorgänge, die zum Kriegsausbruch führten, zusammen. Unterscheide dabei genau zwischen Ursache und Anlass.

▸ *Alle Länder hatten aufgerüstet und der Nationalismus führte zu einem Gefühl der Überlegenheit in den einzelnen Ländern. ...*

❺ ▸ Vergleiche die Meinungen der beiden Historiker (M1, M2) zur Kriegsschuldfrage. Begründe, welchem Urteil du dich anschließt.

Der Erste Weltkrieg

Welche Ziele verfolgten die Kriegsgegner?

1 – Deutsche Kriegsfreiwillige bei der Abfahrt zur Westfront. Foto, 1914.

2 – Britische Kriegsfreiwillige nach ihrer Einkleidung. Foto, 1914.

✳ **Kriegskredite**
Staatliche Kredite zur Führung eines Kriegs. Diese mussten vom Reichstag genehmigt werden.

Hoffnung auf einen kurzen Krieg

Die Nachricht von der Mobilmachung der Streitkräfte erfüllte vor allem die Menschen in den Städten mit Begeisterung. Der über Jahrzehnte erwachsene Nationalismus ließ ein siegreiches Hervorgehen aus dem Krieg als einzige Folge erscheinen. Diese positive Stimmung war auch in anderen Ländern Europas spürbar. Kaum einer glaubte, dass es einen langen Krieg geben würde. Junge Männer in ganz Europa meldeten sich freiwillig, um in den Krieg zu ziehen. Im Deutschen Reichstag stimmten alle Parteien für die vom Kaiser geforderten ✳Kriegskredite. Die SPD unterstützte diese jedoch erst nach heftigen innerparteilichen Kämpfen.

Deutsche Kriegsziele

– Frankreich darf nie wieder Großmacht sein. Daher werden die nordfranzösischen Industriegebiete übernommen. Zusätzlich soll Frankreich hohe Geldsummen an das Deutsche Reich zahlen.
– Belgische Industriegebiete sollen an das Deutsche Reich angegliedert werden.
– Unter deutscher Oberhoheit wird ein Zollverband von Frankreich bis Polen und von Norwegen bis Italien errichtet.

– Die russische Herrschaft über fremde Völker auf seinem Staatsgebiet wird beendet.
– Das Deutsche Reich wird einen größeren Anteil an den Kolonien auf Kosten der anderen Mächte haben.

Kriegsziele anderer Länder

– Österreich-Ungarn will seine Vorherrschaft auf dem Balkan ausbauen. Der Einfluss Russlands dort soll zurückgedrängt werden. Rumänien und Serbien sollen eingegliedert werden. Zudem beansprucht es Teile Polens.
– Frankreich will die Macht des Deutschen Reiches brechen und Elsass-Lothringen zurückgewinnen.
– England fordert die Abschaffung der deutschen Kriegsflotte und die Aufteilung der deutschen Kolonien.
– Russland will die Vorherrschaft Österreich-Ungarns auf dem Balkan beenden. Zudem strebt es die Herrschaft über Istanbul und die Dardanellen an.

Jedes Land bezeichnete seine Kriegsziele als „Friedensprogramm", da nur so der Frieden dauerhaft gesichert werden könne.

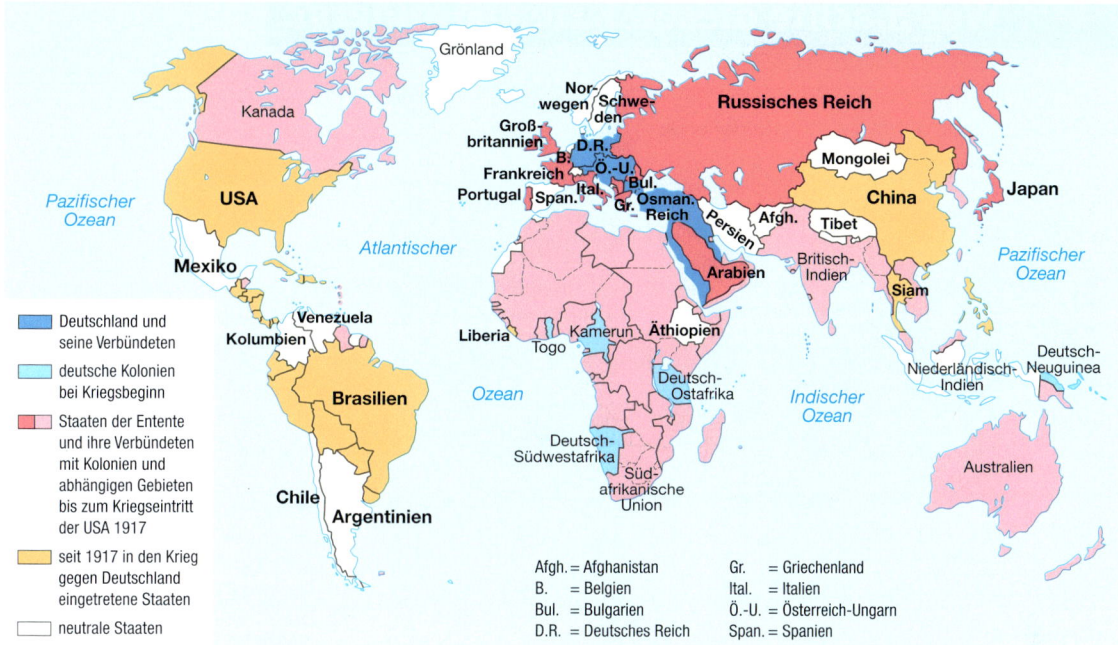

3 – Die Kriegsgegner im Ersten Weltkrieg.

Q1 Kaiser Wilhelm II. erklärte am 4. August 1914 vor dem Deutschen Reichstag:

Die gegenwärtige Lage ging nicht aus vorübergehenden Interessenkonflikten (...) hervor, sie ist das Ergebnis eines seit langen Jahren tätigen Übelwollens gegen Macht und Gedeihen des Deutschen Reichs. Uns treibt nicht Eroberungslust, uns beseelt der unbeugsame Wille, den Platz zu bewahren, auf den Gott uns gestellt hat, für uns und alle kommenden Geschlechter. (...) In aufgedrungener Notwehr mit reinem Gewissen und reiner Hand ergreifen wir das Schwert. (...) Hier wiederhole ich: Ich kenne keine Parteien mehr, ich kenne nur Deutsche.

Q2 Für die SPD erklärte der Abgeordnete Hugo Haase am 4. August 1914 im Reichstag:

Jetzt stehen wir vor der *ehernen Tatsache des Kriegs. Uns drohen die Schrecknisse feindlicher *Invasionen. Nicht für oder gegen den Krieg haben wir heute zu entscheiden, sondern über die Frage der für die Verteidigung des Landes erforderlichen Mittel. (...)

Da machen wir wahr, was wir immer betont haben: Wir lassen in der Stunde der Gefahr das eigene Vaterland nicht im Stich. (...) Wir fordern, (...) sobald das Ziel der Sicherung erreicht ist, (...) einen Frieden, der die Freundschaft mit den Nachbarvölkern ermöglicht.

*ehern
Dies ist eine andere Bedeutung für eisern.

*Invasion
Darunter versteht man einen Angriff oder eine Besetzung.

❶ ▪ Betrachte die Bilder 1 und 2. Nenne mögliche Gründe für die Kriegsbegeisterung der jungen Soldaten und in Teilen der europäischen Bevölkerung.

❷ ▪ Erkläre mithilfe von Karte 3, warum es sich bei dem Ersten Weltkrieg um einen Weltkrieg handelte.

❸ ▪ Fasse zusammen, wie Wilhelm II. die Notwendigkeit des Kriegs begründet (Q1).

❹ ▪ Vergleiche die Worte des deutschen Kaisers in Q1 mit den im Text genannten deutschen Kriegszielen.

❺ ▪ Beurteile die Rede von Wilhelm II. (Q1) mithilfe der Informationen, die du auf den Seiten 272/273 erhalten hast.

❻ ▪ Erläutere mithilfe von Q2 die Haltung der SPD zum Krieg.

❼ ▪ Stelle Vermutungen an, warum Kriegsziele auch „Friedensprogramm" genannt wurden.

❽ ▪ Verfasse für einen der Kriegsfreiwilligen auf den Bildern 1 und 2 einen inneren Monolog. Gehe dabei auf ihre Gefühle, Hoffnungen und Wünsche ein.

Was machte diesen Krieg so anders?

1 – Verlauf der Westfront 1914–1918

Paul von Hindenburg
(1849–1934)

Erich Ludendorff
(1865–1937)

Vom Bewegungs- zum ✳Stellungskrieg

Das Deutsche Reich führte den Krieg an zwei Fronten: gegen Frankreich im Westen und gegen Russland im Osten. Um nicht dauerhaft an zwei Fronten kämpfen zu müssen, orientierte man sich am Feldzugsplan von General Alfred von Schlieffen aus dem Jahr 1905. Danach sollte Frankreich in einem Blitzkrieg bezwungen werden, damit anschließend alle Truppen geballt gegen Russland eingesetzt werden können.

Für einen raschen Erfolg in Frankreich fielen die deutschen Truppen am 4. August 1914 in das neutrale Belgien ein. In einem Sturmlauf stießen sie durch Belgien, Nord- und Ostfrankreich Richtung Paris vor, um die Stadt einzukesseln. Anfang September standen fünf deutsche Armeen zwischen Verdun und Paris, sodass die französische Regierung nach Bordeaux fliehen musste. Als die deutschen Truppen jedoch über die Marne vordrangen, wurden sie in einem großen französischen Gegenangriff gestoppt und zum Rückzug gezwungen. Auch in den übrigen Frontabschnitten blieb der Angriff stecken. Damit war der deutsche Feldzugsplan gescheitert. Frankreich fehlte jedoch die Kraft zu einem entscheidenden

Durchbruch und so erstarrte die Front im Stellungskrieg.

Die Armeen begannen, sich in festen Stellungen einzugraben. Von der Kanalküste bis an die Schweizer Alpen erstreckte sich nun ein tief gestaffeltes System von Schützengräben. Oft lagen die gegnerischen Gräben nur 30 bis 50 Meter voneinander entfernt. Die Erstarrung der Front im Grabenkrieg führte dazu, dass beide Seiten von nun an versuchten, die gegnerischen Stellungen durch ungeheuren Einsatz an Soldaten, Material und stundenlanges Trommelfeuer aufzubrechen. Diese Kämpfe nennt man Materialschlachten.

Die Kampfhandlungen im Osten

Die deutsche Militärführung glaubte zunächst, dass die russische Armee nicht so schnell kampfbereit sei. Aber bereits im August 1914 kam es zu einem Angriff auf Ostpreußen. Dieser konnte von den Generälen Paul von Hindenburg und Erich von Ludendorff in zwei Schlachten erfolgreich abgewehrt werden, es blieb aber eine endgültige Entscheidung aus. Deutsche und österreichische Truppen starteten nun eine Gegenoffensive im Osten und konnten

2 – Deutsche Soldaten mit Gasmaske in Maschinengewehrstellung. Foto, 1916.

3 – Ein englischer Panzer (Tank). Foto, 1918.

nach mehreren wechselvollen Kämpfen mit der russischen Armee bis 1917 zum Teil große Raumgewinne (z. B. in Kurland, Litauen und Polen) verzeichnen.

Die Ausweitung des Krieges

1915 kamen weitere Fronten hinzu: ab Februar versuchten die *Entente-Mächte, die Halbinsel Gallipoli im Osmanischen Reich zu besetzen, um von dort aus die Hauptstadt Konstantinopel zu erobern. Damit wäre ein Bündnispartner der *Mittelmächte ausgeschaltet und der Zugang Russlands vom Schwarzen Meer zum Mittelmeer ermöglicht worden. Die Kämpfe endeten mit einer Niederlage der Entente-Mächte. Bulgarien trat darauf den Mittelmächten bei.

Schließlich bildete sich noch eine Südfront. Trotz des Dreibundes mit den Mittelmächten verbündete sich Italien im Mai 1915 mit den *Alliierten. Die Gründe für den Kriegseintritt Italiens lagen in der Gegnerschaft zu Österreich-Ungarn. Außerdem wurde Italien im Falle eines Sieges der Alliierten Gebietsgewinne versprochen. Vor allem der Isonzo-Fluss an der österreichisch-ungarischen Grenze blieb bis zum Rückzug der Italiener Ende 1917 heiß umkämpft.

Industrialisierter Krieg

Eine noch nie gesehene Materialschlacht setzte durch den Grabenkrieg und die neuen Waffen ein: Maschinengewehre, Hand- und Giftgasgranaten, Flammenwerfer, Minen, Panzer und Flugzeuge. Man hoffte, den Gegner durch Giftgas und Dauerfeuer zu zermürben und auszubluten. Die Gewalt

der Explosionen zerfetzte in Minuten ganze Wälder, stampfte Betonbunker zusammen und tötete Hunderttausende von Menschen. Millionen von Soldaten verloren ihr Leben, ohne dass eine Seite einen klaren Sieg errang.

Deutscher Seekrieg

Die britische Marine verhängte schon zu Beginn des Krieges eine Seeblockade, die Deutschland von allen Einfuhren abschnitt. Dies beantwortete Deutschland mit dem uneingeschränkten Einsatz von U-Booten. Ohne Warnung griffen sie alliierte Kriegsschiffe, Passagier- und Handelsschiffe an, um sie zu versenken.

Erst nach energischem Protest der USA stellte Deutschland den uneingeschränkten U-Boot-Krieg 1915 vorerst wieder ein. Am 31. Mai 1916 kam es zu der einzigen großen Seeschlacht zwischen Deutschen und Briten vor dem *Skagerrak unter Einsatz von Großkampfschiffen. Sie brachte aber keiner Seite einen entscheidenden Vorteil.

---

* Mittelmächte
So bezeichnete man das Bündnis von Deutschem Reich, Österreich-Ungarn, Osmanischem Reich und Bulgarien.

* Entente-Mächte
Damit bezeichnete man die verbündeten Gegner der Mittelmächte.

* Alliierte
Ebenfalls eine Bezeichnung für die verbündeten Gegner der Mittelmächte.

* Skagerrak
Ein Teil der Nordsee entlang der skandinavischen Küste.

---

❶▶ Beschreibe mit eigenen Worten den Schlieffenplan.

❷▪ Schildere mithilfe des Verfassertextes den Kriegsverlauf der Jahre 1914 und 1915. Nutze dazu auch die Karte 1.

❸▶ Nenne die neuen Waffen und Taktiken, mit denen dieser Krieg geführt wurde.

❹▪ Erkläre anhand des Textes die Bedeutung der Industrialisierung für den Verlauf des Krieges.

❺▪ Erläutere mithilfe des Textes sowie der Bilder 2 und 3, wodurch sich die Kriegserfahrung im Ersten Weltkrieg grundlegend von vorangegangenen Kriegen unterschied.

Wie sah der Kriegsalltag an der Front aus?

1 – Deutsche Infanteristen erstürmen mit Handgranaten und Flammenwerfern am 15.03.1916 die Anhöhe „Toter Mann" in der Schlacht von Verdun.

Verdun – Sinnbild des Grauens

Die Schlacht von Verdun, die mit Unterbrechung vom 21. Februar bis zum 16. Dezember 1916 geführt wurde, gilt bis heute als Sinnbild für die Ergebnislosigkeit des Stellungskrieges und sinnloses Massensterben. Hier fanden die Materialschlachten ihren Höhepunkt, denn nie zuvor wurde die Industrialisierung des Kriegs so brutal sichtbar wie an diesem Ort.

Die Deutschen wollten die für die französische Bevölkerung symbolträchtige Festungsstadt Verdun und die sie umgebenden Anhöhen mit einer großen Offensive erobern. Auf diese Weise sollte wieder Bewegung in den Krieg kommen. So nahmen sie strategisch wichtige Höhen, einige Dörfer und Festungswerke, wie z. B. das ✿Fort Douaumont vor Verdun, nach schwersten Kämpfen ein. Allerdings konnten diese nur teilweise gehalten werden. So wechselten bereits zerstörte Dörfer, Unterstände und Schützengräben immer wieder die Seiten. Im monatelangen Hin und Her konnten weder das Deutsche Reich noch Frankreich nennenswerte Geländegewinne oder einen entscheidenden Sieg erreichen. Über 400 000 Soldaten beider Seiten wurden verwundet, über 305 000 Soldaten getötet. Ebenfalls 1916 fand die Schlacht an der Somme vom 24. Juni bis zum 26. November statt. Bei dieser kam sogar über eine Million Soldaten ums Leben.

Vom 22. April bis zum 25. Mai 1915 fand die zweite Schlacht von Ypern in Belgien statt: Dort setzten die Deutschen erstmals chemische Waffen in Form von Chlorgas ein. Dieses sogenannte „Buntschießen", benannt nach den farbigen Kreuzen auf den Granaten, mit denen die verschiedenen Gasarten markiert wurden, führte in nur wenigen Minuten zu fürchterlichen Verletzungen für Getroffene. Damit wurde die Kriegsführung, bei welcher der Mensch selbst immer mehr nur als „Material" gesehen wurde, weiter verstärkt. Die Psyche der Soldaten wurde durch das permanente Trommelfeuer der Artillerie und die ständige Todesangst ohnehin in unmenschlicher Weise belastet. Nun kam die Angst vor einem grausamen Erstickungstod hinzu. Viele Soldaten wurden wahnsinnig, als sie in

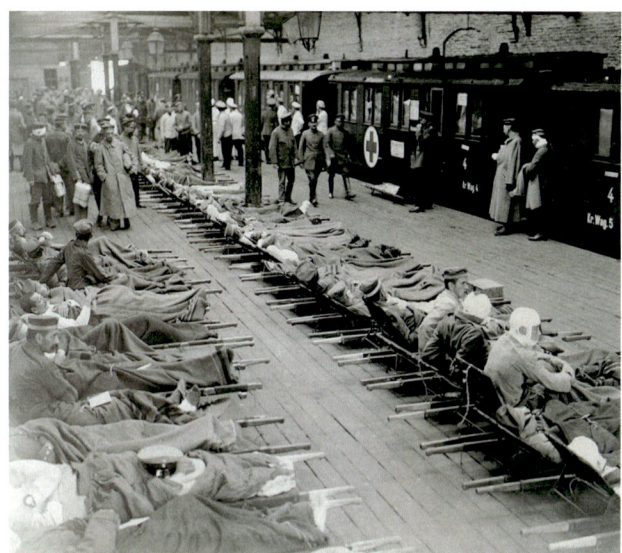

2 – Kriegsverletzte des Ersten Weltkriegs. Foto, 1918. Zur erschütternden Bilanz des Kriegs gehörten Millionen Verwundete und Kriegsversehrte. Ihre Verletzungen wurden meist durch Granatsplitter verursacht.

3 – „Rauchpause" deutscher Soldaten vor ihrem Unterstand. Bildpostkarte, um 1914.

ihren Schützengräben zum untätigen Warten auf den jederzeit möglichen Tod gezwungen waren. In der Folge nahmen auch Erkrankungen des Nervensystems zu, bei denen die Männer z. B. ihre Bewegungen nicht mehr kontrollieren konnten. Man nannte sie „Kriegszitterer". Die Soldaten wurden aber nicht dauerhaft im vordersten Frontgraben eingesetzt. Um den Druck auf die Einheiten zu reduzieren, wurden sie regelmäßig für kurze Zeit in die hinteren Linien oder das Hinterland verlegt.

Q1 Ein französischer Soldat schrieb im Februar 1915 seiner Mutter:
Um drei Uhr wurde der Sturm entfesselt: Sprengungen von sieben Minengängen unter den Schützengräben des Feindes; es war wie ein fernes Donnern. Dann machten die fünfhundert Geschütze einen Höllenlärm, währenddessen wir losgestürmt sind. (...) Ich musste weite nächtliche Strecken zurücklegen, auf denen ich die Toten und Verwundeten beider Parteien antraf. Morgens wurden wir mit ernstlichen Verlusten bis zu unseren früheren Stellungen zurückgetrieben; aber am Abend (...) haben wir wieder alles zurückgewonnen. (...) Du kannst dir nicht vorstellen, geliebte Mutter, was der

Mensch dem Menschen anzutun vermag. (...) Endlich, nach fünf Tagen des Entsetzens, die uns zwölfhundert Opfer gekostet haben, sind wir aus diesem Ort der Gräuel zurückgezogen worden.

Q2 Am 17. Juli 1916 schrieb ein deutscher Soldat nach Hause:
Am vierten Tage, Freitag, ging's dann schon in der Frühe los mit der schweren *Artillerie bis abends halb zehn Uhr. Was das heißt: zehn Stunden im Unterstand liegen unter Granatfeuer, zehn Stunden den Tod des Lebendig-begraben-Werdens vor Augen oder die Aussicht, in die Luft zu fliegen, falls eine Granate da einschlägt, wo der Sprengstoff liegt.

* Artillerie
Geschütze

---

❶ ▶ Beschreibe den Kriegsalltag an der Front. Zähle dazu alle Belastungen der Soldaten aus dem Verfassertext auf. Beziehe auch Bild 1 in deine Antwort ein.
❷ ▶ Untersuche in Q1 und Q2, wie der französische und der deutsche Soldat den Krieg erlebten. Stelle dabei einen Bezug zu Bild 2 her.
❸ ▶ Vergleiche die Schilderungen der Soldaten (Q1, Q2) und das Foto 2 mit dem Bild, das die Postkarte (Bild 3) vom Krieg vermittelt.

Wie sah der Kriegsalltag in der Heimat aus?

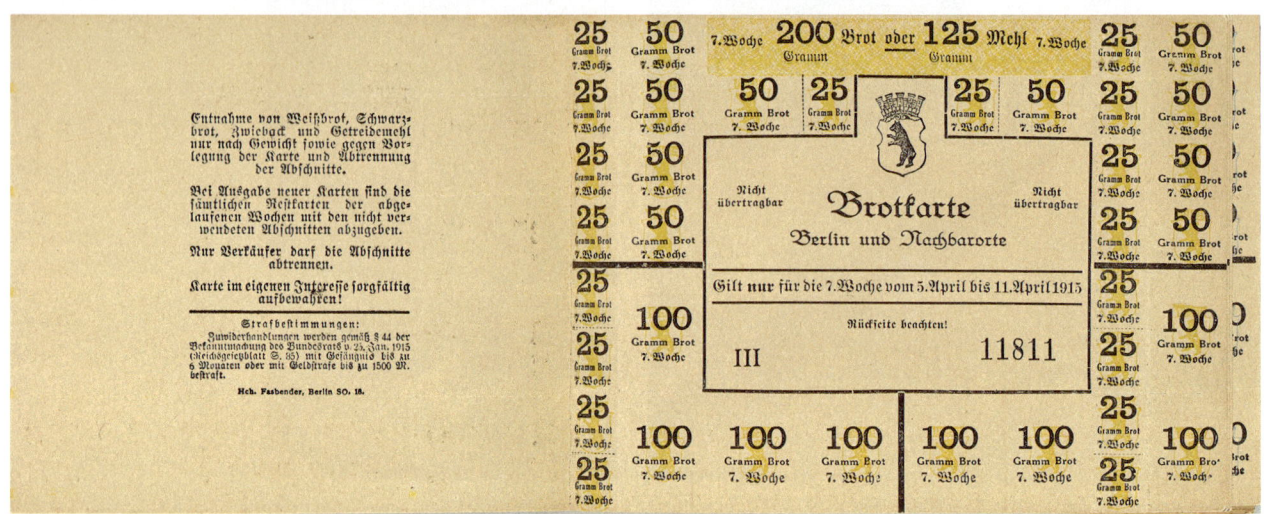

1 – Brotkarte für Berlin und Nachbarorte. Foto, 1915.

✳ **Graupen**
Getreidemischung aus
Gersten und Weizen.

Heimatfront
Der Krieg prägte auch den Alltag der Menschen in der Heimat, obwohl das Deutsche Reich von Kampfhandlungen auf eigenem Boden weitgehend verschont blieb. Um zu zeigen, dass die Entbehrungen dort auch zum Erfolg des Kriegs beitrugen, prägte man in der Propaganda den Ausdruck „Heimatfront".

Hungersnot
Die britische Blockade der Seewege schloss Deutschland von allen wichtigen Einfuhren ab. Das galt für Rohstoffe für die Kriegsindustrie, aber auch für Lebensmittel. Missernten bei Kartoffeln und Getreide führten schließlich im Winter 1916/17 zu einer großen Hungersnot, dem sogenannten „Steckrübenwinter". Bereits seit Januar 1915 wurden die Lebensmittel nur noch auf Bezugskarten ausgegeben. Aber viele der Lebensmittel gab es trotz der Karten oder Marken nicht. Steckrüben (Kohlrüben), sonst ein Futtermittel für Tiere, wurden daher zu einem wichtigen Nahrungsmittel. Sie wurden dem Brot beigemischt und anstelle von Kartoffeln gegessen. Viele Menschen litten stark unter dem Hunger, besonders die Armen, Kranken und Kinder, da sie sich keine zusätzlichen Lebensmittel beschaffen konnten. Etwa 700 000 Menschen starben in Deutschland zwischen 1914 und 1918 an den Folgen der Unterernährung.

Frauenarbeit
Frauen übernahmen nun auch Arbeiten, die zuvor nur Männern vorbehalten waren. Sie bedienten schwere Maschinen und gingen z. B. den Berufen der Straßenbahnführerin oder der Schornsteinfegerin nach. Besonders in der Industrie waren immer mehr Frauen anzutreffen. Dort arbeiteten gegen Kriegsende mehr als zwei Millionen Frauen. Sie wurden aber deutlich schlechter bezahlt als ihre männlichen Kollegen. Ein hoher Frauenanteil war vor allem in der Kriegsindustrie zu verzeichnen, obwohl die Arbeit, bei der z. B. Zündschnüre, Patronen oder Granaten hergestellt wurden, anstrengend und gefährlich war. So starben im Frühjahr 1917 40 Arbeiterinnen bei einer Explosion in einer Fürther Munitionsfabrik. Zahlreiche soziale Schutzbestimmungen in den Betrieben wurden aufgehoben, um die Mehrarbeit von Männern und Frauen in den Betrieben durchzusetzen. Zum Teil mussten selbst zwölfjährige Kinder beim Entladen von Eisenbahnwaggons helfen. Die Arbeit in der Rüstungsindustrie, wo die durchschnittliche Arbeitswoche 55 Stunden hatte, belastete besonders die Frauen. Sie

2 – Frauen in einem Rüstungsbetrieb bei der Arbeit. Foto, um 1917.

3 – Zwei Mitarbeiterinnen des Städtischen Betriebsamtes. Seit Ende 1916 gab es auch Wagenlenkerinnen bei der Bielefelder Straßenbahn. Foto 1918. © Stadtarchiv Bielefeld.

mussten sich auch weiterhin um den Haushalt und die Versorgung der Kinder kümmern. Nur wenige Betriebe gewährten ihnen Zeit für Einkäufe und die Besorgung des Haushalts.

Q1 Im Herbst 1917 schrieb die 15-jährige Elfriede Kuhr in ihr Tagebuch:
Wenn wir bloß ein bisschen mehr zu essen hätten! Aber Brot und Mehl sind so knapp und mit den anderen Lebensmitteln steht es nicht besser. Augenblicklich haben wir pro Person in einer ganzen Woche ein halbes Pfund Kaffee-Ersatz und ein halbes Pfund Margarine; Butter für Erwachsene pro Woche 125 g. Manchmal gibt es Bezugsscheine für ein halbes Pfund Haferflocken, ein halbes Pfund *Graupen und ein halbes Pfund Grieß. Aber wenn die Vorräte ausverkauft sind, hat man ganz umsonst stundenlang vor den Läden Schlange gestanden.

M1 Der Historiker Volker Ullrich schrieb 1994 zum Kriegsalltag:
Schon 1916 kam es zu den ersten wilden Streiks in der Rüstungsindustrie. (...) Motive und Ziele waren überwiegend wirtschaftlicher Natur: Die Arbeiter verlangten Teuerungszulagen oder zusätzliche Lebensmittel und nahmen – sobald die Unternehmer Entgegenkommen zeigten – die Arbeit wie-

der auf. (...) Allein in Berlin, dem Zentrum der Bewegung, streikten (im Januar 1918) über 400 000 Arbeiter; von hier aus sprang der Funke auf fast alle Industriestädte über. Karl Retzlaw hat in seinen Erinnerungen wiedergegeben, was er am Morgen des 28. Januar, am Tage des Streikbeginns, zur versammelten Belegschaft des Kabelwerks Cassirer in Berlin-Charlottenburg sprach: „Auf einem Tisch in der Mitte der Versammelten stehend, begann ich meine Rede: ‚Wir streiken nicht aus Kohlrübengründen, wir streiken, um den Krieg zu beenden (...). Wir wollen Frieden, wir wollen dem Kaiser und seinen Generälen keine Waffen mehr liefern! (...) Wir wollen streiken, bis der Krieg beendet ist!‘“

❶ ▶ Beschreibe mithilfe des Verfassertextes, Q1 und dem Bild 1 die Versorgungsprobleme im Reich. Welche Auswirkungen hatten sie auf die Menschen in Deutschland?

❷ ▶ Verfasse ein kurzes Gespräch zwischen zwei Personen, die vor einem Geschäft in der Warteschlange stehen und sich über die Versorgungssituation im Deutschen Reich unterhalten.

❸ ▶ Versetze dich in die Lage einer der Frauen in den Bildern 2 und 3 und schreibe mithilfe des Verfassertextes einen inneren Monolog.

❹ ▶ Erläutere mithilfe von M1, warum die Arbeiterschaft ab 1916 streikte.

❺ ▶ Beschreibe, wie sich die Sichtweise auf den Krieg seit 1914 verändert hat.

❻ ▶ Führe die Streikrede aus M1 weiter.

▶   „... bis der Krieg beendet ist! Wir leiden Hunger trotz ...“

Methode

Feldpostkarten untersuchen

Um einen direkten Kontakt zwischen den Soldaten an der Front und ihren Angehörigen in der Heimat zu ermöglichen, wurden während des Ersten Weltkriegs viele Feldpostbriefe und vor allem -postkarten verschickt. In den vier Kriegsjahren wurden etwa 10 Milliarden Feldpostkarten verteilt. Sie geben uns heute einen persönlichen Einblick in das Kriegsgeschehen, obwohl die Post oft zensiert wurde und auch die Schreiber nicht alles preisgaben, um ihre Angehörigen zu schonen. Die Feldpostkarte ist aber nicht nur eine interessante Textquelle. Auch die Abbildungen auf der Rückseite verraten viel über die damaligen Verhältnisse. Oftmals waren patriotische und propagandistische Motive abgedruckt, um die Kriegsmoral und das Durchhaltevermögen der Soldaten zu stärken. Sie zeigten z. B. die eigenen Soldaten als Helden und ließen die Situation in den Schützengräben manchmal geradezu idyllisch anmuten. Diese pathetische Darstellung stimmte jedoch meist nicht mit den Erfahrungen an der Front überein.

Die folgenden Schritte helfen dir, eine Feldpostkarte zu untersuchen:

Schritt 1 **Beschreibung der Feldpostkarte**	Rückseite (Bilddarstellung): ■ Welche Darstellungsform wurde gewählt (Foto, Zeichnung, Schrift)? ■ Was ist abgebildet (genaue Bildbeschreibung)? Personen, Umgebung … Vorderseite (Textdarstellung): ■ Wann wurde die Feldpostkarte geschrieben bzw. abgeschickt? ■ Von wo wurde die Karte verschickt und wohin? ■ Wie heißen der Adressat und der Absender? Erfährt man etwas über die Tätigkeit des Absenders? Wie steht er zum Adressaten? ■ Was steht im Mittelpunkt des Textes (private und alltägliche Fragen oder Beschreibung der Front und des Feindes, Beurteilung des Kriegs)?
Schritt 2 **Einordnung in den historischen Zusammenhang**	■ Wurde die Karte zu Beginn oder gegen Ende des Kriegs geschrieben? ■ Wie war zu dieser Zeit die Situation an der Front und in der Heimat?
Schritt 3 **Absicht klären**	■ Welche Absicht verfolgt das Bild (Beschönigung des Kriegs, Durchhalteparolen …)? ■ Stellt der Absender die Situation an der Front realistisch dar? Gibt es Anhaltspunkte, dass er etwas beschönigt bzw. verschweigt? ■ Welche Absicht verfolgt der Absender mit der Karte?
Schritt 4 **Beurteilung**	■ Hat der Absender mit der Feldpostkarte wohl sein beabsichtigtes Ziel erreicht? ■ Wie beurteilst du die Meinung des Absenders zum Krieg, zur Front und zur Heimat? ■ Wie ist die Bilddarstellung aus heutiger Sicht zu bewerten? ■ Wie findest du die Bilddarstellung (bösartig, irreführend …)?

❶ Vollziehe auf S. 283 die Methodenschritte 1–3 nach, indem du sie mit Bild 1 und Q1 vergleichst.

❷ Beurteile die Feldpostkarte mithilfe von Schritt 4.

▶ *Ich denke, Kurt Müller hat sein Ziel erreicht, da …*
Die Bilddarstellung verwundert, denn …

1 – Deutsche Feldpostkarte, abgeschickt in Frankreich 1915.

Q1 Übertragung des Postkartentextes:

Meine Liebe Emmy!

Ich habe deine Briefe sowie die Zeitungen erhalten und sage dir vielen herzlichen [Dank]. Auch heute komme ich noch nicht dazu[,] einen ausführlichen Bericht zu senden, hoffe jedoch[,] es morgen nachholen zu können. – Unser Motto ist: Viel Arbeit und wenig Essen. Unsere Stellung liegt bei Somme Py [Champagne, Frankreich], auch sie wohl aus den deutschen Kriegsberichten nicht unbekannt! – Auch von anderer Seite habe ich gehört, da[ss] Postsachen als unüberstellbar zurückgegangen sind. – Jetzt allerdings scheint die Post wieder prompt rüberzukommen.

Mit vielen herzlichen Grüßen bin ich

dein Kurty

Zum Schritt 1:

Vier kleine Fotos zeigen Soldaten bei Sport, Spiel und Spaß. Laut der Beschriftung handelte es sich um ein Kompaniefest. Die Karte wurde am 29.10.1915 in der Stellung bei Somme Py (Frankreich) geschrieben. Absender ist Kurt Müller, der im Infanterieregiment diente. Die Karte ist adressiert an Fräulein Emmy Suhling in Hamburg. Kurt Müller bedankt sich zunächst für die erhaltene Post. Dann lässt er durchblicken, dass es Übermittlungsprobleme gegeben habe, die aber wieder überwunden wurden. Ob dies mit der Kampfsituation zu tun hat, lässt er offen. Ohnehin erfährt man wenig über das Geschehen an der Front, außer dass sie sich bei Somme Py befand und es viel zu tun, aber zu wenig Essen gab.

Zum Schritt 2:

Die Karte wurde geschrieben, als der Erste Weltkrieg seit über einem Jahr im Gange war. Im Westen hatte er sich zu einem Stellungskrieg entwickelt. Von Ende September bis Anfang November 1915 lieferten sich Deutsche und Franzosen in der Champagne unter heftigem Trommelfeuer eine Schlacht. Man schätzt, dass hier über 200 000 Soldaten starben.

Zum Schritt 3:

Die Postkarte sollte Emmy beruhigen. Darauf deutet sein Hinweis auf die Stellung bei Somme Py hin, von der man in der Heimat schon aus den Kriegsberichten gehört haben kann. Die Fotos vermitteln eher ein positives Bild von der Front: Man sieht nur fröhliche Soldaten bei vergnüglichen Kinderspielen.

Was geschah mit den Armeniern?

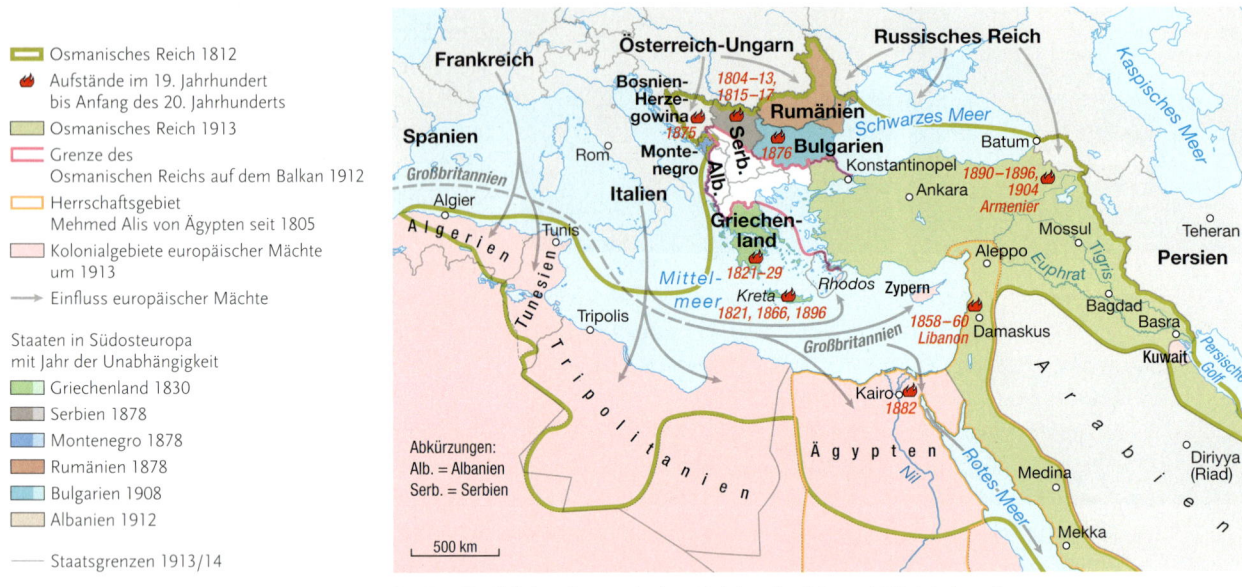

Legende:

- Osmanisches Reich 1812
- Aufstände im 19. Jahrhundert bis Anfang des 20. Jahrhunderts
- Osmanisches Reich 1913
- Grenze des Osmanischen Reichs auf dem Balkan 1912
- Herrschaftsgebiet Mehmed Alis von Ägypten seit 1805
- Kolonialgebiete europäischer Mächte um 1913
- Einfluss europäischer Mächte

Staaten in Südosteuropa mit Jahr der Unabhängigkeit
- Griechenland 1830
- Serbien 1878
- Montenegro 1878
- Rumänien 1878
- Bulgarien 1908
- Albanien 1912

— Staatsgrenzen 1913/14

1 – Der Zerfall des Osmanischen Reiches im 19. und 20. Jahrhundert.

Kalif
Das Wort geht auf arabisch ḫalīfah zurück und bedeutet Nachfolger. Es ist der Titel islamischer Herrscher, die sich als Nachfolger Mohammeds sehen.

autoritär
diktatorisch, absoluten Gehorsam fordernd

Pogrom
Gewalttätiges Vorgehen gegen Minderheiten.

Deportation
Zwangsverschickung von lästigen politischen Gegnern oder ganzen Volksgruppen.

Pforte
Abkürzung für „Hohe Pforte"; damit ist die Regierung des Osmanischen Reiches gemeint. Sie geht auf das Hauptquartier des Großwesirs zurück, der die Regierungsgeschäfte führt.

„Der kranke Mann am Bosporus"

Das Osmanische Reich war ein Vielvölkerstaat, in dem Menschen unterschiedlicher Religionen zusammenlebten. Der Sultan war sein Staatsoberhaupt und zugleich als Kalif religiöser Führer der Muslime. In seinem Reich sollten sich alle als osmanische Bürger fühlen und sie durften ihren eigenen Glauben ausüben. Dennoch waren Nichtmuslime rechtlich oft benachteiligt und sie mussten mehr Steuern zahlen. Im 19. Jahrhundert entstand daher unter den dort lebenden Völkern wie den Griechen oder Bulgaren immer mehr der Wunsch nach Unabhängigkeit. Erfolgreich unterstützt wurden sie vor allem von Russland oder von Großbritannien, die damit eigene Interessen verfolgten. So büßte das Osmanische Reich zunehmend Gebiete ein. Gegen diese Entwicklung und die autoritäre Herrschaft des Sultans setzte sich Ende des 19. Jahrhunderts die nationale Bewegung der Jungtürken zur Wehr. 1908 übernahm sie die Kontrolle im Osmanischen Reich und setzte den amtierenden Sultan ab. Besonders der nationalistische Flügel der Jungtürken gewann rasch an Einfluss. 1913 gelangte dieser durch einen Putsch an die Macht und errichtete eine diktatorische Regierung.

Nur die Türken sollten herrschen, damit der Staat zu früherer Stärke zurückfindet. Nichtmuslime und später Nichttürken wurden daher zunehmend als Feinde betrachtet.

Die Armenier im Osmanischen Reich

Die christliche Minderheit der Armenier lebte in dem islamisch geprägten Vielvölkerstaat weit verstreut. In der osmanischen Gesellschaft galten sie als besonders gut integriert. Durch ihren Status als Nichtmuslime und Nichttürken waren sie jedoch oft schutzlos korrupten Beamten oder gewalttätigen Übergriffen muslimischer Bevölkerungsteile ausgeliefert. Daher forderten die Armenier Ende des 19. Jahrhunderts vom Staat mehr Rechte und Reformen. Dies rief den Protest vieler Muslime hervor, sodass sich die Lage nicht besserte. Es kam daher zu Aufstandsversuchen einiger enttäuschter Armenier. Dies beantwortete die osmanische Regierung mit gewaltsamen Gegenmaßnahmen. In mehreren Wellen wurden die Armenier Opfer von Pogromen, bei denen vermutlich mehrere Hunderttausend Menschen ermordet wurden. Spätestens bei den nationalistischen Jungtürken galten die Armenier nun als „innere Feinde". Viele Armenier verließen aus Furcht das Land.

Die Regierung plant den Massenmord

Am 14. November 1914 trat das Osmanische Reich auf der Seite der Mittelmächte in den Ersten Weltkrieg ein. Am Mittelmeer, an den Ostgrenzen des Reiches und im Kaukasus kam es zu schweren Kämpfen. Als russische Truppen in osmanisches Gebiet vordrangen, erhielten sie zum Teil Unterstützung von armenischen Freiwilligen. Damit sah sich die jungtürkische Regierung in ihrer Meinung von den Armeniern als „inneren Feinden", die mit den Russen gemeinsame Sache machen, bestätigt. Die Armenier sollten daher nun systematisch aus dem Staat entfernt werden.

Ab Februar 2015 begannen die ersten *Deportationen aus den umkämpften Gebieten im Osten. Als sich darauf armenischer Widerstand regte, erklärte die türkische Regierung dies zur armenischen Rebellion.

Am 24. April 1915 erging der Befehl aus Istanbul, dass zunächst alle Armenier in herausragenden Positionen zu verhaften seien. Tausende wurden festgenommen, verschleppt, gefoltert und kurz darauf ermordet. Die Armenier hatten nun keine Führer mehr, sodass sie ab Ende Mai aus allen Provinzen vertrieben werden konnten. In den folgenden Wochen machte die osmanische Regierung kein Geheimnis daraus, dass das Volk der Armenier endgültig vernichtet werden sollte.

Zunächst wurden alle wehrfähigen Männer und Jungen vor den Augen ihrer Familien getötet. Danach wurden Frauen, Kinder und Alte auf Todesmärsche geschickt, um sie angeblich umzusiedeln. Armenisches Land wurde enteignet, Eigentum und Kulturgüter zerstört oder geraubt. Frauen und Mädchen wurden auf den Märschen häufig vergewaltigt. Wer entkräftet zusammenbrach, wurde

2 – Armenische Männer aus Kharput werden für ihre Hinrichtung aus der Stadt geführt. Foto, 1915.

getötet oder zum Sterben liegen gelassen. Je nach Schätzung geht man heute von 800 000 bis 1,5 Millionen Opfern aus. Überlebende Mädchen, Frauen und Kinder wurden teilweise von muslimischen Familien aufgenommen, wo sie einen türkischen Namen erhielten und zum Islam übertraten.

Q1 Im Juni 1915 schrieb der deutsche Botschafter in Istanbul an den deutschen Reichskanzler Bethmann Hollweg:
Dass die Verbannung der Armenier nicht allein durch militärische Rücksichten motiviert ist, liegt zutage. Der Minister des Innern Talaat Bey hat sich hierüber kürzlich (...) ohne Rückhalt dahin ausgesprochen, dass die *Pforte den Weltkrieg dazu benutzen wollte, um mit ihren inneren Feinden – den einheimischen Christen – gründlich aufzuräumen, ohne dabei durch die diplomatische Intervention des Auslandes gestört zu werden; das sei auch im Interesse der mit der Türkei verbündeten Deutschen, da die Türkei auf diese Weise gestärkt würde.

❶ Erläutere, warum das Osmanische Reich damals auch „Der kranke Mann am Bosporus" genannt wurde. Nutze den Text und die Karte 1.

❷ Beschreibe die Situation der Armenier vor dem Ersten Weltkrieg.

❸ Schildere, wie es zum Völkermord an den Armeniern kam.

❹ Untersuche Q1 und nimm Stellung zu den Beweggründen der jungtürkischen Regierung, gegen die Armenier vorzugehen.

❺ Stelle Vermutungen an, weshalb sich Deutschland mit der Anerkennung als Völkermord so schwergetan hat. Denke dabei auch an den Völkermord an den Herero und Nama.

Das Ende des Ersten Weltkriegs

Wie findet man Frieden?

1 – Ein Teil der ca. 30 000 deutschen Soldaten, die bei der Schlacht von Amiens in Gefangenschaft gerieten. Foto, 1918.

US-Präsident
Woodrow Wilson
(1856–1924)

* **Generalstreik**
Bei einem Generalstreik kommt es zur Stilllegung der gesamten Produktion durch einen Streik aller Beschäftigten.

* **Bolschewiki**
Dies ist die Bezeichnung für die russischen Sozialisten, die sich ab März 1918 Kommunisten nannten.

Die USA treten in den Krieg ein

Nach dem Hungerwinter 1916/17 und der erfolglosen Seeschlacht vor dem Skagerrak zwischen der deutschen und der britischen Flotte Ende Mai 1916 erklärte Deutschland im Februar 1917 erneut den uneinge-schränkten U-Boot-Krieg, auch gegen Schiffe neutraler Staaten. Dies war der letzte Anstoß dafür, dass die USA am 6. April 1917 gegen Deutschland in den Krieg eintraten. Fast alle Staaten Südamerikas schlossen sich diesem Schritt an.

Russland scheidet aus dem Krieg aus

Der Kriegsausbruch hatte Russland in eine tiefe Krise gestürzt. Dessen Militär war auf einen solchen Krieg schlecht vorbereitet, die Soldaten nicht ausreichend ausgerüstet und die Armee musste bereits 1914 große Schlachten verloren geben.
Im Februar 1917 demonstrierten Tausende in der russischen Hauptstadt St. Peters-burg. Sie forderten anfänglich nur „Brot", später wurde daraus „Schluss mit dem

Krieg" und „Nieder mit der Zarenherr-schaft". Die Demonstrationen entwickelten sich zum *Generalstreik. Die Armee stellte sich auf die Seite der Streikenden und ver-weigerte den Gehorsam. Daraufhin dankte Zar Nikolaus II. im März 1917 ab.
Im Oktober 1917 übernahmen Angehörige der sozialistischen *Bolschewiki die Macht. Angeführt wurden sie von Wladimir Iljitsch Uljanov, genannt Lenin, einem führenden Kopf der russischen Sozialisten. Dieser war erst im April 1917 mit deutscher Hilfe aus seinem jahrelangen Exil in der Schweiz nach St. Petersburg zurückgekehrt. Eine der Hauptforderungen von Lenin war von An-fang an das Ende des Kriegs. Im Dezember 1917 trat der Waffenstillstand an der Ost-front in Kraft und am 3. März 1918 unter-zeichnete Russland den Friedensvertrag von Brest-Litowsk. Deutschland hatte Russland darin besonders harte Bedingungen dik-tiert. Damit schied Russland als Kriegsteil-nehmer aus dem Ersten Weltkrieg aus.

Entscheidung im Westen

Bis Oktober 1918 entsandten die USA 1,8 Millionen gut ausgerüstete Soldaten nach Europa in den Krieg. Die erschöpften deutschen Truppen konnten den alliierten Soldaten nicht mehr standhalten. Am 8. August 1918 verloren die deutschen Sol-daten in Frankreich die Schlacht von Ami-ens und wurden zum Rückzug gezwungen. Der Krieg war damit faktisch zu Ende. Auch die deutschen Verbündeten, Österreich-Un-garn, das Osmanische Reich und Bulgarien, hatten mittlerweile kapituliert. Am 29. Sep-tember 1918 erklärte die deutsche Heeres-leitung, dass Deutschland den Krieg nicht mehr gewinnen könne. Sie forderte die Reichsregierung auf, sofort Waffenstill-standsverhandlungen aufzunehmen.
Am 4. Oktober ging das deutsche Friedens-angebot an den amerikanischen Präsiden-ten Woodrow Wilson auf Grundlage seines 14-Punkte-Programms (s. Q1). Es sollte aber noch über einen Monat dauern, bis die Waffenstillstandsverhandlungen begannen.

Die Novemberrevolution

In dieser Zeit brach in Deutschland das bisherige Regierungssystem zusammen. Am 3. November 1918 meuterten in Kiel Matrosen. Sie weigerten sich, zu einem letzten großen, aber sinnlosen Gefecht auszulaufen. Bei diesem Aufstand wurden sie von Arbeitern unterstützt. Daraus entwickelte sich innerhalb weniger Tage in ganz Deutschland eine revolutionäre Bewegung, denn die Menschen waren kriegsmüde und das Vertrauen in ihre Führung war erschüttert. Überall strömten die Menschen auf die Straßen zu Kundgebungen. Der Kaiser musste abdanken und am selben Tag, dem 9. November, übernahm eine Übergangsregierung aus SPD- und USPD-Mitgliedern die Macht und rief die Republik aus.

Waffenstillstandsverhandlungen

Die Verhandlungen fanden ab dem 8. November in einem Eisenbahnwaggon im Wald von Compiègne (Frankreich) statt. Die Alliierten stellten unter französischer Federführung unter anderem folgende Bedingungen auf: Räumung Frankreichs, Belgiens, Luxemburgs und Elsass-Lothringens; Räumung der linksrheinischen Gebiete und Besetzung durch alliierte Truppen; Verzicht auf den Friedensvertrag von Brest-Litowsk; Ablieferung eines großen Teils des deutschen Kriegsmaterials.

Es fiel der deutschen Seite schwer, diese als sehr hart empfundenen Bedingungen anzunehmen. Es gab aber kaum Verhandlungsspielraum, denn man wollte keine Fortführung des Kriegs riskieren. Am 11. November 1918 wurde der Waffenstillstand von Vertretern der neuen Regierung unterzeichnet.

Q1 Im Januar 1918 verkündete der US-Präsident Woodrow Wilson in 14 Punkten ein Friedensprogramm für die ganze Welt nach Kriegsende. Es enthält folgende Grundsätze und Forderungen:

2 – Die Delegation der Alliierten vor der Unterzeichnung des Waffenstillstandsvertrags bei Compiègne.
Foto, 11. November 1918.

1. Öffentliche Friedensverträge, die in öffentlicher Verhandlung zustande gekommen sind (...).
4. Ausreichende Garantien dafür, dass die Rüstungen der Länder (...) eingeschränkt werden.
5. Freie, unvoreingenommene und streng unparteiische Regelung aller kolonialen Ansprüche (...). Die Belange der betroffenen Bevölkerung (haben) das gleiche Gewicht (...) wie die berechtigten Ansprüche der Regierung (...).
6. Räumung des gesamten russischen Gebietes (...).
7. Belgien (...) muss geräumt und wiederhergestellt werden, ohne irgendeinen Versuch, die Souveränität zu beschränken (...).
8. Das gesamte französische Gebiet soll geräumt und die von der Invasion betroffenen Teile wiederhergestellt werden; das Unrecht, das Frankreich durch Preußen 1871 erlitt (...), soll wiedergutgemacht werden (...).
14. Es ist eine allgemeine Vereinigung der Nationen (...) zu bilden zum Zwecke gegenseitiger Garantieleistungen für die politische Unabhängigkeit und die territoriale Unversehrtheit der großen wie der kleinen Staaten.

❶ ◼ Lege einen Zeitstrahl an und ordne die Ereignisse aus dem Text chronologisch.

❷ ◼ Untersuche die einzelnen Punkte von Q1 und erkläre, was mit ihnen gemeint ist.

❸ ◼ Vergleiche die Punkte aus dem Friedensprogramm Wilsons mit den Kriegszielen zu Beginn des Weltkriegs.

❹ ◼ Das Jahr 1917 wird vielfach als „Entscheidungsjahr" bezeichnet. Bewerte, ob diese Bezeichnung zutreffend ist.

Kriegserfahrungen in der Kunst

1 – „Der Krieg". Das Kunstwerk, das Otto Dix zwischen 1929 und 1932 geschaffen hat, besteht aus vier Teilgemälden. Es ist ein sogenanntes Triptychon, also ein dreiteiliges Bild. Im späten Mittelalter war es oft Bestandteil von Kirchenaltären. Das vierte Bild nennt man Predella. Damit ist ein Sockel gemeint, der sich unter der Mitteltafel befindet. Er zeigte früher meist einen Heiligen oder Jesus im Grab. In der Kunst des 20. Jahrhunderts stellte ein Triptychon aber nicht mehr nur religiöse Themen dar.

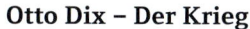

Geschichte

Otto Dix – Der Krieg

Der Maler Otto Dix (1891–1969) zählt zu den wichtigsten Vertretern der Neuen Sachlichkeit. 1915 war er an der West- und Ostfront als Maschinengewehrschütze im Einsatz. Seine Eindrücke hielt Dix später schonungslos in Bildern wie dem Triptychon „Der Krieg" fest. Das war sehr mutig von ihm, denn als seine Werke entstanden, war es immer noch üblich, Krieg und Vaterlandsliebe zu idealisieren. Mit seiner realistischen Darstellung von Zerstörung und Gewalt im Krieg entlarvte Dix die Vorstellung vom Krieg als falsch verstandenen Heldenmut.

Bildet Gruppen und bearbeitet eine der Aufgaben 1–3. Stellt eure Ergebnisse anschließend vor.

❶▪ Beschreibt das Bild und erklärt mithilfe passender Adjektive, welche Stimmung es ausdrückt. Beachtet dabei Haltung und Gesichtsausdruck der Soldaten, Farbwahl des Künstlers usw.

❷▪ Entwerft für das linke Teilgemälde Sprechblasentexte. Was könnte die Soldaten gerade bewegen?

❸▪ Versetzt euch in den Soldaten mit Gasmaske im Mittelteil des Gemäldes. Verfasst einen inneren Monolog, was er in dieser Situation gedacht haben könnte.

❹▪ Für alle Gruppen: Was hat Otto Dix in der Predella dargestellt? Recherchiert dazu im Internet und ermittelt die Bedeutung der Predella.

Methode

Dokumentarfilm und Spielfilm unterscheiden

* Szene
Darunter ist eine Folge von Einstellungen zu verstehen. Diese bilden eine zeitliche und örtliche Einheit.

* Einstellung
Dies ist eine Kameraaufnahme, die ohne Unterbrechung aufgenommen und wiedergegeben wird.

Unser Bild von der Vergangenheit wird oft von Filmen über die Geschichte geprägt: von Dokumentarfilmen und Spielfilmen. Dokumentarfilme wollen einen sachlichen Einblick in die Vergangenheit geben. Sie versuchen daher, die historische Wirklichkeit möglichst genau abzubilden. Je nach Thema stehen ihnen dafür zeitgenössische Filmaufnahmen zur Verfügung, denn seit 1895 werden Geschehnisse auf Film festgehalten. Der Dokumentarfilm stellt das historische Geschehen für den Zuschauer in einen Zusammenhang. Daher gibt es einen begleitenden Erzähler, der kommentiert.

Spielfilme stellen hingegen eine erdachte Handlung dar und wollen unterhalten. Im Mittelpunkt stehen reale oder fiktive Personen. Diese durchleben die Handlung vor einem besonderen historischen Hintergrund. Auch wenn die Ausstattung historisch genau wirkt, entspringen Spielfilme und Dokumentarfilme immer den Vorstellungen und Absichten der Filmemacher.

Folgende Schritte helfen euch, einen Dokumentarfilm und einen Spielfilm zu unterscheiden:

Schritt 1 **Eine Vermutung aufstellen**	■ Stelle eine Vermutung auf, ob es sich um einen Dokumentarfilm oder um einen Spielfilm über ein historisches Ereignis handelt. ■ Achte auf die dargestellte Zeit: Filmaufnahmen gibt es erst seit dem Ende des 19. Jahrhunderts – frühere Zeiten sind nur in Spielfilmen dargestellt.
Schritt 2 **Einen Filmausschnitt untersuchen**	■ Fasse den Inhalt der Filmhandlung zusammen und ordne ihn in den historischen Kontext ein. Benenne dabei Personen, Orte und Ereignisse. ■ Wähle eine zentrale * Szene aus. Untersuche anhand einer * Einstellung, ob es sich um einen Dokumentar- oder einen Spielfilm über ein historisches Ereignis handelt. Nutze die Gegenüberstellung unten.
Schritt 3 **Auswertung und kritische Beurteilung des Ausschnitts**	■ Überprüfe deine Vermutung (Schritt 1) und begründe deine Feststellung. ■ Beurteile, wie die behandelte Geschichte vermittelt wird: Werden historische Fakten verzerrt, reißerisch oder übertrieben dargestellt? Erscheinen die Inhalte und Informationen des Filmes glaubwürdig und überzeugend?

Ein Dokumentarfilm über Geschichte

✓ informiert über ein historisches Thema auf dem Stand der Forschung,
✓ hat keine durchgehende Handlung,
✓ will hauptsächlich informieren,
✓ enthält einen gesprochenen Kommentar, deutet und bewertet,
✓ zeigt fast ausschließlich originale Dokumente, Bilder, Filmaufnahmen usw. als „Beweise",
✓ lässt Experten und – wenn möglich – Zeitzeugen zu Wort kommen.

Ein Spielfilm über Geschichte

✓ erzählt in einer durchgehenden Handlung von Ereignissen der Vergangenheit und deutet sie meist frei,
✓ will hauptsächlich unterhalten,
✓ vermischt frei erfundene Handlungsteile und historische Fakten,
✓ handelt von fiktiven Personen, mit denen der Zuschauer mitfühlen kann; es gibt aber auch Schauspieler in der Rolle historischer Persönlichkeiten,
✓ zeigt nur Spielszenen, die Dialoge enthalten und mit Musik unterlegt sind.

1 – Die Aufnahme stammt aus dem Film „1917" und zeigt George MacKay in der Rolle des britischen Soldaten Will Schofield. © Dreamworks 2019, ein Film von Sam Mendes.

Lösungsbeispiel zu Foto 1:

Zum Schritt 1:

Der Filmausschnitt stammt aus dem Film „1917". Es scheint ein Spielfilm zu sein. Filmaufnahmen gibt es zwar schon aus dem Ersten Weltkrieg, allerdings wirkt diese Aufnahme etwas gestellt. Sie rückt eine einzelne Person szenisch in den Vordergrund, was meist bei Spielfilmen der Fall ist.

Zum Schritt 2:

Der Film handelt von den britischen Soldaten Will Schofield und Tom Blake. Diese sollen am 6. April 1917 eine dringende Botschaft an die vorderste Kriegsfront nach Nordfrankreich bringen. Dort ist ein alliierter Angriff auf die Deutschen geplant. Tatsächlich wollen diese die Alliierten in einen Hinterhalt locken. Die Alliierten könnten dabei über 1 600 Soldaten, unter denen auch Toms Bruder ist, verlieren. Der Film bezieht sich historisch auf das „Unternehmen Alberich". Dies war der Deckname für einen von den Deutschen geplanten Rückzug von den feindlichen Linien. In ihrer neuen Stellung bauten sie jedoch eine neue starke Verteidigungsposition auf. Als die Alliierten Anfang April 1917 diese deutsche Stellung angriffen, kam es bei ihnen zu großen Verlusten.

Die ausgewählte Szene zeigt Will Schofield im britischen Schützengraben. Zuvor musste er unter ständiger Bedrohung kilometerweit durch feindliches oder zerstörtes Gebiet laufen. Nun zeigt sich, dass er zu spät gekommen ist. Die Alliierten haben bereits den Angriff gestartet und stehen unter feindlichem Beschuss. Der Befehlshaber, dem Will die Nachricht überbringen muss, befindet sich am anderen Ende des Grabens. In dieser Szene stellt sich für Will die Frage, wie er durch die Soldaten und den feindlichen Bombenhagel durchkommen soll, um das Schlimmste zu verhindern. Sein Gesicht ist gut zu erkennen. Er schaut gebannt in die Ferne, man spürt seinen Zwiespalt und seine Angst. Was wird er als Nächstes tun? Es ist eine eindrückliche Szene, die viel Spannung aufbaut. Dies wird auch durch die orchestrale Musik untermalt. Die Szene soll dramatisch wirken.

Zum Schritt 3:

Die Untersuchung zeigt, dass es sich um eine Szene aus einem Spielfilm handelt. Die Handlung ist durchgehend. Sie bezieht sich auf ein wahres Geschehen („Operation Alberich"). Es geht aber um fiktive Personen. Sie sollen einen Auftrag ausführen, den es so nicht gegeben hat. Es gibt keinen erklärenden Erzählerkommentar. Auch Experten, Zeitzeugen oder „Beweise" für das Gezeigte werden nicht präsentiert. Der Film wurde so gedreht, dass man als Zuschauer fast in Echtzeit an den Ereignissen teilnimmt. Dennoch wirkt die Handlung etwas gestellt. Während alle Soldaten im Schützengraben auf dem Boden liegen, um sich vor dem Bombenhagel zu schützen, steht Will aufrecht, ohne Bewaffnung und Schutzhelm da. Er wird hier als Held präsentiert, der nur an seine Mission denkt. Das wirkt angesichts der umherfliegenden Trümmer nicht sehr realistisch.

❶ ▶ Lies die Musterlösung zur Untersuchung des Filmausschnitts aus dem Film „1917". Vollziehe die einzelnen Methodenschritte (S. 290) nach.

❷ ▶ Recherchiere im Internet, was den Regisseur Sam Mendes zu diesem Film inspiriert hat.

❸ ▶ Schaut euch den Spielfilm, wenn möglich, gemeinsam an. Tauscht euch darüber aus, welche Szenen euch besonders beeindruckt haben. Begründet eure Einschätzung jeweils.

Über den Tellerrand geschaut

Die Spanische Grippe

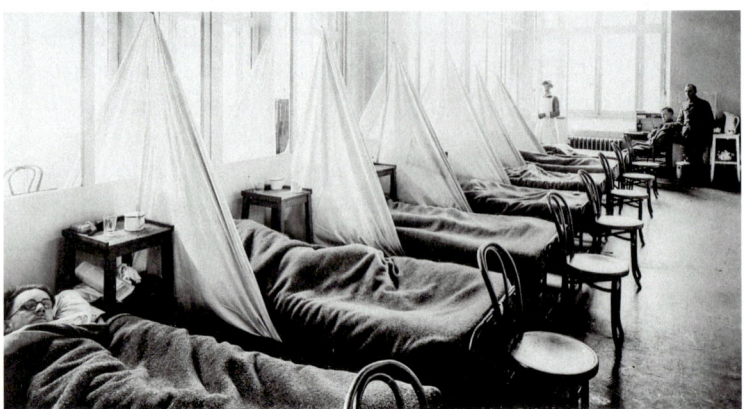

1 – Influenzastation im US-Army Camp Hospital Nr. 45 in Aix-les-Bains, Frankreich. Foto, 1918.

Eine Seuche tödlicher als der Krieg

Vom Frühjahr 1918 bis 1920 forderte eine Seuche weltweit zwischen 20 und 100 Millionen Tote (je nach Schätzung 2,5 bis 5 % der damaligen Weltbevölkerung). Damit starben durch diese Pandemie mehr Menschen als während des gesamten Ersten Weltkriegs. Wie viele es genau waren, konnte man nur schwer erfassen, weil auf den meisten Totenscheinen „Pneumonie" (Lungenentzündung) als Todesursache angegeben worden war. Allein im Deutschen Reich starben etwa 426 000 Menschen. Man nannte diese Pandemie Spanische Grippe, weil im neutralen Spanien das erste Mal über die Krankheit berichtet wurde. Die kriegführenden Länder verboten eine Berichterstattung über die Seuche, um das Durchhaltevermögen in der Bevölkerung und bei den Soldaten aufrechtzuerhalten.

Ausgangspunkt USA

Woher die Grippe kam, ist bis heute nicht restlos geklärt. Die ersten gehäuften Fälle tauchten im März 1918 in einem Militärlager im amerikanischen Kansas auf. Hier wurden Soldaten für den Kriegseinsatz ausgebildet. Kurz zuvor war das Virus wahrscheinlich über Vögel auf den Menschen übertragen worden. Durch Militär- und Truppentransporte gelangte das Virus nach Europa. Bis Juni 1918 war es nahezu auf der ganzen Welt verbreitet. Es befiel fast jeden.

Das Virus verändert sich

Im Frühjahr 1918 verlief die erste Grippewelle in den USA und in Europa noch milde. Wer sich infiziert hatte, bekam ein paar Tage lang Schüttelfrost und Fieber. Es starben aber nur wenige daran. Im Sommer veränderte sich das Virus jedoch und es folgte im Herbst eine zweite, nun tödliche Welle. Das Virus konnte sich vor allem dort entfalten, wo viele Menschen zusammenkamen und es schlechte hygienische Bedingungen gab. In den Schützengräben, Rekruten- und Kriegsgefangenenlagern wurden so auf einen Schlag viele Menschen infiziert. Die meisten litten an Atemnot und erstickten. Wer morgens erkrankte, konnte am Abend schon tot sein. Die Ärzte konnten sich diese Krankheit nicht erklären und wussten nicht, wie sie den Patienten helfen sollten. Das dafür verantwortliche Influenzavirus wurde erst 1933 entdeckt. Es gab keine geeignete Schutzimpfung, um die Krankheit zu bekämpfen. Nur die schlimmsten Fälle konnten in den Lazaretten oder Krankenhäusern behandelt werden. Allgemeine Schutzmaßnahmen wurden dabei nicht ergriffen.
Im Frühjahr 1919 trat eine dritte Grippewelle auf, die auch viele Todesopfer forderte. Mitte der 1920er verschwand die Seuche plötzlich.
Erich Ludendorff, der Chef der Obersten Heeresleitung, machte die Grippe für seinen militärischen Misserfolg im Sommer 1918 verantwortlich. Viele Autoren sind heute aber skeptisch, ob der Krieg ohne die Spanische Grippe anders zu Ende gegangen wäre.

❶ ▪ Beschreibe den Verlauf der Spanischen Grippe.
❷ ▪ Erkläre, warum sie sich so leicht verbreiten und nicht eingedämmt werden konnte.
❸ ▪ Vergleiche die Spanische Grippe mit der Coronapandemie (2019–2022). Lege dazu eine Tabelle an und nimm das Internet zu Hilfe.

Das kann ich …

Imperialismus und Erster Weltkrieg

Wichtige Begriffe

Imperialismus	Materialschlacht
Völkermord	1914
Woodrow Wilson	1917
Deutsch-Südwestafrika	1918
Attentat	Rassismus
Nationalismus	Dynamit
Alliierte/Entente-Mächte	Osmanisches Reich
Stellungskrieg	Armenier
Industrialisierter Krieg	Herero und Nama
Compiègne	Verdun
Mittelmächte	Wilhelm II.
14-Punkte-Programm	Alfred Nobel

Wissen und erklären

❶ 🔲 Erklärt euch gegenseitig die wichtigen Begriffe und ordnet Daten und Personen zu.

❷ 🔲 Aus welcher Quelle in diesem Kapitel stammt der folgende Auszug: „Welches sind die Faktoren, die die Rüstungsschraube in Bewegung setzen? Sind es die Völker, die danach verlangen? Mitnichten!" Gib die Fundstelle an und erkläre den historischen Zusammenhang.

❸ 🔲 Erläutere anhand von Bild 1, wie es zum Ausbruch des Ersten Weltkriegs kam.

Anwenden

❹ 🔲 Untersuche in Karikatur 2, wie der Zeichner die Politik der Großmächte beurteilt hat.

❺ 🔲 Erstelle eine Mindmap zum Imperialismus.

▶

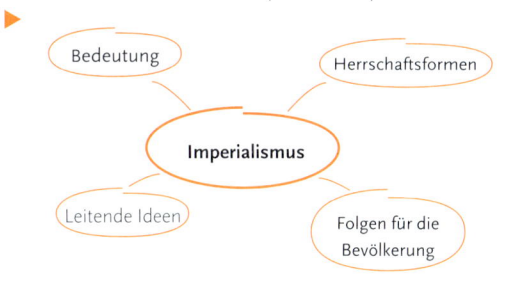

Beurteilen und handeln

❻ 🔲 Beziehe mithilfe von M1 Stellung, ob Deutschland die Herero und Nama auch nach über 100 Jahren entschädigen sollte.

1 – Das Attentat von Sarajewo am 28. Juni 1914. Zeichnung in der französischen Zeitschrift „Le Petit Journal".

1 – Die Plünderer der Welt. Karikatur von Thomas Nast, 1885.

M1 **Seit Jahren verhandeln Deutschland und Namibia über die Aufarbeitung des Völkermords an den Herero und Nama. Esther Muinjangue, die Vorsitzende der Ovaherero/Ovambanderu Genocide Foundation Namibia, erklärte 2018 dazu:** Man sagt uns, wir seien keine direkten Opfer, weil der Völkermord vor mehr als 100 Jahren stattfand. Das stimmt nicht. Wir fühlen noch immer den Schmerz. Noch immer leben Herero und Nama in Südafrika und Botsuana – nicht freiwillig, sondern weil sie damals flohen. Sie haben ihre Kultur verloren, ihre Identität, ihre Sprache.

▶ Teste dich 👆

Hier spielt die Geschichte ...

Ein fiktiver Schweizer Kompromiss

Einführung

Stellt euch vor, dass sich die europäischen Großmächte nach dem Ende des Kriegs
in der neutralen Schweiz treffen. Sie wollen hier gemeinsam beschließen, wie es mit
ihren Ländern weitergehen soll. Dazu müssen z. B. folgende Fragen geklärt werden:
– Welche Gebiete werden zurückgefordert und sollen abgetreten werden?
– Welche Gebiete sollen eigenständige Staaten bleiben/werden?
– Was passiert mit den Soldaten und Waffen?
– Welche wirtschaftlichen Vorteile/Einbußen gibt es möglicherweise?

Bildet fünf Gruppen und entscheidet per
Los, in welche Position ihr euch versetzen
sollt: das Deutsche Reich, Österreich/Un-
garn, Frankreich, Großbritannien, Russland.

Eine Schülerin, ein Schüler oder die Lehr-
kraft übernimmt die Rolle der neutralen
Schweiz. Ihre Aufgabe ist es, das Gespräch
zu moderieren und zwischen den ehemaligen Kriegsparteien zu vermitteln.

Gemeinsam sollt ihr einen Kompromiss finden, um eine friedliche Nachkriegs-
ordnung festzulegen. Bei einem Kompromiss ist es wichtig, dass man nicht auf seiner
Position beharrt, sondern aufeinander zugeht und gegebenenfalls eigene Vorstellungen aufgibt.

Vorbereitung

1. Alle Schülerinnen und Schüler einer Gruppe
   notieren auf einem Zettel mindestens drei
   Ziele, die ihre Großmacht mit dem Krieg
   verfolgt hat. Nutzt dazu die Seiten 274/275.
2. Stellt diesen Zielen die Ergebnisse am Ende
   des Kriegs gegenüber. Beachtet hierfür die
   Seiten 286/287.
   Haltet auch diese Ergebnisse auf eurem Zettel
   fest.
3. Bestimmt ein Gruppenmitglied, das eure
   Zusammenfassung vorträgt.

Durchführung I

1. Die Schweiz eröffnet die Verhandlungen. Sie
   gibt jeder Gruppe drei Minuten Zeit, um ihre
   Zusammenfassung vorzutragen. Die Mitglieder der anderen Gruppen machen sich
   dabei Notizen, damit sie sich danach auf die
   Verhandlungen vorbereiten können.

2. Kehrt wieder in eure Gruppen zurück und diskutiert, welche Wünsche
    und Forderungen, aber auch Verzichterklärungen ihr habt:
    – Die Siegermächte Frankreich, Großbritannien und Russland
       dürfen jeweils zwei Ansprüche und einen Verzicht formulieren.
    – Die Verliererstaaten benennen jeweils zwei Abgaben bzw.
       Verzichterklärungen und einen Wunsch/Anspruch.
    Notiert diese auf zwei Zetteln. Kennzeichnet die Verzicht-
    erklärungen mit einem Minus und die Ansprüche mit einem
    Plus. Gebt dann den gegnerischen Mittelmächten bzw. der
    Entente eure Zettel.

3. Nun treffen sich die Gruppen der ehemaligen Bündnispartner
    (Deutschland + Österreich-Ungarn und Frankreich + Großbritannien + Russland):
    Beratschlagt und beschließt gemeinsam, was ihr von den Zielen der Gegner
    erfüllen könnt und was nicht. Die Siegermächte dürfen zusammen wieder zwei
    Ansprüche und einen Verzicht formulieren. Die Verliererstaaten benennen erneut
    zwei Abgaben und einen Anspruch. Schreibt diese für alle sichtbar auf ein großes
    Blatt. Händigt diese der neutralen Schweiz aus.

Durchführung II

Die Schweiz stellt nun die in den Gruppen
erarbeiteten Ansprüche und Verzichterklärungen
vor. Anschließend diskutiert ihr diese sechs Vorschläge gemeinsam. Einigt euch auf insgesamt vier
Ergebnisse. Vergesst dabei nicht, aufeinander zuzu-
gehen. Die Schweiz achtet auf einen fairen Umgang,
sodass jede Partei zu Wort kommt.
Haltet die vier Ergebnisse, auf die ihr euch geeinigt
habt, schriftlich fest.

Ende

Setzt euch noch einmal in euren Gruppen zusammen und formuliert, wie ihr euch mit diesem Kompromiss fühlt. Überlegt gemeinsam: Wie seid ihr
vorgegangen, um zu diesem Kompromiss zu kommen? Konntet ihr eure Mindestziele erreichen? Ist
das Ergebnis in euren Augen fair und gerechtfertigt?

Übrigens: Ihr seid bei diesem Spiel in ähnlicher
Weise vorgegangen wie der 1920 gegründete
Völkerbund. Diese Weltfriedensorganisation hatte
die Aufgabe, die internationale Zusammenarbeit zu
fördern, bei Konflikten zu schlichten und auf die
Einhaltung von Friedensverträgen zu achten.

Viel Spaß beim Spielen!

1 – Das UN-Hauptquartier in Genf. Foto, 2017.

Methodenübersicht

Gewusst wie … Arbeiten mit Methode

Methodenübersicht aus diesem Band 7/8

Methoden aus Band 5/6

Informationen ordnen

Eine Zeitleiste erstellen

Zeitleisten sind besonders für das Fach Geschichte, aber auch in anderen Fächern, wie Deutsch, Gemeinschaftskunde oder Geografie, ein wichtiges Hilfsmittel, um Ereignisse übersichtlich und aufeinanderfolgend darzustellen.

1 Thema und Zeitspanne festlegen
- Lege das Thema der Zeitleiste fest.
- Stecke die Zeitspanne ab.

2 Material suchen und ordnen
- Führe eine Recherche zum gewählten Thema durch.
- Sammle Fakten und Bilder zu der von dir festgelegten Zeitspanne.
- Ordne das Material in der richtigen Reihenfolge. Beginne mit den ältesten Fotos/Ereignissen.

3 Zeitleiste anlegen
- Nimm ein großes Blatt Papier oder eine Tapetenbahn als Grundlage für deine Zeitleiste.
- Zeichne einen Pfeil in die Mitte des Blattes, damit du ober- und unterhalb arbeiten kannst.
- Schreibe das Jahr, welches am weitesten zurückliegt, ganz links auf. Unterteile die Zeitleiste in sinnvolle Abschnitte. (Beispielsweise kann 1 cm ein Jahr oder zehn Jahre bedeuten, je nachdem wie groß die Zeitspanne ist, die du darstellen möchtest, und wie viel Platz du für die Zeitleiste hast.)
- Hinweis: Denke daran, dass gleich große Zeiträume auch immer gleich groß abgebildet werden müssen.

4 Zeitleiste gestalten
- Gestalte deine Zeitleiste mithilfe von Bildern und Zeichnungen sowie entsprechenden Beschriftungen (Zahlen, Informationen zum Ereignis usw.).

Informationen fachgerecht auswerten

Fragen stellen und Antworten suchen

Fragen zu stellen – dir selbst, seriösen Quellen und Experten –, ist so wichtig. Es hilft dir herauszufinden, was genau du wissen möchtest, und dich in ein Thema einzudenken. Qualifizierte Antworten auf deine Fragen zu finden, erschließt dir dein Thema, befriedigt deine Neugier und erweitert deinen Blickwinkel auf die Welt um dich herum. Es lohnt sich immer wieder zu üben, gute Fragen zu stellen und Antworten darauf zu recherchieren.

1 Fragen sammeln
- Sammle alle Fragen, die dir zu einem historischen Ereignis oder Sachverhalt einfallen, in deinem Geschichtsheft. Jede Frage und jeder Einfall ist zugelassen.

2 Eine Frage vertiefen
- Suche nun aus deiner Fragensammlung eine Frage, die dich besonders interessiert.
- Diese Frage solltest du nun vertiefen und in weitere Fragen aufsplitten.

3 Informationen suchen
- Nach Antworten zu deiner Frage kannst du im Inhaltsverzeichnis oder Register deines Geschichtsbuches, in Lexika, in Katalogen von Bibliotheken und im Internet suchen.
- Du kannst auch Experten befragen.

4 Erste Antworten formulieren
- Mit den gefundenen Informationen kannst du einen kurzen Sachtext schreiben und ihn in dein Geschichtsheft einkleben.

Sachtexte erarbeiten und verstehen

Sachtexten begegnest du sehr häufig, nicht nur in Lehrbüchern. In ihnen werden wichtige Ergebnisse aus Wissenschaft und Forschung zusammengetragen. Oftmals ist es schwer, Sachtexte zu verstehen, weshalb man in kleinen Schritten vorgehen sollte. Die Fünf-Schritt-Lesemethode kennst du vielleicht schon aus dem Deutschunterricht.

1 Überfliegen des Textes
- Lies den Text einmal grob durch. Überfliege ihn.
- Beachte auch Zwischenüberschriften und Bilder oder Zeichnungen.

- Halte fest: Um welches Thema geht es? Was weißt du schon darüber? Was möchtest du noch wissen?

2 Fragen stellen
- Beantworte die W-Fragen: Wer? – Was? – Wann? – Wo? – Wie? – Warum?

3 Genaues Lesen, Unbekanntes klären, Schlüsselwörter markieren
- Lies den Text erneut durch. Kläre die Bedeutung unbekannter Wörter.
- Kennzeichne unklare Stellen mit einem Fragezeichen.
- Markiere wichtige Stellen und Schlüsselwörter im Text, z. B. mithilfe eines Textmarkers oder durch Unterstreichen.

4 Gliedern des Textes
- Unterteile den Text in Abschnitte. Orientiere dich dabei an der Textstruktur (Absätze).
- Formuliere zu den einzelnen Abschnitten Teilüberschriften, die den Inhalt des jeweiligen Textteils wiedergeben.

5 Wiedergabe des Textinhalts
- Formuliere den Inhalt des Textes mithilfe der Zwischenüberschriften und markierten Textstellen.
- Kontrolliere, welche W-Fragen (Schritt 2) beantwortet wurden.

Bilder untersuchen

Aus allen Epochen stehen bildliche Darstellungen zur Verfügung. Aus frühgeschichtlichen Zeiten gibt es nur wenige Bilder, aus diesen Zeiten dominieren Sachzeugnisse. Je weiter sich die Geschichte auf die Jetztzeit zubewegt, desto mehr Bilder gibt es. Sie liefern wichtige Informationen darüber, wie die Menschen lebten und den Alltag gestalteten, was sie gedacht haben und was sie sich wünschten. Diese Informationen können dabei helfen, geschichtliche Zusammenhänge zu erklären und historische Ereignisse bewusster zu beurteilen.

1 Beschreibung der Einzelheiten eines Bildes
- Aus welcher Zeit stammt das Bild (Bildlegende beachten)?
- Welche Personen/Gegenstände sind dargestellt?
- Wie sind sie dargestellt? Beachte Hautfarbe, Kleidung, Kopfbedeckungen usw.

– Gibt es Unterschiede bei der Darstellung der verschiedenen Personen (Größe / Hautfarbe / Ausschmückung)?
– Welche weiteren Gegenstände sind auf dem Bild zu entdecken?
– Welche Funktion haben sie?

2 Zusammenhänge erklären
– Welche Tätigkeiten üben die Personen aus?
– Wie ist das Verhältnis der Personen zueinander?
– Gibt es Merkmale, die eine besondere Bedeutung haben könnten?
– Was erfahren wir aus dem Bild über das Leben der Menschen zur damaligen Zeit (Lebensumstände, Familiensituation, Arbeitsleben usw.)?

3 Zusätzliche Informationen beschaffen
– Wer war der Auftraggeber der Bilder?
– Was kannst du über die dargestellten Personen aus anderen Quellen erfahren?
– Gibt es noch andere Bilder zu diesem Thema?
– Was verstehst du nicht und wo findest du dann weitere Informationen?

Textquellen untersuchen
Hinterlassene Schriftstücke werden als Textquellen bezeichnet. Das können zum Beispiel Gesetzbücher, Urkunden, Inschriften, Zeitungen, Briefe, Tagebücher oder Verträge sein. Sie enthalten wichtige Informationen für Historikerinnen und Historiker, sind aber oft schwer zu verstehen. Außerdem berichten sie zumeist nur einseitig aus der Sicht des Verfassers. Deshalb ist es wichtig, Textquellen kritisch zu prüfen und gezielt zu befragen.

1 Fragen zur Verfasserin / zum Verfasser
– Wer ist die Verfasserin / der Verfasser der Textquelle? Was weißt du über sie/ihn?
– Hat die Autorin / der Autor die Ereignisse, über die berichtet wird, selbst erlebt?
– Wie steht die Verfasserin / der Verfasser zu dem Ereignis, von dem sie/er berichtet?
– Versucht sie/er, neutral zu sein, oder ergreift sie/er Partei für eine Seite?

2 Fragen zum Text
– Wovon wird im Text berichtet? Was steht im Mittelpunkt?
– Wann ist die Quelle entstanden?

– Um welche Textsorte (z. B. Bericht, Erzählung, Inschrift) handelt es sich?
– Welche Begriffe sind unbekannt?
– Lässt sich der Text in einzelne Abschnitte gliedern?
– Lassen sich die Informationen kurz zusammenfassen?

3 Textabsicht erklären und Quelle beurteilen
– Unterscheide zwischen Sachinformationen der Textquelle und Meinungswiedergabe der Autorin / des Autors. Übertreibt sie/er an manchen Stellen oder wertet sie/er bestimmte Personen?
– An wen wendet sich die Textquelle und zu welchem Zweck?
– Stimmen heutige Erkenntnisse mit dem Inhalt der Textquelle überein?
– Wie glaubwürdig ist die Quelle (auch im Vergleich mit anderen Quellen)?

Geschichtskarten auswerten
Den Umgang mit Karten kennst du bereits aus dem Geografieunterricht. Im Geschichtsunterricht benutzen wir Geschichtskarten, also Karten, die in heutiger Zeit zu einem bestimmten historischen Thema angefertigt wurden.

1 Thema der Karte finden
– Welches Gebiet ist dargestellt?
– Welcher Zeitraum wird behandelt?
– Um welches Thema geht es?

2 Darstellung des Themas herausarbeiten
– Welche Informationen kannst du der Legende der Karte entnehmen?
– Welche Bedeutung haben die Flächenfarben?
– Welche Symbole enthält die Karte und was bedeuten sie?
– Wie groß sind Entfernungen und Ausdehnung eines Gebiets (Maßstab)?

3 Informationen der Karte auswerten
– Welche Aussagen kannst du zu einzelnen Informationen der Karte machen?
– Welche Gesamtaussage der Karte kannst du formulieren?
– Welche Fragen interessieren dich zusätzlich zu den Informationen, die du aus der Karte erhältst?

Eine Erzählung verfassen

Menschen haben schon immer Geschichten erzählt, um Wissen über die Vergangenheit weiterzugeben. Viele dieser Erzählungen kennst du vielleicht, zum Beispiel die griechischen und römischen Sagen und die Berichte von Historikern und Historikerinnen über frühere Zeiten. Einige davon findest du in diesem Schulbuch. Du kannst auch selbst eine historische Erzählung schreiben. Du musst dann berichten, wie es wirklich gewesen ist. Das heißt, du darfst nicht irgendwelche Geschichten frei erfinden. Ein Satz wie „Dann stieg Caesar in sein Flugzeug und flog nach Ägypten" ist in einer historischen Erzählung nicht möglich. Du kannst also nur berichten, was du selbst erlebt oder was du aus glaubwürdigen Berichten anderer erfahren hast. Wenn du nicht sicher weißt, wie es wirklich war, muss das durch ein „vermutlich" oder „sicher wissen wir das nicht" oder „vielleicht war es so ..." kenntlich gemacht werden.

1 Thema der Erzählung festlegen
- Über welches Thema will ich etwas erzählen?
- Was soll im Mittelpunkt der Erzählung stehen?
- Über welchen Zeitraum will ich erzählen?
  Wie kann ich ihn eingrenzen?
- Was gehört nicht zu der Erzählung mit diesem Thema?

2 Fragen stellen
- Welche Quellen und Berichte gibt es zu meinem Thema?
- Wo kann ich suchen? (Bibliothek, Archiv, Museum, Internet, Schulbuch)
- Kann ich jemanden zu den Ereignissen befragen?

3 Spuren suchen
- Wie beginne ich meine Erzählung? (weit ausholend, mit dem zentralen Ereignis, mit dem Denken oder Handeln einer Person?)
- Wie verknüpfe ich einzelne Teile der Erzählung?
- Wie mache ich deutlich, dass dieser Teil der Erzählung nicht durch Quellen belegt ist? („vermutlich, wahrscheinlich, so könnte es gewesen sein")
- Wie beende ich die Erzählung?

Informationen präsentieren

Ein Lernplakat erstellen

Ein Lernplakat dient der Ergebnissicherung eurer Arbeit. Ihr könnt damit wichtige Ergebnisse zusammenfassen und veranschaulichen. Mit einem Lernplakat könnt ihr ein Thema präsentieren, euren Mitschülerinnen und Mitschülern vorstellen und erläutern.

1 Thema auswählen
- Orientiert euch, welche Themen euch zur Auswahl stehen. Entscheidet euch für ein Thema. Ihr könnt mit einer Partnerin / einem Partner oder in der Gruppe arbeiten.

2 Wahlthema erarbeiten
- Arbeitet euer Wahlthema in Partnerarbeit oder Gruppenarbeit durch.
- Lest die Texte, betrachtet das Bildmaterial dazu.
- Bereitet das Lernplakat vor:
- Wie soll die Überschrift lauten?
- Welche Materialien werden benötigt? Stellt gemeinsam einen Arbeitsplan auf.

3 Material sammeln und auswählen
- Sammelt Bilder, Texte und weitere Materialien zu eurem Lernplakat. Ihr könnt in Sachbüchern, in einem Lexikon oder im Internet über das Thema weiter recherchieren. Tragt eure Ergebnisse zusammen.

4 Das Lernplakat gestalten
  Gestaltet euer Lernplakat. Achtet dabei auf Folgendes:
- Die Überschrift muss gut lesbar sein.
- Die Bilder und Fotos müssen zum Thema passen.
- Es muss insgesamt gut erkennbar sein, um welches Thema es geht.
- Die Texte und die Bilder sollten so angeordnet sein, dass die Betrachter und Betrachterinnen schnell das Wichtigste erfassen können.
- Das Lernplakat informiert und zeigt eure Arbeitsergebnisse. Ihr könnt mithilfe des Plakats das Thema präsentieren (Kurzvortrag).

A

Abgaben
Abhängige Bauern hatten im Mittelalter an Grundherrn jährliche Abgaben, meistens in Form von Naturalien (Getreide oder Vieh), zu leisten.

Ablassbrief
So wird ein Schriftstück genannt, das den Käufer von den Strafen für begangene Sünden befreite.

Absolutismus
Der Begriff leitet sich ab von dem Wort „absolut". Es bedeutet losgelöst bzw. nicht gebunden an die Gesetze eines Staates.

Abt/Äbtissin
Dies ist der Vorsteher oder die Vorsteherin eines Klosters.

Adlige/Adel
Die Edlen – Angehörige einer in der Gesellschaft hervorgehobenen Gruppe, eines Standes, ausgestattet mit erblichen Vorrechten. Adliger konnte man von Geburt aus sein (Geburtsadel); Adliger konnte man aber auch werden, indem man im Dienst des Königs tätig war (Amts- oder Dienstadel).

Aktivbürger
Bürger, die Rechte wie das aktive und passive Wahlrecht hatten oder sich allgemein im Staatswesen betätigten. Im 18. und 19. Jahrhundert waren diese Rechte an die Zahlung von Steuern gebunden. In der Französischen Revolution betraf dies etwa 4 Mio. Männer, die mindestens Steuern im Wert von drei Arbeitstagen zahlten.

Angestellte
Unselbstständig beschäftigte Arbeitnehmer eines Betriebes, die kaufmännische Tätigkeiten oder höhere nichtkaufmännische Tätigkeiten vor allem in Büros verrichten. Sie bekommen als Gegenleistung Gehalt.

Arbeiter
Unselbstständig Beschäftigte eines Betriebes, deren Tätigkeit überwiegend aus körperlicher Arbeit besteht. Sie bekommen als Gegenleistung Lohn.

Arbeiterbewegung
Massenbewegung der lohnabhängig Beschäftigten, die seit Beginn des 19. Jahrhunderts gegen die sozialen Folgen der industriellen Revolution und für eine Verbesserung ihrer wirtschaftlichen, sozialen und politischen Lage kämpfte.

aufgeklärter Absolutismus
Dies ist eine Form der Fürstenherrschaft im 18. Jahrhundert, in der der Herrscher nicht als von Gott eingesetzt, sondern als Vertreter einer vernünftigen Staatsordnung und als dem Volk verpflichtet angesehen wird.

Aufklärung
Dies ist eine Reformbewegung, die in der 2. Hälfte des 17. und im 18. Jahrhundert in fast allen Lebensbereichen zu neuen Ideen und Denkweisen führte. In der Politik richteten sich die Aufklärer gegen die uneingeschränkte Macht des Königs. Sie traten für Meinungsfreiheit, Menschenrechte und ein von Vernunft geprägtes Handeln ein.

Augsburger Bekenntnis
Dies ist das grundlegende Bekenntnis aller lutherischen Herrscher und Würdenträger im Heiligen Römischen Reich Deutscher Nation zu ihrem Glauben, das Kaiser Karl V. am 25. Juni 1530 auf dem Reichstag zu Augsburg vorgelegt wurde.

Augsburger Religionsfriede
Der Augsburger Religionsfriede wurde 1555 zur Beilegung der Religionskämpfe verkündet. Die evangelisch-lutherische und die katholische Konfession wurden als gleichberechtigt anerkannt.

Autorität
Die Autorität des Papstes bedeutet, dass der Papst in Glaubensfragen das letzte Wort hat und seine Entscheidungen nicht angezweifelt werden dürfen.

Aztekenreich
Hochkultur in Mittelamerika, deren Kultur von den spanischen Eroberern 1521 zerstört wurde.

B

Ballhausschwur
Beim Ballhausschwur vom 20. Juni 1789 trafen sich der Dritte Stand und einige Abgeordnete des Klerus und des Adels in einer Versailler Sporthalle und schworen sich, nicht eher auseinanderzugehen, bis Frankreich eine neue Verfassung bekommen hatte. Der Ballhausschwur gilt als Auftakt der Französischen Revolution.

Barrikaden
(ital.: barricare = versperren) Straßensperre, häufig aus Hausrat oder Ähnlichem errichtet.

Bauer
Im Mittelalter waren die Bauern der größte gesellschaftliche Stand. Es gab nur wenige freie Bauern. Die Regel war, dass die Bauern Unfreie waren, die von einem Grundherrn abhängig waren und ihm Frondienste und Abgaben leisten mussten.

Bauernkrieg
Die 1524 unter Berufung auf Luthers Lehre begonnene Auflehnung der Bauern gegen die drückenden Lasten weitete sich 1525 zu bewaffneten Aufständen aus, die von den Fürstenheeren schnell niedergeschlagen wurden.

Benediktiner
Dies sind Mönche, die nach der Regel des heiligen Benedikt von Nursia (um 480–547) leben.

Bewegungskrieg
Als Bewegungskrieg bezeichnet man einen Krieg, in dem sich die militärischen Verbände mindestens einer Seite auf dem Vormarsch befinden.

Biedermeier
Bezeichnung für den bürgerlichen Lebensstil zwischen 1815 und 1848. Enttäuscht von der Wiederherstellung der alten Ordnung, die die Bürger aus der Politik verdrängte, zogen sich die Menschen ins Privatleben zurück. Benannt wurde dieser Lebensstil nach einem erfundenen schwäbischen Lehrer, der in Gedichten die Geborgenheit des häuslichen Glücks pries.

Bischof

(griech.: episkopos = Aufseher)
Nach katholischer Lehre sind Bischöfe
die Nachfolger der Apostel und Gesandte
Jesu Christi. In ihren Gemeindebereichen
(Diözesen) sind sie für Gesetzgebung, Verwaltung und Rechtsprechung zuständig.
Einen höhergestellten Bischof mit noch
größerer Verwaltungsverantwortung
nennt man auch Erzbischof.

Buchdruck

Um 1450 von Johannes Gutenberg ent-
wickeltes Verfahren mit beweglichen Blei-
lettern, um Bücher schnell herzustellen.
Bücher mussten nun nicht mehr mit der
Hand abgeschrieben werden.

Burg

Eine Burg ist eine befestige Wohn- und
Verteidigungsanlage eines Adligen und
Mittelpunkt seiner Herrschaft.

Bürger

Dies ist ursprünglich die Bezeichnung
für die im Schutz einer Burg lebenden
Menschen. Seit dem Mittelalter die Bezeichnung für die freien Stadtbewohner
mit vollem Bürgerrecht.

C

Cholera

Hoch ansteckende, akute Magen-Darm-
Infektion, die durch Bakterien hervor-
gerufen wird und zumeist mit schweren
Durchfällen, Erbrechen und hohem
Flüssigkeitsverlust einhergehen kann.

Christentum

Christen glauben an Jesus Christus, den
Sohn Gottes, der als Mensch vor mehr als
2000 Jahren in Bethlehem, Palästina, geboren wurde. Das Christentum gehört, wie
auch das Judentum und der Islam, zu den
sogenannten Offenbarungsreligionen.
Diese Religionen stützen sich auf Offen-
barungen (Botschaften), die Menschen
von Gott erhalten haben sollen.

D

Demokratie

Herrschaftsorganisation, die auf der
Partizipation bzw. Teilhabe aller Bürger
an der politischen Willensbildung beruht.

Deutscher Bund

Auf dem Wiener Kongress 1815 schlossen
sich 34 deutsche Einzelstaaten (Territorial-
staaten) und vier freie Städte im Deutschen Bund zusammen.

deutsches Kaiserreich

Ein Bündnis der deutschen Fürsten und
freien Reichsstädte. Es war ein Obrigkeitsstaat, der sich auf das Militär stützte und
in dem der Kaiser gemeinsam mit seinem
Reichskanzler die Herrschaft innehatte.

Deutsch-Südwestafrika

Deutsch-Südwestafrika war von 1884 bis
1915 eine deutsche Kolonie auf dem
Gebiet des heutigen Staates Namibia.

Digitalisierung

Unter Digitalisierung wird allgemein die
Aufbereitung von Informationen zur Verarbeitung oder Speicherung in einem digitaltechnischen System, wie z. B. einem
Computer, verstanden.

Dorf

Im Frühmittelalter entstanden Dörfer
entweder durch Zusammenschlüsse von
freien Bauern oder durch Ansiedlung von
hörigen Bauern um einen Gutshof. Auch
wenn ab dem 12. Jahrhundert viele Städte
gegründet wurden, blieb das Dorf die
überwiegende Siedlungsform. Rund um
das Dorf erstreckte sich das von den Dorf-
bewohnern bebaute Ackerland, Weiden
und Wald.

Dreieckshandel

Austausch von Sklaven, Gold, Silber,
Zucker und Baumwolle zwischen Afrika,
Amerika und Europa. Europäer transpor-
tierten Sklaven aus Afrika nach Amerika,
von wo aus wertvolle Güter nach Europa
gebracht wurden. Da die Handelsroute
dreieckig verlief, erhielt sie diesen Namen.

Dreifelderwirtschaft

Bei der Nutzung des Bodens wird das
Ackerland dreigeteilt: Auf einem Teil wird
Wintergetreide, auf dem zweiten Sommergetreide angebaut. Das dritte Feld bleibt
ungenutzt („Brache"). In einem steten
Wechsel werden die Felder in dieser
Reihenfolge bewirtschaftet. Später verzichtete man auf die Brache und baute
alle drei Jahre Futterpflanzen an.

Dreißigjähriger Krieg

Ausgelöst 1618 durch den Prager Fenster-
sturz, weitete sich der Krieg von einem
Religionskonflikt zu einem europäischen
Staatenkrieg auf deutschem Boden aus.
Die Folgen waren katastrophal: Neben den
Verwüstungen waren die Bevölkerungs-
verluste am schwersten. Der Krieg endete
1648 mit dem Westfälischen Frieden.

E

Emser Depesche

Telegramm Bismarcks im Auftrag König
Wilhelms I. an den französischen Kaiser
Napoleon III. vom 13. Juli 1870, dessen
Text Bismarck mit Absicht so formulierte,
dass Frankreich darin eine Provokation
sah und Deutschland den Krieg erklärte.

evangelisch

So wurden Luthers Anhänger genannt, da
sie allein dem Wort Christi in der Heiligen
Schrift, dem Evangelium, verpflichtet
waren.

Evangelium

Das Evangelium ist die Botschaft Jesu
vom Kommen des Gottesreiches. Diese
Botschaft wurde zusammen mit Berichten
über das Leben Jesu in den Werken der
vier Evangelisten Matthäus, Markus, Lukas
und Johannes aufgeschrieben. Damit ist
sie Teil des Neuen Testaments in der Bibel.

F

Fabrik

(lat.: fabrica = Werkstätte) Großbetrieb mit
oft mehreren Hundert Arbeiterinnen und
Arbeitern und maschineller Fertigung von
Erzeugnissen. Der Aufstieg der Fabriken
begann mit der Industrialisierung zunächst in England.

Fabrikordnung

Öffentlich ausgehängte Satzung, die das
Verhältnis des Arbeitgebers zu den Abge-
stellten und Arbeitern regelt und an die
sich die abhängig Beschäftigten halten
müssen.

Fegefeuer
(von mhd. „vegen" für reinigen, putzen)
Die Katholiken glauben, dass nach dem
Tod die Seele zunächst in ein reinigendes
Feuer kommt, wo alle kleinen Sünden
des Lebens aus dem Diesseits „verbrannt"
werden. Die so gereinigte Seele kann am
Tag des Jüngsten Gerichts auf das Himmelreich hoffen. Schwere Sünden hingegen kann selbst das Fegefeuer nicht heilen.

Fernhandel
Der Fernhandel war im Mittelalter ein
wichtiger Wirtschaftsfaktor, weil er wichtige Güter und begehrte Luxuswaren aus
dem Orient in die Handels- und Messezen-
tren Europas brachte. Fernhandelskauf-
leute gehörten zur reichen Oberschicht der
Patrizier in der Stadtgesellschaft. Auch Juden waren im Fernhandel sehr erfolgreich.

Flugschrift
Diese Einblattdrucke wurden beim Kirchgang oder auf öffentlichen Plätzen von umherziehenden Händlern billig verkauft und
informierten so eine breite Leserschaft.

Frankenreich
Das Frankenreich war ein auf dem ehemals römischen Gebiet von Gallien und
den angrenzenden rechtsrheinischen
Siedlungsgebieten entstandenes germani-
sches Königreich. Sein bedeutendster
Herrscher war Karl der Große.

Französische Revolution
Die Französische Revolution (1789–1799)
markierte eine Phase gravierender sozialer
und politischer Veränderungen in Frankreich. Sie startete mit dem Aufbegehren
des Dritten Standes, stürzte die Bourbo-
nenmonarchie, beendete feudale Privilegien und förderte moderne demokratische
Ideale. Die revolutionären Umbrüche
führten von der konstitutionellen Monarchie bis zur Diktatur Napoleons und be-
einflussten durch die Verbreitung demo-
kratischer und nationalistischer Ideen
auch Europa und die Welt.

Fronhof
Ein Fronhof ist ein Herrenhof, Mittelpunkt einer Grundherrschaft. Er umfasste
das Herrenhaus, die Wirtschaftsgebäude
sowie Äcker, Wiesen und Weiden.

frühe Neuzeit
Mit dem Begriff Neuzeit wird die geschichtliche Epoche bezeichnet, die sich
an das Mittelalter anschloss und bis in die
Gegenwart reicht. Die Neuzeit umfasst
drei Zeitabschnitte: die frühe Neuzeit
(1450 bis 1650), die jüngere Neuzeit (1650
bis 1789) und die neueste Zeit (1789 bis
zur Gegenwart).

frühes Mittelalter
Das frühe Mittelalter umfasst den Zeitraum von ca. 500 bis 1000.

G

Gegenreformation
Dies ist eine Bezeichnung für die Maßnahmen der katholischen Kirche, die zur
Zurückdrängung der Reformation dienen
sollten.

Generalstände
Seit 1302 unter König Philipp IV. in Frank-
reich einberufene Versammlung der drei
Stände.

Gewaltenteilung
Nach Ansicht der Aufklärer sollte die Gewalt in einem Staat in drei voneinander
unabhängige Gewalten aufgeteilt sein: in
die gesetzgebende (Legislative), die vollzie-
hende (Exekutive) und die rechtsprechen-
de Gewalt (Judikative). Damit sollte dem
Machtmissbrauch durch einen absolut
herrschenden König vorgebeugt werden.

Gewerkschaft
Vereine, die zur Veränderung der wirtschaftlichen und sozialen Lage von Arbeitnehmern Mitte des 19. Jahrhunderts
begründet wurden und sich für eine Verbesserung der Arbeitsbedingungen und
höhere Löhne einsetzten.

Glaubensspaltung
Die Kritik Martin Luthers an der Kirche
führte in den folgenden Jahrzehnten zur
Glaubensspaltung der christlichen Kirche
in katholische und evangelische Glaubensbekenntnisse.

Gotik
Dies ist ein Baustil des Mittelalters von
ca. 1150 bis 1500. Er ist besonders gut an
Kirchen, aber auch Burgen und Rathäusern zu erkennen. Typisch für gotische
Kirchen sind spitze Bögen, z. B. als Fenster, aber auch als Deckengewölbe. Auch
die Türme wurden hoch und spitz zulau-
fend errichtet.

Gottesgnadentum
Dies ist eine Herrschaftsvorstellung, die
sich daraus ableitet, die Herrschaft direkt
von Gott empfangen zu haben und nur
diesem gegenüber zur Rechenschaft verpflichtet zu sein.

Grundherrschaft
Dies ist eine Herrschaft über das Land und
die Menschen, die auf ihm wohnten. Bauern erhielten vom Grundherrn Land,
mussten dafür Abgaben entrichten und
Dienste leisten.

Grundrechte
Darunter versteht man wichtige Men-
schen- und Bürgerrechte wie die Freiheit
der Person oder die Gleichheit aller vor
dem Gesetz.

H

Hanse
Dies war ein Zusammenschluss von Kaufleuten und Städten im Mittelalter zu Fahrt-
genossenschaften. So wollten sie sich vor
Überfällen schützen, aber vor allem ihren
Gewinn steigern. In Süddeutschland entstand der schwäbische Städtebund, der
bedeutendste aber wurde die Hanse in
Norddeutschland. Sie beherrschte den
gesamten Fernhandel im Nord- und
Ostseeraum. Zeitweise gehörten bis zu
160 Städte dazu, die von der Hansestadt
Lübeck aus geleitet wurden.

Hambacher Fest
Großes Fest auf dem Hambacher Schloss-
berg am 27. Mai 1832, auf dem bis zu
30 000 Menschen zusammenkamen, um
für ein geeintes Deutschland, politische
Grundrechte und ein solidarisch verbun-
denes Europa einzutreten.

Häresie, Häretiker

Als Häretiker wurden im Mittelalter diejenigen bezeichnet, die von der Glaubensmeinung der Kirche abwichen und ihr eine eigene Lehre entgegenstellten. Die abweichende Meinung nannte man auch Häresie. Dieselbe Bedeutung haben die Begriffe „Ketzer" und „Ketzerei".

Heilige Allianz

Bündnis, das die drei Monarchen Russlands, Österreichs und Preußens nach dem endgültigen Sieg über Napoleon Bonaparte am 26. September 1815 in Paris abschlossen. Frankreich trat der Allianz 1818 bei.

Herero

Die Herero sind ein südwestafrikanisches ehemaliges Hirtenvolk von heute etwa 120 000 Menschen. Die Mehrheit von ihnen lebt in Namibia, einige auch in Botswana und Angola. Unter der deutschen Besatzung wurden sie Opfer eines Völkermords.

Hochkultur

Merkmale einer Hochkultur waren: Staat mit zentraler Verwaltung und Regierung, Arbeitsteilung, ein Abgaben- oder Steuersystem, Recht, Schrift, Zeitrechnung, Kunst, Architektur, Anfänge von Wissenschaft und Technik.

Hofstaat

Im Absolutismus gehörten zum Hofstaat alle Personen in der engen Umgebung des absoluten Herrschers vom Adligen bis zum Diener.

Höriger

Ein Höriger ist ein von seinem Grundherrn abhängiger Bauer. Er erhielt vom Grundherrn Land zur Bewirtschaftung und musste dafür Abgaben und Dienste leisten. Hörige waren an das ihnen übergebene Land gebunden und konnten zusammen damit verkauft oder verschenkt werden.

Hugenotte

Der Begriff geht wahrscheinlich auf das schweizerische Wort für Eidgenosse zurück und war zunächst ein Schimpfwort für die französischen Protestanten, bis sie selbst den Begriff verwendeten.

Humanismus

Geistige Bewegung, die sich während der Renaissance von Italien aus in ganz Europa verbreitete. Wer eine humanistische Geisteshaltung hat, achtet die Würde jedes einzelnen Menschen. Die Humanisten waren überzeugt, dass die Menschen durch das Studium der antiken Vorbilder vollkommener würden.

I

Imperialismus

Als Imperialismus bezeichnet man das Bestreben eines Staates, in anderen Ländern oder bei anderen Völkern politischen und wirtschaftlichen Einfluss zu erlangen, bis hin zu deren Unterwerfung und zur Eingliederung in den eigenen Machtbereich.

industrialisierter Krieg

Als industrialisierten Krieg bezeichnet man einen Krieg, in dem industriell hergestellte Waffen zum Einsatz kommen. Im Ersten Weltkrieg kamen neben Gewehren neue Waffen hinzu: Maschinengewehre, weitreichende Kanonen, Granatwerfer, Flammenwerfer und Giftgas.

Industrialisierung

Darunter versteht man Veränderungen der Wirtschafts-, Arbeits- und Lebensweise seit Anfang des 19. Jahrhunderts aufgrund des Einsatzes von Maschinen.

Investitur

Darunter versteht man die Einsetzung hoher Geistlicher in ein kirchliches Amt.

Investiturstreit

So nennt man die Auseinandersetzung zwischen Papst Gregor VII. und Kaiser Heinrich IV. von 1075 bis 1077, in der es um das Recht der Einsetzung von Bischöfen ging. Der Kaiser musste nachgeben. Bedeutsam wurde die Auseinandersetzung, weil es um die Abgrenzung von weltlicher und kirchlicher Macht ging.

Islam

Der Islam ist eine Religion, die im frühen 7. Jahrhundert in Arabien durch den Propheten Mohammed gestiftet wurde. Der Islam ist mit etwa 1,3 Milliarden Anhängern nach dem Christentum (2,1 Milliarden) die zweitgrößte Religion der Welt. Seine Anhänger bezeichnen sich als Muslime oder Moslems. Das Wort „Islam" ist arabisch und bedeutet Unterwerfung, Hingabe und Gehorsam gegenüber Gott. Ein gläubiger Moslem ist gehalten, sich dem einen Gott Allah ohne Vorbehalte zu unterwerfen. Der Islam ist damit wie das Judentum und das Christentum eine monotheistische Religion. Die heilige Schrift der Muslime ist der Koran.

J

Jakobiner

Hierbei handelt es sich um einen politischen Klub zur Zeit der Französischen Revolution, der sich nach seinem Treffpunkt in dem ehemaligen Pariser Kloster St. Jacob benannte. Im Laufe der Revolution wurden nur noch die radikalen Republikaner so genannt.

Janitscharen

Sie waren die Elitetruppe der osmanischen Armee und stellten die Leibwache des Sultans. Ihnen war es auch möglich, in hohe Staatsämter gelangen.

Jerusalem

Jerusalem ist eine Stadt in Israel, die für Christen, Juden und Muslime als heilige Stätte besondere Bedeutung hat.

Jesuiten

Als Jesuiten werden die Mitglieder der katholischen Ordensgemeinschaft „Gesellschaft Jesu" bezeichnet, die von Ignatius von Loyola 1534 gegründet wurde.

Judentum

Das Judentum ist wie das Christentum und der Islam eine monotheistische Religion, also eine Religion, in der man an nur einen Gott glaubt. Die heilige Schrift der Juden ist die Thora, die aus den fünf Büchern Mose besteht. Sie soll dem Volk der Juden von Gott übergeben worden sein. Der Ort des jüdischen Gottesdienstes ist die Synagoge.

Julirevolution 1830

In Frankreich war es vom 27. bis 29. Juli 1830 zum gewaltsamen Sturz des französischen Königs Karl X. gekommen. Sein Nachfolger wurde Louis Philippe. Gleichzeitig wurden die Bürgerrechte wieder in Kraft gesetzt. In ganz Europa kam es daraufhin zu Aufständen.

Junker

Der Begriff meint im eigentlichen Sinne Jungherrn oder Rittergutsbesitzer und wurde für Luther nur als Tarnung verwendet.

K

Kaiser

Dieser höchste weltliche Herrschertitel Europas entstand aus dem Namen Caesars. Den Kaisertitel trugen in der Antike die Herrscher des Römischen Reiches seit der Zeit des Augustus (63 v. Chr.–14 n. Chr.). Mit der Kaiserkrönung Karls des Großen lebte die Kaiseridee wieder auf. Das Krönungsrecht lag beim Papst, der damit auf den weltlichen Bereich Einfluss nahm. Die mittelalterlichen Kaiser verbanden mit der Kaiserkrone den Herrschaftsanspruch über Italien und die Einflussnahme auf die Kirche.

Kapitalismus

(von ital. capitale = Reichtum) In dieser Wirtschafts- und Gesellschaftsform ist das Erzielen und das Vergrößern des Gewinns oberstes Ziel. Der Kapitalist ist der Unternehmer, Fabrikbesitzer oder Großgrundbesitzer, der die Mittel zum Produzieren durch das Proletariat zur Verfügung stellt.

Kardinal

Nach dem Papst das höchste Amt in der katholischen Kirche. Nur Kardinäle haben das Recht der Papstwahl.

Karlsbader Beschlüsse

Die Karlsbader Beschlüsse waren das Ergebnis der Ministerkonferenzen vom 6. bis 31. August 1819 in Karlsbad (Böhmen), an denen die einflussreichsten Staaten des Deutschen Bundes teilnahmen. Beschlossen wurden das Verbot der Meinungsfreiheit und der Burschenschaften, die Überwachung der Universitäten, die Schließung der Turnplätze, die Pressezensur sowie die Entlassung von liberal und national gesinnte Professoren.

Karolinger

Die Karolinger sind das Herrschergeschlecht der Franken, das ab 751 im Frankenreich die Königswürde innehatte. Es ist nach Karl dem Großen benannt.

Kirchenbann

Der Kirchenbann ist die schwerste Strafe, die die katholische Kirche gegen ihre Angehörigen verhängen konnte. Der Gebannte ist von den Sakramenten (z. B. Abendmahl, Beichte) ausgeschlossen, die übrigen Gläubigen sollen jeden Kontakt mit ihm meiden. Der Bann kann aufgehoben werden, wenn der Gebannte die Handlung bereut, die zur Verhängung des Banns Anlass gegeben hat, und dafür in angemessener Form Buße tut. Stirbt ein Gebannter, ohne dass der Bann aufgehoben wurde, ist er nach katholischer Lehre auf ewig vom göttlichen Heil ausgeschlossen.

Klerus

Der Begriff bezeichnet die katholische Geistlichkeit und Priesterschaft. Der höhere Klerus – Bischöfe, Äbte, Domkleriker u. a. – gehörte in der Regel dem Adel an. Angehörige des niederen Klerus – z. B. Dorfpfarrer oder einfache Mönche – stammten auch aus dem Bürgertum.

Kloster

Dies ist eine Kirche mit Wohn- und Wirtschaftsgebäuden, abgeschlossen von der Umgebung. Hier beten und arbeiten Mönche bzw. Nonnen nach bestimmten kirchlichen Regeln. Klöster waren im Mittelalter Zentren von Bildung und Wissenschaft.

Kolonie

Gemeint sind überseeische Besitzungen eines europäischen Staates.

Kolonialherrschaft

Die Eroberung zumeist überseeischer Gebiete durch militärisch überlegene Staaten (vor allem Europas) seit dem Ende des 15. Jahrhunderts wird als Kolonialismus bezeichnet. Die Kolonialmächte errichteten in den unterworfenen Ländern Handelsstützpunkte und Siedlungskolonien. Sie verfolgten vor allem wirtschaftliche und militärische Ziele.

Kommunismus

Politisch-ideologischer Begriff, der eine Utopie zum Inhalt hat, die auf Ideen sozialer Gleichheit und Freiheit aller Gesellschaftsmitglieder, auf Gemeineigentum und kollektiver Problemlösung beruht.

Konfession

„Konfession" bezeichnet ein Glaubensbekenntnis; Katholiken und Protestanten unterscheiden sich im Glaubensbekenntnis; sie gehören verschiedenen Konfessionen an. Der Augsburger Religionsfriede 1555 gab den Landesherren das Recht, über die Konfession ihres Landes zu entscheiden.

König

Ein König ist eine Person, die durch das Vorrecht der Geburt, z. B. durch Abstammung aus dem Adel, an der Spitze eines Staates steht. Das Königtum im Frühmittelalter hatte sich aus den germanischen Sitten und Gebräuchen entwickelt. Die Könige im fränkischen Reich wurden zwar gewählt, traten aber auch eine Erbfolge an.

Königtum

Bei den Germanen ursprünglich ein gewählter Heerführer, prägte das Königtum das Herrscherbild im europäischen Mittelalter. Die Herrschaft wurde als von Gott gegeben angesehen. Neben die Erbfolge trat in Deutschland auch die Wahl des Königs durch die höchsten Adligen.

Konkordat

Darunter versteht man eine Übereinkunft zwischen Papst und König; heute auch zwischen dem Papst und den Oberhäuptern von Staaten.

Konservatismus

(lat.: conservare = bewahren, aufbewahren) Politische und soziale Bewegungen, die zum Ziel haben, die bestehenden Verhältnisse beizubehalten oder eine frühere Ordnung wiederherzustellen.

konstitutionelle Monarchie

(lat.: constitutio = Verfassung, grundlegendes Gesetz) Dies ist eine Staatsform, in der die absolute Macht des Monarchen durch eine Verfassung (Konstitution) beschränkt wird. Sie wurde zuerst in England verwirklicht. Die Verfassung garantiert dem Parlament Rechte, z. B. Gesetze zu erlassen und die Finanzen zu kontrollieren.

Kontinentalsperre

Diese wurde von Napoleon 1806 verhängt. Damit wurde jeglicher Handel mit England verboten. Alle Waren und Gegenstände, die aus England oder den britischen Kolonien stammten, wurden beschlagnahmt.

Konzil

Der Begriff bezeichnet eine große Kirchenversammlung.

Koran

Der Koran ist die heilige Schrift des Islams, die gemäß dem Glauben der Muslime die wörtliche Offenbarung Gottes an den Propheten Mohammed enthält. Es sind verschiedene Auslegungen des Korans entstanden, die auch in abweichenden Übersetzungen ihren Ausdruck finden.

Kornzehnt

Regelmäßige Abgabe an die Kirche, die ein Zehntel der Getreideernte betraf.

Kosake

Angehörige von Gemeinschaften freier Reiterverbände in den südlichen Steppengebieten Russlands und der Ukraine.

künstliche Intelligenz (KI)

Teilgebiet der Informatik. KI imitiert menschliche kognitive, also das Denken und Erkennen betreffende Fähigkeiten, indem sie Informationen aus Eingabedaten erkennt und sortiert.

Kurfürsten

Bezeichnung für die vier weltlichen und drei geistlichen Fürsten, die seit 1356 den König des Heiligen Römischen Reiches Deutscher Nation wählten. Dies waren seit jeher die drei Erzbischöfe von Köln, Trier und Mainz, der König von Böhmen und die nach der Reformation protestantisch gewordenen Kurfürsten von Sachsen, Brandenburg und der Pfalzgraf bei Rhein.

Kreuzzug

Die Kriege zwischen Christen und Muslimen im damaligen Palästina. Anlass war die Besetzung Jerusalems durch Muslime und die Unterbrechung der christlichen Pilgerwege. Die Auseinandersetzung gegen die „Ungläubigen" in der Ferne richtete sich dann auch gegen die Andersgläubigen im eigenen Land.

L

Landesbischöfe

Dies ist der Titel des kirchlichen Leiters der evangelischen Landeskirche.

Landesherr

Seit dem 11. Jahrhundert entstand im Deutschen Reich die Herrschaft über ein Gebiet (Territorium), die ein Landesherr ausübte. Der Landesherr musste sich beim Ausbau seiner Herrschaft gegen benachbarte Landesherren durchsetzen, was oft zu Kriegen führte.

Lehen/Lehnswesen

(= Geliehenes) Im Mittelalter war dies das Nutzungsrecht an einer Sache (Grundbesitz, Rechte, Ämter). Es wird vom Eigentümer (Lehnsherrn) an einen Lehnsmann übertragen. Der Lehnsmann verspricht dem Lehnsherrn dafür die Treue und bestimmte Leistungen.

Leibeigene

Dies ist eine Bezeichnung für Bauern, die in völliger Abhängigkeit von ihrem Herrn lebten. Leibeigene durften ohne Genehmigung des Lehnsherrn weder wegziehen noch heiraten.

Liberalismus

Politische Bewegung, die eine freiheitliche wirtschaftliche und soziale Ordnung zum Ziel hat.

M

Manufaktur

(lat. manus = Hand, factura = das Machen) Bezeichnung für eine Betriebsform, die es erlaubt, große Mengen Waren an einer Arbeitsstätte arbeitsteilig, aber noch nicht maschinell herzustellen. Die Manufaktur ist eine Übergangsform von einem Handwerksbetrieb zu einer Fabrik.

Markt

Dies bezeichnet einen Handelsplatz, der mit dem Marktrecht ausgestattet war und eine eigene Rechtsordnung besaß. Der Marktherr (König, Bischof oder Fürst) garantierte den Marktfrieden und die Sicherheit. Streitigkeiten wurden vor einem eigenen Marktgericht verhandelt. Aus Marktplätzen entwickelten sich häufig mittelalterliche Städte.

Marxismus

Eine von Karl Marx und Friedrich Engels im 19. Jahrhundert begründete Gesellschaftslehre, die zum Ziel hat, durch revolutionäre Umgestaltung anstelle der bestehenden Klassengesellschaft eine klassenlose Gesellschaft zu schaffen.

Menschen- und Bürgerrechte

Unantastbare und unveräußerliche Freiheiten und Rechte jedes Menschen gegenüber den Mitmenschen und dem Staat. Dazu gehören das Recht auf Leben, auf freie Entfaltung der Persönlichkeit und das Recht auf Eigentum. Nach dem Vorbild der Unabhängigkeitserklärung der Vereinigten Staaten 1776 verkündete die französische Nationalversammlung 1789 die Erklärung der Menschen- und Bürgerrechte. Die Menschenrechte wurden seit dem 19. Jahrhundert in viele Verfassungen aufgenommen und 1948 von den Vereinten Nationen in der Menschenrechtskonvention als unveräußerliche Grundrechte jedes Menschen verabschiedet.

Merkantilismus

Die gelenkte Wirtschaftsform des Absolutismus, bei der viel exportiert und wenig importiert wird.

Migration

Die Wanderung von Menschen, die geplant ihre Heimat verlassen, um woanders bessere Lebensbedingungen zu finden.

Missionierung

Missionare wurden von ihren Kirchen ausgesandt, um den christlichen Glauben – z. T. gewaltsam – weiterzuverbreiten und neue Anhänger zu taufen.

Mittelalter

Dies war die Zeit zwischen Altertum und Neuzeit. Sie begann mit der Auflösung des Weströmischen Reiches (5. Jh.) und endete mit den Entdeckungen (um 1500).

Monarchie

(griech. = Alleinherrschaft) In der Monarchie übt eine einzelne Person, der König / die Königin, die Herrschaft aus. In der absoluten Monarchie herrscht der Monarch uneingeschränkt, in der konstitutionellen Monarchie ist der Monarch an eine Verfassung (Konstitution) gebunden.

Monotheismus
Der Gläubige einer monotheistischen Religion glaubt nur an einen Gott, z. B. in Judentum, Christentum, Islam.

N

Nama
Die Nama sind ein in Südafrika und Namibia beheimatetes Volk. Die meisten der heute circa 100 000 Nama leben in Namibia. Auch sie litten unter der deutschen Besatzung, und sie verloren im Krieg gegen die Besatzer etwa 10 000 Angehörige.

Napoleon
Französischer Feldherr, Staatsmann und Monarch, der 1769 in Ajaccio (Korsika) geboren wurde und 1821 auf der Insel St. Helena starb. Er beendete die Französische Revolution und eroberte in zahlreichen Feldzügen große Teile Europas. Mit dem Russlandfeldzug 1812 begann sein Abstieg, der mit der Verbannung auf St. Helena endete.

Nation
Das Wort Nation bezog sich früher lediglich auf die Herkunft einer Person. Mit der Selbsternennung zur Nationalversammlung wird Nation zu einem politischen Begriff, der sich auf ein bestimmtes Volk bezieht. In der Folgezeit wird „die Nation" für alle Europäer zu einer Idee, die die geschichtliche Entwicklung stark beeinflusst.

Nationalgarde
Die Garde Nationale wurde am 13. Juli 1789 in Paris vom Marquis de La Fayette aufgestellt, um als eine Art Polizei die öffentliche Sicherheit in der Hauptstadt zu gewährleisten.

Nationalismus
Unter Nationalismus versteht man eine Haltung, die die Merkmale der eigenen ethnischen Gemeinschaft (z. B. Sprache, Kultur, Geschichte) überhöht, als etwas Absolutes setzt, das anderen Völker überlegen sei und sich häufig gegen diese Völker richtet.

Nationalstaat
Der Nationalstaat ist ein Staatsmodell, das auf der Idee und Souveränität der Nation beruht.

Nationalversammlung
Eine verfassunggebende Versammlung von Abgeordneten, die die ganze Nation vertritt.

Neue Welt
Historische europäische Bezeichnung für das von den Spaniern unter Christoph Kolumbus im Jahr 1492 wiederentdeckte Amerika. Die „Neue Welt" wurde der bis dahin bekannten Alten Welt, bestehend aus Europa, Asien und Afrika, gegenübergestellt.

Norddeutscher Bund
Der Norddeutsche Bund war der erste deutsche Bundesstaat. Er vereinte alle deutschen Staaten nördlich der Mainlinie unter preußischer Führung und war die Vorstufe der mit der Reichsgründung von 1871 verwirklichten deutschen Einheit unter Ausschluss Österreichs.

O

Orden
Dies ist eine Gemeinschaft von Männern oder Frauen, die sich feierlich durch ein Gelübde verpflichten, ihr Leben in den Dienst Gottes zu stellen. Sie geloben Armut, ein eheloses Leben und Gehorsam gegenüber dem Abt bzw. der Äbtissin.

Osmanisches Reich
Aus dem in einem Teil Anatoliens in der heutigen Türkei gegründeten Reich durch Osman I. entstand durch Eroberungen vom 14. bis zum 17. Jahrhundert das Osmanische Reich, das in Europa den Balkan sowie den Vorderen Orient und die nordafrikanische Küste beherrschte.

P

Papst
(lat. papa = Vater) Der Papst ist das Oberhaupt der katholischen Kirche.

Papsttum
Das Amt und die Institution des Papstes.

Passivbürger
So bezeichnet man besitzlose Personen, die entweder keine Steuern oder nur sehr wenig Steuern zahlten und deshalb nicht das Recht hatten zu wählen.

Patrizier
(lat. patres = die Väter) In der städtischen Gesellschaft des Mittelalters waren die Patrizier wohlhabende Bürger mit besonderen Vorrechten bei der Stadtregierung

Paulskirche
In der Frankfurter Paulskirche tagten von 1848 bis 1849 die Delegierten der Nationalversammlung, der ersten Volksvertretung für ganz Deutschland. Die Paulskirche gilt damit neben dem Hambacher Schloss als Symbol der demokratischen Bewegung in Deutschland und als Nationalsymbol.

Pazifismus
Pazifismus (von lat. pax = Frieden) ist eine weltanschauliche Strömung, die jeglichen Krieg als Mittel der Auseinandersetzung ablehnt und den Verzicht auf Rüstung und militärische Ausbildung fordert.

Pest
Die Pest ist eine hochgradig ansteckende Infektionskrankheit, die bei Menschen und Tieren durch ein Bakterium ausgelöst wird. Die Pest kann durch den Biss von mit Krankheitserregern verseuchten Insekten (v. a. Flöhen) oder durch Tröpfcheninfektion übertragen werden.

Pfalz
(lat.: palatium = Palast) Da die mittelalterlichen Könige nicht von einer Hauptstadt aus regierten, sondern umherreisten, gab es königliche Güter, in denen die Könige mit ihrem Gefolge auf Reisen untergebracht waren. Die Pfalzen waren keine Paläste, sondern große und gut befestigte Höfe. Sie dienten den Königen und ihrem Gefolge auch als Verwaltungssitz und Gerichtsort. Pfalzen waren über das ganze Fränkische Reich verteilt.

Philosophie
(altgriech.: philosophia = Liebe zur Weisheit) Die Philosophie setzt sich mit allen Fragen auseinander, die den Menschen, das Leben und die Welt betreffen.

Pogrom
Unter Pogrom ist die gewalttätige Ausschreitung gegen religiöse und nationale Minderheiten zu verstehen.

Prälat
(lat. praelatus = der Vorsteher, der Bevorzugte) Inhaber eines hohen Kirchenamtes in beiden christlichen Kirchen.

Pressezensur
Hierunter ist eine Informationskontrolle zu verstehen. Dabei werden Texte streng geprüft und beurteilt. Unerwünschte Inhalte wurden dann gegebenenfalls gekürzt oder ganz verboten.

Proletarier
(lat. proles = die Nachkommene) Bezeichnung der Römer für die Besitzlosen, die nichts außer ihrer Nachkommenschaft besaßen. Seit der Industrialisierung werden alle Arbeiter als Proletarier bezeichnet, die allein vom Verkauf ihrer Arbeitskraft leben.

Protestanten
Seit dem Reichstag zu Speyer im Jahr 1529 wurden die Anhänger Luthers auch als Protestanten bezeichnet. Dort war beschlossen worden, gegen die Reformation energisch vorzugehen. Dagegen hatten fünf Landesherren und 14 Reichsstädte protestiert. Als Protestanten werden heute die Angehörigen des Protestantismus bezeichnet, also der christlichen Konfessionen, die durch die Reformation des 16. Jahrhunderts entstanden sind und sich seitdem in verschiedene Gruppen weltweit weiterentwickelt haben.

R

Rat der Stadt
Nach der mittelalterlichen Stadtverfassung wurde die Stadt von einem Rat regiert, der sich aus der Patrizierschicht zusammensetzte. Später erkämpften sich auch die Zünfte eine Mitsprache und Beteiligung an der Stadtregierung.

Reformation
(lat.: reformatio = Erneuerung) Dies ist eine durch den Thesenanschlag an der Wittenberger Schlosskirche 1517 von Martin Luther ausgelöste Bewegung, die zur Gründung der evangelischen Kirche führte. Seit dieser Zeit ist das Christentum in mehrere Bekenntnisse gespalten.

Reichsacht
Die Reichsacht war die höchste weltliche Strafe im Alten Reich. Der Verurteilte wurde damit aus der Gemeinschaft ausgestoßen. Jeder hatte nun das Recht, den Geächteten zu töten.

Reichsgründung
Bezeichnung für die Gründung des Deutschen Reichs 1871.

Reichsinsignien
Dies sind Herrschaftszeichen der deutschen Könige und Kaiser. Sie symbolisierten sowohl Aufgaben des Herrschers als auch durch biblische Bezüge, dass der König seine Herrschaft von Gott bezog. Zu den Insignien gehören: Krone, Kreuz, Schwert, Lanze des heiligen Mauritius, Zepter (eine Art Stab), Reichsapfel.

Reichsverfassung
Die Bismarcksche Reichsverfassung vom 16. April 1871 war die Verfassung des deutschen Kaiserreichs. Sie ging aus der 1867 ausgearbeiteten Norddeutschen Bundesverfassung hervor.

Reisekönigtum
Im Mittelalter wurde das Reich von Bischöfen, Äbten oder Grafen verwaltet und der König reiste umher, um dafür zu sorgen, dass seine Gesetze durchgesetzt wurden. Daher war er ständig auf Reisen, deshalb Reisekönigtum.

Renaissance
(frz. für Wiedergeburt) Epoche am Ende des 15., Anfang des 16. Jh., die die antike Philosophie, Literatur und Kunst wiederentdeckte und wiederbelebte. Sie ging von den Städten Norditaliens aus und verbreitete sich in ganz Mittel- und Westeuropa.

Reparationen
Dies sind wirtschaftliche und finanzielle Leistungen des besiegten Landes zur Entschädigung und Wiedergutmachung für Schäden, Zerstörungen und Kriegskosten des Siegers.

Republik
(lat. res publica = die öffentliche Sache) Dies ist ein Begriff für eine Staatsform ohne Monarchen, zumeist mit einer gewählten Regierung, in der das Volk oder ein Teil des Volks die Macht ausübt.

Residenz
Wohn- und Amtssitz eines weltlichen oder geistlichen Herrschers.

Restauration
Von lat. restauratio für Wiederherstellen, Erneuerung.

Revolution
(lat.: revolutio = das Zurückwälzen) Dies ist ein aus der Astronomie entlehntes Fremdwort, das den Umlauf der Himmelskörper beschreibt. Es meinte im 17. Jahrhundert eine Wiederherstellung eines politisch-gesellschaftlichen Zustands. Ab dem 18. Jahrhundert hat das Wort die Bedeutung des politischen, zumeist gewaltsamen Umsturzes.

Rittertum
„Rittertum" bezeichnet ursprünglich berittene Gefolgsleute und Dienstmannen der Könige im Frankenreich, Im Mittelalter entwickelten sich die Ritter zu einem eigenen Stand. Gegen die Überlassung von Grund und Boden als Lehen leisteten sie ihren Lehnsherren Kriegsdienste. Das adlige Rittertum wurde zur Leitfigur der höfischen Gesellschaft des Mittelalters. Der Niedergang begann mit dem Aufkommen von Söldnerheeren.

Romantik
Eine von Deutschland ausgehende Bewegung (1790–1830), die in der Literatur begann und auf Musik und bildende Kunst übergriff. Sie ist geprägt durch die Flucht aus der Wirklichkeit in die Welt der Fantasie, der Natur und in die Vergangenheit. Die gute, alte Zeit (des Mittelalters) wurde „romantisiert", also als besonders positiv angesehen.

S

Säkularisierung
(spätlat.: saecularis = weltlich) Der Begriff bezeichnet die Überführung von Kirchengütern in weltlichen Besitz. Säkularisationen fanden z. B. während der Reformation, der Französischen Revolution und in Europa unter Napoleon statt.

Salbung

Die Salbung ist das wichtigste Ritual der Krönung. Nach dem Vorbild Königs Davids aus dem Alten Testament wurden auch die deutschen Könige mit geweihtem Öl gesalbt. Dies sollte die besondere Stellung des Königs wie auch eine göttliche Legitimation der Herrschaft symbolisieren.

Salon

Als Salon bezeichnete man vom 17. bis zum 19. Jahrhundert Gesellschafts- bzw. Empfangszimmer, in denen sich Bürger, Gelehrte und Künstler regelmäßig trafen und über politische und kulturelle Themen sowie die Ideen der Aufklärung diskutierten.

Sansculotten

(frz. = „ohne Kniebundhose") Bezeichnung für Pariser Revolutionäre, die aus einfachen Verhältnissen stammten, weil nur reichere Schichten Kniebundhosen trugen.

Schreckensherrschaft

Die radikalen Jakobiner unter Robespierre errichteten nach der Hinrichtung des französischen Königs eine Schreckensherrschaft. Jeder, der verdächtigt wurde, die Revolution nicht zu unterstützen, wurde in der Regel hingerichtet.

Schutzbrief

Könige stellten den Juden im Mittelalter Schutzbriefe aus, um sie vor feindlichen Übergriffen zu schützen. Dennoch kam es häufig zu Judenverfolgungen.

Seuche

Eine Seuche ist eine weitverbreitete, ansteckende Krankheit, die viele Menschen innerhalb einer Gemeinschaft oder eines geografischen Gebiets in kurzer Zeit befällt.

Sonnenkönig

In seiner Selbstdarstellung als absoluter Herrscher hat sich Ludwig XIV. mit dem Symbol der Sonne umgeben, weil sich um ihn der Hofstaat, das Land und Europa drehen sollten.

soziale Frage

Bezeichnung für die ungelösten Probleme der Arbeiter im 19. Jahrhundert, die durch die Industrialisierung entstanden waren: schlechte Arbeitsbedingungen, lange Arbeitszeiten, zu niedrige Löhne, hohe Arbeitslosigkeit, fehlende Versicherungen, schlechte Wohn- und Lebensverhältnisse.

Sozialgesetzgebung

Dies sind unter Bismarck eingeführte Gesetze zur Verbesserung der Arbeits- und Lebensverhältnisse benachteiligter Schichten wie Arbeiter, kranke und ältere Menschen.

Sozialismus

(von lat. socius = Gefährte, Kampfgenosse) Diese Lehre von Marx und Engels hat die ideale Gesellschaft als Ziel. In ihr sollen alle Ungleichheiten und Ungerechtigkeiten der industriellen Gesellschaft überwunden sein. Der Sozialismus ist aber nur die Übergangsphase zum Kommunismus (von lat. commune = Gemeinschaft, Gemeingut). In dieser Gesellschaft gehört allen alles, die gemeinsame Produktion kommt jedem zugute.

Spanische Grippe

Die Spanische Grippe war eine Begleiterscheinung des Ersten Weltkriegs, sie herrschte aber nahezu auf der gesamten Welt. Die Krankheit breitete sich über das ganze Jahr 1918 hinweg aus, trat dabei aber in drei Hauptwellen auf: im Frühjahr, im Herbst und in einigen Ländern auch noch einmal 1919.

Staatsreligion

Ein Staat bestimmt eine Religion zur alleinigen Religion, alle anderen werden verboten. Unter Kaiser Theodosius (379–395) wurde das Christentum im Jahre 391 zur alleinigen Staatsreligion erklärt.

Stadt

Dies ist eine größere Siedlung von Händlern und Handwerkern mit eigenen Stadtrechten, z. B. Markt- und Münzrecht, eigener Gerichtsbarkeit und Recht der Selbstverwaltung.

Stadtherr

Der Stadtherr ist Grundherr einer Stadt (Graf, Bischof, Herzog), der die Stadt auf seinem Gebiet gründete.

„Stadtluft macht frei"

Nach diesem Rechtsgrundsatz des Mittelalters war ein Leibeigener frei, wenn ihm die Flucht in die Stadt gelang und er von seinem Grundherrn nicht innerhalb eines Jahres gefunden wurde.

Stadtrecht

Dies sind besondere Rechte einer Stadt, z. B. das Recht, eine Mauer zu bauen, Münzen zu prägen oder sich selbst zu verwalten.

Stadtrepublik

Ein Staat, dessen Gebiet sich auf die Fläche einer Stadt und ihr Umland beschränkt. Venedig und Genua wurden von ihren Patriziern geführt. Aus ihren Reihen wurde ein Doge (Anführer) gewählt, der das Oberhaupt der Stadt war.

Stand

Stände sind deutlich voneinander abgegrenzte und hierarchisch gegliederte soziale Schichten. Frankreich war im 18. Jahrhundert noch wie die Ständegesellschaft des Mittelalters von einer festen Ordnung geprägt. Der 1. Stand war der Klerus (Geistlichkeit), der 2. Stand der Adel, und im 3. Stand sammelte sich der Großteil der Bevölkerung, z. B. Bauern, Handwerker und Bürger.

Ständegesellschaft

Eine Ständegesellschaft ist die nach den Ständen gegliederte und festgefügte Gesellschaft im Mittelalter und der frühen Neuzeit (Ständeordnung).

Staufer

Die Staufer waren ein Adelsgeschlecht, welches vom 11. bis zum 13. Jahrhundert mehrere schwäbische Herzöge und römischdeutsche Kaiser hervorbrachte: Konrad III. (1138–1152), Friedrich I. Barbarossa (1152–1190), Heinrich VI. (1190 –1197) Philipp von Schwaben (1198–1208), Friedrich II. (1212–1250), Konrad IV. (1250–1254).

stehendes Heer

Ein dauernd unter Waffen stehendes und damit jederzeit einsatzbereites Heer.

Stellungskrieg

Als Stellungskrieg bezeichnet man, im Gegensatz zum Bewegungskrieg, eine defensive Form der Kriegsführung, die von unbeweglichen Frontverläufen geprägt ist.

Streik

Gemeinsam und planmäßig durchgeführte Einstellung der Arbeit durch eine größere Anzahl von Arbeitnehmerinnen und Arbeitnehmern innerhalb eines Betriebs oder Berufszweigs, um ein bestimmtes Ziel – z. B. eine Lohnerhöhung – zu erreichen.

Studentenverbindung/Burschenschaft

Hierbei handelt es sich um einen Verband von Studenten und Absolventen (Alumni) einer Universität, der Bräuche und gewachsene Traditionen pflegt (eigene Regeln, Farben und z. T. Fechtübungen und -kämpfe bei schlagenden Verbindungen). Im Zuge der Einheitsbewegung wurde kurzzeitig das Ziel verfolgt, auch alle Studentenverbindungen zu vereinigen.

T

Territorialstaat

Ein Territorialstaat ist ein festumrissenes Gebiet (= Territorium), in dem ein Landesherr Herrschaft ausübt. Die Bewohner eines Territorialstaates sind der Gewalt des Landesherrn unterworfen. Vom 13. Jahrhundert an gelang es großen Herren (Fürsten, Herzöge, Grafen) im Deutschen Reich, sich wichtige Befugnisse und Rechte vom König übertragen zu lassen oder an sich zu reißen.

Theologie

(altgriech.: theos = Gott und logos = Lehre) Die Lehre von Gott.

Thüringische Staaten

Als Thüringische Staaten werden die folgenden deutschen Gliedstaaten des Deutschen Reiches bezeichnet: das Großherzogtum Sachsen-Weimar-Eisenach, die Herzogtümer Sachsen-Altenburg, Sachsen-Coburg und Gotha, Sachsen-Meiningen und die Fürstentümer Reuß ältere Linie, Reuß jüngere Linie, Schwarzburg-Rudolstadt und Schwarzburg-Sondershausen.

U

Universalgenie

Begriff für eine besonders gelehrte Person, die sich auf verschiedenen (wissenschaftlichen) Gebieten hervorgetan hat.

UNO

(s. Vereinte Nationen)

Unternehmer

Eine Person, die einen Gewerbebetrieb als wirtschaftliches „Unternehmen" führt. Während der Industrialisierung kam den Leitern und Besitzern der jetzt entstehenden Industrieunternehmen, der Fabriken, immer größere Bedeutung zu. Sie entschieden vor allem über Investitionen, Einstellung und Entlassung der Arbeiter und z. B. Formen der Produktion.

V

Vasall

(keltisch gwas = Knecht) Bezeichnung für einen Lehnsmann, der von einem Lehnsherrn abhängig ist. Es wird unterschieden zwischen Kron- und Untervasallen.

Vereinte Nationen (UNO)

Die Vereinten Nationen (engl. United Nations Organization), sind ein zwischenstaatlicher Zusammenschluss von 193 Staaten. Ihre wichtigsten Aufgaben sind die Sicherung des Weltfriedens, die Einhaltung des Völkerrechts, der Schutz der Menschenrechte, die Förderung der internationalen Zusammenarbeit und die Unterstützung von unterentwickelten Ländern auf wirtschaftlichem, sozialem, humanitärem und ökologischem Gebiet.

Verfassung

Eine Verfassung legt fest, welche Aufgaben und Rechte die Bürger haben und wer den Staat regiert. Sie kann eine geschriebene Verfassung sein, wie etwa das Grundgesetz der Bundesrepublik Deutschland.

Vernunft

Die Vernunft und nicht der Glaube sollte nach Auffassung der Aufklärung das Denken und Handeln der Menschen bestimmen.

Vizekönig

Vertreter/Vertreterin des eigentlichen Königs. Diese Konstellation war häufig bei den Überseereichen anzutreffen, bei denen das neu eroberte Territorium nicht direkt von Europa aus regiert werden konnte.

vogelfrei

Ein Begriff der alten deutschen Rechtslehre. Wer für vogelfrei erklärt wurde, durfte von jedermann straflos getötet werden.

Vormärz

Als „Vormärz" wird im Allgemeinen die Zeitspanne zwischen der Julirevolution in Frankreich im Jahre 1830 und 1848 bezeichnet. In ihr vollzogen sich starke politische und gesellschaftliche Veränderungen. Die Bezeichnung kommt daher, weil im Jahr 1848 die Märzrevolution im Deutschen Reich erfolgte.

W

Wartburgfest

Das „Wartburgfest" war eine politische Massenkundgebung der Urburschenschaft der Universität Jena am 18. Oktober 1817 auf der Wartburg bei Eisenach (Thüringen). Es war eine offene Form des Protests gegen die Kleinstaaterei und die reaktionäre Politik der deutschen Fürsten. Auf dem Fest wurde gefordert: die Gründung eines deutschen Nationalstaats sowie Grund- und Freiheitsrechte.

Westfälischer Friede

Von 1645 bis 1648 berieten Abgeordnete der am Dreißigjährigen Krieg beteiligten Staaten in den westfälischen Städten Münster und Osnabrück, um einen Friedensschluss in diesem Krieg zu erwirken. Dieser wurde 1648 im sogenannten Westfälischen Frieden festgehalten.

Wiener Kongress

Der Wiener Kongress war eine Versammlung von über 200 europäischen Staatsmännern, die von September 1814 bis Juni 1815 neun Monate lang in Wien über Europas Zukunft berieten. Die europäischen Großmächte Österreich, Großbritannien, Frankreich, Russland und Preußen mussten entscheiden, wie es mit Europa nach den langen Kriegen mit Napoleon weitergehen sollte.

Z

Zehnt

Das ist eine regelmäßige Abgabe an die Kirche, die ursprünglich ein Zehntel des landwirtschaftlichen Ertrages (Getreide, Vieh, Früchte) betrug.

Register

Textquellenverzeichnis

1. Europa im Mittelalter

S. 17 Q1: Zit. n. Liber Pontificalis, Vita Leos III., hrsg. v. Louise Duchesne, Paris 1884–1892, Geschichte in Quellen. Mittelalter, hrsg. v. Wolfgang Lautemann, Manfred Schlenke, übers. v. Wolfgang Lautemann, München (bsv), 2. Aufl. 1978, S. 70 f. **S. 19 Q1:** Widukind I, II, Kap. 1,2; Zit. n. Geschichte in Quellen. Mittelalter. Reich und Kirche, hrsg. v. Wolfgang Lautemann u. Manfred Schlenke bearb. v. Manfred Lautemann, München (bsv) 2. Aufl. 1978, S. 146 f., Quelle dort: Johannes Bühler (Übers.), Sächsische und salische Kaiser, Leipzig (Insel) 1924., o. S. **S. 21 Q1:** Registers Gregors VII. MG Ep., hrsg. v. Caspar, 55a, S. 201 ff., zit. n. Geschichte in Quellen. Mittelalter, a. a. O., übers. v. Wolfgang Lautemann, S. 291 ff. **S. 21 Q2:** Briefe Heinrichs IV., hrsg. v. Franz-Josef Schmale, zit. n. Geschichte in Quellen. Mittelalter, a. a. O., übers. v. Franz-Josef Schmale, S. 298 f. **S. 23 Q1:** Literatur in der Schule, hrsg. v. Helmut Brackert, Hannelore Christ, Horst Holzschuh, Bd. 1: Mittelalterliche Texte im Unterricht, München (C. H. Beck) 1972 und 1976, S. 153 f. **S. 25 M1:** Jacques Le Goff, (Hg.) Das Hochmittelalter. Vol. 11. Fischer Bücherei, 1965. S. 51 **S. 27 Q1:** Zit. n. Günther Franz, Der Bauernstand im Mittelalter, Darmstadt (WBG) 1967, S. 83 ff. **S. 33 Q1:** Zit. n. Arno Borst, Alltagsleben im Mittelalter, Frankfurt a. M. (Insel) 1965, S. 95 **S. 43 Q1:** Basilius Steidle (Hrsg.), Die Benediktus-Regel: lateinisch/deutsch, Beuron 4. Aufl. 1980 **S. 45 Q1:** Arno Borst: Lebensformen im Mittelalter, Frankfurt a. M. (Ulstein) 1979, S. 318 f. **S. 47 Q1:** Francesco Gabrieli (Hg.), Die Kreuzzüge aus arabischer Sicht, übers. v. Barbara von Kaltenborn-Stachau, Zürich/München (Artemis) 1973, S. 49 f. **S. 47 Q2:** Zit. n. Peter Milger, Die Kreuzzüge. Kriege im Namen Gottes, Bielefeld (Bertelsmann) 1988, S. 119 **S. 49 Q1:** Abdallah ibn al-Khatib, Kitab Amal al-alamn 1372–1374. Islamische Geschichte Spaniens, hrsg. und übers. v. Wilhelm Hoenerbach, Zürich (Artemis) 1970, S. 54 f. **S. 51 M1:** Winfried Ackermann, Wurzeln unserer Gegenwart, Bd. 2. München (Ehrenwirth) 1987, S. 46 **S. 52 M1:** Reiner Gross: Geschichte Sachsens, Sonderausgabe der Sächsischen Landeszentrale für politische Bildung, Edition Leipzig in der Seeman Henschel GmbH, Leipzig 2004, S. 22 **S. 57 Q1:** Zit. n. Heinrich Pleticha, Bürger, Bauer, Bettelmann. Stadt und Land im Späten Mittelalter, Würzburg (Arena) 1971, S. 87 **S. 63 Q1:** Spezialinventar von Quellen zur Geschichte der Freien Reichsstadt Nordhausen in auswärtigen deutschen Archiven, bearbeitet von Peter Kuhlbrodt, Friedrich-Christian-Lesser-Stiftung Nordhausen 2008, S. 377; http://www.geschichtsportal-nordhausen.de/fileadmin/Geschichte/Archive/PDF/104-Spezialinventar-Quellen-NDH-auswaertige-Archive.pdf **S. 65 Q1:** Philippe Dollinger, Die Hanse, übers. v. Hans Krabusch, 5. Aufl. Stuttgart (Kröner) 1998, S. 549 **S. 67 Q1:** Urkundenbestätigung von 1368 über das Privileg von 1265: Marburger Repertorium: Judenverordnung des Markgrafen Heinrich von Meißen von 1265 (Bl. 148v) **S. 67 Q2:** Zit. nach: Jean-Marie Moeglin/Rainer A. Müller (Hg.), Deutsche Geschichte in Quellen und Darstellung, Bd. 2, Stuttgart (Reclam) 2000, S. 176–181 **S. 69 Q1:** Giovanni Boccaccio: Der Decamerone. Deutsch von Dr. Heinrich Conrad in fünf Bänden; erster Band, München und Leipzig bei Georg Müller und Hans von Weber 1757, S. 8 ff. **S. 69 M1:** Herbert Schwenk: Berliner Stadtentwicklung von A bis Z. Edition Luisenstadt, Berlin 1998, S. 4 f. **S. 73 Q1:** Epperlein, Siegfried: Bäuerliches Leben im Mittelalter, Köln (Böhlau) 2003, S. 245 **S. 73 Q2:** Zit. nach Quellen zum Investiturstreit, Teil 1 (Ausgewählte Briefe Papst Gregors VII.), übers. v. Franz-Josef Schmale, Darmstadt (Wissenschaftliche Buchgesellschaft) 1978, S. 241 ff. **S. 73 Q3:** Vita Henrici IV. Imperatoris, übers. v. Irene Schmale-Ott, in: Quellen zur Geschichte Kaiser Heinrichs IV., hrsg. v. Franz-Josef Schmale, Berlin (Rütten & Loening) 1963, S. 421

2. Neue Horizonte – neue Welten

S. 81 Q1: Zit. n. Peter G. Thielen; Günther Walzik (Hrsg.), Der Mensch und seine Welt. Geschichte – Politik für die Sekundarstufe I, übers. v. Peter G. Thielen, Bd. 2: Vom hohen Mittelalter bis ins Zeitalter des Absolutismus, Bonn (Dümmler) 1974, S. 105 **S. 81 Q2:** Anna Maria Brizio (Übers.), Leonardos Worte, Stuttgart (Belser) 1985, S. 133 **S. 82 Q1:** Fürsten, Künstler, Humanisten. Renaissance: Anbruch der Neuzeit, hrsg. und übers. von Maria Poelchau. Reinbek (Rowohlt) 1973, S. 26 **S. 85 Q1:** Zit. n. Ingrid Kästner, Johannes Gutenberg, 3. Aufl., Wiesbaden (Springer Fachmedien) 1984, S. 58 **S. 89 Q1:** Eberhard Schmitt (Hrsg. und Übers.): Dokumente zur Geschichte der europäischen Expansion, Bd. 2, München (Beck) 1984, S. 113 **S. 89 Q2:** Christoph Kolumbus, Bordbuch, übers. v. Anton Zahorsky, München (Hugendubel) 2006, S. 35 ff. **S. 97 Q1:** Hermann Homann (Hrsg.), Die Eroberung Mexikos, Stuttgart (Erdmann) 1975, S. 50 **S. 99 Q1:** Miguel Léon-Portilla; Renate Heuer (Hrsg.), Rückkehr der Götter. Die Aufzeichnungen der Azteken über den Untergang ihres Reiches, übers. v. Renate Heuer, München (Middelhauve) 1965 **S. 99 Q2:** Arne Eggebrecht (Hg.), Glanz und Untergang des alten Mexiko. Die Azteken und ihre Vorläufer, Mainz (Phillip von Zabern) 1986, S. 120 **S. 38 Q1:** Christoph Strosetzky (Hg.), Der Griff nach der Neuen Welt, Frankfurt a. M. (Fischer) 1990, S. 274

3. Kirchenspaltung und Glaubenskonflikt

S. 111 Q1: Zit. n. Helmar Junghans (Hrsg.), Die Reformation in Augenzeugenberichten, übers. und hrsg. v. Franz Lau, Düsseldorf (Rauch) 1973, S. 43 **S. 111 M1:** Hans Kühner (Hrsg. und Übers.): Neues Papstlexikon, Frankfurt/M. (Fischer) 1973, S. 43 **S. 112 Q1:** Heinrich Fausel (Hg. u. Übers.), Martin Luther: Leben und Werk, München (Siebenstern), 1967, S. 188 **S. 113 Q2:** Heinrich Fausel (Hrsg. u. Übers.), a. a. O., S. 191 **S. 113 M1:** Autorentext **S. 115 Q1:** Helmar Junghans (Hrsg.), Die Reformation in Augenzeugenberichten, übers. u. hrsg. von Franz Lau, Düsseldorf (Rauch) 1973, S. 58 **S. 117 Q1:** Zit. n. Geschichte in Quellen, Bd. 3: Renaissance, Glaubenskämpfe, Absolutismus, hrsg. v. Fritz Dickmann, Wolfgang Lautemann, Manfred Schlenke, München (BSV) 1970, S. 52 **S. 121 Q1:** Zit. n. Geschichte in Quellen, Bd. 3: Renaissance, Glaubenskämpfe, Absolutismus, hrsg. v. Fritz Dickmann, Wolfgang Lautemann, Manfred Schlenke, München (BSV) 1970, S. 52; Quelle dort: Hermann Barge: Der deutsche Bauernkrieg in zeitgenössischen Quellenzeugnissen, Teil 1 (Voigtländers Quellenbücher 71), Leipzig o. J., S. 138–146 **S. 121 Q2:** Martin Luther, Weimarer Ausgabe 1 (= kritische Gesamtausgabe), Sonderedition 2001, S. 299 ff. **S. 122 M1:** www.mdr.de/geschichte-mitteldeutschlands/reise/personen/artikel12206.html, Download 10.03.2013 **S. 122 Q1:** Wehr, Gerhard (Hrsg.): Thomas Muntzer, Schriften und Briefe, Gütersloher Verlagshaus G. Mohn. Gütersloh 1978. S. 113 **S. 123 M2:** www.mdr.de/geschichte-mitteldeutschlands/reise/personen/artikel12206.html, Download 10.3.2013 **S. 125 Q1:** Hans J. Hillerbrandt/Gottfried Brakemeier (Hrsg.), Brennpunkte der Reformation. Vandenhoeck & Ruprecht, Göttingen 1967 **S. 125 Q2:** Zit. n. Geschichte in Quellen, Bd. 3: Renaissance, Glaubenskämpfe,

Absolutismus, hrsg. v. Wolfgang Lautemann, Manfred Schlenke, bearb. v. Fritz Dickmann, München (bsv) 1966, S. 204 ff. **S. 126 Q1:** Karl August Credner, Philipps des Großmüthigen Hessische Kirchenreformationsordnung, Gießen 1852, S. 48 ff. **S. 133 Q1:** Martin Luther, Von der Freiheit eines Christenmenschen, in: Deutsch-Deutsche Studienausgabe Bd. 1: Glaube und Leben, S. 281

4. Absolutismus und Aufklärung

S. 140 Q1: Zit. n. Karl Heinrich Peter (Übers.): Briefe zur Weltgeschichte, Stuttgart (Cotta) 1961, S. 202 **S. 141 Q2:** Zit. n. Geschichte in Quellen, Bd. 3: Renaissance, Glaubenskämpfe, Absolutismus, a.a. O., München (bsv) 1966, S. 451 **S. 141 Q3:** Zit. n. Geschichte in Quellen, Bd. 3: Renaissance, Glaubenskämpfe, Absolutismus, bearb. V. Fritz Dickmann a.a. O., München (bsv) 1970, S. 429 f. **S. 149 Q1:** Erich Stahleder (Hg.): Absolutismus und Aufklärung, Ebenhausen (Langewiesche Brandt) 1982, S. 136 f. **S. 149 Q2:** Irmgard A. Hartig und Paul Hartig (Hrsg.): Die Französische Revolution im Urteil der Zeitgenossen und der Nachwelt, Stuttgart (Klett) 1990, o. S. **S. 149 Q3:** Immanuel Kant, Beantwortung der Frage: Was ist Aufklärung? in: Berlinische Monatsschrift, Dezember 1784, 481–494, zit. n. Immanuel Kant, Was ist Aufklärung? Ausgewählte kleine Schriften, hrsg. von Horst D. Brandt. Hamburg 1999, 20–22 **S. 152 Q1:** Pleticha, Heinrich (Hrsg.): Deutsche Geschichte, Bd. 8, Gütersloh, München (Bertelsmann Verlag) 1983, S. 63 **S. 152 Q2:** Schoeps, Hans-Joachim: Preußen – Geschichte eines Staates, Berlin (Ullstein) 1981, S. 330 **S. 153 Q3:** Venohr, Wolfgang / Kabermann, Friedrich: Brennpunkte deutscher Geschichte 1450–1850, Kronberg/Taunus (Athenaum Verlag) 1978, S. 137 **S. 153 Q4:** Lehmann, Max: Preußen und die katholische Kirche seit 1640. Leipzig (Hirzel Verlag) 1881, S. 3 **S. 154 M1:** Kuhn-Stillmark, Uta: Anna Amalia Herzogin von Sachsen-Weimar und Eisenach, in: Herrscher und Mazene, Rudolstadt & Jena (Hain-Verlag) 1994, S. 299 **S. 155 Q1:** Christoph Marin Wieland, Betrachtungen über die gegenwärtige Lage des Vaterlandes, 1793, in: C. M. Wielands Sämmtliche Werke, 29. Band, Vermischte Aufsätze, Leipzig 1797, S. 366 ff.; zit. nach: Gerhard Schneider (Hg.), Die Französische Revolution, Fundus – Quellen für den Geschichtsunterricht, Schwalbach/Ts. (Wochenschau), S. 174 **S. 157 Q1:** Zit. nach: Rudolf Zacharias Becker, Noth- und Hülfsbüchlein für Bauersleute oder lehrreiche Freuden- und Trauergeschichten des Dorfes Mildheim, Dortmund (Herenberg)

5. Die Französische Revolution

S. 165 Q1: Zit. n. Robert R. Palmer, Das Zeitalter der demokratischen Revolution: eine vergleichende Geschichte Europas u. Amerikas von 1760 bis zur Französischen Revolution. Übers. v. Herta Lazarus, Frankfurt a. M.: Akademische Verlagsges. (Athenaion) 1959 **S. 165 Q2:** Irmgard A. Hartig und Paul Hartig (Hg.): Die Französische Revolution im Urteil der Zeitgenossen und der Nachwelt, Stuttgart (Klett) 1990, S. 11 **S. 165 Q3:** Zit. n. Reichardt, Rolf (Hg.), Ploetz: Die Französische Revolution, Freiburg (Herder) 1988, S. 35 **S. 167 Q1:** Zit. n. Ina Hartig / Paul Hartigl (Hg.), Die Französische Revolution, Stuttgart (Klett) 1984, S. 34 ff. **S. 167 Q2:** Zit. n. Walter Markov (Hg.), Die Französische Revolution im Zeugenstand, Bd. 2, Leipzig (Reclam) 1982, S. 71 **S. 169 Q1:** Zit. n. Walter Markov (Hg.) a. a. O., S. 102 f. **S. 169 Q2:** Cahier de doléances des femmes en 1789 et autres textes; Zit. n. Geschichte auch für Mädchen, hrsg. v. Landesregierung NRW, übers. v. Sabine

Franzen, Düsseldorf o. J., S. 20 **S. 171 Q1:** Zit. n. Marcel Gauchet, Die Erklärung der Menschenrechte. Die Debatte um die bürgerlichen Freiheiten 1789, übers. v. Wolfgang Kaiser, Reinbek (Rowohlt) 1991, o. S. **S. 172 M1:** Krennerich, Michael/Bundeszentrale für politische Bildung: Zehn Fragen zu Menschenrechten, http://www.bpb.de/themen/CYY1FD,4,0,Zehn_Fragen_zu_Menschenrechten. html#art4 (Abruf: 19.11.2011). **S. 172 M2:** Ditsch, Christian/Amnesty International: Amnesty Report 2011, http://www.amnesty.de/2011/5/12/amnesty-report-2011-eu-muss-sich-verantwortung-der-arabischenwelt-stellen ?destination=node% 2F17900 (Abruf: 30.11.2011). **S. 175 Q1:** Francois Victor Alphonse Aulard: Politische Geschichte der Französischen Revolution. Entstehung und Entwicklung der Demokratie und der Republik 1789–1804. Übers. v. Friedrich von Oppeln-Bronikowski. München/Leipzig: Duncker & Humblot 1924 **S. 175 Q2:** Zit. n. Lottemi Doormann, Ein Feuer brennt in mir, Weinheim (Beltz & Gelberg) 1993, S. 104 f. **S. 175 Q3:** Frysak, Viktoria, zit. n.: http://olympe-de-gouges.info/frauenrechte/#erklaerung (letzter Zugriff: 15.10.2020) **S. 181 Q1:** Eckart Kleßmann, Die Französische Revolution in Augenzeugenberichten. Düsseldorf (Rauch) 1973, S. 397 **S. 183 Q1:** Marianne Prell: Erinnerungen aus der Franzosenzeit in Hamburg 1806–1814: Für Kinder erzählt von einer Hamburgerin, Hamburg (Verlag Gustav Eduard Nolte, Herold'sche Buchhandlung), 1873, o. S. **S. 183 Q2:** Friedrich M. Kircheisen (Hrsg.), Gespräche Napoleons I., Stuttgart (Verlag Robert Lutz) 1911, o. S. **S. 185 Q1:** Pierre Beuamarchais, Ein toller Tag oder Figaros Hochzeit, München (Ullstein Buchverlage) 1864, S. 109

6. Die deutschen Staaten und Europa im 19. Jahrhundert

S. 193 Q1: Zit. n. Klaus Günzel, Der Wiener Kongress. Geschichte und Geschichten eines Welttheaters. München (Koehler & Amelang) 1995, S. 127 **S. 195 M1:** Landesarchiv Thüringen, Die Bildung des Landes Thüringen am 1. Mai 1920, Weimar 2010, in: https://landesarchiv.thueringen.de/media/landesarchiv/5Standorte/Weimar/schaukasten/folge_20.pdf (Zugriff: 2.3.2023) **S. 197 Q1:** Zit. n. Heinrich Meisner, Friedrich Schleiermachers Briefwechsel mit seiner Braut, Gotha (Friedrich Andreas Perthes) 1919, S. 23 **S. 201 Q1:** August Hoffmann von Fallersleben (Hg.), Schlesische Volkslieder mit Melodien aus dem Munde des Volkes, Leipzig (Breitkopf & Härtel) 1842, S. 307 S. **S. 201 Q2:** August Hoffmann von Fallersleben, Unpolitische Lieder, zweiter Teil, Hamburg (Hoffmann & Campe) 1841, o. S. **S. 203 Q1:** Zit. n. Tim Klein (Hrsg.), Der Vorkämpfer deutscher Einheit und Freiheit, München 1927, S. 209 **S. 205 Q1:** Zit. nach Günter Schönbrunn (Hg.), Das bürgerliche Zeitalter 1815–1914 (= Geschichte in Quellen, Bd. V, hrsg. v. Wolfgang Lautemann und Manfred Schlenke), München (bsv) 1980 **S. 206 Q1:** Aus dem Briefwechsel Friedrich Wilhelms IV. mit Bunsen, hrsg. v. Leopold v. Ranke, Leipzig (Duncker & Humblot) 1873, S. 235 **S. 207 Q2:** Zit. n. http:// www.liederlexikon.de/lieder/schlaf_mein_kind_schlaf_leis/editiona (letzter Zugriff: 10.10.2020) **S. 207 Q3:** Walter Bußmann, Zwischen Preußen und Deutschland. Friedrich Wilhelm IV. Eine Biographie, Berlin (Siedler) 1990, S. 289 **S. 208 Q1:** Gerber, Stefan: Quellen zur Geschichte Thüringens – Revolution 1848/49, Landeszentrale für politische Bildung, Thüringen 2000, S. 132 f. **S. 209 M1:** http://www.bdzv.de/veranstaltungen-termine/veranstaltungsarchiv/1998/freiheit-schuelerwettbewerb-der-deutschen-zeitungen/die-siegerarbeiten/die-revolution-1848/

(Abruf: 09.04.2013) **S. 209 Q2:** Gerber, Stefan: Quellen zur Geschichte Thüringens – Revolution 1848/49, Landeszentrale für politische Bildung, Thüringen 2000, S. 197 f. **S. 211 Q1:** Günter Schönbrunn (Bearb.), Geschichte in Quellen, Bd. 5: Das bürgerliche Zeitalter 1815–1914, München (bsv), 1970, S. 312 **S. 211 Q2:** Bruno Walden (Hrsg.), Otto von Bismarck. Gesammelte Werke, Bd. 5, Berlin (UV) 1941, S. 95 **S. 217 M1:** Wehler, Hans-Ulrich: Deutsche Gesellschaftsgeschichte, Bd. 3, Munchen (Beck) 1995, S. 873 f. **S. 217 Q1:** Erlass Kaiser Wilhelms II. vom 1.5.1889, in: Verhandlungen über Fragen des höheren Unterrichts. Berlin, 4.–17. Dezember 1890. Im Auftrage des Ministers der geistlichen, Unterrichts- und Medizinal-Angelegenheiten, Berlin 1891, S. 3–5., zit. nach: https://www.grin.com/document/966 (Zugriff: 06.01.2023) **S. 217 M2:** Kästner, Erich, Die gute alte Zeit im Bild – Alltag im Kaiserreich. Zürich (Atrium Verlag) 1974, S. 118 **S. 219 Q1:** Gustav W. Heinemann, Allen Bürgern verpflichtet. Reden des Bundespräsidenten 1969–1974, Frankfurt/M. (Suhrkamp) 1974, S. 46

7. Industrialisierung und soziale Frage

S. 229 Q1: Werner Pöhls (Hrsg.), Deutsche Sozialgeschichte 1815–1870. Ein historisches Lesebuch, München (C. H. Beck) 41988, S. 371 **S. 231 Q1:** http://www.carl-zeiss-stiftung.de/37-0-Carl-Zeiss.html (Abruf: 13.04.2013) **S. 231 M1:** http://corporate.zeiss.com/corporate/de_de/ geschichte/persoenlichkeiten/carl-zeiss.html (Abruf: 13.04.2013) **S. 235 Q1:** Heinrich von der Haar: Kinderarbeit in Deutschland: Dokumentation und Analyse, Kulturmaschinen Verlag, Hamburg 2020, S. 19 **S. 235 M1:** Zit. n. Jürgen Kocka, Die Angestellten in der deutschen Geschichte 1850–1980 vom Privatbeamten zum angestellten Arbeitnehmer. Göttingen (Vandenhoeck & Ruprecht) 1981, S. 40 **S. 239 M1:** Jürgen Bönig, Zur Geschichte der Kinderarbeit in Deutschland und Europa, Aus Politik und Zeitgeschichte, 16.10.2012, in: https://www.bpb.de/shop/zeitschriften/apuz/146095/zur-geschichte-der-kinderarbeit-in-deutschland-und-europa(Zugriff: 10.01.2023) **S. 239 Q1:** Zit. n. Carl Jantke, Der Vierte Stand, Freiburg (Herder) 1955, S. 178 **S. 239 Q2:** Heidi Rosenbaum, Formen der Familie. Frankfurt/M. (Suhrkamp) 1982, S. 408 f. **S. 243 Q1:** Hamburger Freie Press 16.11.1892 Zit. n. https://www. hamburg.de/contentblob/111730/a807a2dd5fe86b4b-4652c8da43811787/data/grossbuch.pdf (letzter Zugriff: 16.10.2020) **S. 243 Q2:** Hamburger Fremdenblatt 13.09.1892 zit. n.https://www.hamburg.de/contentblob/ 111730/a807a2dd5fe86b4b4652c8da43811787/data/ grossbuch.pdf (letzter Zugriff: 16.10.2020) **S. 247 Q1:** Zit. n. Helmut Hirsch (Hg.), August Bebel: Sein Leben in Dokumenten, Reden u. Schriften, Köln / Berlin (Kiepenheuer u. Witsch) 1968, S. 352 **S. 247 Q2:** Zit. nach Günter Schönbrunn (Hrsg.), Das bürgerliche Zeitalter 1815–1914 (= Geschichte in Quellen, Bd. V, hrsg. v. Wolfgang Lautemann und Manfred Schlenke), Bayerischer Schulbuchverlag, München 1980, S.884. Quelle dort: Deutsche Parteiprogramme, hrsg. v. Wilhelm Mommsen, München (Isar Verlag) 1960 S

8. Imperialismus und Erster Weltkrieg

S. 261 M1: Jean-Claude Juncker, Transcription du discours lors de la Journée de deuil national (Volkstrauertag), Bundestag, Berlin, 2008, zit. n.: https://sip.gouvernement.lu/ de/actualites.gouvegouvern%2Bfr%2Bactualites%2Btoutes_ actualactu%2Bdiscours%2B2008%2B11-novembre%2B16-juncker-volkstrauertag.html (Zugriff: 20.08.2021), Auszug. **S. 261 Q1:** Winston Churchill, Universität Zürich, 19. September 1946, zit. n.: https://www.churchill-in-zurich.ch/ de/churchill/churchills-zurcher-rede/ (Zugriff: 20.08.2021), Auszug **S. 263 Q1:** Zit. n. Wolfgang Mommsen, Imperialismus. Seine geistigen, politischen und wirtschaftlichen Grundlagen, Hamburg (Hoffmann und Campe) 1977, S. 211 f., gekürzt **S. 263 Q2:** Verhandlungen des Reichstags, IX. Legislaturperiode, II.b Session 1893/1894, Stenographische Berichte, Bd. 2, Sitzung vom 17.02.1894, Berlin (Druck und Verlag der Norddeutschen Buchdruckerei und Verlags-Anstalt) 1894, S. 1318, gekürzt. **S. 265 Q1: S. 19 Q1:** Patemann, Helgard: Lehrbuch Namibia. Deutsche Kolonie 1884–1915, Wuppertal (Hammer) 1984, S. 41, gekürzt. **S. 265 Q2:** Drechsler, Horst: Südwestafrika unter deutscher Kolonialherrschaft: Der Kampf der Herero und Nama gegen den deutschen Imperialismus, Berlin (Akademie) 1986, S. 160, Auszug. **S. 269 Q1:** Zit. n. Albrecht und Friedrich Thimme (Hg): Die Auswärtige Politik des Deutschen Reiches 1871–1914, Bd. 1, Berlin (Deutsche Verlagsgesellschaft f. Politik u. Geschichte) 1928, S. 58 f **S. 269 Q2:** Zit. n. Michael Salewski, Neujahr 1900. Die Säkularwende in zeitgenössischer Sicht, in: Archiv für Kulturgeschichte Bd. 53, Heft 2., Köln (Böhlau) 1971, S. 27 **S. 269 Q3:** Zit. n. Erich Eyck, Das persönliche Regiment Wilhelms II., Politische Geschichte des deutschen Kaiserreichs von 1890 bis 1914, Erlenbach-Zürich (Rentsch) 1948, S. 263 f. **S. 270 Q1:** Zit. n. Gisela Brinker-Gabler (Hg.): Kämpferin für den Frieden, Bertha von Suttner. Lebenserinnerungen, Reden u. Schriften, Frankfurt/M. (Fischer) 1982, S. 203, gekürzt. **S. 273 M1:** Fritz Fischer: Griff nach der Weltmacht, Düsseldorf (Droste) 1961, erweitert 1964, S. 97, Auszug. **S. 273 M2:** Christopher Clark: Die Schlafwandler. Wie Europa in den Ersten Weltkrieg zog. Aus dem Englischen von Norbert Juraschitz. München (Deutsche Verlags-Anstalt) 2013, S. 716–717, gekürzt. **S. 275 Q1:** Zit. n. Ernst Rudolf Huber (Hg.): Dokumente zur deutschen Verfassungsgeschichte, Bd. 2, Stuttgart (Kohlhammer) 1961, S. 455, gekürzt. **S. 275 Q2:** Verhandlungen des Reichstags, XIII. Legislaturperiode, II. Session, Stenographische Berichte, Bd. 306, Sitzung vom 4.8.1914, Berlin 1916, S. 8, Auszug. S **S. 279 Q1:** Eduard Schneegans: Briefe eines Soldaten, Zürich (Raschert) 1918, S. 151 ff.; 235, gekürzt. **S. 279 Q2:** Brief von Anton Staiger, in: Witkop, Philipp: Kriegsbriefe gefallener Studenten, München (Georg Müller) 1928, S. 238, Auszug. **S. 281 Q1:** Zit. n. Elfriede Kuhr, in: … da gibt's ein Wiedersehen! Kriegstagebuch eines Mädchens 1914–1918, hg. v. Jo Mihaly, Freiburg (Kerle) 1964, S. 216. **S. 281 M1:** Volker Ullrich, Kriegsalltag, in: Wolfgang Michalka, Der Erste Weltkrieg, München: Piper 1994, S. 610, gekürzt. **S. 285 Q1:** Wolfgang Gust (Hg.): Der Völkermord an den Armeniern 1915 / 16. Dokumente aus dem Politischen Archiv des deutschen Auswärtigen Amtes. Springe (Zu Klampen Verlag) 2005, S. 171, gekürzt. **S. 287 Q1:** Herbert Schambeck, Helmut Widder Marcus Bergmann (Hg.): Dokumente zur Geschichte der Vereinigten Staaten von Amerika. 2., erweiterte Auflage, Berlin (Duncker & Humblot) 2007, S. 438–440, gekürzt. **S. 293 M1:** Beate Ziegs: Verbrechen an den Herero und Nama. Die juristische Auseinandersetzung mit dem Kolonialismus. zit. n.: https:// www.deutschlandfunkkultur.de/verbrechen-an-den-herero-und-nama-die-juristische.976.de.html?dram:article_ id=426514 (Zugriff: 20.08.2021), Auszug.

Bildquellenverzeichnis

S. 250: bpk; **S. 252:** akg-images/Imagno/k. A.; **S. 252:** bpk; **S. 252:** bpk/Félix Nadar; **S. 252:** mauritius images/Science Faction; **S. 253:** bpk/Deutsches Historisches Museum; **S. 253:** bpk/Dietmar Katz; **S. 254:** akg-images/De Agostini Picture Lib./G. Nimatallah; **S. 256:** akg-images/Science Source; **S. 259:** mauritius images/Top-Foto; **S. 260:** akg-images/Erich Lessing/Léon Azéma: Beinhaus von Douaumont; **S. 260:** dpa Picture-Alliance/ABACA; **S. 261:** mauritius images/alamy stock photo/Guido Schiefer; **S. 263:** bpk; **S. 264:** bpk/M. Bätz; **S. 264:** bpk/Stoedtner; **S. 265:** bpk; **S. 267:** Cornelsen/Elke Fleing; **S. 268:** bpk/Geheimes Staatsarchiv, SPK/Bildstelle GStA PK; **S. 269:** bpk; **S. 270:** Archiv der sozialen Demokratie; **S. 270:** Bridgeman Images/© S. Photo/Sammlung Megele; **S. 271:** Bridgeman Images/© Iberfoto; **S. 273:** akg-images; **S. 274:** akg-images/Foto: Tellgmann; **S. 274:** Bridgeman Images/S. Photo/Scherl; **S. 276:** akg-images; **S. 276:** bpk; **S. 277:** Bridgeman Images/Universal History Archive/UIG; **S. 277:** Imago Stock & People GmbH/Shotshop; **S. 279:** akg-images; **S. 280:** bpk/Deutsches Historisches Museum/Indra Desnica; **S. 281:** akg-images; **S. 281:** Stadtarchiv Bielefeld; **S. 283:** dpa Picture-Alliance/dpa-Zentralbild/Stefan Sauer; **S. 285:** bpk; **S. 286:** Amerika Haus/Süddeutsche Zeitung Photo; **S. 286:** mauritius images/Science Source; **S. 287:** akg-images/IAM; **S. 288:** akg-images | (c) VG Bild-Kunst, Bonn 2025; Otto Dix „Der Krieg", 1929–1932; **S. 291:** akg-images/Album/Dreamworks; **S. 292:** akg-images/Science Photo Library; **S. 293:** bpk/adoc-photos; **S. 293:** INTERFOTO/Granger, NYC; **S. 295:** mauritius images/Kim Petersen.